Grit Philipp
Erika Buchmann (1902-1971)

D1702483

Reihe Forschungsbeiträge und Materialien
der Stiftung Brandenburgische Gedenkstätten
Band 7

Grit Philipp

Erika Buchmann (1902–1971)

Kommunistin, Politikerin, KZ-Überlebende

Ⓜ | METROPOL

Gedruckt mit freundlicher Unterstützung der Axel Springer Stiftung

Umschlagbild:
Links: Erika Buchmann, September 1964 in Lwow.
BArch, Bild Y10-1447/00.
Rechts: Erika Buchmann, 1945/46.
BArch, Bild Y10-233/00.

ISBN: 978-3-86331-077-6

D 83

© 2013 Metropol Verlag
Ansbacher Straße 70
10777 Berlin
www.metropol-verlag.de
Alle Rechte vorbehalten
Druck: Arta-Druck, Berlin

Inhalt

Dank

Die vorliegende Studie ist die überarbeitete Fassung meiner Dissertation, die im Juli 2009 von der Fakultät 1 Geisteswissenschaften der Technischen Universität Berlin angenommen wurde. Mein besonderer Dank gilt Frau Prof. Dr. Karin Hausen für die Betreuung und Begutachtung dieser Arbeit. Während der gesamten Zeit hat sie meine Forschungen bis zur endgültigen Fassung durch zahlreiche Hinweise, kritisches Nachfragen, Rat und Unterstützung begleitet. Mein Dank gilt ebenso Herrn Prof. Dr. Wolfgang Hofmann, der das Zweitgutachten übernahm. Die Hans-Böckler-Stiftung unterstütze diese Arbeit durch ein Promotionsstipendium. Dafür gilt ihr ebenfalls mein Dank.

Die langjährige Arbeit an diesem Thema wäre nicht möglich gewesen ohne Diskussionen, Ermutigung, Widerspruch und Kritik. So gilt mein Dank Insa Eschebach, Christa Schikorra und Linde Apel, die diese Arbeit durch Anregung und Zuspruch mit auf den Weg brachten; den Teilnehmerinnen des von Karin Hausen geleiteten Workshops zur Historischen Frauen- und Geschlechterforschung, insbesondere Katharina Bieler, die vor allem die frühen Arbeitsphasen hilfreich begleitete; den Teilnehmerinnen der Micro-AG „Schreibwerkstatt für Geistes- und Sozialwissenschaften" der Hans-Böckler-Stiftung. Judith Enders, Lisa Rüter, Sandra Smykalla und Martina Schuegraf haben mit Verständnis, Geduld und Sachverstand zum Gelingen dieser Biografie beigetragen.

Für vielfältige Formen freundschaftlicher Unterstützung und wichtige Hinweise möchte ich Bettina und Rainer Noak, Heike Rieprich, Matthias Heyl, Erika Schwarz und Simone Steppan, Rita Pawlowski und Marianne Zepp danken.

Nicht zuletzt gilt mein Dank den Mitarbeitern und Mitarbeiterinnen der genutzten Archive und Bibliotheken für ihre große Hilfsbereitschaft und sachkundige Unterstützung bei den Recherchen zu meinem Forschungsthema. Ohne die Bereitschaft der Zeitzeugen, auch über eigene private Erinnerungen zu sprechen und für persönliche Gespräche zur Verfügung zu stehen, hätte diese Arbeit über Erika Buchmann nie entstehen können. Dafür gilt ihnen allen mein ausdrücklicher Dank.

Katja Taube hat das Projekt am Ende mit viel Geduld, großer Hilfsbereitschaft und Fleiß begleitet. Für die Durchsicht und Korrektur des Manuskripts danke ich ihr sehr.

Ohne Aufmunterung, Zuversicht, unerschütterliches Vertrauen und liebevolle familiäre Begleitung wäre diese Arbeit nie beendet worden. Mein letzter Dank gebührt deshalb Robert, Jan und Ben.

Grit Philipp   *Fürstenberg/Havel, im Januar 2013*

Erika Buchmann. *BArch, Bild Y10-1437/00.*

Einleitung

Die biografische Studie zu Erika Buchmanns erweitert eine ganze Reihe von Untersuchungen, die in den vergangenen zwanzig Jahren vorgelegt wurden und die sich mit Lebensgeschichten ehemaliger Häftlinge und Aufseherinnen des Konzentrationslagers Ravensbrück beschäftigen.[1] Die Arbeiten konnten nach den politischen Veränderungen in Europa 1989/90 entstehen, als nun zum Teil erstmals der Zugang zu zahlreichen osteuropäischen Archiven möglich wurde. Damit eröffneten sich neue Forschungsfelder und Fragestellungen.[2] Zudem fanden viele Opfer, vereinzelt auch Täter, unter den neuen gesellschaftlichen Bedingungen und mit der Erkenntnis über die Begrenztheit der verbleibenden Zeit den Mut, über ihre Geschichte zu sprechen. Die Opfer veröffentlichten vermehrt Autobiografien oder wurden im Rahmen von Oral-History-Projekten befragt. Auch die bis dahin oft unbekannten NS-Täter wurden zum Gegenstand lebensgeschichtlicher Forschungen.[3] Die Biografien erzählen jedoch nicht nur vom Leben ihrer Protagonisten, sie sind häufig auch der Ausgangspunkt, um bisher gültige Thesen zu hinterfragen oder Forschungsdefizite zu benennen und Lücken zu füllen.[4] Die Biografie Erika Buchmanns ist hier keine Ausnahme.

Wenngleich die Studie zu Erika Buchmann in einer Reihe biografischer Arbeiten im Kontext des ehemaligen Konzentrationslagers Ravensbrück steht, so ist die Darstellung ihrer Lebensgeschichte im Zusammenhang von KPD-Mitgliedschaft und Parteikarriere doch ein Novum. Weder aus dem Blickwinkel der historischen Forschung zur Geschichte der KPD noch im Rahmen der Frauen- und Geschlechterforschung waren Frauen wie sie bisher im Fokus des Interesses.

1 Literatur dazu im Abschnitt „Forschungsstand und Quellenlage" in der Einleitung.

2 Vgl. Karin Orth, Die Historiografie der Konzentrationslager und die neuere KZ-Forschung, in: Archiv für Sozialgeschichte 47 (2007), S. 579–598, hier S. 583 ff.

3 Vgl. u. a. Gerhard Paul/Klaus-Michael Mallmann (Hrsg.), Karrieren der Gewalt. Nationalsozialistische Täterbiographien, Darmstadt 2004; Gerhard Paul (Hrsg.), Die Täter der Shoah. Fanatische Nationalsozialisten oder ganz normale Deutsche?, Göttingen 2002; Karin Orth, Die Konzentrationslager-SS. Sozialstrukturelle Analysen und biographische Studien, Göttingen 2000; Michael Wildt, Generation des Unbedingten. Das Führungskorps des Reichssicherheitshauptamtes, Hamburg 2002.

4 Zur Kritik des biografiegeschichtlichen Ansatzes vgl. Hans Mommsen, Forschungskontroversen zum Nationalsozialismus, in: APuZ (2007) 14–15, S. 14–21, hier S. 16 ff. Mommsen diskutiert insbesondere die Erfolge und Grenzen der Täterbiografieforschung.

Im Fall Erika Buchmanns wird zu zeigen sein, dass sowohl die KZ-Haft selbst als auch ihre Auseinandersetzung mit Lager und Überleben aufs Engste mit ihrer Parteimitgliedschaft verbunden waren und sich Reflexion und politisches Engagement wechselseitig beeinflussten.

Zunächst erscheinen die ersten Lebensjahre Erika Buchmanns, geborene Schollenbruch, wenig außergewöhnlich. Der Vater war Arzt; die Mutter, eine ehemalige Schauspielerin, führte den Haushalt und kümmerte sich um Erika und deren jüngere Schwester. Kurz vor Erikas Geburt im November 1902 waren ihre Eltern in die aufstrebende Residenz- und Landeshauptstadt München gezogen, wo sich der Vater als praktischer Arzt niederließ.

Bei genauerem Hinsehen jedoch wird eine Familie erkennbar, die keineswegs den bürgerlichen Normen entsprach. Die Schollenbruchs mussten mehrfach ihre Wohnung wechseln, gerieten wiederholt mit Behörden in Konflikt und lebten ständig unter wirtschaftlich schwierigen Bedingungen. Bemerkenswert ist, dass Erika Buchmann diese Außenseiterrolle ihrer Familie und die Geschichte des sozialen Abstiegs ihres Elternhauses umdeutete und für ihre eigenen politischen Ambitionen zu nutzen versuchte.

Erika Buchmann hat regelmäßig und in verschiedenen Zusammenhängen Auskunft über ihre Lebensgeschichte gegeben. Dabei betonte sie Kontinuität, Kausalität und Sinnhaftigkeit ihres Handelns. Die Darstellung der eigenen Biografie ging jedoch über die Konstruktion einer möglichst logischen Abfolge von Ereignissen und Zusammenhängen hinaus. So zeichnete Erika Buchmann etwa das Bild ihres Vaters nicht als das eines Mannes, der mit dem Aufbau einer bürgerlichen Existenz gescheitert war; stattdessen unterstrich sie, dass die Familie für ihre politische Überzeugung auch staatliche Verfolgung und wirtschaftliche Not in Kauf zu nehmen bereit war. Ihre Einstellung führte die heranwachsende Tochter in linke Jugendgruppen und anschließend in die KPD. Die frühe Mitgliedschaft in der noch jungen KPD wird für Erika Buchmann zum bestimmenden Element und zum Auslöser aller wichtigen Entscheidungen und Ereignisse in ihrem Leben. So arbeitete sie bis zu ihrer Hochzeit als Sekretärin der bayerischen KPD-Landtagsfraktion; und auch während ihrer 46 Ehejahre mit dem kommunistischen Reichstagsabgeordneten und bayerischen bzw. württembergischen KPD-Vorsitzenden Albert Buchmann bestimmte die Partei das Familienleben.

Vor diesem Hintergrund ist die Biografie Erika Buchmanns nicht nur hinsichtlich ihrer Einbettung in die deutsche Geschichte des 20. Jahrhunderts von Interesse, mehr noch bezieht sie ihre besondere Spannung aus den Deutungen und Interpretationen, die von der Protagonistin selbst überliefert sind. Diese zeichnen ein anschauliches Bild des Klimas innerhalb der KPD, der SED, der

Überlebenden-Organisationen sowie der in der DDR mit dem Gedenken an den Nationalsozialismus befassten Institutionen.

Ebenso kann die Biografie zeigen, dass die jahrzehntelang als orthodoxe Kommunistin agierende Erika Buchmann in ihren letzten beiden Lebensjahrzehnten in Konflikt mit den politischen Vorgaben ihrer Partei geriet. Erste Differenzen waren entstanden, als sie als Blockälteste des Tbc-Blocks im Frauen-KZ Ravensbrück in dem SS-Arzt Dr. Franz-Bernhard Lucas einen Verbündeten zu erkennen glaubte. Dessen Hilfe und menschliches Handeln bezeugte sie nach 1945 auch öffentlich. Die Auseinandersetzungen mit den für Gedenkstätten zuständigen SED-Funktionären und anderen ehemaligen kommunistischen Häftlingen kulminierten, als Erika Buchmann in dem 1961 veröffentlichten Theaterstück „Ravensbrücker Ballade" die Gruppe der „asozialen" Häftlinge differenziert darstellte. Als Mitarbeiterin ließ sie zudem zu, dass in dem Stück eine aus politischen Gründen Internierte zur Verräterin wird – womit die spätere Ermordung der positiven Heldin und führenden Persönlichkeit unter den Kommunistinnen im Lager in Gang gesetzt wurde.

Da Erika Buchmann ihre über 50-jährige KPD-Mitgliedschaft sehr bewusst gestaltete, eröffnet ihre Lebensgeschichte wichtige Einblicke in die Geschichte der KPD von 1933 bis 1956, ebenso wie in die Geschichte des Frauen-KZ Ravensbrück und nicht zuletzt in die Gestaltung und Arbeitsweise der Nationalen Mahn- und Gedenkstätte, die 1959 eröffnet worden war. Für die genannten Forschungsfelder haben die biografischen Nachforschungen darüber hinaus den Zugang zu bislang nicht herangezogenen, bedeutsamen Quellen erschlossen.

Erika Buchmann war keine herausragende historische Persönlichkeit. Ihr Lebensweg wäre sicher nie Gegenstand einer klassischen Biografie gewesen. Es bedurfte erst einer „Krise" der politischen Biografie, um die Darstellung einer für eine bestimmte Gruppe zwar repräsentativen, aber doch „durchschnittlichen" Person für eine wissenschaftliche Untersuchung zu initiieren. Mit dem Durchbruch sozial- und gesellschaftswissenschaftlicher Fragestellungen in der internationalen Geschichtswissenschaft in den 1960er-Jahren geriet die herkömmliche politische und ideengeschichtliche Biografie in die Kritik.[5] Gesellschaften und Lebensweisen „einfacher" Menschen rückten in den Mittelpunkt des wissenschaftlichen Interesses. Dennoch dauerte es noch eine Weile, bis neuere sozialwissenschaftliche Methoden auch auf das Schreiben von Biografien angewendet wurden und sozial-, wirtschafts- und alltagsgeschichtliche Ansätze Eingang in lebensgeschichtliche Darstellungen fanden. Gleichwohl blieben herausragende Männer und Politiker des 20. Jahrhunderts die Protagonisten zahlreicher Publikationen.

---

5   Hagen Schulze, Otto Braun oder Preußens demokratische Sendung. Eine Biographie, Berlin 1986, S. 511.

Dass die Biografie sowohl in der Literatur als auch in der Geschichtswissenschaft ein vornehmlich männlich besetztes Genre ist, konstatiert die Frauen- und Geschlechterforschung schon seit Jahrzehnten. Die Ursache dafür wird in der Entstehungsgeschichte der Biografie gesehen. Diese nahm ihren Anfang im biografischen Essay des 18. Jahrhunderts[6] und wurde dann zum bevorzugten Medium, in dem sich „die bürgerliche Klasse über sich selbst verständigt und ihre jeweiligen politischen Ziele und Normen in der Projektion auf eine historische Figur artikuliert".[7] Da Frauen nicht in exponierte politische Positionen gelangen konnten und ihnen die Teilhabe an maßgeblichen gesellschaftlichen Diskursen verwehrt blieb, war ihre Nichtbeachtung die Konsequenz.

Es galt also, weibliche Biografien zum Forschungsgegenstand zu erheben. Doch Angelika Schaser konstatierte noch für die bis Anfang der 1990er-Jahre veröffentlichten Bibliografien bzw. Forschungsberichte zur Frauengeschichte in Deutschland: „Auffallend ist das weitgehende Fehlen von biographischen Arbeiten, so als sei noch nicht sicher, ob das Leben von Frauen auch bedeutsam genug für eine Monographie wäre."[8] Es musste „um die Suche nach Methoden [gehen], mit denen eine autonome Erforschung weiblicher Realität im Interesse von Frauen gelingen kann".[9] Wandten sich Historikerinnen biografischen Forschungen zu, galt ihr Interesse zuerst Protagonistinnen, die in der „alten" Frauenbewegung eine Ausnahmeposition innehatten.[10] Dies erscheint folgerichtig, wenn man sich den engen Zusammenhang zwischen „neuer" Frauenbewegung und historischer Frauenforschung vor Augen hält. Doch es wird der Blick auf jene Frauen verstellt, die nicht vor einem bildungsbürgerlichen und liberalen Hintergrund den Weg in die (Frauen-)Politik fanden. Denn auch im links-proletarischen Milieu ließen sich zahlreiche Beispiele für jahrzehntelanges politisches Engagement von Frauen

6 Vgl. Helmut Scheuer, Biographie. Studien zur Funktion und zum Wandel einer literarischen Gattung vom 18. Jahrhundert bis zur Gegenwart, Stuttgart 1979.

7 Anne-Kathrin Reulecke, „Die Nase der Lady Hester". Überlegungen zum Verhältnis von Biographie und Geschlechterdifferenz, in: Hedwig Röcklein (Hrsg.), Biographie als Geschichte, Tübingen 1993, S. 117–141, hier S. 121. Vgl. auch Bettina Dausin, Biographieforschung als „Königinnenweg"? Überlegungen zur Relevanz biographischer Ansätze in der Frauenforschung, in: Angelika Diezinger u. a. (Hrsg.), Erfahrung mit Methode. Wege sozialwissenschaftlicher Frauenforschung, Freiburg 1994, S. 129–153, hier S. 129 f.

8 Angelika Schaser, Helene Lange und Gertrud Bäumer. Eine politische Lebensgemeinschaft, Köln/Weimar/Wien 2000, S. 23.

9 Dausin, Biographieforschung, S. 130.

10 Vgl. u. a. Schaser, Lange und Bäumer; Julia Meißner, Mehr Stolz, ihr Frauen! Hedwig Dohm – eine Biographie, Düsseldorf 1987; Angelika Epple, Henriette Fürth und die Frauenbewegung im deutschen Kaiserreich. Eine Sozialbiographie, Pfaffenweiler 1996.

anführen.[11] Im Mittelpunkt der Aktivitäten dieser Frauen stand allerdings weniger die Geschlechter- als vielmehr die Klassenfrage. Das Einbeziehen der Frauen aus dem links-proletarischen Umfeld in Fragestellungen nach politischen Handlungsspielräumen und Begrenzungen weiblicher Akteure im 20. Jahrhundert, nach der Anpassung an oder der Abgrenzung von männlichen Verhaltensmustern sowie nach der Vereinbarkeit von öffentlichem Engagement, Erwerbs- und Familienleben ist jedoch lohnenswert. Denn im Gegensatz zu Vertreterinnen der Frauenbewegung oder liberalen Politikerinnen lebten diese Frauen in festen Partnerschaften und Ehen, waren oft Mütter, und viele wollten ihre Partnerschaft als „Kameradschaftsehe" verstanden wissen, die eine berufliche Tätigkeit, Kinder und politisches Engagement weiterhin ermöglichen sollte.[12]

Im Gegensatz zur DDR, die den kommunistischen Widerstand im Interesse ihrer Staatsdoktrin missbrauchte, überhöhte und in der Öffentlichkeit und in Schullehrplänen zumeist unkritisch und heroisiert darstellte, wurde in der Bundesrepublik bis in die späten 1970er-Jahre der Anteil der Kommunisten im Widerstand allenfalls akademisch diskutiert und in der offiziellen Gedenkkultur negiert. Hans Mommsen konstatiert, dass sich „bereits seit den 1960er Jahren [...] die zeitgeschichtliche Forschung und Publizistik in Deutschland zunehmend dem Schicksal der Opfer des Regimes zugewandt"[13] habe. Dies kann jedoch nicht für die Gesamtheit der Opfer gelten. Erst im Zuge einer breiten Diskussion zur Definition des Widerstandsbegriffs und der damit verbundenen Einbindung jeder Form von Opposition, Verweigerung und Obstruktion rückte auch der kommunistische Widerstand stärker in den Fokus.[14] Auch die seit den 1970er- und 1980er-Jahren entstehenden Gruppen und Initiativen politisch Engagierter in zumeist lokalen Zusammenhängen erreichten mit ihren Aktionen die Verankerung des linken und des kommunistischen Widerstandes im gesellschaftlichen Bewusstsein. Die Gründe für die langjährige Ausgrenzung sind vor allem politischer Natur, haben ihre Ursache jedoch auch in den gebrochenen Biografien der Protagonisten, die im Kampf gegen die nationalsozialistische Diktatur ihr Leben aufs Spiel gesetzt hatten und sich gleichzeitig ihr Leben lang dem Sowjetregime verbunden fühlten und

11 Hierzu zählen auch Frauen aus bildungsbürgerlichen Familien, die sich der KPD anschlossen, vgl. z. B. die Biografien von Ruth Fischer und Margarete Buber-Neumann. Vgl. Sabine Hering/Kurt Schilde, Kampfname Ruth Fischer. Wandlungen einer deutschen Kommunistin, Frankfurt a. M. 1995; Margarete Buber-Neumann, Als Gefangene bei Stalin und Hitler. Ein Welt im Dunkel, Frankfurt a. M. 1993.

12 Zu den Ausgrenzungen und Benachteiligungen, die diese Idealvorstellung mit sich brachte, und wie schnell diese als Wunschbild entlarvt wurde, vgl. vor allem Kap. I.

13 Mommsen, Forschungskontroversen, S. 15.

14 Wolfgang Benz/Walter Pehle (Hrsg.), Lexikon des deutschen Widerstandes, Frankfurt a. M. 1994, S. 9 und 28–41. Vgl. auch Orth, Historiografie, S. 582 ff.

loyal blieben und von denen viele den stalinistischen „Säuberungen" zum Opfer
fielen. Die Verwerfungen und die Komplexität dieser Biografien erschweren insbesondere außerhalb der akademischen Beschäftigung den Zugang zu ihnen, da sie
sich einfachen Zuschreibungen, etwa denen von Opfern und Tätern, entziehen.

Der Widerstand der Kommunisten gegen die NS-Diktatur forderte extrem
viele Tote, wenngleich seine Wirkung gering blieb. Gleichwohl bezeugt diese
Opferbereitschaft, dass – anders als in der Altbundesrepublik überliefert – nicht
nur konservative Angehörige der militärischen, bürokratischen und politischen
Eliten Widerstand gegen das NS-Regime leisteten.

Die Biografien von KPD-Mitgliedern, linken NS-Gegnern und ehemaligen
KZ-Häftlingen ermöglichen es, Rückschlüsse auf allgemeinere Fragestellungen,
gruppentypische Verhaltensmuster und Entscheidungsabläufe in historischen
Zusammenhängen zu ziehen, deren Ablauf nur auf den ersten Blick hinreichend bekannt zu sein scheint. Biografien wie die Erika Buchmanns können
hier zum besseren Verständnis und zur Einordnung dieser Personengruppen in
die deutsche Geschichte des 20. Jahrhunderts beitragen. Erika Buchmann bot
sich nicht – wie Sophie Scholl in der Bundesrepublik, Liselotte Herrmann oder
Olga Benário-Prestes in der DDR – als Identifikationsfigur des Widerstandes an.
Nicht zuletzt weil sie ermordet worden waren, konnten diese drei Frauen politisch instrumentalisiert werden und als Projektionsfläche für eigene Frauen- und
Gesellschaftsbilder dienen. Liselotte Herrmann und Olga Benário-Prestes wurden in der DDR zum Sinnbild der „guten deutschen Mutter" und verkörperten
beispielhaft den Widerstand der Deutschen gegen die NS-Diktatur. Aber gerade
jenseits dieser symbolträchtig aufgeladenen Biografien zeigt die Normalität der
Lebensgeschichte Erika Buchmanns den selbstverständlichen Alltag zahlreicher
Frauen aus dem linken, insbesondere dem kommunistischen, Milieu, der zwischen politischem Engagement und dem Leben als Ehefrau und Mutter organisiert werden musste.

Fragestellung und methodische Überlegungen

Als außergewöhnlich engagierte politische Akteurin im Deutschland der Weimarer Republik und in beiden deutschen Staaten nach 1945 sowie als Zeugin und
Opfer des Nationalsozialismus kann die Lebensgeschichte Erika Buchmanns als
wichtiger Beitrag zur Politik-, aber auch zur Frauen- und Geschlechtergeschichte
gelesen werden. Die biografischen Nachforschungen ermöglichten Einblicke in
die individuelle Entwicklungsgeschichte einer politisch engagierten Frau des
20. Jahrhunderts. Erika Buchmann war teilweise an exponierter Stelle politisch

tätig und legte in autobiografischen Texten, Briefen und anderen Publikationen selbst Rechenschaft ab, nahm Wertungen vor und wollte Deutungshoheit erlangen. Ziel der vorliegenden Arbeit ist es, die Biografie einer Frau zu erforschen und dabei das Spezifische ihres Lebens im Kontext von Zeit- und Politikgeschichte herauszuarbeiten. Leitfrage ist, welche Entwicklungen und Einflüsse in einer konkreten historischen Situation dazu führten, dass sich eine Frau wie Erika Buchmann in der KPD, in Parlamenten, in Interessenverbänden und als Persönlichkeit mit vielfältigen Ausdrucksmöglichkeiten in beiden deutschen Staaten politisch engagierte. Dabei werden die gesellschaftlichen Rahmenbedingungen für ihre politische Arbeit analysiert sowie die persönlichen Intentionen für ihre Handlungen nachgezeichnet. Die Konfrontation dieser beiden Ebenen eröffnet Rückschlüsse auf Möglichkeiten, Handlungsräume und Grenzen des politischen Engagements von Erika Buchmann.

Prägend für die Biografie Erika Buchmanns waren vor allem drei Entscheidungen bzw. Ereignisse: die frühe und lebenslange Mitgliedschaft in der KPD und, daraus folgend, ihre Haft im Frauen-KZ Ravensbrück sowie ihre Übersiedlung in die DDR. Diese Einschnitte und Weichenstellungen sind die Grundlage für die Struktur meiner Untersuchung.

Der erste Fragenkomplex befasst sich mit der Bedeutung und den Auswirkungen der KPD-Mitgliedschaft Erika Buchmanns. Die KPD und deren politische Positionen waren für sie dauerhaft ideologische Heimat, Familie, Lebensaufgabe und Vision einer glücklichen Zukunft. Gleichzeitig war die KPD ihr Arbeitgeber. Es wird zu zeigen sein, ob und inwieweit die Fraktionskämpfe im Rahmen der Stalinisierung der Partei, die die KPD in den 1920er-Jahren beherrschten, im regional begrenzten Wirkungsbereich Erika Buchmanns eine Rolle spielten.

Der Münchner Parteibezirk war nachhaltig von der Niederschlagung der Münchner Räterepublik, dem Verbot der KPD und der Verhaftung führender Funktionäre betroffen. So dürfte die frühe Erfahrung der illegalen Arbeit in Bayern prägend für Erika Buchmann gewesen sein. In der Phase des gesellschaftlichen Umbruchs nach 1945 gehörte Erika Buchmann mit bereits 25-jähriger Parteizugehörigkeit und den überstandenen Hafterfahrungen zu den erfahrenen und respektierten politischen Akteuren der Nachkriegszeit. Wie selbstverständlich war für sie die Fortsetzung ihrer politischen Karriere nach den Erfahrungen der ersten Lebenshälfte? Auf den ersten Blick scheint sie ihr politisches Agieren immer kompromisslos an den Vorgaben ihrer Partei orientiert zu haben. Doch in ihrer Arbeit nach 1945, insbesondere bei ihrem Engagement für die Nationale Mahn- und Gedenkstätte Ravensbrück, finden sich zahlreiche Hinweise auf eigenständiges Handeln in Ausnahmesituationen oder auf von ihr initiierte und verantwortete Abweichungen von der vorgegebenen Parteilinie.

Diese Momente werden hervorgehoben und gleichzeitig Gründe benannt, die ihr offensichtlich verändertes Verständnis von politischem Engagement erklären. Die Rollenzuschreibung als „Quotenfrau mit begrenzten eigenen Ambitionen" greift zu kurz. Dies belegen der Überblick über die von Erika Buchmann bearbeiteten Themen, ihre Initiativen als Parlamentarierin und ihre Auseinandersetzungen mit einigen Mitgliedern des Politbüros der SED in Bezug auf die Entwicklung der KPD-Politik sowie jene innerhalb der Lagergemeinschaft Ravensbrück. Sie überschritt damit keineswegs zufällig den für Ehefrauen oder Partnerinnen von KPD/SED-Funktionären vorgegebenen politischen Aktionsradius, der sich in der Regel auf die Frauen- und Sozialpolitik oder auf die Leitung von KPD/SED-nahen Organisationen beschränkte.[15] Ein Vergleich mit anderen KPD-(Ehe-)Paaren drängt sich hier auf, so zum Beispiel mit bekannten Paaren wie Heinz Neumann und Margarete Buber-Neumann, Hermann und Jenny Matern oder mit weniger bekannten Namen wie Robert und Gertrud Leibbrand, Friedrich Schlotterbeck und seiner Frau Anna (geschiedene Leibbrand). Diesem Vergleich konnte im Rahmen dieser Arbeit nicht nachgegangen werden, zumal auch nicht auf andere Forschungsarbeiten zurückgegriffen werden konnte. Lohnend wäre eine intensive Auseinandersetzung mit diesem Thema allemal, da so nicht nur die Biografien der Frauen in den Fokus gerieten, sondern auch neue Erkenntnisse über die politische Arbeit ihrer Partner zu erwarten wären.

Der zweite Fragenkomplex wendet sich der Bedeutung der KZ-Haft für das weitere politische Engagement Erika Buchmanns zu. Die Erfahrung einer Extremsituation wurde zum wesentlichen Wendepunkt, zum konstitutiven Bezugspunkt der eigenen Biografie. Es ist zu prüfen, ob die überstandene Haft den Ausschlag für ihre hauptberufliche Karriere als Politikerin nach 1945 gab. Erika Buchmanns eigene Darstellung ihrer Hafterfahrung erweckt den Eindruck, dass für sie die Zeit im Konzentrationslager von der Verantwortung für andere Häftlinge, von sinnvollem Handeln und persönlicher Bestätigung, aber auch erstmalig von dem Gefühl von Macht und Entscheidungsgewalt geprägt war. Es wird zu zeigen sein, wie diese Erfahrungen nach 1945 in ihrer täglichen politischen Arbeit einen Niederschlag fanden. Offensichtlich war es nach 1945 in der Öffentlichkeit der Amerikanischen Besatzungszone nicht von Vorteil, sondern eher ein Stigma, Kommunistin und KZ-Überlebende zu sein. Das Wissen, schon einmal und unter ungleich lebensbedrohlicheren Bedingungen widerstanden zu haben, erleichterte

---

15 Vgl. die Lebensgeschichten von Jenny Matern, Friedel Malter, Elli Schmidt, Lotte Ulbricht und Margot Honecker. Vgl. auch Renate Genth u. a., Frauenpolitik und politisches Wirken von Frauen im Berlin der Nachkriegszeit 1945–1949, Berlin 1996, S. 279, 302 f., 319 ff.

Erika Buchmann den Alltag als exponiert agierendes KPD-Mitglied. Darüber hinaus wurde die Erfahrung von Freundschaft und Verbundenheit während der verschiedenen Haftstationen zum Ausgangspunkt einer differenzierteren Haltung Erika Buchmanns zur SED. Das Fortbestehen dieser Gemeinschaft in den Jahrzehnten nach der Haft ermutigte sie zu eigenständigem Agieren. Gleichwohl war dies auch mit der Erkenntnis verbunden, dass weder die Partei noch die Mehrzahl der ehemaligen politischen Mithäftlinge ihre unangepassten Aktivitäten tolerieren wollten.

Im Mittelpunkt des dritten Fragekomplexes steht das veränderte politische Agieren Erika Buchmanns in der DDR. Der Umzug in die DDR, der durch den Verlust des Landtagsmandates und das Verbot der KPD ausgelöst worden war, bedeutete einen weiteren Wandel und Einschnitt in der politischen Arbeit Erika Buchmanns. Nach ihrem Selbstverständnis war sie zwar in der politischen Heimat angekommen, doch gleichzeitig verlor nun die SED für sie die frühere Funktion einer für das politische Leben maßgeblichen Instanz. An die Stelle der Partei scheint die Einbettung in die politisch weniger homogen agierende Gruppe der ehemaligen politischen Häftlinge des Frauen-KZ Ravensbrück getreten zu sein. Gab es einen erzwungenen Rückzug als Politikerin aus der Öffentlichkeit der DDR?[16] Handelte es sich bei diesem neuen, dezidierten Auftreten als KZ-Überlebende und dem Engagement für die Nationale Mahn- und Gedenkstätte Ravensbrück um ein „Stellvertreter-Engagement", weil Erika Buchmann aus Gründen, die es zu untersuchen gilt, in der DDR nicht die erwartete Aufgabe und Anerkennung als Politikerin fand?

Erika Buchmann glaubte, in der DDR die gesellschaftlichen Rahmenbedingungen für eine differenzierte Auseinandersetzung mit der eigenen Haft vorzufinden. Der späte Versuch, 1961 im Rahmen eines Theaterstückes die Rolle der politischen Häftlinge und damit möglicherweise auch die eigene Rolle im KZ Ravensbrück kritisch zu hinterfragen, brachte auch Konflikte innerhalb der Häftlingsgesellschaft zur Sprache und ging damit über die in der DDR üblichen, geglätteten Darstellungen und eindeutig positiven und negativen Rollenzuweisungen hinaus.[17]

---

16 Vgl. Genth u. a., Frauenpolitik, S. 279. Pawlowski bemerkt hier, dass aufgrund der veränderten frauenpolitischen Schwerpunktsetzung der SED in den frühen 1960er-Jahren Frauen in einflussreichen Staatsämtern zur Seltenheit wurden. Ein zuvor schon niedriger Stand verschlechterte sich also noch weiter.

17 Vgl. Klaus Jarmatz (Hrsg.), Ravensbrücker Ballade oder Faschismusbewältigung in der DDR. Mit einem Essay von Hedda Zinner, Berlin 1992, S. 81 f. und 84.

Forschungsstand und Quellenlage

Die vorliegende Arbeit erschließt Neuland. Mit Ausnahme einer Magisterarbeit,[18] die sich hauptsächlich der KZ-Haft Erika Buchmanns widmete, existiert bislang keine wissenschaftliche Studie über ihren Lebensweg. Damit ist erstmals im deutschsprachigen Raum das Leben eines ehemaligen Ravensbrücker Häftlings Thema einer Dissertation. Hierfür haben zahlreiche Forschungsarbeiten zur Geschichte der KPD, zur Frühphase der Bundesrepublik, zur Geschichte Bayerns und Baden-Württembergs sowie zur DDR- und SED-Geschichte wichtige Grundlagen geschaffen.[19] Ähnlich verhält es sich mit den Untersuchungen zur Geschichte des Frauen-Konzentrationslagers Ravensbrück.[20] Während bis 1989/90 praktisch keine differenzierte deutschsprachige Forschung zu Ravensbrück existierte,[21] wurde in den vergangenen zwanzig Jahren eine Reihe von Monografien und Aufsätzen vorgelegt.[22] Darüber hinaus sind Frauen in Konzentrationslagern inzwi-

---

18 Weichelt, Überleben.

19 Heike Amos, Die Westpolitik der SED 1948/49–1961. „Arbeit nach Westdeutschland!" durch die Nationale Front, das Ministerium für Auswärtige Angelegenheiten und das Ministerium für Staatssicherheit, Berlin 1999; Martin Broszat/Hartmut Mehringer (Hrsg.), Bayern in der NS-Zeit, 6 Bde., München 1977–1983; Christoph Kleßmann, Die doppelte Staatsgründung. Deutsche Geschichte 1945–1955, Bonn 1991; ders., Zwei Staaten, eine Nation. Deutsche Geschichte 1955–1970, Bonn 1997; Jens Ulrich Klocksin, Kommunisten im Parlament. Die KPD in Regierungen und Parlamenten der westdeutschen Besatzungszonen und der Bundesrepublik Deutschland (1945–1956), Bonn 1993; Hans Kluth, Die KPD in der Bundesrepublik. Ihre politische Tätigkeit und Organisation 1945–1956, Köln 1959; Klaus-Michael Mallmann, Kommunisten in der Weimarer Republik. Sozialgeschichte einer revolutionären Bewegung, Darmstadt 1996; Thomas Schnabel, Württemberg zwischen Weimar und Bonn 1928 bis 1945/46, Stuttgart 1986; Richard Stöss (Hrsg.), Parteien-Handbuch. Die Parteien der Bundesrepublik Deutschland 1945–1980, Bd. 2: FDP bis WAV, Opladen 1984; Frank Thomas Stößel, Positionen und Strömungen in der KPD/SED 1945–1954, Köln 1985; Hermann Weber/Andreas Herbst, Deutsche Kommunisten. Biographisches Handbuch 1918–1945, Berlin 2004; Wolfgang Zorn, Bayerns Geschichte im 20. Jahrhundert. Von der Monarchie zum Bundesland, München 1986; Jill Stephenson, Hitler's Home Front. Württemberg under the Nazis, London 2006.

20 Während Mommsen in den vergangenen Jahren ein Übergewicht der DDR-Forschung gegenüber Arbeiten zur NS-Zeit konstatiert (vgl. Mommsen, Forschungskontroversen, S. 14), sieht Orth den „Boom der KZ-Forschung ungebrochen" (vgl. Orth, Historiografie, S. 586) und geht von heute schätzungsweise rund 20 000 Studien weltweit zur nationalsozialistischen Verfolgungs- und Vernichtungspolitik aus (vgl. ebenda, S. 579).

21 Einzige Ausnahme ist der 1970 erstmals veröffentlichte Aufsatz von Ino Arndt zum Frauen-KZ Ravensbrück. Vgl. Ino Arndt, Das Frauenkonzentrationslager Ravensbrück, in: Dachauer Hefte 3 (1987), S. 125–158.

22 Vgl. u. a. Helga Amesberger/Brigitte Halbmayr, Vom Leben und Überleben – Wege nach Ravensbrück. Das Frauenkonzentrationslager in der Erinnerung, 2 Bde., Wien 2001; Linde

schen selbstverständlich Gegenstand verschiedener Gesamtdarstellungen zur Geschichte der Konzentrations- und Vernichtungslager.[23] Auf die große Anzahl der inzwischen publizierten Lebensgeschichten von ehemaligen Häftlingen, aber auch von Täterinnen wurde zu Beginn der Einleitung bereits verwiesen.[24] Obwohl

Apel, Jüdische Frauen im Konzentrationslager Ravensbrück 1939–1945, Berlin 2003; Simone Erpel, Zwischen Vernichtung und Befreiung. Das Frauen-Konzentrationslager Ravensbrück in der letzten Kriegsphase, Berlin 2005; Jacobeit/Philipp (Hrsg.) Forschungsschwerpunkt Ravensbrück; Constanze Jaiser, Poetische Zeugnisse, Gedichte aus dem Frauen-Konzentrationslager Ravensbrück 1939–1945, Stuttgart/Weimar 2000; Christa Schikorra, Kontinuitäten der Ausgrenzung. „Asoziale" Häftlinge im Frauen-Konzentrationslager Ravensbrück, Berlin 2001; Bernhard Strebel, Das KZ Ravensbrück. Geschichte eines Lagerkomplexes. Mit einem Geleitwort von Germaine Tillion, Paderborn 2003; Grit Philipp, Kalendarium der Ereignisse im Frauen-Konzentrationslager Ravensbrück 1939–1945, Berlin 1999.

23 Vgl. u. a. Barbara Distel, Frauen in nationalsozialistischen Konzentrationslagern – Opfer und Täterinnen, in: Wolfgang Benz/Barbara Distel (Hrsg.), Der Ort des Terrors. Die Geschichte der nationalsozialistischen Konzentrationslager. Bd. 1: Die Organisation des Terrors, München 2005, S. 195–209.

24 Dabei handelt es sich hauptsächlich um Magisterarbeiten sowie Dissertationen: u. a. Julia Duesterberg, Dorothea Binz, Biografie einer NS-Täterin; dies., Von der „Umkehr aller Weiblichkeit". Charakterbilder einer KZ-Aufseherin, in: Insa Eschebach u. a. (Hrsg.), Gedächtnis und Geschlecht. Deutungsmuster in Darstellungen des nationalsozialistischen Genozids, Frankfurt a. M./New York 2002, S. 227–243; Bettina Durrer, Als Funktionshäftling im KZ Ravensbrück. Die Blockälteste Carmen Maria Mory, unveröffentlichte Magisterarbeit, Universität Heidelberg 1996; dies., Eine Verfolgte als Täterin? Zur Geschichte der Blockältesten Carmen Maria Mory, in: Sigrid Jacobeit/Grit Philipp (Hrsg.), Forschungsschwerpunkt Ravensbrück. Beiträge zur Geschichte des Frauen-Konzentrationslagers, Berlin 1997, S. 86–93; Claudia Eger, Katharina Staritz, eine Theologin im Widerstand?, unveröffentlichte Diplomarbeit, Pädagogische Hochschule Heidelberg 1999; Sabine Kittel, „Places for the Displaced". Biografische Bewältigungsmuster von weiblichen jüdischen Konzentrationslager-Überlebenden in den USA, Berlin 2006; Kathrin Mess, „... als fiele ein Sonnenschein in meine einsame Zelle." Das Tagebuch der Luxemburgerin Yvonne Useldinger aus dem Frauen-KZ Ravensbrück, Berlin 2008; Monika Müller, Die Oberaufseherinnen des Frauenkonzentrationslagers Ravensbrück. Funktionsanalyse und biografische Studien, unveröffentlichte Magisterarbeit, Albert-Ludwigs-Universität Freiburg 2001; Silke Schäfer, Zum Selbstverständnis von Frauen im Konzentrationslager. Das Lager Ravensbrück, Diss. (elektronische Ressource), Technische Universität Berlin 2002; Ulrike Steenbuck, Dr. Herta Oberheuser. Tätigkeit im Dritten Reich und Lebensweg nach 1945, unveröffentlichte Magisterarbeit, Christian-Albrechts-Universität Kiel 1994; Katrin Stoll, SS-Arzt Walter Sonntag. Profil eines medizinischen Täters, unveröffentlichte Magisterarbeit, Universität Bielefeld 2002; Grit Weichelt, Überleben im KZ Ravensbrück. Zur Geschichte der Erika Buchmann in den Jahren 1942 bis 1945, unveröffentlichte Magisterarbeit, Technische Universität Berlin 1994; Anja Wißmann, Die Publizistin Margarete Buber-Neumann und die totalitären Erfahrungen des 20. Jahrhunderts, unveröffentlichte Magisterarbeit, Universität Bochum 2000; Lavern Wolfram, Schuldig oder Opfer? Der Fall Margot Pietzner. Musea-

es zu einer erheblichen Auffächerung der Forschungsfelder kam, fehlt es gleichwohl nach wie vor an wissenschaftlichen Untersuchungen zu wichtigen Aspekten der Geschichte des KZ Ravensbrück. Hierzu zählen zum Beispiel das Verhältnis der in Ravensbrück inhaftierten Nationen untereinander, die Zusammenarbeit in der sogenannten Häftlingsselbstverwaltung und die Resistenz bis hin zum Widerstand der einzelnen Nationalitäten und Haftgruppen.

Zurückkommend auf die besondere Rolle, die die KPD-Mitgliedschaft im Leben Erika Buchmanns spielte, lässt sich konstatieren, dass die Geschichte der KPD im Kontext der Geschichte der Arbeiterbewegung oder als Organisationsgeschichte umfangreich bearbeitet wurde.[25] Bis heute fehlen dagegen biografische Studien, die den familiären Raum in der „männerbündischen Gemeinschaft"[26] KPD, insbesondere in den Familien der Funktionäre der Weimarer KPD, aus der Sicht der Frauen und deren Rolle beleuchten. Dass die KPD als männerbündische Gemeinschaft funktionierte, ist in der Forschung hinreichend diskutiert,[27] auch

---

lisierung einer Biografie, unveröffentlichte Magisterarbeit, Humboldt Universität Berlin 2004; dies., Margot Pietzners autobiographische Aufzeichnungen „Schuldig oder Opfer?". Selbstwahrnehmung einer ehemaligen SS-Aufseherin in ihren Selbstzeugnissen, in: Viola Schubert-Lehnhardt/Sylvia Korch (Hrsg.), Frauen als Täterinnen und Mittäterinnen im Nationalsozialismus. Gestaltungsspielräume und Handlungsmöglichkeiten. Beiträge zum 5. Tag der Frauen- und Geschlechterforschung an der Martin-Luther-Universität Halle-Wittenberg, Halle 2006, S. 115–131; Johannes Schwartz, Handlungsräume einer KZ-Aufseherin. Dorothea Binz – Leiterin des Zellenbaus und Oberaufseherin, in: Simone Erpel (Hrsg.), Im Gefolge der SS. Aufseherinnen des Frauenkonzentrationslagers Ravensbrück, 2. Aufl., Berlin 2011, S. 59–71.

25　Vgl. u. a. Werner T. Angress, Die Kampfzeit der KPD. 1921–1923, Düsseldorf 1973; Ossip K. Flechtheim, Die KPD in der Weimarer Republik, Hamburg 1986; Georg Fülberth, Die Beziehungen zwischen SPD und KPD in der Kommunalpolitik der Weimarer Periode 1918/19 bis 1933, Köln 1985; Detlev J. K. Peukert, Die Weimarer Republik. Krisenjahre der klassischen Moderne, Frankfurt a. M. 1987; Gerhard A. Ritter (Hrsg.), Geschichte der Arbeiter und der Arbeiterbewegung in Deutschland seit dem Ende des 18. Jahrhunderts, insb. Bde. 9–12, Bonn 1985–1999; Hermann Weber, Die Wandlung des deutschen Kommunismus. Die Stalinisierung der KPD in der Weimarer Republik, 2 Bde., Frankfurt a. M. 1969; ders., Verbrechen im Namen der Idee, Terror im Kommunismus 1936–1938, Berlin 2007; ders., „Weiße Flecken" in der Geschichte. Die KPD-Opfer der Stalinschen Säuberungen und ihre Rehabilitierung, Frankfurt a. M. 1989; Klaus Kinner, Der deutsche Kommunismus. Selbstverständnis und Realität, 4 Bde., Berlin 1999–2009; Friedhelm Boll (Hrsg.), Verfolgung und Lebensgeschichte. Diktaturerfahrungen unter nationalsozialistischer und stalinistischer Herrschaft in Deutschland, Berlin 1997.

26　Mallmann, Kommunisten, S. 131.

27　Vgl. u. a. Sonja Schwestka, Agitation und Propaganda der kommunistischen Frauenbewegung Deutschlands in der Weimarer Republik, Wien 1983; Silvia Kontos, Die Partei kämpft wie ein Mann. Frauenpolitik der KPD in der Weimarer Republik, Basel 1979; Atina Gross-

wenn die letzten Arbeiten dazu mehr als zehn Jahre zurückliegen. Der Umstand, dass die Ehefrauen kommunistischer Funktionäre in der Regel den eigenen Beruf aufgaben, zumal wenn Kinder geboren wurden, um dann als Hausfrauen in den Statistiken zu erscheinen,[28] führt oft in die Irre. Es ist zu vermuten, dass zahlreiche Partnerschaften nach diesem Schema funktionierten, dass diese Klassifizierung aber, wie am Beispiel Erika Buchmanns gezeigt wird, in der Praxis zu kurz greift.[29] Durch das Verdikt der KPD, dass nicht beide Ehepartner durch die Partei hauptamtlich beschäftigt werden sollten, was sowohl für Funktionäre als auch für Mitarbeiter galt, blieben die oft als ehrenamtlich weiter bestehenden Leistungen und Verpflichtungen der Frauen ohne Beachtung und Würdigung. So lassen sich bis heute die Auswirkungen dieser Parteiarbeit, die über das Kassieren von Mitgliedsbeiträgen hinausging, von der Forschung nur schwer erfassen. Um jedoch abschließend beurteilen zu können, wie repräsentativ die Lebenssituation Erika Buchmanns in den 1920er- und 1930er-Jahren tatsächlich war, bedarf es weiterer Studien zu Lebensweg und Alltag von Frauen im links-proletarischen und insbesondere im kommunistischen Milieu. Die Biografie zu Erika Buchmann unternimmt erstmals den Versuch, die in diesem Bereich der KPD-Forschung bestehenden Defizite abzutragen. Dies ist auch von Bedeutung, weil die Biografie 50 Jahre KPD-Geschichte umspannt, sodass Veränderungen und Konstanten im innerfamiliären Verständnis von Frauen in der KPD-Politik deutlich werden. Es gibt zahlreiche Hinweise, dass in anderen Funktionärspartnerschaften vergleichbare familiäre Modelle wie das der Familie Buchmann üblich waren.

Als überaus schwierig bei der Erarbeitung der Biografie Erika Buchmanns erwies sich der Umstand, dass bis heute strukturgeschichtliche Arbeiten zur

mann/Elisabeth Meyer-Renschhausen, Frauen und Arbeiterbewegung in Deutschland 1914–1938, in: Ernest Bornemann (Hrsg.), Arbeiterbewegung und Feminismus. Berichte aus vierzehn Ländern, Frankfurt a. M. 1982, S. 54–61; Karen Hagemann, Frauenalltag und Männerpolitik. Alltagsleben und gesellschaftliches Handeln von Arbeiterfrauen in der Weimarer Republik, Bonn 1990; Atina Grossmann, German Communism and New Women. Dilemmas and Contradictions, in: Helmut Gruber/Pamela Graves (Hrsg.), Women and Socialism, Socialism and Women. Europe between the two world wars, New York/Oxford 1998. Auffällig ist hier wie bei der Mehrzahl der Literatur, die sich mit Detailfragen der KPD-Geschichte beschäftigt, dass es sich um Publikationen älteren Datums handelt, die lange vor dem Zusammenbruch der sozialistischen Staaten und der damit einhergehenden Öffnung der Archive entstanden sind.

28 Hans-Jürgen Arndt, Weibliche Mitglieder der KPD in der Weimarer Republik – Zahlenmäßige Stärke und soziale Stellung, in: BzG 19 (1977), S. 652–660.

29 Vgl. Lina Haag, Eine Handvoll Staub, Frankfurt a. M. 1977 (1. Aufl. 1947); Neuauflage: Lina Haag, Eine Handvoll Staub. Widerstand einer Frau 1933 bis 1945. Mit einem Nachwort von Barbara Distel, Tübingen 2004; Anna Schlotterbeck, Die verbotene Hoffnung. Aus dem Leben einer Kommunistin, Hamburg 1990.

Geschichte der KPD, wie die Geschichte der KPD in (Baden-)Württemberg vor und nach 1945, entweder gänzlich fehlen oder ihr Erscheinen mehrere Jahrzehnte zurückliegt.[30] Dieser Mangel überrascht umso mehr, als die Geschichte des Kommunismus gemeinhin als erschöpfend bearbeitet und erforscht wahrgenommen wird. Klaus-Michael Mallmann bezeichnete 1995 die Geschichte des deutschen Kommunismus als Terra incognita, ein Befund, an dem sich auch mehr als zehn Jahre später nichts geändert hat.[31] Die Geschichtsschreibung der DDR, den politischen Vorgaben der SED verpflichtet, wich in der Erforschung der Geschichte der KPD selten von einer unkritischen und jahrzehntelang wesentliche Ereignisse verschweigenden Darstellung ab. In der Bundesrepublik galt das Stalinisierungsmodell als alles erklärende und abschließende Lehrmeinung. Mallmann stellte dies Mitte der 1990er-Jahre infrage; seine Sozialgeschichte des deutschen Kommunismus sowie die darin benannten Forschungsdefizite waren jedoch keine Initialzündung für weitere Studien. Immerhin aber bot das 2004 veröffentlichte Biografische Handbuch der deutschen Kommunisten für die Erarbeitung der Biografie Erika Buchmanns eine wichtige Hilfe.[32]

Demgegenüber fand Erika Buchmann als prominenter Funktionshäftling im Frauen-KZ Ravensbrück und als engagierte Akteurin der Nachkriegsjahre in zahlreichen veröffentlichten und unveröffentlichten Erinnerungsberichten Überlebender[33] sowie in wissenschaftlichen und populären Darstellungen[34] häufig und zum Teil ausführlich Erwähnung. Zudem wurde aus ihren Publikationen zitiert. Zahlreiche Arbeiten zur Geschichte des Frauen-KZ Ravensbrück sowie Untersuchungen zu Detailfragen der Lagergeschichte halfen, die Umstände der zweimaligen KZ-Haft Erika Buchmanns zu rekonstruieren. Da jedoch bis heute keine Forschungsliteratur zur Geschichte der deutschen sowie der nicht deutschen kom-

30 Vgl. exemplarisch Flechtheim, KPD; Klocksin, Kommunisten; Kluth, KPD; Hartmut Mehringer, Die KPD in Bayern 1919–1945. Vorgeschichte, Verfolgung, Widerstand, in: Martin Broszat/Hartmut Mehringer (Hrsg.), Bayern in der NS-Zeit, Bd. 5: Die Parteien KPD, SPD, BVP in Verfolgung und Widerstand, München 1983, S. 1–286; Ulrich Neuhäußer-Wespy, Die KPD in Nordbayern 1919 bis 1933. Ein Beitrag zur Regional- und Lokalgeschichte des deutschen Kommunismus, Nürnberg 1981; Dietrich Staritz, Die Kommunistische Partei Deutschlands, in: Stöss (Hrsg.), Parteien-Handbuch, S. 1663–1809; Weber, Wandlung.
31 Mallmann, Kommunisten, S. 2.
32 Weber/Herbst, Kommunisten.
33 Vgl. u. a. SAPMO-BArch NY 4178/52, Bl. 97 ff.; Anise Postel-Vinay, Die Massentötung durch Gas in Ravensbrück, in: Germaine Tillion, Frauenkonzentrationslager Ravensbrück, Lüneburg 1998, S. 357–396; Antonina Nikiforowa, Powest o borbe i druschbe, Moskva 1967, S. 204.
34 Vgl. u. a. Erpel, Vernichtung; Philipp, Kalendarium; Schikorra, Ausgrenzung; Strebel, Ravensbrück.

munistischen Häftlinge vorliegt, blieben Erinnerungsberichte überlebender Häftlinge eine wesentliche Quellengrundlage. Die Kontroverse nach 1945 zwischen den
weiblichen politischen Häftlingen, die als Kommunistinnen durch ihre Position als
sogenannte Funktionshäftlinge zu Beschützerinnen ihrer Mithäftlinge und/oder
zu Helferinnen der SS wurden, zeigt, dass es jenseits der Stereotype vom gemeinsamen Kampf gegen den Nationalsozialismus und der Solidarität zwischen den
Kommunistinnen noch wesentliche Forschungsdefizite zu bearbeiten gilt. So bleibt
auch zu prüfen, ob die Bewertungen zu den „roten Kapos von Buchenwald" ebenso
auf ein Frauen-Konzentrationslager zutreffen.[35] Im Mittelpunkt der Forschung zur
Geschichte der Mahn- und Gedenkstätte Ravensbrück stand bisher weniger die
Geschichte der Gedenkstätte selbst, sondern eher Untersuchungen zu Formen
und Praxis des Gedenkens. Die Mitarbeit Erika Buchmanns war hier von zentraler
Bedeutung, erfuhr aber weder in Publikationen noch in der Ravensbrücker Ausstellung „Die Sprache des Gedenkens" eine angemessene Würdigung.[36]

In biografischen Lexika zur Parlaments-, Partei- und Widerstandsgeschichte
trat Erika Buchmann bisher nur als Ehefrau Albert Buchmanns in Erscheinung.[37]
Lediglich die 1992 von Ina Hochreuther veröffentlichte Überblicksdarstellung zu
den südwestdeutschen Abgeordneten seit 1919 widmet Erika Buchmann einen
längeren Abschnitt.[38] Leider blieben jedoch auch in der Neuauflage, die anlässlich
des 50. Jahrestages der Gründung des Landes Baden-Württemberg erschien, feh-
lerhafte Angaben zu Erika Buchmanns Haftzeit und ihrem Wirken als Stuttgarter
Gemeinderätin unkorrigiert. Zuletzt erfuhr Erika Buchmanns Anteil am Zustandekommen der ersten umfasenderen deutschen Darstellung zur Geschichte des
Frauen-KZ Ravensbrück 1959 und bei der Entstehung der „Ravensbrücker Bal-

35 Lutz Niethammer (Hrsg.) unter Mitarbeit von Karin Hartewig, Der „gesäuberte" Antifaschismus. Die SED und die roten Kapos von Buchenwald, Berlin 1995. Die Bezeichnung „Kapo"
für einen weiblichen Funktionshäftling war im Frauen-KZ Ravensbrück nicht gebräuchlich.
Vgl. auch KZ-Gedenkstätte Neuengamme (Hrsg.), Abgeleitete Macht. Funktionshäftlinge
zwischen Widerstand und Kollaboration, Bremen 1998 (Beiträge zur Geschichte der nationalsozialistischen Verfolgung in Norddeutschland, Bd. 4).

36 Erika Schwarz/Simone Steppan, Die Entstehung der nationalen Gedenkstätte Ravensbrück,
1945–1959, in: Insa Eschebach u. a. (Hrsg.), Die Sprache des Gedenkens. Zur Geschichte
der Gedenkstätte Ravensbrück 1945–1995, Berlin 1999. Diese Publikation ist der Begleitband zu der gleichnamigen, im November 1999 eröffneten Ausstellung in der Mahn- und
Gedenkstätte Ravensbrück.

37 Vgl. Schumacher, Martin (Hrsg.), M. d. R. Die Reichstagsabgeordneten der Weimarer Republik in der Zeit des Nationalsozialismus. Politische Verfolgung, Emigration und Ausbürgerung 1933–1945. Eine biographische Dokumentation, Düsseldorf 1991, S. 158; Weber/
Herbst, Kommunisten, S. 130.

38 Ina Hochreuther, Frauen im Parlament. Südwestdeutsche Abgeordnete seit 1919, Stuttgart
1992, S. 129 f.

lade" 1961 in Simone Barcks Studie über den Antifaschismus in der DDR eine
angemessene Würdigung und differenzierte Einordnung.[39]

Diese Arbeit basiert in wesentlichen Teilen auf dem Nachlass von Erika und
Albert Buchmann. Der größte Teil ist im Bundesarchiv, Stiftung Archiv der Parteien und Massenorganisationen der DDR aufbewahrt und konnte hier erschlossen werden. Ein weiterer Teil des Nachlasses, der vor allem den Lebensabschnitt
in der DDR betrifft, befindet sich im Archiv der Mahn- und Gedenkstätte Ravensbrück. Der gesamte Bestand ist nicht nur für den politischen, beruflichen und
privaten Lebensweg Erika Buchmanns überaus aufschlussreich. Er wird darüber
hinaus durch persönliche Dokumente beider Eheleute, durch umfangreiche Korrespondenzen mit ihren Kindern, den Eltern und Halbgeschwistern Erika Buchmanns, den Geschwistern Albert Buchmanns zwischen 1882 und 1987 sowie
Fotos ergänzt.

Der Buchmann-Nachlass wurde im Zentralen Parteiarchiv der SED archi-
viert, wohin er nach dem Tod Albert Buchmanns in mehreren Etappen gelangte.
Die Übergabe der Dokumente erfolgte zwischen 1976 und 1987 durch die Tochter Ingeborg (Inge) Buchmann. Weitere Teile des Nachlasses wurden 1988/89
von Sophie und Ewald Kaiser, einem mit den Buchmanns befreundeten Ehepaar,
an das Parteiarchiv übergeben. Der Teil des Nachlasses, der sich im Archiv der
Mahn- und Gedenkstätte Ravensbrück befindet, wurde 2001 von John Erpenbeck, dem Sohn Hedda Zinners, einer langjährigen Freundin Erika Buchmanns,
der Gedenkstätte überlassen.[40] In welchem Umfang der Bestand vor seiner Übergabe vor allem durch Inge Buchmann bearbeitet und geordnet wurde, lässt sich
nur schwer entscheiden. Dies stellt nicht nur ein quellenkritisches Problem dar.
Neben der ständigen Vergegenwärtigung, dass der Nachlass von Nachgeborenen
„bearbeitet" wurde, ist wie bei einem Zeitzeugenbericht oder einem lebensge-
schichtlichem Interview die subjektive Sichtweise und persönliche Sinngebung
des Nachlassenden zu berücksichtigen. Als Quelle unverzichtbar, geben Nachlässe Einblick in Handlungsräume, Empfindungen, familiäre Strukturen und Ent-
scheidungsprozesse. Es wird eine Realität jenseits von offiziellen Anweisungen
und Gesetzen gezeigt. Oft sind Nachlässe, mit den in ihnen enthaltenen Briefen
und Tagebuchaufzeichnungen, die einzige Quelle für gemeinhin tabuisierte Probleme.

---

39 Simone Barck, Antifa-Geschichte(n). Eine literarische Spurensuche in der DDR der 1950er
    und 1960er Jahre, Köln 2003, S. 67–123; vgl. auch Christa Schikorra, Die Un/Möglichkeit
    antifaschistischer Heldinnen. Die „Ravensbrücker Ballade" von 1961, in: Insa Eschebach/
    Sigrid Jacobeit/Silke Wenk (Hrsg.), Gedächtnis und Geschlecht. Deutungsmuster in Darstel-
    lungen des nationalsozialistischen Genozids, Frankfurt a. M./New York 2002, S. 59–76.
40 Vgl. Nachlass Erika Buchmann, Sammlungen MGR/SBG, NL 35, ohne Signatur.

Erstaunlich an dieser Überlieferungsgeschichte ist vor allem, dass der Nachlass trotz der häufigen Wohnungswechsel, der Verfolgungsgeschichte und der Haft von Albert und Erika Buchmann in diesem Umfang erhalten ist. 1997/98 wurde der Nachlass im Bundesarchiv, Stiftung Archiv der Parteien und Massenorganisationen der DDR gesichtet und umgebildet und ist seitdem für die Nutzung frei zugänglich.[41]

Darüber hinaus war das Bundesarchiv wegen seiner verschiedenen Quellen zur KPD-Geschichte für diese Arbeit von herausragender Bedeutung.[42] Dies betrifft insbesondere Quellen zur Geschichte der KPD in Stuttgart und Württemberg nach 1945 sowie die Akten, die den Kontakt zwischen der KPD und der SED in den späten 1940er-Jahren belegen und die erkennen lassen, in welch hohem Maße die Landesverbände der KPD von Beginn an von der SED dominiert wurden.

Weitere wesentliche Quellenbestände fanden sich im Archiv der Mahn- und Gedenkstätte Ravensbrück sowie im Staatsarchiv München. Während Ersteres vor allem wegen seiner Bestände zur Geschichte der Gedenkstätte von Interesse war,[43] fand sich in München die bisher nicht ausgewertete Polizeiakte Rudolf Schollenbruchs,[44] die wertvolle Quellen zu Erika Buchmanns Elternhaus und ihrer Kindheit in München enthielt. Ferner befinden sich Quellen in den Stadtarchiven München und Stuttgart, im Archiv des Landtages von Baden-Württemberg, im Institut für Zeitgeschichte und im Hauptstaatsarchiv in München sowie im Archiv des Abgeordnetenhauses Berlin und im Archiv des Bundesbeauftragten für die Unterlagen des Staatssicherheitsdienstes der ehemaligen Deutschen Demokratischen Republik. Darüber hinaus habe ich mit einigen Personen sprechen können, die Erika Buchmann persönlich kannten. Dies waren Lina Haag,[45] die Erika Buchmann in den frühen 1930er-Jahren in Stuttgart kennenlernte, die Ravensbrück-Überlebenden bzw. deren Kinder Bärbel Reimann, Gertrud Müller, Ingrid Raabe, geb. Lugebiel, und Bärbel Schindler-Saefkow sowie Norbert Madloch, der gemeinsam mit Albert Buchmann an der KPD-Schule in Berlin-Schmerwitz lehrte und Erika und Albert Buchmann in den 1950er-Jahren kennenlernte.

---

41 Vgl. SAPMO-BArch NY 4178, Nachlass Erika und Albert Buchmann. Die Bearbeitung des Nachlasses machte die Umbildung bereits bestehender Akten notwendig. Dies erklärt die abweichende Zitierweise in älteren Publikationen. Die Konkordanzliste befindet sich auf der Homepage des Bundesarchivs, www.bundesarchiv.de, ARGUS (Archivgutsuche), Buchmann, Nachlass NY 4178, Bestandsbeschreibung (letzter Zugriff am 2. 7. 2012).

42 Vgl. SAPMO-BArch BY 1 KPD.

43 Vgl. Geschichte der Gedenkstätte Ravensbrück, Sammlungen MGR/SBG, RA I/3–5K, ohne Signatur.

44 Staatsarchiv München, Pol. Dir. 10147.

45 Mit Lina Haag (1907–2012) kam aufgrund ihres hohen Alters nur ein brieflicher Kontakt zustande.

Trotz der vielfältigen überlieferten Quellen unterschiedlichster Provenienzen war es nicht möglich, die verschiedenen Lebensabschnitte Erika Buchmanns in gleichem Umfang zu rekonstruieren. Vor allem die Aussagen zu innerfamiliären Beziehungen und Abläufen basieren oft nur auf Briefen der unmittelbar Beteiligten, also auf höchst subjektiven Darstellungen. Die Belastbarkeit der einzelnen Quellen wird in der Arbeit immer wieder thematisiert. Manches wurde mit einer gewissen Plausibilität geschlussfolgert, einiges musste spekulativ bleiben.

Die vorliegende Biografie folgt in ihrer Chronologie im Wesentlichen der politischen Geschichte Deutschlands des 20. Jahrhunderts. Denn die Wendepunkte von Erika Buchmanns Leben waren eng mit den Zäsuren des vergangenen Jahrhunderts verknüpft.

Im ersten Kapitel geht es um die Frage, wie nachhaltig Erika Schollenbruch von den unkonventionellen familiären Verhältnissen und dem revolutionären Umbruch 1918/19 geprägt wurde und welche Rolle ihr Vater bei ihrer frühzeitigen Politisierung gespielt hat. In der Lebenslaufforschung wird häufig mit der Annahme gearbeitet, dass prägnante Erfahrungen und Einflüsse in Kindheit und Jugend das Muster dafür liefern, wie spätere Eindrücke – als Bestätigung oder als Negation – in die persönliche Entwicklung eingeordnet werden. Der Soziologe Heinz Bude vertritt die These, dass „die im Laufe des Lebens gesammelten Erlebnisse sich nicht einfach summieren, sondern sich immer wieder im Bezug auf einen tief verankerten Ausgangspunkt neu organisieren".[46]

Erika Buchmann beschreibt in ihren fragmentarischen Berichten über ihre Kindheit und Jugend ein reibungsloses Hineinwachsen in das linke politische Spektrum bis hin zum Eintritt in die neu gegründete und zumeist illegal agierende KPD in Bayern. Diese frühe Bindung hat sie über 50 Jahre bis zu ihrem Tod nicht infrage gestellt. Alle wesentlichen Entscheidungen in ihrem Leben setzt sie mit diesem Beginn in Beziehung. Wohl auch deshalb schildert Erika Buchmann die Beziehungen zu ihrem Vater, einem Akteur der kommunistischen Räterepublik, und zu ihrem Ehemann, der als KPD-Reichstagsabgeordneter und bayerischer KPD-Vorsitzender ausschließlich für die Partei arbeitete, sowie ihr eigenes Verhältnis zur KPD in den 1920er- und frühen 1930er-Jahren bemerkenswert unkritisch und nahezu konfliktfrei. Sie zeichnet das Bild einer stets geschlossen handelnden Familie, die in sich selbst ruhte. Darüber hinaus fand Erika Buchmann Verständnis, Anerkennung und ein finanzielles Auskommen im Umfeld der entstehenden Kommunistischen Partei. In krassem Gegensatz dazu zeigen die vorliegenden Quellen, dass Erika Schollenbruchs Kindheit und Jugend tatsächlich

---

46 Heinz Bude, Lebenskonstruktionen. Begriff und Methode interpretativer Sozialforschung, Frankfurt a. M. 2002, S. 83 ff.

von fortdauernder finanzieller Not und sozialer Ausgrenzung geprägt wurde und die Familie eher disparat und konfus agierte. Weniger die exponierte politische Stellung des Vaters als vielmehr dessen langjährig ungelöste familiäre Probleme, seine finanzielle Maßlosigkeit und persönlichen Fehleinschätzungen der eigenen Perspektiven dominierten das Familiengeschehen.

Im zweiten Kapitel wird die Zeit der NS-Diktatur behandelt. In diesen Jahren wurde Erika Buchmann wirtschaftliche Selbstständigkeit und ein hohes Maß an Eigenverantwortung für sich und ihre Tochter abverlangt. Der Nationalsozialismus bedeutete für sie aber auch Verfolgung, Haft und mehrjährige Trennung von der Familie. Untersucht wird, wie ihre jahrelang trainierten Fähigkeiten zur Selbstbeherrschung und Disziplin bis hin zur Selbstverleugnung das Leben in der Diktatur erleichterten und ein Überleben der KZ-Haft ermöglichten. Nachdem ihr Ehemann im Januar 1933 in die Illegalität gegangen und bereits im Mai desselben Jahres verhaftet worden war, sah sich Erika Buchmann zum ersten Mal seit acht Jahren gezwungen, finanzielle Verantwortung für sich, ihre Tochter sowie in erheblichem Umfang auch für ihren Vater zu übernehmen. Innerhalb kurzer Zeit gelang es ihr, wieder in ihrem erlernten Beruf als Sekretärin Fuß zu fassen. Auch eine erste mehrjährige Zuchthaus- und KZ-Haft und die daraus resultierende gesellschaftliche Stigmatisierung minderten ihre Chance auf eine erneute erfolgreiche Rückkehr in den Beruf nicht. Die Sorge um das wirtschaftliche Auskommen ihrer Familie sowie um eine gute schulische Ausbildung ihrer Tochter hielten Erika Buchmann jedoch nicht davon ab, sich aktiv an dem seit Herbst 1934 reorganisierten kommunistischen Widerstand in Stuttgart zu beteiligen.

Sie arbeitete eng mit der illegalen KPD-Führung um Stefan Lovácz zusammen, kannte aber nicht das gesamte Ausmaß der Aktivitäten der Gruppe. Insgesamt war Erika Buchmann zwischen 1933 und 1945 sieben Jahre und elf Monate in verschiedenen Haftanstalten und im KZ Ravensbrück interniert. 1945 gelang ihr während des Todesmarsches aus Ravensbrück die Flucht; kurz danach kehrte sie in das inzwischen befreite Konzentrationslager zurück.

Während ihrer zweiten KZ-Haft ab Juni 1942 sah sich Erika Buchmann mit besonderen Herausforderungen konfrontiert. Als Blockälteste des Strafblocks sowie des Tbc-Blocks fühlte sie sich für die Häftlinge verantwortlich. Gleichzeitig musste sie den Anforderungen der Blockführerin sowie den Befehlen der SS genügen, wenn sie diese Position innerhalb der sogenannten Häftlingsselbstverwaltung auch für das eigene Überleben nutzen wollte. Erika Buchmanns Vorstellungen von Disziplin, Selbstbeherrschung und gegenseitiger Rücksichtnahme kollidierten insbesondere während ihrer zweijährigen Haft im Strafblock mit den Verhältnissen in ihrer nächsten Umgebung und im Umgang mit den zumeist „kriminellen" und „asozialen" Häftlingen. Diese Erfahrungen sowie eine differenzierte

Wahrnehmung insbesondere der SS-Ärzte sollten letztlich zum bestimmenden Thema ihrer Auseinandersetzung mit der Geschichte von Ravensbrück werden.

Im dritten Kapitel geht es um die Zeit nach der Rückkehr nach Stuttgart. So wird dargelegt, wie die Familie Buchmann nach zwölf Jahren Trennung wieder zusammenfand. Im Mittelpunkt steht jedoch vor allem, wie Erika Buchmann nach bereits 25-jährigem, zumeist ehrenamtlichem politischen Engagement nun ihre mehrjährige Arbeit als Berufspolitikerin angeht. Sie hat sich keineswegs, wie häufig in der DDR-Öffentlichkeit dargestellt, erst mit dem Aufbau und der Eröffnung der Nationalen Mahn- und Gedenkstätte Ravensbrück als eigenständige Akteurin politisch profiliert. In den ersten Nachkriegsjahren war sie als Abgeordnete für die KPD im Gemeinderat der Stadt Stuttgart tätig. Nach der Geburt ihrer zweiten Tochter 1947 zog sie sich für einige Jahre aus der Öffentlichkeit zurück. 1952 kehrte sie auf die politische Bühne zurück und zog als KPD-Abgeordnete in den Landtag von Baden-Württemberg ein. Es wird untersucht, warum sie als Landespolitikerin letztlich scheiterte. Dabei wird auch gefragt, warum sie keine Erfüllung und Anerkennung in ihrer beruflichen Tätigkeit und in ihrem politischen Auftrag fand. Wichtige Gründe waren die neuerliche Trennung von ihrem Ehemann, der ab 1953 in der DDR lebte, sowie der anstrengende Alltag mit einem Kleinkind, den sie allein bewältigen musste.

Vor allem aber war Erika Buchmann vom wachsenden Antikommunismus in der frühen Bundesrepublik enttäuscht. Die Wahlniederlage der KPD bei der baden-württembergischen Landtagswahl 1956, die endgültige Desillusionierung vieler Genossen nach den Enthüllungen des XX. Parteitages der KPdSU und insbesondere die politische wie persönliche Perspektivlosigkeit nach dem Verbot der KPD markierten schließlich das Ende von Erika Buchmanns Karriere als Landespolitikerin.

Es ist aufschlussreich, dass sie gerade in dieser Zeit begann, die öffentliche Auseinandersetzung mit der eigenen KZ-Haft und der Geschichte des Frauen-KZ Ravensbrück zu suchen. So sagte sie während des 4. Hamburger Ravensbrück-Prozesses und bei verschiedenen Spruchkammerverfahren gegen ehemalige Aufseherinnen des Frauen-KZ aus. Hinzu kamen erste Publikationen sowie ein reges Engagement in den entstehenden Verfolgtenorganisationen. Diese Tätigkeiten empfand sie als ebenso notwendig wie befriedigend. In diesem Zusammenhang setze ich mich auch mit der Frage auseinander, ob ihre Differenzen mit anderen ehemaligen politischen (kommunistischen) Mithäftlingen und die zum Teil umstrittenen Positionen, die sie bei der Darstellung der KZ-Geschichte vertrat, auch als Ausdruck einer Emanzipation von parteipolitischen Dogmen gewertet werden kann. So ging es bei den Auseinandersetzungen um die Darstellung des Lageralltags in Ravensbrück nur vordergründig um unterschiedliche persönliche

Erinnerungen der ehemaligen Häftlinge. Vielmehr hinterfragte Erika Buchmann immer auch die politischen Vorgaben der SED zur Erinnerungs- und Gedenkkultur in der DDR.

Das vierte und letzte Kapitel wendet sich Erika Buchmanns letzten Lebensjahren in der DDR zu. Im Sommer 1956 war sie gemeinsam mit ihrer jüngeren Tochter Bärbel in die DDR übergesiedelt. Vor allem auf Bärbels Kosten schuf sich Erika Buchmann unmittelbar nach ihrem Umzug eine neue berufliche Perspektive. Der Beschluss des ZK der SED vom 2. Dezember 1953, auf einem Teil des Geländes des KZ Ravensbrück eine „Nationale Mahn- und Gedenkstätte" zu errichten, deckte sich mit ihren Ambitionen. Innerhalb kurzer Zeit wurde sie zur omnipräsenten Organisatorin und Sachwalterin der neuen Gedenkstätte. So zeichnete sie für die Konzeption der Ausstellung und die erste Publikation zur Geschichte des ehemaligen Konzentrationslagers verantwortlich. Dennoch bekam Erika Buchmann kaum Anerkennung für diese Tätigkeiten; sie wurde im Gegenteil von der öffentlichen Teilhabe am Gedenken ausgegrenzt.

Ein letzter Höhepunkt der Beschäftigung mit der Geschichte von Ravensbrück war ihre Zusammenarbeit mit der damals in der DDR populären Dramatikerin Hedda Zinner. Am 6. Oktober 1961 wurde Zinners „Ravensbrücker Ballade" an der Berliner Volksbühne uraufgeführt. Erika Buchmann war maßgeblich an der Entstehung des Stücks und an der Inszenierung beteiligt. Es spricht viel für die Annahme, dass sie vor allem ihr eigenes Vermächtnis, ihre individuelle Sicht auf die Jahre der Lagerhaft in die künstlerische Umsetzung der Ravensbrücker Geschichte einbringen wollte. Von zahlreichen anderen ehemaligen politischen Häftlingen mit Vorwürfen zur angeblich falschen Darstellung kommunistischer und „asozialer" Häftlinge und der sogenannten Lagerwirklichkeit konfrontiert, verteidigte sie unbeirrt ihre Position. Sie nahm sogar die Kontroverse mit den zuständigen kulturpolitischen Funktionären der SED sowie eine nur kurze und auf wenige (Provinz-)Bühnen beschränkte Aufführungsgeschichte der Ballade in Kauf.

Diese Auseinandersetzung der frühen 1960er-Jahre überschattete die verbleibenden Lebensjahre Erika Buchmanns. Ausgegrenzt von der Partei und gedenkstättenpolitischen Institutionen wie dem Ministerium für Kultur und dem Komitee der Antifaschistischen Widerstandskämpfer lebte sie jedoch keineswegs zurückgezogen in einem selbst geschaffenen Universum aus Familienmitgliedern, langjährigen Freundinnen sowie Genossen und Genossinnen. Viele von ihnen waren im Laufe ihres Lebens selbst in Opposition zur vorgegebenen Parteimeinung geraten. Dennoch äußerte niemand fundamentale Kritik oder vollzog einen endgültigen Bruch mit der SED. Erika Buchmann trat auf zahllosen Veranstaltungen als sogenannte Parteiveteranin auf und berichtete immer wieder über ihr

Leben und ihre KZ-Haft. Regelmäßig reiste sie mit ihrem Mann oder mit anderen Überlebenden des Frauen-KZ Ravensbrück in die Sowjetunion, war weiterhin mit kleineren Artikeln publizistisch tätig und pflegte engen brieflichen sowie persönlichen Kontakt mit zahlreichen Überlebenden in Ost- und Westeuropa.

Der Suizid ihrer Tochter Bärbel im Januar 1971 beendete dieses Leben schlagartig. Zwar war Erika Buchmann nach dem ersten Schock schnell wieder um alltägliche Normalität bemüht. Sie verlor jedoch nach diesem Verlust die Kraft, gegen ihr langjähriges Leberleiden anzukämpfen. Zehn Monate nach dem Tod ihrer Tochter starb auch Erika Buchmann.

Bisher wurden Generationenkonflikte in den Familien ehemaliger politischer Häftlinge sowie die Traumatisierung der Nachkommen durch das Schicksal der Eltern in der Forschung kaum berücksichtigt. Erstmals werde ich ausführlich auf Erika Buchmanns Beziehung zu ihren Töchtern eingehen. Eine besondere Spannung ergibt sich dabei aus dem großen Altersunterschied der beiden Mädchen. Inge nahm die politische Arbeit ihrer Eltern vor 1933 bewusst wahr, und sie wurde erwachsen, während Erika und Albert Buchmann im Konzentrationslager inhaftiert waren. Sie stand den Hafterfahrungen ihrer Mutter und deren Bewältigungsstrategien distanziert und scheinbar ohne Anteilnahme gegenüber. Im Gegensatz zu ihrer Schwester nahm Bärbel, im Nachkriegsdeutschland geboren und offenbar stark von den DDR-Jugendorganisationen geprägt, ihre Mutter als Teilnehmerin eines heldenhaften und letztlich erfolgreichen Kampfes gegen ein mörderisches Regime wahr. Sie sah Erika Buchmann als Vorbild und wollte deshalb ihren Ansprüchen gerecht werden.

Abschließend wird erörtert, ob die KPD-Mitgliedschaft, die Erika Buchmann über Jahrzehnte politische Heimat und Zuflucht geboten hatte, diese Funktion nach der Übersiedlung in die DDR noch zu erfüllen vermochte.

I. Leben in der Welt von gestern.

Beginn eines politischen Lebens (1902-1933)

Politik und politisches Engagement wurden für Erika Schollenbruch schon früh zum bestimmenden Lebensinhalt. In diesem Kapitel werden die gesellschaftlichen Rahmenbedingungen ihrer politischen Sozialisation beschrieben. Wichtige Ereignisse waren der Erste Weltkrieg, das Ende der Monarchie und der Übergang zur Demokratie, aber auch die formale politische Gleichberechtigung der Frau, die Entstehung der KPD sowie das Erstarken des Nationalsozialismus. Ebenso wird der Frage nachgegangen, welche persönlichen Prägungen dazu führten, dass Erika Buchmann in der KPD dauerhaft eine politische Heimat fand. Anhand der Quellen kann gezeigt werden, dass ihre politische Radikalisierung zwar vom Vater gefördert wurde. In ihrer Unbedingtheit wurde sie aber schnell zur selbst gewählten Berufung, der sich Berufswahl, Partnerschaft und Privatleben unterordneten.

I.1. Kindheit und Jugend in München

Erika Schollenbruch wurde am 19. November 1902 als erste Tochter des praktischen Arztes Dr. Rudolf Heinrich August Schollenbruch und der ehemaligen Schauspielerin Maria Elise Henriette, geb. Röhling, in München geboren. Zu diesem Zeitpunkt lagen mühevolle Monate und schwerwiegende Entscheidungen hinter den Eltern.[1] Das gemeinsame Leben, das sie erst unmittelbar vor Geburt der Tochter in München aufnehmen konnten, unterschied sich erheblich von dem, was zu Beginn des 20. Jahrhunderts für einen Arzthaushalt als üblich galt. Sowohl Erika als auch ihr Vater Rudolf Schollenbruch zeichneten im Rückblick das Bild einer harmonischen und glücklichen Familie, die allerdings gegen widrige äußere Umstände ankämpfen musste.[2] Beide waren bestrebt, Rudolf Schol-

---

1   Meldekarte Rudolf Schollenbruchs vom 20. Oktober 1902, StadtA München.
2   Dabei handelt es sich um eine unveröffentlichte Autobiografie („Maria", 1934/35) Rudolf Schollenbruchs sowie um zahlreiche, veröffentlichte wie auch unveröffentlichte Texte (oft undatierte Zeitungsausschnitte, vermutlich jedoch 1950er- und 1960er-Jahre) Erika Buchmanns. Darüber hinaus wurden Auszüge aus dem Münchner Melderegister, die Geburts-, Heirats- die Approbationsurkunde sowie die Polizeiakte der Politischen Polizei der Königlichen Polizeidirektion München über Rudolf Schollenbruch ausgewertet.

lenbruchs Versagen in der bürgerlichen Gesellschaft zu vertuschen. Dabei griffen sie auch auf Stilelemente und Topoi zurück, die für bürgerliche Biografien charakteristisch waren. So betonten sie den Wert der Familie in der rauen Arbeitswelt und die Sparsamkeit innerhalb der Familie. Zugleich zeichneten sie das Bild eines Vaters, der auch in Abwesenheit Verantwortung trug, sowie das einer aufopfernden, treusorgenden Mutter.[3] Erika Buchmann entwarf für sich eine beispielhafte, ideologisch gefestigte kommunistische Biografie. Doch entgegen ihrer Kindheitsschilderung, die sie nach dem Tod der Eltern in Angriff nahm, waren es nicht die Einflüsse ihrer früh und bewusst politisierten Familie, sondern die eigenen Lebensumstände, die zu ihrer Politisierung und Radikalisierung führten. Ihre Geschichte ist geprägt von dem Bemühen, die Außenseiterposition, in die sie als Erika Schollenbruch hineingeboren wurde, zu verlassen und für sich eine Herkunft zu erfinden, die ihren Vorstellungen und Wünschen entsprach.

Rudolf Schollenbruch wurde als Sohn eines Pfarrers und späteren Oberschulrates von Straßburg[4] am 11. Januar 1856 in Schwelm/Westfalen geboren.[5] Seine Mutter[6] stammte aus einer wohlhabenden Textilfabrikantenfamilie in Barmen. Erika Buchmann berichtete später, ihre Großeltern, insbesondere der Großvater, seien Anhänger der Ideen der Französischen Revolution und Teilnehmer der Kämpfe von 1848/49 gewesen.

Rudolf Schollenbruch studierte unter offenbar schwierigen ökonomischen Bedingungen[7] in München Medizin und erhielt am 27. Januar 1882 seine Approbation.[8] Seine erste Arztpraxis eröffnete er im Fichtelgebirge, einer armen, bäuerlich geprägten Gegend, in der er als Arzt nur schwer seinen Lebensunterhalt bestreiten konnte. Trotz der unsicheren materiellen Situation heiratete Rudolf

---

3   Vgl. Gunilla-Friederike Budde, Auf dem Weg ins Bürgerleben. Kindheit und Erziehung in deutschen und englischen Bürgerfamilien 1840–1914, Göttingen 1994, S. 64 f., S. 81 ff.

4   Hermann Rudolf Schollenbruch, geb. 28. Mai 1825, gest. 5. November 1884, vgl. Lebenslauf Rudolf Schollenbruch, SAPMO-BArch NY 4178/60, Bl. 8.

5   Manuskript Erika Buchmanns, undatiert [wahrscheinlich 1956], SAPMO-BArch NY 4178/65, Bl. 26 f. Wahrscheinlich steht dieser Text im Zusammenhang mit dem 100. Geburtstag ihres Vaters 1956. Vgl. auch Auskunftsersuchen der Polizei-Direktion München an das Landratsamt Schwelm vom 27. Dezember 1903, Staatsarchiv München, Pol. Dir. 10147, Polizeiakte Rudolf Schollenbruchs, Bl. 4.

6   Elise Schmits, geb. 1831, gest. 30. Juni 1904, vgl. Lebenslauf Rudolf Schollenbruch, SAPMO-BArch NY 4178/60, Bl. 8.

7   Es ließen sich keine Ursachen für die finanziell angespannte Situation finden. Rudolf Schollenbruch erwähnte lediglich, dass er auch nach seiner ersten Eheschließung für finanzielle Verbindlichkeiten seiner Eltern aufkommen musste. Vgl. „Maria. Wahrheit ohne Dichtung", unveröffentlichtes Manuskript von Rudolf Schollenbruch, Sammlungen MGR/SGB, NL 35/4–3, Nachlass Buchmann.

8   Approbationsurkunde, SAPMO-BArch NY 4178/60, Bl. 5.

Schollenbruch am 9. August 1884 Rose Hermann.[9] Er hatte die junge Frau in seinem Elternhaus kennengelernt und fühlte sich nach einer längeren vorehelichen Beziehung ihr gegenüber zur Ehe verpflichtet. Im November des folgenden Jahres wurde der erste Sohn geboren; in den kommenden zehn Jahren kamen eine Tochter und drei weitere Söhne zur Welt.[10] 30 Jahre später schilderte Rudolf Schollenbruch diese Zeit als wenig glücklich und die Ehe als Last für sein weiteres Leben.[11] Er bezeichnete seine Frau als herrschsüchtig und wenig sensibel. Sie hätten keinerlei gemeinsame Interessen gehabt. Ohne seine eigene Rolle in der Ehe zu reflektieren, stilisierte sich Rudolf Schollenbruch zu einem beharrlich arbeitenden Familienvater, der seine Frau zu einem besseren Menschen habe erziehen wollen.

Rudolf Schollenbruch versuchte für einige Monate eine Trennung auf Zeit von seiner Familie und verpflichtete sich als Schiffsarzt. Er kehrte jedoch zu seiner Frau zurück. Die Familie zog noch vor 1890 nach Westerland/Sylt.[12] Hier hoffte Rudolf Schollenbruch, als Badearzt im Kurbetrieb ein höheres Einkommen zu erlangen. Auch wollte er das Verhältnis zu seiner Frau in angenehmer Umgebung verbessern. Diese Hoffnungen sollten sich nicht erfüllen. Die Familie blieb trotz guter Einnahmen während der Badesaison hoch verschuldet.[13] Rudolf Schollenbruch hatte offenbar bei seinen Eltern Geld geliehen, das er zurückzahlen musste, und war außerdem beim Bau eines Hauses in Westerland vom Bauunternehmer übervorteilt worden.

Um den Ehe- und Geldproblemen zu entfliehen, reiste Rose Schollenbruch immer öfter zu Verwandten nach Berlin. Rudolf Schollenbruch flüchtete sich in den Opiumrausch oder verbrachte seine freie Zeit bei einem Studienfreund in

9   Heiratsurkunde, SAPMO-BArch NY 4178/60, Bl. 4. In den Quellen finden sich verschiedene Schreibweisen des Namens: Rose oder Rosa – Hermann oder Herrmann. Im Findbuch des Bundesarchivs ist sie als Rose Hermann verzeichnet.

10 Rudolf Schollenbruch, geb. 16. 11. 1885; Mirjam Schollenbruch, geb. 23. 1. 1887; Hermann Schollenbruch, geb. 13. 3. 1890; Karl Schollenbruch, geb. 3. 10. 1893; Gustav Schollenbruch, geb. 4. 11. 1895. Rudolf Schollenbruch jun. wanderte nach Amerika aus und verstarb kurze Zeit später in San Francisco. Karl Schollenbruch fiel am 12. Januar 1915 bei Soissons. Vgl. Meldekarte Rudolf Schollenbruchs vom 20. 10. 1902, StadtA München; Meldekarte Rudolf Schollenbruch vom 9. 5. 1908, Heiratsurkunde vom 9. 8. 1884, SAPMO-BArch NY 4178/60, Bl. 4 ff.

11 Vgl. „Maria. Wahrheit ohne Dichtung", unveröffentlichtes Manuskript von Rudolf Schollenbruch, Sammlungen MGR/SGB, NL 35/4–3, Nachlass Buchmann. Das Manuskript hatte Rudolf Schollenbruch 1934/35 verfasst.

12 Der genaue Zeitpunkt der Übersiedlung nach Sylt ließ sich nicht ermitteln. Das dritte Kind, Hermann Schollenbruch, wurde jedoch am 13. März 1890 in Westerland geboren.

13 Vgl. „Maria. Wahrheit ohne Dichtung", unveröffentlichtes Manuskript von Rudolf Schollenbruch, Sammlungen MGR/SGB, NL 35/4–3, Nachlass Buchmann; Kopie des Manuskriptes „Maria", SAPMO-BArch NY 4178/63.

Hamburg. Im Alter von 44 Jahren lernte er bei einem dieser Besuche 1900 die 23 Jahre alte Maria Elise Henriette Röhling kennen. Maria Röhling, deren Eltern in Hamburg-Altona eine Gärtnerei betrieben, war am Hamburger Deutschen Schauspielhaus als plattdeutsche Soubrette engagiert. Die beiden trafen sich immer öfter. Als Maria Röhling[14] Anfang 1902 schwanger wurde, berichtete Rudolf Schollenbruch seiner Frau von der Beziehung und bat um die Auflösung der Ehe. Rose Schollenbruch wollte sich und ihren Kindern die Schande einer Scheidung ersparen und lehnte ab. In dieser finanziell und persönlich scheinbar ausweglosen Situation entschlossen sich Maria Röhling und Rudolf Schollenbruch zum konsequenten Bruch mit ihrem bisherigen Leben. Rudolf Schollenbruch verließ seine Frau und seine fünf Kinder, erklärte den privaten Konkurs gegenüber 40 Gläubigern und verkaufte seine Praxis.[15]

Mit 1500,– Reichsmark zum Aufbau einer neuen Praxis kamen Rudolf Schollenbruch und Maria Röhling am 15. Oktober 1902 München an. Einen Monat später wurde die Tochter Erika geboren. 1932 reflektierte Rudolf Schollenbruch in seinen autobiografischen Aufzeichnungen die Erwartungen, die er vor der Geburt der Tochter angeblich gehegt hatte: „Du [Maria] hast ja wohl seit Du Dein Kindchen trägst, viel Leid erduldet, so daß es vielleicht einen etwas ernsten Charakter haben wird, aber Du hast doch auch alles mit bewundernswürdiger Tapferkeit, mit großer Geduld und Ergebung getragen. Diese hervorragendsten Eigenschaften Deines Charakters werden sich sicherlich auch auf unser Kind übertragen und ist dies der Fall, so wird es sich im Leben nicht unterkriegen lassen und siegreich aus all seinen Stürmen hervorgehen. Etwas Mut und Tragfähigkeit werde ja auch ich ihm wohl mitgegeben haben."[16]

Bei der Wahl des Wohnortes war sich Rudolf Schollenbruch wohl vor allem darüber im Klaren, dass nur eine Großstadt die in dieser Lebenssituation notwendige Anonymität bieten konnte. Obwohl er und Maria Röhling in Hamburg Freunde hatten und in Berlin Rudolf Schollenbruchs Mutter und eine Schwester lebten, zog es ihn zurück nach München. Sentimentale Erinnerungen an seine Studentenzeit und ein Rat Paul Singers, den Rudolf Schollenbruch auf Sylt kennengelernt hatte, könnten seine Entscheidung beeinflusst haben.[17] In den Quel-

---

14   Maria Röhling hatte zuvor schon in verschiedenen Beziehungen gelebt und war Mutter eines Sohnes (geb. 1899). Wenige Wochen nach der Entbindung hatte sie ihn in eine Pflegefamilie gegeben, wo er kurz vor seinem ersten Geburtstag an Meningitis starb. Vgl. Manuskript „Maria", ohne Paginierung, Sammlungen MGR/SBG, NL 35/4–3.

15   Ebenda.

16   Ebenda.

17   Auf die Bekanntschaft mit Paul Singer wird am Ende des Kapitels im Zusammenhang mit Rudolf Schollenbruchs politischer Prägung genauer eingegangen.

len fanden sich keine Hinweise, die eine Begründung für die Wahl Münchens als Wohnort lieferten. Die prosperierende Entwicklung der Stadt und ein möglichst großer Abstand zum bisherigen Lebensmittelpunkt könnten ebenfalls hinreichende Gründe für die Entscheidung zugunsten Münchens gewesen sein.

Die Residenz- und Landeshauptstadt München erlebte um 1900 einen bis dahin nicht gekannten Aufschwung und eine neue Qualität städtischen Lebens. Am Ende des 19. Jahrhunderts wuchs die Münchner Bevölkerung jährlich um 12 000 Menschen; 1905 lebten mehr als 500 000 Einwohner in der Stadt.[18] Das Durchschnittsalter ihrer Einwohner lag in diesem Zeitraum bei 29 Jahren. Zu Tausenden kamen meist junge Zuwanderer, um als Tagelöhner und als Hilfspersonal in Haushalten und Gastronomie sowie in Handwerksbetrieben und Fabriken ihren Lebensunterhalt zu verdienen. Vor allem die Lokomotiv- und Maschinenbaufirmen, feinmechanische optische Betriebe, das Druckereigewerbe und später die Bayerische Flugzeugwerke AG steigerten die Nachfrage nach Arbeitskräften.[19]

Die Stadt München konnte die mit dem Bevölkerungswachstum verbundenen Herausforderungen bewältigen. Ehemals als „Pest-City" geschmäht, verfügte München bereits zur Jahrhundertwende über eine vorbildliche Trinkwasserversorgung und Kanalisation, und die Elektrifizierung, der Ausbau von Telefonnetz und Verkehrssystem mit der Ring- und Straßenbahn konnten mit der Berliner Entwicklung durchaus Schritt halten.[20] Das Münchner Kunsthandwerk genoss seit Langem einen guten Ruf. Der wirtschaftliche Boom ermöglichte eine kontinuierliche städtische und private Förderung der Theater, Museen, der Hochschulen, der Universität sowie einzelner Künstler. Bedeutende Künstler, Schriftsteller und Intellektuelle sahen in München zumindest zeitweise eine interessante Alternative zur Reichshauptstadt.[21]

Im Münchner Stadtteil Giesing fanden Rudolf Schollenbruch und seine Familie ihre erste Wohnung.[22] Der Stadtteil, in dem Erika Schollenbruch und ihre am

---

18 Vgl. Friedrich Prinz, Die Geschichte Bayerns, München 1997, S. 364 ff. Damit war die Zuwachsrate doppelt so hoch wie im gleichen Zeitraum in Berlin.

19 Ebenda, S. 355 ff.; Karl-Maria Haertle, Münchens „verdrängte" Industrie, in: Friedrich Prinz/Marita Krauss (Hrsg.), München – Musenstadt mit Hinterhöfen. Die Prinzregentenzeit 1886–1912, München 1988, S. 164–174.

20 Ebenda. Vgl. Elisabeth Angermair, München als süddeutsche Metropole. Die Organisation des Großstadtausbaus 1870 bis 1914, in: Richard Bauer (Hrsg.), Geschichte der Stadt München, München 1992, S. 316 ff.

21 Hier sind nur einzelne Künstler beispielhaft zu nennen: Max Slevogt, Käthe Kollwitz, Emil Nolde, Ernst Barlach, die Malergruppe „Der Blaue Reiter", Frank Wedekind, Erich Mühsam, Paul Heyse, der George-Kreis, Rainer Maria Rilke, die Mann-Brüder, Ludwig Thoma, Joachim Ringelnatz und Karl Valentin.

22 Die genaue Adresse lautete: München-Giesing, Landlstraße.

Rudolf und Maria Schollen-
bruch mit ihren Töchtern
Erika und Margot, 1905.
BArch, Bild Y10-548/00.

13. Juli 1905 geborene Schwester Margot[23] den größten Teil ihrer Kindheit und
Jugend verbrachten, war im Oktober 1854 in die Stadt München eingemeindet
worden und profitierte von der rasanten Entwicklung der Stadt.[24] In den Vorstäd-
ten rechts der Isar lebten Handwerker und Tagelöhner. Äcker und Wiesen wichen
städtischer Bebauung. Großzügige, mehrräumige, bürgerliche Wohnungen blieben
allerdings selten. Die Nachbarschaft des „alten" Giesing und die Nähe zum Ost-
bahnhof begünstigten weitere Gewerbeansiedlungen und Arbeiterquartiere. Sie
ließen den ehemals angestrebten bürgerlichen Zuschnitt des Viertels schwinden.[25]
Der Wohnsitz in diesem Stadtbezirk entlastete die knappen Finanzen der Familie
Schollenbruch und erleichterte die Eröffnung einer allgemeinmedizinischen Pra-

---

23 In zwei Quellen ist von einer dritten Schwangerschaft (vgl. Anzeige von Georg Riedhammer
    gegen Rudolf Schollenbruch wg. „wilder Ehe" vom 22. 3. 1907, Staatsarchiv München, Pol.
    Dir. 10147, Bl. 30) bzw. von drei kleinen Kindern (vgl. Manuskript Erika Buchmanns, unda-
    tiert [wahrscheinlich 1956], SAPMO-BArch NY 4178/65, Bl. 26) die Rede, andere Hinweise
    über weitere Geschwister Erika Schollenbruchs oder deren frühen Tod ließen sich nicht
    finden.

24 Vgl. Max Megele, Baugeschichtlicher Atlas der Landeshauptstadt München, München
    1551.

25 Vgl. Prinz/Krauss (Hrsg.), München, S. 185.

xis. Dennoch gab es auch in Giesing Schwierigkeiten. Wochen vergingen, bevor alle behördlichen Genehmigungen zur Praxiseröffnung erteilt waren.[26] Nach der gerade abgeschlossenen Überprüfung der ärztlichen Approbation und der Zulassung bei den Krankenkassen bekam es Rudolf Schollenbruch im Dezember 1902 erneut mit den Behörden zu tun. Ein Kollege denunzierte ihn wegen unerlaubter Geburtshilfe, für die ein Allgemeinmediziner offenbar keine Zulassung besaß.[27] Diese Anzeige blieb wahrscheinlich ohne Auswirkungen, doch ihr folgten weitere Auseinandersetzungen Rudolf Schollenbruchs mit Behörden, Kollegen und Nachbarn.

Laut Einwohnermeldeliste der Stadt München wurden Erika und ihre Schwester katholisch getauft, obwohl ihre Eltern der evangelisch-lutherischen Konfession angehörten und es auch in München eine wachsende evangelische Gemeinde gab.[28] Die Taufbücher der infrage kommenden Pfarreien verzeichnen jedoch keine katholische Taufe Erika und Margot Schollenbruchs (Röhlings).[29] Unabhängig davon, ob die Taufe der Mädchen tatsächlich in einer katholischen Gemeinde stattgefunden hat oder nicht, lässt die amtliche Eintragung vermuten, dass die Eltern sich den gesellschaftlichen Gepflogenheiten anpassten. So heißt es in einem Seelsorgebericht der Giesinger Pfarrei Hl. Kreuz: „Während etwa bis zum Jahre 1880 die überragende Mehrheit der Giesinger Bevölkerung, noch immer gläubig gesinnt, am kirchlichen Leben regen Anteil nahm, ist um das Jahr 1900 wohl schon die Mehrheit der Pfarrangehörigen der Kirche entfremdet oder doch gleichgültig gegen sie."[30] Die Schollenbruchs erfüllten die gesellschaftlich erwarteten Mindestanforderungen offenbar in so weit, dass aus dem ausbleibenden religiösen Engagement weder für die Eltern noch für die Kinder ein Makel erwuchs. Möglicherweise wurde die Entscheidung zur Taufe auch wegen des bevorstehenden Schuleintritts der Mädchen getroffen. Die Münchner Werktagsschulen (Volksschulen) waren grundsätzlich konfessionell gegliedert. Es gab nur wenige Schulen für protestantische Kinder.

---

26   Vgl. Bestätigung des Polizei-Amtes III der Stadt München vom 22. 10. 1902, dass Rudolf Schollenbruch am 10. 7. 1882 promoviert wurde, Staatsarchiv München, Pol. Dir. 10147, Bl. 6.

27   Vgl. ebenda, Bl. 9.

28   Meldeunterlagen Rudolf Schollenbruchs ab 15. 10. 1902, StadtA München, ohne Sign. Es gab für katholische Pfarrer dienstrechtlich keinen Grund, Kinder evangelischer Eltern nicht in die katholische Gemeinde aufzunehmen. Voraussetzung dafür war jedoch, dass katholische Paten gewählt wurden.

29   Vgl. Archiv des Erzbistums München, MMII Bd. 18, Taufen Hl. Kreuz Giesing 1902–1904, Bd. 19, Taufen 1904–1907 sowie Pfarrbuch München St. Anna Nr. 12, Taufen 14. 11. 1900–2. 4. 1912.

30   Zit. nach: Prinz/Krauss (Hrsg.), München, S. 198.

Die Familie Schollenbruch wohnte zur Untermiete oder in sogenannten Teilwohnungen[31] und wechselte allein zwischen 1908 und 1911 fünfmal die Wohnung.[32] Diese innerstädtische Mobilität entsprach allerdings der Münchner Normalität. Für die häufigen Wohnungswechsel waren neben familiären Veränderungen vor allem der Zustand der Wohnung sowie wirtschaftliche Probleme ausschlaggebend. Dass die Familie Schollenbruch häufig umzog und keine eigene Wohnung hatte, legt den Schluss nahe, dass Rudolf Schollenbruch auch in München mit erheblichen finanziellen Schwierigkeiten zu kämpfen hatte. Dieser Eindruck wird durch seine Polizeiakte bestätigt.[33] Immer wieder wurden Auskünfte über Schollenbruchs finanzielle und familiäre Verhältnisse eingeholt; immer wieder gab es Anzeigen wegen Unregelmäßigkeiten in seiner ärztlichen Praxis.[34]

Die Situation verschärfte sich nochmals, als Rudolf Schollenbruch im Oktober 1906 die Behandlung von Kassenpatienten untersagt und am 22. März 1907 Anzeige wegen wilder Ehe gegen ihn erstattet wurde.[35] Seit Januar 1906 lebten Rudolf Schollenbruch und Maria Röhling gemeinsam mit ihren zwei Töchtern in der Humboldtstraße 42. In ihrer Wohnung befand sich auch die Arztpraxis. Die Anzeige kam von Ingenieur Georg Riedhammer, dem unmittelbaren Nachbarn, der offenbar nicht nur gegen die unkonventionelle Lebensgemeinschaft, sondern auch gegen die Arztpraxis vorgehen wollte. Bei seiner Vernehmung erklärte Rudolf Schollenbruch, die anstößigen familiären Verhältnisse resultierten daraus, dass seine Ehefrau Rose eine Scheidung noch immer verweigere. Er selbst könne sich auf Grund seiner finanziellen Verhältnisse keinen Scheidungsantrag leisten.[36]

31 Das sogenannte Teilwohnungssystem machte zum Beispiel aus zwei großen Wohnungen neun kleine, sodass sieben Wohnungen nur über „Notküchen" verfügten und allen Mietern nur ein sehr begrenzter Platz und wenig Privatsphäre zur Verfügung standen. Vierköpfige Familien verfügten so in den östlichen Stadtteilen (Haidhausen, Au, Giesing) im Durchschnitt über 24 qm Wohnfläche. Dass sich die Toiletten außerhalb der Wohnungen auf den Zwischenetagen befanden und sich fünf Personen einen Abort teilten, entsprach dem Münchner Durchschnitt. Vgl. auch Prinz/Krauss (Hrsg.), München, S. 122.

32 Vgl. Meldeunterlagen Rudolf Schollenbruchs ab 15. 10. 1902, StadtA München, ohne Sign.

33 Obwohl nicht in der Polizeiakte erwähnt, könnten die häufigen Wohnungswechsel auch der Versuch gewesen sein, den Forderungen von Gläubigern zu entgehen.

34 Vgl. Schreiben Polizei-Amt München III, Einkommensangaben Rudolf Schollenbruch 23. 7. 1903, Staatsarchiv München, Pol. Dir. 10147, Bl. 12 ff. sowie Anzeige Leichenfrau gegen Rudolf Schollenbruch beim Bezirksarzt München vom 17. 2. 1906 wg. fehlender Abzeichnung von Leichenschauscheinen, ebenda, Bl. 15 ff.

35 Vgl. Anzeige wg. Konkubinat vom 10. 4. 1907, ebenda, Bl. 28.

36 Vgl. Erklärung Rudolf Schollenbruch zu Anzeige wg. Konkubinat vom 4. 4. 1907, ebenda, Bl. 32.

Am 2. April 1908 wurde die Ehe von Rudolf und Rose rechtskräftig geschieden.[37] Mit der Einführung des BGB im Jahre 1900 wurden Ehen nicht mehr auf der Grundlage der beiderseitigen Einwilligung getrennt; vielmehr musste die als nicht schuldig angesehene Partei den Antrag auf Scheidung stellen.[38] Was Rose Schollenbruch 1908 dazu veranlasste, der Scheidung zuzustimmen, lässt sich nicht mehr ermitteln. Als sicher dürfte gelten, dass Rudolf Schollenbruch das Verfahren wegen der zunehmenden Schwierigkeiten in München und der bevorstehenden Einschulung von Erika beschleunigen wollte, aber seiner ehemaligen Ehefrau kaum finanzielle Zugeständnisse machen konnte.

Rudolf Schollenbruch wurde im Scheidungsverfahren schuldig gesprochen und musste Unterhaltsleistungen für seine Frau und die Kinder aus erster Ehe sowie sämtliche im Scheidungsverfahren angefallenen Kosten bezahlen. Er blieb zumindest den jüngeren Kindern aus erster Ehe verbunden, denn er war nach § 1649 BGB auch nach der Scheidung bis zu deren Volljährigkeit der Verwalter und unter Umständen auch der Nutznießer ihres Vermögens. Sein Sohn Hermann zog, sobald er volljährig war, zum Vater nach München und lebte zeitweise in dessen Haushalt.

Einen Monat nach der Scheidung, am 9. Mai 1908, heirateten Erika Schollenbruchs Eltern und legitimierten damit nach acht Jahren ihre Beziehung.[39] Noch im selben Jahr verließ die Familie die Wohnung in der Humboldtstraße und zog in die Oettingenstraße. Über ihre Lebensumstände in den folgenden vier Jahren ist kaum etwas bekannt. Entgegen der Darstellung Erika Buchmanns stellte sich die Familie aber offenbar zeitweise materiell besser. 1912 absolvierte der 56-jährige Rudolf Schollenbruch erfolgreich die Fahrschule und war seitdem regelmäßig mit dem Auto unterwegs.[40] Fotos im Bildnachlass von Erika Buchmann belegen, dass die Familien Schollenbruch und Buchmann zumindest für Ausflüge oder Urlaubsreisen über ein Auto verfügen konnten.[41]

In ihren biografischen Skizzen sparte Erika Buchmann Jahrzehnte später nicht nur die Konflikte ihres Vaters mit verschiedenen Behörden aus. Sie betonte auch

---

37 Meldekarte Rudolf Schollenbruchs, StadtA München; Scheidungsurteil, Staatsarchiv München, Pol. Dir. 10147, Bl. 34.

38 Vgl. Christa Berg (Hrsg.), Handbuch der deutschen Bildungsgeschichte, München 1991, S. 92. Laut § 1568 BGB in der unveränderten Fassung von 1900 musste über das beschriebene Schuldprinzip hinaus mithilfe der sog. Generalklausel durch das Gericht der Nachweis der Zerrüttung der Ehe und die Unzumutbarkeit ihrer Fortsetzung geführt werden. Die lange Trennung des Ehepaares Schollenbruch und die Existenz von zwei unehelichen Kindern in der neuen Beziehung dürften diese Anforderungen erfüllt haben.

39 Meldekarte Rudolf Schollenbruchs, StadtA München, ohne Sign.

40 Vgl. Ärztliches Gutachten und Prüfungszeugnis für das Führen eines Fahrzeuges, Dezember 1912, Staatsarchiv München, Pol. Dir. 10147, Bl. 36 ff.

41 Vgl. SAPMO-BArch Fotoarchiv, Album 458, Bild(er) Y12.

Maria Schollenbruch, geb. Röhling.
BArch, Bild Y10-1432/00.

ausdrücklich, trotz der Geldprobleme und der untypischen Familienverhältnisse eine glückliche Kindheit gehabt zu haben. Ein fester familiärer Zusammenhalt und Verantwortungsgefühl füreinander hätten das Familienleben geprägt: „Es ging knapp her bei Doktors. Die älteste Tochter wurde in der Schule geprügelt, weil die Lehrerin ihrer Versicherung nicht glauben wollte, daß die Kinder keine Taschentücher mehr hatten. Der alte Schollenbruch hatte durchgeschabte Knie an seinem einzigen Anzug und die Familie ging sonntags nicht aus dem Haus, weil sie keine Kleider besaß. Aber sie saßen vergnügt um den großen Tisch bei den dicken Atlanten und ‚reisten‘ von Land zu Land oder ließen sich vom geliebten Familienoberhaupt ein Buch um das andere vorlesen. Die Kinder fühlten sich wohl bei diesen Eltern, die sie umso mehr als ihre besten Kameraden empfanden, je größer sie wurden. [...] Und Mutter? Die lachte zu allen materiellen Nöten, nie hörte der Vater eine Klage, es gab keinen Gedanken, den diese beiden Menschen nicht gemeinsam dachten, und vor allen Dingen: Die Frau wurde die Kampfgefährtin des Mannes.“[42]

Die Beschreibung des Alltags in der Familie Schollenbruch erscheint klassenkämpferisch romantisiert und einigen Klischees verhaftet. Die erkennbar enge Beziehung zwischen Erika Schollenbruch und ihren Eltern aber entsprach

---

42   Manuskript Erika Buchmanns ohne Datum, SAPMO-BArch NY 4178/65, Bl. 27.

offenbar den Tatsachen und blieb auch während ihrer Jugendjahre und nach ihrer Eheschließung bestehen. Sie fand ihre Fortsetzung in der freundschaftlichen Beziehung der Eltern zu ihrem späteren Schwiegersohn und im Engagement der Großeltern für ihre 1927 geborene Enkeltochter.[43]

Erika Schollenbruch besuchte wahrscheinlich ab 1909 die Volksschule. Weder in ihrem Nachlass noch in anderen Quellen finden sich genaue Angaben, welche Schulen sie in München besucht hat. Die häufigen Umzüge der Familie könnten für Erika und Margot Schollenbruch auch immer einen Schulwechsel bedeutet haben. Nach 1945 vermerkte Erika Buchmann in verschiedenen Lebensläufen, dass sie in München nach der Volksschule ein Lyzeum und eine Handelsschule besucht habe.[44]

Erika Schollenbruchs Schulzeit fällt in die Amtszeit des Münchner Schulrates Georg Kerschensteiner.[45] Sein Ziel war, „dem großen, praktisch begabten Teil der Bevölkerung, der keine höhere Schule besuchte, sondern sofort einen Beruf ergriff, über die Schule das Rüstzeug zur Lebensbewältigung sowie charakterliche Formung und aktive Teilhabe am bürgerlichen Leben durch Bildung zu vermitteln".[46] Erika Schollenbruch, die vermutlich bereits im Elternhaus intellektuell und musisch gefördert worden war, wird von der reformierten Volksschule profitiert haben. Nach der Volksschule wechselte sie nach eigenen Angaben auf ein Lyzeum und erlernte anschließend an einer Handelsschule den Beruf der Sekretärin.[47]

Die Entwicklung des kaufmännischen Schulwesens für Mädchen hatte in München eine lange Tradition. Bereits seit 1862 gab es die Riemerschmidsche Handelsschule für Mädchen, die zunächst in privater Hand lag.[48] Die Schule erfreute sich großer Beliebtheit, jährlich mussten Bewerberinnen abgewiesen werden. Vor allem Banken und Versicherungen schätzen die solide Ausbildung der Absolventinnen. Ab dem Schuljahr 1898/99 führte die Stadt München die Handelsschule weiter. Ebenso wie für Erika Schollenbruchs Volksschul- und Lyzeumszeit finden sich keine Angaben dazu, welche Handelsschule sie in München besucht hat. Sie konnte zwischen städtischen und privaten Einrichtungen wählen. Da die Absolventinnen der städtischen Handelsschule gute Anstellungschancen hatten und die Nachfrage

43 Vgl. Kap. I.3.
44 Vgl. SAPMO-BArch NY 4178/40, Bl. 8 ff.
45 Georg Kerschensteiner gilt noch heute als Münchens bedeutendster Schulrat (1895 bis 1919) und wird als der „Vater der Berufsschule" bezeichnet.
46 Prinz/Krauss (Hrsg.), München, S. 213 ff.
47 Sowohl über die Dauer des Lyzeum- als auch des Handelsschulbesuches machte Erika Buchmann keine Angaben. Im August 1918 erwähnte ihr Vater erstmals in einem Brief, dass sie nun bei Siemens & Schuckert beschäftigt sei.
48 Vgl. Hans Sehling, Die Entwicklung des Münchner kaufmännischen Schulwesens. Von den Anfängen bis zur Neugestaltung unter Kerschensteiner, 1770–1920, München 1966, S. 56.

nach zusätzlichen Ausbildungsplätzen groß war, wurden sowohl die städtischen Schulen erweitert als auch neue private Schulen gegründet. An die Schülerinnen wurden in der Regel hohe Anforderungen gestellt. Die Lehrpläne aller Schulen umfassten neben Rechnen, Buchführung, Handels- und Wechselrecht, Lebens- und Bürgerkunde, Deutsch, Stenografie, Maschinenschreiben, Handelsgeografie und Produktkunde auch zwei Fremdsprachen: Englisch und Französisch.[49] Erika Schollenbruch fand am Erlernen von Fremdsprachen offenbar besonderen Gefallen. Selbst während ihrer Haft im Zuchthaus Aichach 1937 bis 1939 besserte sie ihre Französischkenntnisse auf, indem sie französische Literatur las.[50]

Erikas Schwester Margot wurde ebenfalls Sekretärin und fand ihre erste Anstellung bei einer Versicherung.[51] Offensichtlich legten Rudolf und Maria Schollenbruch trotz angespannter Finanzlage großen Wert auf eine Berufsausbildung ihrer Töchter. Sie sollten auch als Frauen wirtschaftlich unabhängig leben können.

Bei der Schilderung ihres Lebenslaufes war es Erika Buchmann nicht nur wichtig, auf ihre gute Schulbildung zu verweisen. Sie betonte in allen überlieferten Fassungen auch die frühe politische Prägung durch den Vater.[52] Dass sie sich selbst frühzeitig parteipolitisch engagierte und nach kurzer Tätigkeit für die Unabhängige Sozialdemokratische Partei Deutschlands (USPD) ein aktives Mitglied der KPD wurde, ist unstrittig und durch zahlreiche Quellen belegt. Weniger nachvollziehbar ist ihre Behauptung, der Vater habe sie bereits in jungen Jahren zur Politik gebracht.[53]

In ihren Erinnerungen stellte Erika Buchmann ihren Vater als langjähriges, engagiertes Mitglied der SPD dar.[54] Sie brachte nicht nur die Niederlassung im Arbeiterbezirk München-Giesing, sondern auch die beruflichen und finanziellen

---

49   Vgl. ebenda. Da Kerschensteiner Wert auf eine praxisorientierte Ausbildung legte – er richtete u. a. auch ein Übungskontor ein –, gilt er heute als Vater des dualen Systems in der Berufsausbildung.

50   Vgl. Kap. II.2.

51   Brief von Rudolf an Vevy Schollenbruch vom 31. 8. 1920, SAPMO-BArch NY 4178/68, Bl. 93. Auch für Margot Schollenbruch ist nicht überliefert, welche Schulen sie besuchte.

52   Recherchen im Stadtarchiv München, im Staatsarchiv München, im Archiv der sozialen Demokratie, Bonn, im International Institute of Social History, Amsterdam sowie im Archiv der Münchner Arbeiterbewegung e. V. haben keinen Beleg für politische Aktivitäten oder Mitgliedschaft in der SPD Rudolf Schollenbruchs vor 1914 erbracht. Es muss jedoch darauf hingewiesen werden, dass die internen Organisationsunterlagen wie auch sämtliche Mitgliederkarteien auf Anordnung des SPD-Parteivorstandes vernichtet wurden oder als Folge der NS-Diktatur und der Kriegseinwirkungen als vernichtet gelten müssen.

53   Alle im Folgenden genannten Quellen enthalten Aussagen Erika Buchmanns über die politische Arbeit ihres Vaters bzw. nach ihren Angaben verfasste Aussagen.

54   Vgl. Manuskript Erika Buchmanns, undatiert [wahrscheinlich 1956], SAPMO-BArch NY 4178/65, Bl. 13 und 26 ff.

Schwierigkeiten ihres Vaters mit dessen politischer Anschauung und Parteizugehörigkeit in Verbindung. Jedoch gibt es in den Briefen Rudolf Schollenbruchs und
in seiner Polizeiakte vor 1919 nur einen einzigen Hinweis darauf, dass er politisch interessiert und als Sozialdemokrat bekannt gewesen ist. Eindeutige Belege
für eine tatsächliche Parteimitgliedschaft oder die Teilnahme an politischen Versammlungen oder Demonstrationen fehlen.

Rudolf Schollenbruch selbst betonte im Rückblick nur die Bedeutung seines
liberalen und sozial engagierten Elternhauses. Möglicherweise war das ein Grund
für seine Entscheidung, als Landarzt im für seine Armut bekannten Fichtelgebirge
zu arbeiten. Sein Alltag wurde jedoch rasch von beruflichen Verpflichtungen und
der Verantwortung für die schnell wachsende Familie bestimmt. Für politische
Ambitionen scheint wenig Raum geblieben zu sein. Erika Schollenbruch berichtete, ihr Vater habe später in seiner Sylter Praxis in Westerland mehrfach Paul
Singer als Badearzt betreut.[55] Daraus sei ein enger Kontakt entstanden, der die
politischen Anschauungen[56] Rudolf Schollenbruchs sowie dessen Entscheidung,
als „Arme-Leute-Arzt" in München-Giesing zu praktizieren, maßgeblich beeinflusst habe.

In einer anderen Niederschrift vom Sommer 1949 behauptet Erika Buchmann,
ihr Vater sei bereits 1880, noch während der Sozialistengesetze, Mitglied der
Sozialistischen Arbeiterpartei geworden. Ausschlaggebend sei der Kontakt zu russischen Kommilitonen gewesen.[57] Völlig ohne Bezug zur Wirklichkeit erscheint
die auf das Jahr 1956 zu datierende Behauptung der Tochter, Schollenbruch habe
1901 für Lenin ein illegales Quartier in München-Schwabing organisiert.[58] Diese
Begegnung beschrieb Erika Buchmann über viele Jahrzehnte hinweg gleichsam
als Initiation für ihr lebenslanges politisches Engagement – obgleich das Zusammentreffen ihres Vaters mit Lenin in München zu diesem Zeitpunkt unmöglich
stattgefunden haben kann.[59]

---

55 Paul Singer, geb. 16. Januar 1844, gest. 31. Januar 1911, war ab 1884 sozialdemokratischer
    Abgeordneter in der Berliner Stadtverordnetenversammlung und im Reichstag und ab 1890
    Vorsitzender der sozialdemokratischen Reichstagsfraktion. Vgl. Ursula Reuter, Paul Singer
    (1844–1911). Eine politische Biographie, Düsseldorf 2004, S. 77.
56 Vgl. Manuskript Erika Buchmanns, undatiert [wahrscheinlich 1956], SAPMO-BArch NY
    4178/65, Bl. 26.
57 Vgl. Politischer Lebenslauf Erika Buchmann vom 20. Juli 1949, SAPMO-BArch NY 4178/39,
    Bl. 1.
58 Manuskript Erika Buchmanns, undatiert [wahrscheinlich 1956], SAPMO-BArch NY
    4178/65.
59 Lenin lebte von Mitte August 1900 bis April 1902 in München. Vgl. Robert Service, Lenin.
    Eine Biographie, München 2000, S. 185–200. Rudolf Schollenbruch war erst im Oktober
    1902 wieder in München.

Rudolf Schollenbruch, zwischen 1914
und 1918.
BArch, Bild Y10-315/00.

Erika Schollenbruchs widersprüchlichen Angaben zu ihrer politischen Sozialisation durch den Vater lassen sich wohl am ehesten mit dem Versuch erklären,
einen für ihre Parteigenossen respektablen „Stammbaum" vorweisen zu wollen.
In diese Richtung weist auch die folgende Würdigung des Vaters: „Es hat wenige
Intellektuelle gegeben, die so vollkommen eins waren mit der Klasse der Arbeiter-
schaft wie Rudolf Schollenbruch."[60]

Wenngleich ein politisches Engagement Rudolf Schollenbruchs vor 1917 nicht
zweifelsfrei nachgewiesen werden kann, so ist es doch unstrittig, dass er als Arzt
die einfache Bevölkerung von Giesing betreute. Durch die berufliche Tätigkeit
des Vaters erhielt Erika Schollenbruch frühzeitig Einblick in die Lebensverhältnisse der „kleinen Leute". Darüber schrieb sie verklärend: „Ich muß noch sehr
klein gewesen sein, als Vater anfing, mich zu den Besuchen bei seinen Patienten
mitzunehmen. Schön war es nicht in den armseligen Arbeiterwohnungen, in den
Küchen hingen graue Windeln über den Kochtöpfen, es roch nicht gut in den

60 Manuskript Erika Buchmanns, undatiert [wahrscheinlich 1956], SAPMO-BArch NY
    4178/65, Bl. 26. Wahrscheinlich verfasste sie diesen Text anlässlich des 100. Geburtstags
    ihres Vaters 1956.

sonnenlosen Häusern und die Menschen in ihnen waren schlecht gekleidet. Aber Vater war ‚ihr' Doktor und die Liebe für ihn übertrug sich auf seine Kinder, so daß wir uns wohl fühlten unter seinen Patienten. […] Er zeigte ihnen den Wert, den sie durch ihre Arbeit für die Gemeinschaft darstellten, so armselig sie auch schienen, und von ihrem Anrecht auf einen Anteil an allen Gütern unserer schönen, großen Erde."[61] Rudolf Schollenbruch hatte an der Universität München bei Max von Pettenkofer, Professor an dem erstmalig eingerichteten Lehrstuhl für Hygiene, studiert. Die Zusammenhänge zwischen Luft-, Wasser- und Bodenverschmutzung und dem Auftreten von Seuchen sowie einer hohen Sterblichkeitsrate waren ihm daher geläufig. So war ihm auch klar, warum er angesichts der Lebensbedingungen bei seinen Patienten schnell an die Grenzen seiner ärztlichen Kunst stieß. Aus diesen Erfahrungen eine grundsätzlichere Gesellschaftskritik abzuleiten, dürfte für ihn nur ein kleiner Schritt gewesen sein.

Es spricht viel dafür, dass Schollenbruchs politisches Interesse erst nach dem Umzug nach München geweckt wurde und auch sein parteipolitisches Engagement erst in dieser Lebensphase, also während Erikas Kindheit, einsetzte. Die Erfahrung der eigenen und der Lebensumstände eines Großteils der Giesinger Bevölkerung dürfte die politischen Ansichten des Vaters radikalisiert haben. „Wenn wir dann wieder unterwegs waren zu anderen Patienten, erzählte mir Vater aus ihrem Leben. Und ohne, daß ich es merken konnte, legte er sorgfältig und sehr bewußt die Grundsteine zur Erkenntnis der sozialen Lage und der Ursachen aller menschlichen Nöte und Sorgen."[62]

Freundschaften mit Gleichaltrigen oder spezielle Freizeitbeschäftigungen werden in den Erinnerungen Erika Schollenbruchs nicht erwähnt. Immer wieder aber lässt sie durchblicken, wie stark die Ambitionen des Vaters den familiären Alltag bestimmten. „Soweit ich zurückdenken kann, war immer ein Kreis heftig gestikulierender und laut schreiender Männer um den Vater. Sie strichen uns über die Köpfe, brachten uns scheußlich schmeckende und doch heiß begehrte Lakritzen, wir saßen stundenlang auf ihren Knien und horchten auf schwere geheimnisvolle Worte, die immer wieder kehrten: Sozialismus, Revolution und Freiheit!"[63]

Ob derartige Treffen vor dem Beginn des Ersten Weltkrieges tatsächlich im Haushalt der Familie Schollenbruch stattfanden, kann bezweifelt werden. Der Entstehungskontext der zitierten Texte[64] deutet vor allem darauf hin, dass Erika

---

61 Ebenda, Bl. 27.
62 Ebenda.
63 Ebenda.
64 Vgl. SAPMO-BArch NY 4178/65, S. 13 und S. 26 ff. Offenbar verfasste Erika Buchmann beide Texte in den 1950er-Jahren zur Veröffentlichung in KPD-Zeitungen. Sie sollten vor allem die Verdienste Rudolf Schollenbruchs als eines der ersten bayerischen KPD-Mitglieder würdigen.

Buchmann die Erfahrung von Ausgrenzung und Unvollkommenheit in ihrer Kindheit ignorieren wollte. Indem sie einen von jeher politisch engagierten Vaters erfand, wollte sie eine zwar ungewöhnliche, jedoch liebevolle und vorbildliche Kindheit konstruieren. Daher ist es angebracht, die beschriebene Familienidylle zu hinterfragen.

I.2. Der Erste Weltkrieg, Münchner Räterepublik, Gründung der KPD in Bayern – politische Initiationen

Zu Beginn des Ersten Weltkrieges im Sommer 1914 war Erika Schollenbruch elf Jahre alt und hatte die erste Klasse (Sexta) des Lyzeums beendet.[65] Als Heranwachsende war sie mit Krieg, Revolution, Verfolgung, Hunger und tief greifenden gesellschaftlichen Veränderungen konfrontiert. Leider gibt es für die Jahre von 1914 bis 1920 keine Quellen, die Auskunft über ihre Neigungen, Freundschaften und mögliche Zukunftspläne geben könnten. Lediglich der Briefwechsel zwischen Rudolf Schollenbruch und Hermann, seinem Sohn aus erster Ehe, bietet einige Informationen über die Entwicklung Erikas und die Geschichte der Familie in dieser Zeit.[66] So muss es Spekulation bleiben, ob es die unkonventionellen Familienverhältnisse, die prägende Persönlichkeit des Vaters oder die gesellschaftlichen Verwerfungen durch Krieg und Revolution waren, die zu jener engen Eltern-Kind-Beziehung führten, die Erika Buchmann später stets betonte. Von Freundinnen und Freunden seiner Töchter ist in den Briefen des Vaters an den Sohn keine Rede. Daraus zu schließen, es habe keine sozialen Kontakte gegeben, wäre jedoch voreilig. Als alltägliche Normalität könnte dies für den Vater keine Erwähnung Wert gewesen sein. Möglicherweise offenbart sich hier aber auch ein väterliches Desinteresse am Alltag der Töchter.

Am 1. August 1914 erklärte das Deutsche Reich Russland den Krieg, und die Mobilmachung begann. Dies hatte auch weitreichende Folgen für das Familienleben der Schollenbruchs. Rudolf Schollenbruch hoffte nach Kriegsausbruch auf eine staatliche Festanstellung als Arzt. So sollten sowohl Einkommen als auch Reputation der Familie gesteigert werden. Für diese Aussicht nahm Schollenbruch in den kommenden Jahren nicht nur die Trennung von seiner Familie, sondern auch die Beschwernisse und Gefahren eines Fronteinsatzes in Kauf.

---

65 Eigene Angaben nach Fragebogen Military Government of Germany, undatiert, wahrscheinlich 1945/46, SAPMO-BArch NY 4178/40, Bl. 8.

66 Die im Folgenden zitierten Briefe Rudolf Schollenbruchs richten sich hauptsächlich an seinen Sohn Hermann. Aus den überlieferten Schreiben geht hervor, dass er auch seiner Frau Maria regelmäßig schrieb, diese Briefe sind jedoch nicht überliefert.

In Bayern waren nach einer Novellierung der Wehrgesetzgebung 1914 alle Männer vom vollendeten 17. bis zum vollendeten 45. Lebensjahr wehrpflichtig.[67] Rudolf Schollenbruch war mit 58 Jahren in einem Alter, in dem Kollegen über die Zeit nach dem Berufsleben nachzudenken begannen.[68] Er aber kämpfte nach wie vor mit finanziellen Problemen. Selbst von der Mobilmachung nicht mehr betroffen, meldete er sich aus freien Stücken zum Lazarettdienst des „Bayerischen Landeskomitees für die freiwillige Krankenpflege im Kriege". Dieser Einsatz versprach ein regelmäßiges Einkommen, das die Sanierung der Familienfinanzen erleichtern sollte. Bei der Kalkulation der möglichen Gefahren vertraute Rudolf Schollenbruch darauf, dass er in seinem Alter und als Freiwilliger nicht unmittelbar hinter die Frontlinien geschickt werden würde.

Die freiwillige Krankenpflege war eine Organisation des Roten Kreuzes. Sie unterstand jedoch „den Anordnungen der Militärbehörde und ihrer einzelnen zuständigen Organe und hatte ihnen unbedingt Folge zu leisten".[69] Der Präsident des Landeskomitees für die freiwillige Krankenpflege wurde vom bayerischen König ernannt und hatte dem Kriegsminister Bericht zu erstatten. In der Praxis bedeutete dies eine enge Zusammenarbeit mit dem Feldsanitätswesen und kam faktisch einer Eingliederung in die Truppe gleich. Die Ärzte der Vereinslazarettszüge aber waren weder Staatsangestellte noch Soldaten. Sie wurden während ihrer Dienstzeit vom Roten Kreuz bezahlt.[70]

In den überlieferten Briefen der Familie finden sich keinerlei pazifistische Überlegungen oder ideologische Vorbehalte gegen Schollenbruchs freiwilligen Kriegsdienst. Auch scheint niemand den Versuch unternommen zu haben, ihn von diesem durchaus gefährlichen Einsatz abzuhalten. Dies verwundert umso mehr, als Rudolf Schollenbruchs Sohn Karl schon nach wenigen Kriegsmonaten bei Soisson gefallen war. Auch setzte Schollenbruch selbst alle Hebel in Bewegung,

---

67 Bayerische Wehrordnung, §§ 3, 6, BayHstA KA, Militärdienstgesetzbuch. Vgl. auch Markus Ingenlath „... meinem König Otto I. treu zu dienen ...". Militärdienst in München, in: Prinz/Krauss (Hrsg.), München, S. 146–152.

68 Die als Kassenärzte niedergelassenen Ärzte versuchten, ihre Praxen gewinnbringend an jüngere Kollegen zu verkaufen. Der Nachfolger musste jedoch auf die Einwilligung der Kassen warten, um die Praxis übernehmen zu können. Oft behandelten ehemals niedergelassene Ärzte auch nach ihrem Ausscheiden aus dem Beruf weiterhin einige „alte" Privatpatienten. In einer Praxis im Münchner Stadtteil Giesing konnte man kaum von einer größeren Anzahl von Privatpatienten ausgehen.

69 Kriegs-Sanitäts-Ordnung, Teil VI, München 1904, § 205. Für diese Hinweise und Erläuterungen der Zusammenhänge danke ich Dr. Achim Fuchs, Bayerisches Hauptstaatsarchiv, Kriegsarchiv.

70 Über die Höhe der Besoldung konnten keine Angaben gefunden werden. Zahlreiche Ärzte verzichteten auf eine Besoldung, dies war bei Rudolf Schollenbruch nicht der Fall.

um seinem Sohn Hermann den Kriegsdienst zu ersparen, was auch gelang.[71] Hermann Schollenbruch war zu Kriegsbeginn 24 Jahre alt, lebte bei der neuen Familie seines Vaters und arbeitete bei der Münchner Niederlassung von Siemens & Schuckert als Elektrotechniker. Aufgrund seiner kriegswichtigen Arbeit wurde er zunächst vom Wehrdienst freigestellt. Doch je länger der Krieg dauerte, desto nachdrücklicher drängte Rudolf Schollenbruch seinen Sohn, eine seit Langem bekannte Herzerkrankung für die endgültige Ausmusterung zu nutzen.

In den ersten Monaten seines freiwilligen Lazarettdienstes sah sich Rudolf Schollenbruch in Bezug auf Einsatzort und zeitliche Belastung in seinen Erwartungen bestätigt. Im Januar 1915 konnte er gemeinsam mit seiner Frau zu einem längeren Urlaub nach Berlin und Hamburg aufbrechen. Hermann Schollenbruch übernahm in dieser Zeit die Aufsicht über seine beiden Halbschwestern.[72] Schollenbruchs besuchten in Berlin Verwandte[73] und in Hamburg Marias Eltern.[74] Nach der Rückkehr blieb Rudolf Schollenbruch noch bis Anfang Juli 1915 in Rathenow und München stationiert. Am 2. Juli aber musste er mit dem bayerischen Lazarettzug B2 des Bayerischen Landeskomitees die Stadt Richtung Straßburg verlassen.[75]

Auch während der ersten Wochen im Lazarettzug kam Rudolf Schollenbruch offenbar noch nicht mit den eigentlichen Kriegshandlungen in Berührung. Neben einem Chefarzt waren er und ein weiterer Arzt für die Versorgung der Verletzten zuständig.[76] Ihm gefiel das Leben im Lazarettzug. Entbehrungen, die das erste Kriegsjahr für die Familien in der Heimat mit sich brachten, kamen im Briefwechsel zwischen Vater und Sohn kaum zur Sprache. Häufig war der Lazarettzug über mehrere Wochen nicht im Fronteinsatz, sondern diente innerhalb Bayerns vor allem dem Transport geschlechtskranker Soldaten. Wenn der Lazarettzug in der Nähe von München stationiert war, besuchte Rudolf Schollenbruch seine Familie; solche Treffen fanden auch in Augsburg oder am Tegernsee statt.

Erika und Margot besuchten weiterhin die Handelsschule, während ihre Mutter das tägliche Leben organisierte. In Anbetracht der regelmäßigen Einkünfte

---

71 Vgl. Brief Rudolf Schollenbruch an seinen Sohn Hermann vom 22. 9. 1915, SAPMO-BArch NY 4178/68, Bl. 35 ff.

72 Ebenda.

73 Die im Brief erwähnten Hugo und Walter sind wahrscheinlich Hugo und Walter Elbertzhagen, ein Schwager (Hugo) und Neffe (Walter) Rudolf Schollenbruchs.

74 Beide wollten noch einmal zusammen nach Hamburg reisen, um die Erinnerungen an die Zeit ihres Kennenlernens aufzufrischen.

75 Brief Rudolf Schollenbruchs an Hermann vom 2. Juli 1915, SAPMO-BArch NY 4178/68, Bl. 42.

76 Bayerischer Frauen-Kalender für das Schaltjahr 1916, hrsg. vom Zentralkomitee des Bayer. Frauenvereins vom Roten Kreuz, Augsburg 1915, S. 93.

begann Rudolf Schollenbruch, Pläne für die Zeit nach dem Krieg zu schmieden. So schrieb er seinem Sohn, er hoffe, genügend Geld für die Eröffnung einer neuen, eigenen Praxis zu verdienen.[77] Er spekulierte aber auch darauf, nach dem Krieg zum Leiter eines der dann notwendigen Sanatorien für Kriegsinvalide berufen zu werden. Um sich darauf vorzubereiten, wollte er in Straßburg mit der erforderlichen Weiterbildung in chemischen, mikroskopischen und bakteriologischen Untersuchungsmethoden beginnen, auch wenn dies zusätzliche Ausgaben bedeutete.

Wenig später schienen die optimistischen Planungen Schollenbruchs, er könne „endlich in erquicklichen Verhältnissen leben und ein großes Loch stopfen",[78] zunichte gemacht. Denn ermutigt durch die regelmäßigen Einkünfte ihres Mannes hatte Maria Schollenbruch ohne Rücksprache fast 1000,– Reichsmark in die Renovierung der Wohnung und den Kauf einer neuen Küche investiert. Diese Summe dürfte das Monatseinkommen Rudolf Schollenbruchs um ein Mehrfaches überschritten haben.[79] Nach heftigen brieflichen Auseinandersetzungen mit seiner Frau bat Rudolf Schollenbruch schließlich seinen Sohn Hermann, die familiären Finanzen stärker im Auge zu behalten und Maria vor schlechten Einflüssen zu schützen. Offenbar hatten die Eheleute in dieser Zeit niemals gemeinsam Strategien zur Lösung ihrer finanziellen Probleme entwickelt. Auch seine beruflichen Pläne scheint Rudolf Schollenbruch nur mit seinem Sohn diskutiert zu haben.

Im Frühjahr 1916 kam schließlich auch der Lazarettzug B2 unmittelbar hinter den Frontlinien zum Einsatz. Die Ärzte waren täglich mit den schweren Kriegsverletzungen der Soldaten konfrontiert. Im März 1916 schilderte Rudolf Schollenbruch aus Offenburg seinen beiden Töchtern die tiefe Diskrepanz zwischen „der ruhigen und schönen Landschaft am Rande des Schwarzwaldes und den schrecklichen Erlebnissen jeden Abend und in der Nacht",[80] wenn der Lazarettzug an die Front in der Nähe von Verdun fuhr. Er berichtete ausführlich über die Verletzungen der Soldaten und über seine anstrengende und mitunter gefährliche Arbeit, vermied allerdings jegliche Verdammung des Krieges. Anders als ursprünglich vorgesehen, verlängerte Rudolf Schollenbruch seinen Lazarett-

---

77 Vgl. Rudolf Schollenbruch an seinen Sohn Hermann, Brief vom 13. 8. 1915 SAPMO-BArch NY 4178/68, Bl. 25. Ob Rudolf Schollenbruch vor dem Eintritt in den Sanitätsdienst seine Praxis geschlossen oder ein weiteres Mal seine Zulassung verloren hatte, geht aus dem Schreiben nicht hervor.

78 Brief vom 10. September 1915, ebenda.

79 Vgl. Wolfram Fischer/Jochen Krengel/Jutta Wietog, Sozialgeschichtliches Arbeitsbuch. Materialien zur Statistik, Bd. 2, München 1982.

80 Feldpostbrief Rudolf Schollenbruch an seine Töchter, SAPMO-BArch NY 4178/45, Bl. 13.

Erika Schollenbruch, stehend, mit ihrer Mutter, um 1918/19. *BArch, Bild Y10-1436/00.*

dienst bis zum Sommer 1916, „um dann endgültig von allen Schulden saniert zu sein".[81] Nach einem Krankenhausaufenthalt in München-Schwabing quittierte er am 7. Oktober 1916 den Dienst im Lazarettzug B2. Eine schlecht heilende Wunde an der Hand stand einem weiteren Fronteinsatz entgegen.[82]

Die Hand verheilte schließlich jedoch besser als erwartet. Rudolf Schollenbruch realisierte unverzüglich seinen Plan, nach der Rückkehr ins Zivilleben wieder eine Arztpraxis zu eröffnen. Schon Ende Oktober 1916 schrieb er an seinen Sohn: „Mit meiner Praxis habe ich erst gestern wieder beginnen können, da ich bisher noch zu elend war und meine Geschäftsräume erst vorgestern Abend fertig wurden. Ich habe heute schon – ohne Annonce – 6 Besuche zu machen gehabt und 4 Patienten in der Sprechstunde gehabt. Das ist ein guter Anfang."[83]

Allerdings führten die Kriegsinflation, die damit einhergehende Verteuerung bzw. Rationierung der Lebensmittel auch bei Familie Schollenbruch zu erheblichen Einschränkungen im Alltag. Die Organisation von Lebensmitteln nahm immer mehr Zeit in Anspruch. Die „Ausbeute" war gleichwohl oft so spärlich, dass schließlich Gesundheit und Arbeitskraft der Familie auf dem Spiel stan-

81   Vgl. Brief vom 12. November 1915, SAPMO-BArch NY 4178/68, Bl. 51.
82   Vgl. SAPMO-BArch NY 4178/60, Bl. 14. Es fand sich kein Hinweis darauf, dass Rudolf Schollenbruch bei einer Kampfhandlung verletzt wurde. In einigen Briefen vom Herbst 1916 klagt er über eine Wunde an der Hand, die nicht ausheilen wolle.
83   Brief vom 27. Oktober 1916, SAPMO-BArch NY 4178/68, Bl. 59.

den. Noch im Juni 1915 hatte Rudolf Schollenbruch an seinen Sohn Hermann nach Lindau geschrieben: „Bei uns ist alles beim Alten. Verhungert sind wir noch immer nicht, da noch immer etwas eingeht."[84] Im März 1917 hatte sich die Situation auch für die Familie Schollenbruch deutlich verschlechtert: „[…], die Lebensmittel werden von Tag zu Tag knapper. Wenn wir nicht täglich in der Volksküche äßen, wüßten wir nicht mehr wie wir durchhalten sollten. Mimi und den Kindern geht es leidlich. Sie leiden noch nicht so wie wir Menschen über 50 Jahre."[85]

Kurze Zeit später musste Rudolf Schollenbruch seine Praxis wegen Überarbeitung und Unterernährung für einige Wochen schließen. In den folgenden zwei Jahren sollte das noch häufiger geschehen. Im August 1918 aber konnte er seinem Sohn hoffnungsfroh melden: „Erika ist bei Siemens & Schuckert als Beamtin angestellt, bei einem Monatsgehalt von 100,– Mark monatlich. Sie hat sehr viel zu tun, ist aber immer vergnügt und arbeitsfreudig."[86]

Die überlieferten Briefe enthalten keine Hinweise auf eine politische Radikalisierung Rudolf Schollenbruchs bereits während der Kriegsjahre. Es ist zwar möglich, dass er wie viele andere Teilnehmer des Ersten Weltkrieges aufgrund der Fronterfahrungen oder wegen der Versorgungskrise im „Steckrübenwinter" 1916/17 nach seiner Rückkehr nach München in der Öffentlichkeit politisch tätig wurde. Doch in seinen Briefen finden sich lediglich allgemeine Überlegungen über den Verlauf und die Dauer des Krieges. Dabei interessierten ihn vor allem Möglichkeiten zur Sicherung des Familienunterhalts in Kriegszeiten. Sollte Rudolf Schollenbruch schon 1914 Sympathisant oder Mitglied der SPD gewesen sein, so konnte er sich auch nach der freiwilligen Meldung zum Sanitätsdienst der parteipolitischen Wertschätzung dieser Entscheidung sicher sein. Entgegen späterer Darstellungen Erika Buchmanns, in denen der freiwillige Fronteinsatz des Vaters verschwiegen wurde, kann man nicht davon ausgehen, dass er zu den frühen Widersachern gegen die Kriegspläne der Reichsregierung gehörte. Auch für eine ablehnende oder befürwortende Auseinandersetzung mit der „Burgfriedenspolitik" der SPD finden sich in den Quellen keine Anhaltspunkte. Bis zum Winter 1916/17 äußerte Schollenbruch weder grundlegende gesellschaftskritische noch

---

84 Brief vom 15. Juni 1915, SAPMO-BArch NY 4178/68, Bl. 49.

85 SAPMO-BArch NY 4178/68, Bl. 63. Maria Schollenbruch wird in allen Briefen Rudolf Schollenbruchs mit dem Kosenamen Mimi bedacht.

86 Ebenda, Bl. 69. Der Besuch der Handelsschule setzte lediglich eine siebenjährige Werktagsschulpflicht, ein Eintrittsalter unter 18 Jahren und das Bestehen der Aufnahmeprüfung voraus. Wenn Erika Schollenbruch bereits im Sommer eine erste Anstellung gefunden hatte, hieße dies, dass sie die Handelsschule ohne Abschluss verließ, da die Ausbildung drei Jahre dauerte.

revolutionäre Gedanken. Insgesamt zeigt auch der Briefwechsel das Bild einer bis zu diesem Zeitpunkt eher unpolitisch eingestellten Familie.[87] Erst 1920 sprach Rudolf Schollenbruch sein angeblich langjähriges politisches Interesse an: „Ich weiß noch, wie klein, wie lächerlich klein das Häuflein wahrer Sozialisten war, als ich als 16-jähriger Bub mich für den Sozialismus zu interessieren anfing. 1871 war Bebel der einzige Vertreter des Sozialismus im Reichstag!“[88]

Im Dezember 1915 stimmten 20 sozialdemokratische Reichstagsabgeordnete gegen erneute Kriegskredite und damit gegen die Mehrheit der eigenen Fraktion.[89] Nach dem „Steckrübenwinter“ 1916/17 gewann diese linke Opposition innerhalb der SPD zunehmend an Boden. Die Hungersnot, aber auch die Arbeitspflicht für alle nicht kriegsdienstfähigen Männer zwischen 17 und 60 Jahren, die das Gesetz zum „Vaterländischen Hilfsdienst“ vom 5. Dezember 1916 festschrieb, sowie das offensichtliche Versagen der Gewerkschaften führten zu einer schnellen Radikalisierung der deutschen Arbeiterbewegung.[90] Unter dem Eindruck der Februarrevolution in Russland gründete sich im April 1917 die USPD; in vielen Großstädten sowie in der deutschen Flotte gab es Streiks und Proteste. Dabei verbanden sich Forderungen nach einer besseren Lebensmittelversorgung mit dem Ruf nach der Beendigung des Krieges.

Ende Januar 1918 radikalisierten sich die Proteste auch in München. Die Arbeiter der Münchner Rüstungsbetriebe traten in einen dreitägigen Streik. Immer wieder kam es zu „Hungerzügen“, und demonstrierende Frauen und Jugendliche zogen vor das Rathaus der Stadt. Im Sommer 1918 eskalierten auch antipreußische Krawalle in der bayrischen Metropole. Einem Bericht des stellvertretenden Generalkommandos in München zufolge erwartete man aufgrund der

---

87 Vgl. diverse Schreiben, SAPMO-BArch NY 4178/60. Auch die zwei überlieferten Entlassungsschreiben zu Rudolf Schollenbruchs Ausscheiden aus dem Sanitätsdienst enthalten keine Hinweise auf politische Aktivitäten, vielmehr wird ausdrücklich sein außerordentliches Engagement im Interesse der Verwundeten und für das Deutsche Reich erwähnt. Bis auf einen Bericht über den Besuch Maria und Rudolf Schollenbruchs bei einer Versammlung der Freidenker zum Thema Geburtenkontrolle am 7. März 1914 fanden sich auch in der Polizeiakte Rudolf Schollenbruchs keine Hinweise auf politische Aktivitäten vor 1919.

88 Brief Rudolf Schollenbruchs an Hermann Schollenbruch vom 11. Juli 1920, SAPMO-BArch NY 4178/68, Bl. 80. Wie erwähnt, stammen alle anderen Berichte über ein frühes, parteipolitisches Engagement ihres Vaters von Erika Buchmann aus der Zeit nach 1945 (vgl. Kap. I.1).

89 Vgl. Heinrich August Winkler, Deutsche Geschichte vom Ende des Alten Reiches bis zum Untergang der Weimarer Republik, Bonn 2000, S. 345 ff.

90 Vgl. ebenda. Durch das o. g. Gesetz gewannen die Gewerkschaften zwar an Einfluss, erschienen jedoch vielen Arbeitern zu nah an die Unternehmer und den Staat gebunden zu sein, um noch als unabhängige Interessenvertreter gelten zu können.

sich zuspitzenden Situation, „daß es nach dem Krieg zu einer allgemeinen Auseinandersetzung kommen muß".[91]

Vor diesem Hintergrund erscheint das wachsende politische Interesse Erika Schollenbruchs, möglicherweise auch unabhängig von einer väterlichen Prägung, nachvollziehbar. Erstmals politisch aktiv wurde sie 1918 mit dem Beitritt zum „Bund der Achtzehnjährigen".[92] Diese linke Jugendorganisation ging später im Kommunistischen Jugendverband Deutschlands (KJVD) auf. Doch trotz dieses politischen Engagements blieb zunächst noch ihr 30-jähriger Halbbruder Hermann Rudolf Schollenbruchs bevorzugter Gesprächspartner. Das lag wahrscheinlich am jugendlichen Alter der Tochter.

In der neu gegründeten USPD sammelten sich die politischen Kräfte, die entweder erst seit Kurzem politisiert und radikalisiert oder ehemalige SPD-Mitglieder waren. Letztere hatten in ihrer bisherigen Partei keine Mehrheiten für einen Sturz der Monarchie und für revolutionäre Veränderungen finden können. In München war die USPD am 16. Mai 1917 gegründet worden. Im Gegensatz zu anderen Großstädten waren die Reformisten, Zentristen und radikalen Marxisten, die bisher in der SPD organisiert waren, hier nur von nachrangiger Bedeutung.[93] Gemeinsam war allen USPD-Mitgliedern der Widerstand gegen die Kriegs- und „Burgfriedenspolitik" der SPD. Um die Beendigung des Krieges und den Aufbau eines demokratischen Gemeinwesens zu erreichen, setzten sie auf politische Massenaktionen.[94] Der entscheidungsfreudige und durchsetzungsstarke Kurt Eisner wurde „zum faktischen Führer"[95] der bayerischen USPD; er war „in diesem Augenblick allen anderen Akteuren der bayerischen Politik überlegen".[96]

Der erste bayerische Arbeiter- und Soldatenrat konstituierte sich in der Nacht vom 7. auf den 8. November 1918 in München. In dieser Nachtsitzung beschloss er die Gründung der Republik Bayern. Eine provisorische Regierung unter dem

---

91 Zit. nach: Wilfried Rudloff, Notjahre. Stadtpolitik in Krieg, Inflation und Wirtschaftskrise 1914 bis 1933, in: Richard Bauer (Hrsg.), Geschichte der Stadt München, München 1992, S. 344.

92 Vgl. Politischer Lebenslauf Erika Buchmanns vom 20. 7. 1949, SAPMO-BArch NY 4178/39, Bl. 1.

93 Zur Zusammensetzung der USPD vgl. Peter Lösche, Der Bolschewismus im Urteil der deutschen Sozialdemokratie 1903 bis 1920, Berlin 1967, S. 73 ff.; Karl-Ludwig Ay, Die Entstehung einer Revolution. Die Volksstimmung in Bayern während des Ersten Weltkrieges, Berlin 1968, S. 192 ff.

94 Vgl. Ursula Mertens, Die Rätebewegung in Bayern (1918/19), Nürnberg 1984, S. 81 ff.; Bernhard Grau, Kurt Eisner 1867–1919. Eine Biographie, München 2001.

95 Winkler, Revolution, S. 60.

96 Ebenda, S. 61.

Ministerpräsidenten Kurt Eisner übernahm die Regierungsgeschäfte. Die Gründung der Republik Bayern stand am Ende eines ereignisreichen Tages. Nach einer großen, ursprünglich gemeinsamen Friedensdemonstration von SPD und USPD auf der Theresienwiese waren die in München stationierten Truppen zu den Revolutionären übergelaufen. König Ludwig III. hatte die Flucht ergriffen. Während die Anhänger der SPD weiterhin für die Abdankung des Kaisers und den Abschluss eines Waffenstillstands demonstrierten, entstand unter Kurt Eisners Führung ein erster Arbeiterrat. Nach Besetzung einiger öffentlicher Gebäude wurde Eisner am Abend des 7. November zum Präsidenten der bayerischen Arbeiter- und Soldatenräte gewählt. Der Vorsitzende der SPD in Bayern, Erhard Auer, verhandelte zu diesem Zeitpunkt noch mit den königlichen Ministern über deren Niederlage. Diese wurde im Laufe des 8. November akzeptiert und Erhard Auer trat der Regierung Eisner als Innenminister bei.[97]

Nach eigenen Angaben gehörte Rudolf Schollenbruch zu den ersten Mitgliedern der neu gegründeten USPD.[98] Anlässlich seines 100. Geburtstages beschrieb Erika Buchmann ihren Vater als einen Mann, der in dieser Zeit ruhelos auf unzähligen Versammlungen sprach und schon im Januar 1918 mit seine Mitstreitern in München eine Massendemonstration organisierte, an der sich 8000 Arbeiter und Arbeiterinnen vor allem aus den Münchner Großbetrieben beteiligten. Auch an der entscheidenden Demonstration am 7. November 1918 soll Rudolf Schollenbruch maßgeblich beteiligt gewesen sein. „Er [Rudolf Schollenbruch] stand mit seinen Freunden Eugen Leviné und Josef Sontheimer an der Spitze der gewaltigen Demonstration, die im November 1918 von der Theresienwiese in das Stadtinnere Münchens zog, um der Republik den Weg zu öffnen",[99] erinnerte sich Erika Buchmann im Januar 1956. Sie stellte ihren Vater damit auf eine Stufe mit den prominenten Vertretern der Münchner Räterepublik.

So wenig Verteidiger der Monarchie es gegeben hatte, so heftig wurde nun um den weiteren Weg zur Fortführung der Revolution gestritten. Die in diesen Tagen

---

97   Vgl. ebenda, S. 60.
98   In einem Brief vom 13. Januar 1920 gab er an, noch immer Mitglied der USPD zu sein, vgl. SAPMO-BArch NY 4178/68, Bl. 77.
99   Bayerisches Volksecho vom 16. Januar 1956, SAPMO-BArch NY 4178/65, Bl. 13. Der Artikel verschweigt die Rolle Kurt Eisners zu diesem Zeitpunkt der revolutionären Ereignisse in München. Vielmehr schien es Erika Buchmann angebracht, die enge Freundschaft ihres Vaters zu Eugen Leviné, ab Mitte März 1919 der KPD-Vorsitzende in Bayern, hervorzuheben. Dass ihr Vater vor seiner Mitgliedschaft in der KPD bereits Mitglied der USPD war, wurde aber nicht erwähnt. Laut Hermann Weber und Andreas Herbst, Deutsche Kommunisten. Biographisches Handbuch 1918 bis 1945, Berlin 2004, S. 454, kam Leviné erst im März 1919 nach Bayern und konnte somit nicht an o. g. Demonstration beteiligt gewesen sein.

neu entstandene Ortsgruppe der KPD agitierte unter der Losung: „Alle Macht den Räten"; sie spielte jedoch bis zu den Ereignissen im April 1919 keine maßgebende Rolle. Am 12. Januar 1919 fanden Landtagswahlen statt, die eigentlich eine Legalisierung der „demokratischen und sozialen Republik" Eisners bringen sollten. Die USPD erreichte jedoch nicht die erwartete Mehrheit. Diese wurde knapp von der SPD und den bürgerlichen Parteien errungen. Die Ermordung Kurt Eisners am 21. Februar 1919 und die anschließenden gewalttätigen Tumulte während der konstituierenden Sitzung des Bayerischen Landtages, bei denen auch Erhard Auer schwer verletzt wurde, markieren den Beginn des radikalsten und blutigsten Phase in der Geschichte der Münchner Räterepublik.[100] Mit der Entscheidung, den Regierungssitz der neu gebildeten legitimen Landesregierung von München nach Bamberg zu verlegen und aus eigener Kraft die Staatsmacht zurück zu gewinnen, „begann die Zeit des offenen Bürgerkrieges",[101] die von den Zeitgenossen als „russische Zustände" wahrgenommen wurden.

Am 13. April 1919 kam es in München zu schweren Kämpfen zwischen den Truppen der (ersten) bayerischen Räterepublik unter Führung von Ernst Niekisch und der Republikanischen Soldatenwehr, die im Auftrag der Bamberger Regierung handelte.[102] Die Truppen der Räterepublik, die sich als „Rote Armee" bezeichneten, gingen aus diesen Kämpfen als Sieger hervor. Unter Führung von Max Levien und Eugen Leviné wurde noch am Abend die kommunistische (zweite) Räterepublik proklamiert. Rudolf Schollenbruch stellte sich der Räterepublik als Arzt zur Verfügung und wurde vom Oberbefehlshaber der „Roten Armee", Rudolf Eglhofer, zum Armeearzt ernannt.[103]

Erika Schollenbruch beschrieb ihren Vater aus der Distanz von mehr als drei Jahrzehnten als einen Genossen, der zweifellos der Sache verpflichtet gewesen sei. Er habe jedoch die Schwächen der Revolution weitsichtig vorausgesehen: „Im Sommer 1918 fanden erregte Diskussionen bei uns zu Hause statt, und am 9. November marschierte Vater mit den Freunden Eugen Leviné und Josef Sontheimer an der Spitze der zweihunderttausend Menschen, die glaubten, daß sie auf dem Weg zur Freiheit wären. Vater sah klarer als die meisten anderen die Mängel dieser Bewegung. Er wurde in den Arbeiter- und Soldatenrat gewählt, übernahm während der Räterepublik die Funktion des Gesundheitsministers und war der Chefarzt der Roten Armee. Und selbstverständlich einer der ersten Mitglieder des

---

100 Vgl. Friedrich Prinz, Die Geschichte Bayerns, München 1997, S. 384 ff.; Winkler, Revolution, S. 184 ff.
101 Winkler, Revolution, S. 186.
102 Vgl. Winkler, Deutsche Geschichte, S. 396 ff.
103 Münchner Neueste Nachrichten, 17./18. Mai 1919, BayHStA, Slg. Personen 2151, vgl. auch Polizeiakte Rudolf Schollenbruchs, Staatsarchiv München, Pol. Dir. 10147, Bl. 64 ff.

damaligen Spartakusbundes. Die Inkonsequenz der Führer und die Halbheiten führten nicht zum sozialistischen Deutschland, sondern zu Weimar."[104]

Die bürgerliche Presse und später befragte Lazarettärzte beschrieben Rudolf Schollenbruch allerdings als inkompetenten Hochstapler und als Witzfigur. Er sei von den Lazarettärzten, denen er sich als neuer Vorgesetzter vorstellte, nur verhöhnt worden: „Aufgaben und Einrichtungen des militärischen Sanitätswesens scheinen dem neuen Armeearzt nicht bekannt gewesen zu sein, was verschiedene seiner Anordnungen beweisen. […] Er hatte feldgraue Uniform angelegt und trug am Arm nicht nur eine breite baumwollene Binde, sondern daneben eine zweite breite rotseidene Binde, so daß sein ganzer linker Ärmel statt feldgrau rot war. Die rotseidene Binde sollte wahrscheinlich die hohe Stellung in der Armee ausdrücken. […] Als er anfing sich etwas mit den Verhältnissen in seinem Ressort vertraut zu machen, brach die Katastrophe herein und er verschwand. So dauerte die Amtszeit dieses Armeearztes nur 5 Tage."[105]

Rudolf Schollenbruch selbst nutzte die wenigen Wochen der Münchner Räterepublik, um seine Gedanken zu einem reformierten Gesundheitswesen zu Papier zu bringen. Er appellierte: „Getrieben von dem brennenden Wunsche, allen kranken Volksgenossen ohne Ausnahme eine wirklich gute Versorgung zu sichern […], die Ärzte aus ihrer schweren Bedrängnis zu erlösen […], wende ich mich jetzt an die Ärzteschaft Deutschlands und fordere sie auf ihre Stimme zu erheben und mitzuwirken, daß die jetzigen unhaltbaren Zustände des Gesundheitswesens eine gründliche und schleunige Lösung finden."[106] Auf über 40 Seiten beschrieb er die Mängel des Krankenversicherungssystems, unter denen vor allem die Unfallverletzten, Invaliden und Alten zu leiden hätten. Ausgiebig erläuterte er die Existenzsorgen der niedergelassenen Ärzte, die in seinen Augen völlig unzureichend von den Kassen bezahlt wurden. Als Lösung schlug er die Vergesellschaftung des gesamten Gesundheitswesens, einschließlich der Hebammen, Apotheken und Kuren vor. Diese idealistischen Vorschläge verdeckten ein Stück weit, dass

---

104 SAPMO-BArch NY 4178/65, Bl. 27, ohne Erscheinungsdatum. In diesem Zitat spiegelte sich wohl weniger die Meinung Rudolf Schollenbruchs aus dem Jahre 1919 wider, sondern vielmehr die Ansicht seiner Tochter in der Rückschau nach 30 Jahren auf die nach ihrer Meinung ungenutzte Chance. Vgl. Heinrich August Winkler, Von der Revolution zur Stabilisierung. Arbeiter und Arbeiterbewegung in der Weimarer Republik 1918 bis 1924, Berlin/ Bonn 1984, S. 60, das gleiche Ereignis wurde hier mit zum Teil unterschiedlichen Akteuren beschrieben.

105 Münchner Neueste Nachrichten, 17./18. Mai 1919, BayHSta, Slg. Personen 2151, ohne Paginierung. Unter Leitung Oswald Spenglers und mit finanzieller Hilfe rheinischer Industrieller waren die „Münchner Neuesten Nachrichten" das Sprachrohr der neuen, reaktionären intellektuellen Szene Münchens.

106 Unveröffentlichtes Manuskript vom 15. November 1919, SAPMO-BArch NY 4178/61.

Schollenbruch durchaus reale Probleme ansprach, die in Zukunft verstärkt zutage treten würden. Dazu gehörte die große Zahl an Kriegsinvaliden und erkrankten Zivilisten, die an den Folgen mehrjähriger Mangelernährung und übermäßiger Arbeitsbelastung litten, sowie die daraus resultierende Beanspruchung der Krankenkassen.

Die Kämpfe in der zweiten Aprilhälfte, die sich auf das Münchner Stadtgebiet beschränkten, waren weder von der Gruppe um Max Levien, Eugen Leviné und Josef Sontheimer geplant, noch mit der KPD-Zentrale in Berlin abgestimmt. Die zweite Räterepublik war von Anfang an zum Scheitern verurteilt und konnte den Truppen der regulären bayerischen Regierung und den Freikorpseinheiten nur kurze Zeit standhalten. Nachdem München am 3. Mai 1919 endgültig eingenommen worden war, wurden zunächst die kommunistischen Anführer Opfer von zahllosen Racheakten und Übergriffen, die zumeist straflos blieben. Später wurden die Anhänger der kommunistischen Räterepublik in mehr als 2200 Prozessen zum Teil zu hohen Zuchthausstrafen verurteilt. Das gegen Eugen Leviné verhängte Todesurteil wurde am 5. Juni 1919 vollstreckt. Rudolf Eglhofer wurde ermordet. Die Geschehnisse während der Münchner Räterepublik, die Atmosphäre von Denunziation und Rache, der offene Terror auf den Straßen, der fast 1000 Todesopfer forderte, trugen entscheidend dazu bei, dass München sich von einer weltoffenen, liberalen Metropole in nur wenigen Monaten zum Schauplatz zahlreicher Aktivitäten reaktionärer und rechtsextremer Gruppen entwickelte.

Nach der Niederschlagung der Münchner Räterepublik stellte sich Rudolf Schollenbruch am 15. Mai 1919 den Regierungstruppen. Er wurde festgenommen und inhaftiert.[107] Bei seiner ersten Vernehmung erklärte er, er habe in Ingolstadt Verhandlungen zwischen der „Roten Armee" und den Regierungstruppen vermitteln wollen und sei schließlich selbst in die Gefahr geraten, von Kommunisten erschossen zu werden. Rudolf Schollenbruch wurde nach einigen Tagen vom Polizeigebäude in das Gefängnis München-Stadelheim überstellt und verbrachte dort als Untersuchungshäftling mehrere Wochen, ohne dass sein Anwalt von der Staatsanwaltschaft eine Anklageschrift erhielt. Die Haft ertrug er offenbar mit großer Gelassenheit, obgleich er wusste, dass Ernst Toller und Erich Mühsam nach der Zerschlagung der Räterepublik wegen Hochverrats und Beteiligung an der Revolution zu fünf bzw. 15 Jahren Festungshaft verurteilt worden waren. Er schrieb im Juni 1919 an seinen Sohn Hermann: „Mit dem Aufenthalt in Stadelheim bin ich recht zufrieden. Ich habe eine große, luftige Zelle, freundliche Behandlung und auch eine Verpflegung, so gut sie in dieser Zeit eben geboten

---

107 BayHStA, Slg. Personen 2151, ohne Paginierung, Münchner Neueste Nachrichten vom 17./18. Mai 1919.

werde kann."[108] Rudolf Schollenbruch wurde schließlich von einem Münchner Standgericht von der Anklage des Hochverrates freigesprochen und am 8. Juli 1919 aus der Haft entlassen.[109] Sein Engagement für die Münchner Räterepublik blieb strafrechtlich ohne Konsequenzen und er konnte nach knapp zwei Monaten Haft zu seiner Familie zurückkehren.

I.3. Zwischen Alltag, Arbeit und Parteidisziplin

Für Erika Schollenbruch wurden die Münchner Ereignisse zwischen 1918 und 1919 zur bestimmenden politischen Erfahrung. Die mit militärischer Gewalt geführten Auseinandersetzungen zwischen den Truppen der SPD-geführten Bamberger Regierung und den Freikorps einerseits und der „Roten Armee" andererseits, die politischen Morde und eine politisch missbrauchte Justiz trugen zu einer Radikalisierung ihrer politischen Vorstellungen bei. Ihr Kampf galt von nun an der Errichtung der Diktatur des Proletariats: Nach sowjetischem Vorbild sollten ein „Rätedeutschland" geschaffen und die Bolschewisierung der deutschen Gesellschaft erreicht werden. Während der Münchner Räterepublik hatte Erika Schollenbruch sich selbst erstmals als Teil einer erfolgreichen gesellschaftlichen Bewegung erlebt, die maßgeblich zur Beendigung des Krieges und zum Sturz der Monarchie beigetragen hatte. In ihren Augen bewies die Russische Revolution, dass die Zeit für grundlegende gesellschaftliche Veränderungen reif sei. An der Schwelle zum Erwachsenenleben fand Erika Schollenbruch für sich eine Aufgabe, eine Lebensperspektive und die Anerkennung von Gleichgesinnten. Sie konzentrierte ihre politischen Aktivitäten spätestens seit 1920 bedingungslos auf die sich in Bayern und München formierende Kommunistische Partei. Mit der Wahl ihres Arbeitgebers, der KPD-Fraktion im Bayerischen Landtag, und ihres Ehemannes, dem kommunistischen Reichstagsabgeordneten Albert Buchmann, gelang es ihr, das Engagement im Dienste der KPD beruflich und privat in Einklang zu bringen.

108 Brief von Rudolf Schollenbruch an seinen Sohn Hermann, undatiert, SAPMO-BArch NY 4178/68, Bl. 71. Datierung des Briefes nach: Polizeiakte Rudolf Schollenbruchs, Staatsarchiv München, Pol. Dir. 10147. Hermann Schollenbruch wurde nach der Niederschlagung der Räterepublik ebenfalls verhaftet und blieb bis Mitte September 1920 in Haft. Da es ihm nach seiner Entlassung offensichtlich nicht gelang, in Bayern eine dauerhafte Arbeit zu finden, die KPD darüber hinaus 1924 eine Übersiedlung nach Russland ablehnte, kehrte er im April 1925 nach Westerland/Sylt zurück. Hermann Schollenbruch hatte 1918 geheiratet, im Oktober 1919 und im März 1929 wurden seine beiden Töchter geboren. In Westerland wurde er Leiter des dortigen Elektrizitätswerkes und trat politisch nicht mehr in Erscheinung.

109 Neue Zeitung vom 8. Juli 1919, BayHStA, Slg. Personen 2151, ohne Paginierung.

Trotz seiner instabilen Gesundheit nahm Rudolf Schollenbruch kurz nach der Entlassung aus der Haft die Arbeit in seiner Praxis wieder auf. Die Familie war dringend auf seine Einnahmen angewiesen. Erika Schollenbruch hatte zwar einige Wochen zuvor eine Anstellung in der Redaktion der USPD-Zeitung „Der Kampf" gefunden, aber ihre Schwester Margot besuchte noch die Handelsschule. Zum Haushalt gehörte inzwischen auch Rudolf Schollenbruchs Schwiegermutter Christine Röhling. Die 77-Jährige litt an fortschreitender Demenz und musste von Maria Schollenbruch versorgt werden.

Im Januar 1920 berichtete Rudolf Schollenbruch seinem inhaftierten Sohn, dass die allgemeine Desillusionierung in der Bevölkerung nach Kriegsende und Revolution auch innerhalb der Familie Folgen zeitige. Nach einer Phase der Unbestimmtheit und des Suchens habe man sich schließlich politisch neu orientiert. Offensichtlich mischte sich Erika Schollenbruch nun stärker in die innerfamiliäre Diskussion ein. Mit dem Wissen, das sie an ihrem neuen Arbeitsplatz erwarb, wurde sie für ihren Vater schließlich zu einer kompetente Gesprächspartnerin in politischen Fragen.

Möglicherweise war Erika Schollenbruch zunächst Mitglied der USPD geworden. Darauf deutet der folgende Brief Rudolf Schollenbruchs vom Januar 1920 hin: „Erika ist ganz wohl und immer noch in der Redaktion des ‚Kampfes' tätig, wo es ihr aber gar nicht gefällt, da er ihr zu mehrheitssozialistisch ist. Wir sind überhaupt mit der ganzen U. S. P. sehr unzufrieden und treten wahrscheinlich aus, schließen uns dann aber gar keiner Partei an. Wir sind dieses [sic!] ewige Parteizänkerei gründlich überdrüssig. Ich gehe in gar keine Versammlung mehr. Ich habe genug von dem dummen Schwatzen. Ich warte bis wieder mal gehandelt wird, dann werde ich wieder dabei sein. Das Einzige, was mir noch Freude macht, sind die wunderbaren Fortschritte der Bolschewisten."[110] Allerdings ließ Rudolf Schollenbruch die Kontakte zu seinen politischen Weggefährten nicht abreißen. Nach der Denunziation durch einen Nachbarn wurde am 20. April 1920 in seiner Polizeiakte vermerkt, es hätten in der Schollenbruchschen Wohnung wiederholt Treffen von bis zu 20 Personen stattgefunden. Die Polizei versuchte jedoch vergeblich, diese Zusammenkünfte eindeutig als politische Versammlung zu identifizieren.[111]

Wann genau sich Erika Schollenbruch zu einem Wechsel von der USPD zur KPD entschloss, lässt sich nicht mehr rekonstruieren. Wie Zehntausende USPD-Mitglieder trat sie wahrscheinlich über, als sich die USPD im Dezember 1920 spaltete

---

110 Brief von Rudolf Schollenbruch an Hermann Schollenbruch vom 13. Januar 1920, SAPMO-BArch NY 4178/68, Bl. 77.

111 Vgl. Denunziation Rudolf Schollenbruchs wg. „Geheimversammlung" am 20. 4. 1920, Staatsarchiv München, Pol. Dir. 10147, Bl. 79 ff.

und der linke Flügel sich mit der KPD vereinigte. Die Zahl der KPD-Mitglieder stieg dadurch im Deutschen Reich von knapp 80 000 auf über 300 000 Personen an. In Südbayern hatte die KPD nun 2000 Mitglieder und im Bayerischen Landtag verfügte sie über sieben Abgeordnete, von denen zum Zeitpunkt der Vereinigung jedoch vier inhaftiert waren.[112]

Gleichwohl konnte die KPD in Bayern bis 1925 wegen des andauernden Parteiverbotes kaum öffentlich agieren. Bis März 1920 galt im Bereich der Polizeidirektion München weiterhin der Belagerungs- und Kriegszustand und damit das Verbot der KPD. Nach den sogenannten Märzaktionen 1921, einem dilettantischen Aufstand der KPD in Mitteldeutschland, wurde das Verbot der Partei in Bayern für mehrere Monate erneuert.[113] Nach einer kurzen Phase der Legalität wurde die KPD als Reaktion auf den „Deutschen Oktober" – den Einsatz der Reichswehr in Sachsen und Thüringen sowie gegen den Hitler-Ludendorff-Putsch in München – vom 11. November 1923 bis zum 26. Februar 1925 in Bayern erneut verboten.

Erika Schollenbruch beschrieb ihren Weg in die KPD 30 Jahre später mit wenigen Worten: „Ich gehörte von Anfang 1918 an zum sog. ‚Bund der Achtzehnjährigen' in München, dem Vorläufer des Kommunistischen Jugendverbandes, dem ich bei seiner Gründung beitrat und in dem ich immer Funktionär war. [...] Bei der Gründung der KPD wurde ich ihr Mitglied in der Münchner Organisation, nachdem ich vorher Stenotypistin bei der Redaktion des ‚Kampf', der Zeitung der USPD gewesen war."[114]

Einen längeren Urlaub im Dezember 1919 bei einem ebenfalls politisch aktiven Arztkollegen in Traunstein nutzte Rudolf Schollenbruch, um Ernst Toller und Erich Mühsam in den Gefängnissen in Ansbach und Eichstätt zu besuchen.[115] Vor allem zu Erich Mühsam blieb ein langjähriger Kontakt bestehen. Erich Mühsams Ehefrau, die den Gefängnisärzten nicht traute, bat Schollenbruch, die ärztliche Versorgung ihres Mannes zu übernehmen. Auch Erika Schollenbruch nahm regen Anteil an den Kontakten ihres Vaters und wurde zu einer wichtigen Mitarbeiterin von Ernst Toller und Erich Mühsam während

---

112 Mehringer, Die KPD in Bayern, S. 13 ff.

113 Vgl. Weber, Kommunisten, S. 11 ff. Obwohl die KPD zu dieser Zeit in Bayern praktisch nicht in Erscheinung trat, war der in Mitteldeutschland inszenierte Aufstand ein willkommener Anlass für ein erneutes Verbot der Partei.

114 Politischer Lebenslauf Erika Buchmanns vom 20. Juli 1949, SAPMO-BArch NY 4178/39, Bl. 1. In diesem Lebenslauf blieb eine mögliche USPD-Mitgliedschaft Erika Schollenbruchs unerwähnt.

115 Vgl. SAPMO-BArch NY 4178/68, Bl. 75. Der mehrwöchige Urlaub war der Beginn von immer länger werdenden Zeiten der Abwesenheit Rudolf Schollenbruchs von München und brachte immer wieder finanziell angespannte Situationen in der Familie mit sich.

deren Haftzeit. Als sie im Frühjahr des Jahres 1920 arbeitslos wurde, übernahm sie die maschinenschriftliche Abschrift der Arbeiten Erich Mühsams und Ernst Tollers.[116]

Nach dem gesellschaftlichen Umbruch gab es einige reale Verbesserungen für die niedergelassenen Ärzte. Die freie Arztwahl wurde durchgesetzt, die Honorarsätze angehoben, und an Sonntagen konnten die Arztpraxen geschlossen bleiben. Doch dies verbesserte die finanzielle Situation der Familie Schollenbruch nicht nachhaltig.[117] In Anbetracht von politischer Verfolgung und materieller Not suchte Rudolf Schollenbruch, inzwischen 65 Jahre alt, eine radikale Lösung für seine Probleme. Im Juli 1920 berichtete er seinem Sohn, er werde in naher Zukunft mit seiner Frau und den Töchtern nach Russland auswandern. „In der Nähe von Moskau soll eine Motorenfabrik von bayerischen und schlesischen Genossen besiedelt werden und ich soll dort ihr Arzt sein. Ich habe sofort zugesagt, und Mimi und die Kinder sind freudigst bereit, mit mir zu gehen, obwohl sie wissen, daß das Leben in Russland für die erste Zeit uns vielleicht sehr schwere Entbehrungen, Hunger und Kälte auferlegen wird. [...], da ich aus Deutschland fort möchte, wo ich doch nie auf einen grünen Zweig komme und ich doch nicht sicher bin, ob ich nicht doch an die Wand gestellt oder eingesperrt werde. In Rußland sind wir absolut sicher, [...] und dann ist die Zukunft Mimis und der Kinder dort eine gesicherte, auch wenn ich sterben sollte, während sie hier womöglich dann dem größten Elend ausgesetzt sind."[118] Der Bürgerkrieg in Russland jedoch verzögerte die Verwirklichung dieses Vorhabens. In der Zwischenzeit wurden die ohnehin viel zu optimistischen und gutgläubigen Erwartungen der Familie Schollenbruch mehrfach enttäuscht. Über Monate lebten sie in der Hoffnung auf eine bessere Zukunft, bis sich das Auswanderungsprojekt endgültig zerschlug.

Rudolf Schollenbruchs Sorge, weiterhin politisch verfolgt zu werden, erhielt neue Nahrung. Nach der Denunziation wegen verdächtig erscheinender Besucher in seiner Wohnung stellte eine weitere Anzeige seine Seriosität und Rechtschaffenheit als Arzt infrage. Ferner wurde er nach § 278 RSTGB des Ausstel-

---

116 Brief vom 11. Juli 1920, SAPMO-BArch NY 4178/68, Bl. 83. Während seiner Haft entwarf Mühsam das „Proletarisch-revolutionäre Einigungsprogramm Links von den Parteien", in dem er den Zusammenschluss aller linken Kräfte propagierte. Außerdem schrieb er zahlreiche Kampflieder. Erich Mühsam war während seiner Haft einige Wochen Mitglied der KPD. Ernst Toller schrieb während seiner Inhaftierung die expressionistischen Dramen „Masse Mensch" und „Der deutsche Hinkemann". Anders als bei Mühsam setzte sich bei Toller in diesen Texten immer stärker eine pazifistische Grundhaltung durch.

117 Vgl. Brief von Rudolf Schollenbruch an seinen Sohn Hermann, SAPMO-BArch NY 4178/68, Bl. 89.

118 Ebenda.

lens falscher Gesundheitszeugnisse bezichtigt.[119] Da die Anzeige polizeilich nicht weiter verfolgt wurde, ist anzunehmen, dass die Familie Schollenbruch dabei das Opfer missgünstiger Kollegen oder Nachbarn gewesen war.[120]

Im Herbst 1920 entspannte sich die familiäre und wirtschaftliche Situation der Schollenbruchs endlich. Hermann wurde aus der Haft entlassen, Margot hatte die Ausbildung an der Handelsschule beendet und eine Anstellung bei der „Arminia Lebensversicherung" gefunden. Erika Schollenbruch arbeitete als Sekretärin in einem Schreibbüro. Rudolf Schollenbruch bemerkte zu seiner eigenen beruflichen Situation: „Die Honorarverhältnisse für die Kassentätigkeit sind ja nun auch bedeutend bessere. Sie sind noch nicht glänzende, aber doch soviel bessere, daß wir Ärzte wenigstens ein leichteres Auskommen haben."[121]

Dieses vergleichsweise unbelastete Leben fand mit der galoppierenden Inflation 1923 ein jähes Ende. Rudolf Schollenbruch beschrieb seinem Sohn die dramatische Entwicklung: „Daß wir noch nicht verhungert sind, verdanken wir nur Erika, die zum Glück uns helfen konnte und die sich jetzt in der Not großartig bewährt. Sie ist auch politisch ein großartiges Heldenmädel. Aber leider auch in großer Gefahr. Es ist ein Wunder, daß sie noch in Freiheit ist. Die Polizei ist schon hinter ihr her. […] Und zu der Not kommt auch für uns die politische Verfolgung. Schon zweimal haben wir auf Befehl der Partei alle (bis auf Großmutter) unsere Wohnung verlassen müssen."[122]

Im Oktober 1923 arbeitete Erika Schollenbruch als Sekretärin der KPD-Landtagsfraktion und als Stenotypistin für die südbayerische Landesleitung der KPD.[123] Neben ihrem Vater, der seine Praxis nur noch widerwillig betrieb, war sie das einzige Familienmitglied mit regelmäßigen Einkünften.[124] Erika Schollenbruch

---

119 Personalakte Rudolf Schollenbruchs, StA München, Pol. Dir. 10147, Bl. 79 bis 84.
120 Vgl. ebenda.
121 Ebenda, Bl. 93.
122 Brief vom 26. Oktober 1923, SAPMO-BArch NY 4178/68, Bl. 126.
123 Wann Erika Schollenbruch diese Arbeit aufnahm, lässt sich nicht ermitteln. Wie zuvor im Kaiserreich ermöglichte auch die Verfassung der Weimarer Republik verbotenen Parteien die parlamentarische Betätigung und die Beteiligung an Wahlen. Die Behörden mussten also gestatten, dass die KPD Kandidaten aufstellte und einen Wahlkampf organisierte. Dabei war der Übergang zwischen verbotener Parteiarbeit und erlaubtem Wahlkampf fließend und wurde von der KPD denkbar weiträumig interpretiert.
124 Erikas Schwester Margot war offensichtlich über mehrere Jahre arbeitslos, war verlobt und lebte bei Verwandten in Berlin, Hamburg und Husum, um dort Arbeit zu finden. Selbst eine Bitte der Schollenbruchs an Willi Münzenberg, sich für Margot zu verwenden, brachte keinen Erfolg. Nach einigen Monaten kehrte sie nach München zurück, ohne eine feste Anstellung gefunden zu haben.
Willi Münzenberg, geb. 1889, gest. 1940, 1921 Gründer der Internationalen Arbeiterhilfe, die sich zum sog. Münzenberg-Konzern (Hilfsorganisationen, Volksküchen, Verlage u. a.)

entwickelte sich zur Hauptverdienerin und zur politischen Meinungsführerin der Familie. Die Eltern zogen sich allmählich aus dem öffentlichen Leben zurück. Die jüngere Schwester Margot galt als ausschweifendes, disziplinloses Sorgenkind, das nicht mit Geld umgehen konnte. Margot heiratete und brachte eine Tochter, Erika, genannt Guschi, zur Welt. Die Ehe zwischen Margot und Karl Müller scheiterte vor allem wegen der ständigen finanziellen Sorgen bereits nach wenigen Jahren. Karl Müller studierte Gesang und trat später auf verschiedenen Provinzbühnen auf. Margot Müller arbeitete in München als Büroangestellte bei verschiedenen Firmen, bevor sie 1929 nach Berlin zog und eine Ausbildung zur Krankenschwester begann. Die Tochter Erika wuchs größtenteils bei Margots Schwiegermutter, in Pflegefamilien oder in Kinderheimen auf.

Die Eltern Schollenbruch baten Erika immer wieder, positiv auf ihre Schwester einzuwirken.[125] Dass sie dieser Bitte nachkam, ist zu bezweifeln. Sie gefiel sich in der Rolle der verantwortungsbewussten und wichtigen Parteiarbeiterin: „Erika ist Sekretärin der Landtagsfraktion und fast nicht mehr sichtbar, sie liebt es durch unregelmäßiges Kommen mittags und abends den letzten Rest Gemütlichkeit aus unserem Leben zu nehmen. […] Wir wollen, daß Erika und Margot endlich ausziehen und so hoffen Mimi und ich, daß unsere Nerven endlich Erholung bekommen, denn unsere beiden Gören waren etwas reichlich lebhaft."[126]

Tatsächlich liefen am Arbeitsplatz von Erika Schollenbruch während der Zeit der Illegalität alle Fäden der KPD in Bayern zusammen. Laut Polizeibericht soll das Fraktionszimmer der Kommunisten im Bayerischen Landtag als Wahlkampfzentrale und als illegales Büro zur Weiterführung der KPD gedient haben.[127] Der Übertritt der USPD-Mitglieder hatte zwar kurzfristig zu einem Aufschwung der KPD geführt. Sie schrumpfte jedoch auch in München wegen unsinniger Aktionen, innerparteilicher Fraktionskämpfe, fortdauernder polizeiliche Verfolgung und Verhaftung von Mitgliedern sowie wegen Publikationsverboten rasch wieder auf die Größe einer linken Splitterpartei. Im Gegensatz zu anderen Parteibezirken brachten Wirtschaftskrise, Inflation und steigende Arbeitslosigkeit der KPD in Bayern keinen Mitgliederzuwachs. Zwar erzielte die Partei ungeachtet des weiterhin bestehenden Verbotes bei den Landtagswahlen am 6. April 1924 und bei

entwickelte, Reichstagsabgeordneter, ab 1927 einflussreiches ZK-Mitglied, 1937 nach Differenzen mit Ulbricht aus der KPD ausgeschlossen, wahrscheinlich im Sommer 1940 durch Agenten Stalins ermordet.

125 Vgl. Briefe von Rudolf Schollenbruch an Erika Schollenbruch vom 17. 2. 1924 und 11. 9. 1924, SAPMO-BArch NY 4178/45.

126 Brief vom 21. Juli 1924, SAPMO-BArch NY 4178/68, Bl. 128.

127 Vgl. Lagebericht der Polizeidirektion München Nr. 11 vom 17. 7. 1924, BayHStA, MA 101235, ohne Paginierung.

den Reichstagswahlen am 4. Mai 1924 noch sieben Prozent.[128] Bei den Reichstagswahlen im Dezember 1924 erhielt die KPD aber nur noch 4,7 Prozent der Stimmen. Das Ergebnis ist gleichwohl bemerkenswert, denn die Partei hatte nur sehr wenige aktive Mitglieder, kaum kontinuierlich arbeitende Funktionäre und äußerst begrenzte finanzielle Mittel. Die Rastlosigkeit im Leben von Erika Schollenbruch, die ihr Vater beschrieben hatte, war Ausdruck des Einsatzes, den sie für die KPD zu erbringen bereit war.

Im April 1924 wurde Erika Schollenbruch erstmals verhaftet. Gemeinsam mit sieben weiteren Angeklagten, darunter Theodor Sellmayer und Friedrich Schaper, musste sie sich wegen kommunistischer Propaganda vor dem Volksgericht München I verantworten. Die Anklage lautete auf Verstoß gegen die Paragrafen eins und drei der Verordnung des Generalstaatskommissars.[129] Erika Schollenbruch wurde zur Last gelegt, dass sie hauptamtlich als Sekretärin für die KPD arbeite, illegale Treffen in verschiedenen Privatwohnungen organisiere und sich eines falschen, auf den Namen Sophie Rettinger ausgestellten Personalausweises bediene.[130] Vergeblich versuchten alle Angeklagten, die Vorwürfe als eine Kette von Missverständnissen zu entkräften. Das Gericht verurteilte sie zu Haftstrafen zwischen drei Wochen und acht Monaten. Erika Schollenbruch erhielt einen Monat Haft.

Wenige Wochen später wurden im Anschluss an den illegal in der Germania-Brauerei durchgeführten Bezirkstag die 60 führenden Mitglieder der KPD Bayerns verhaftet und im Juli 1924 vor dem Münchner Schwurgericht zu bis zu sieben Monaten Gefängnis verurteilt.[131] Unter den Verhafteten war auch Albert Buchmann. Er war 1920 nach München gezogen und binnen kurzer Zeit vom lokalen Gewerkschaftsfunktionär zum hauptamtlichen Sekretär der KPD in Südbayern aufgestiegen. Seit dem 4. Mai 1924 war er Abgeordneter des Reichstages. Im Gegensatz zum Bayerischen Landtag hob der Reichstag die Immunität der verhafteten Abgeordneten nicht auf. Buchmann gehörte daher zu den wenigen Funktionären, die im Juli 1924 nicht verurteilt wurden.

---

128 Vgl. Mehringer, Die KPD in Bayern, S. 19 f.
129 Vgl. Volkszeitung vom 20./21. April 1924, StadtA München, Z-Slg. 390/5, ohne Paginierung. Die genannten Paragrafen bestimmten das Verbot der KPD in Bayern ab dem 11. November 1923. Der 28-jährige Mechaniker Theodor Sellmayer war zu diesem Zeitpunkt Leiter der Ortsgruppe München der illegalen KPD. Der 34-jährige Glasarbeiter Friedrich Schaper war eines der ersten Mitglieder der bayerischen KPD und von 1928 bis 1933 Mitglied des Bayerischen Landtages.
130 Ebenda.
131 Münchner Zeitung vom 12./13. Juli 1924, StadtA München, Z-Slg. 390/5, ohne Paginierung.

Albert Buchmann, um 1916.
BArch, Bild Y10-257/70.

Albert Buchmann war als Sohn eines Schuhmachers in Pirmasens aufgewachsen. Über seine Kindheit berichtete er in den überlieferten Lebensläufen nur sehr
wenig: „Von 11 Kindern bin ich als vorletztes am 28. Oktober 1894 in Pirmasens geboren und besuchte dort die Volksschule. Anschließend ging ich in die
Schuhfabrik wie es dort üblich ist und wurde Maschinenarbeiter."[132] Albert Buchmann war ein guter Schüler. Nach Beendigung der Volksschule am 30. April 1908
besuchte er noch drei Jahre lang eine Sonntagsschule, bevor er in der Schuhfabrik
zu arbeiten begann.[133] Die Leder- und Schuhindustrie sowie die Chemieindustrie
als Zulieferer waren die bestimmenden Wirtschaftszweige der Stadt Pirmasens.[134]
Nicht nur Buchmanns Vater, sondern auch sein Großvater mütterlicherseits
waren gelernte Schuhmacher. Mit 16 Jahren wurde Albert Buchmann Mitglied der
Schuharbeitergewerkschaft und ein Jahr später Mitglied der SPD. Bis zum Kriegsbeginn arbeitete er in verschiedenen Schuhfabriken in Pirmasens und übernahm

---

132 Albert Buchmann, Einige Daten zu meinem Lebenslauf, 24. September 1945, SAPMO-
   BArch NY 4178/1, Bl. 1; Geburtsurkunde Nr. 1000/1894, ebenda, Bl. 7.
133 Albert Buchmann, Einige Daten zu meinem Lebenslauf, 24. September 1945, SAPMO-
   BArch NY 4178/1.
134 Oskar Schäfer (Hrsg.), Pirmasens, die deutsche Schuhstadt, Pirmasens 1927.

während dieser Zeit erste Funktionen innerhalb der Gewerkschaft. Am 1. Oktober 1914 wurde er als Rekrut in das 22. Königlich Bayerische Infanterie-Regiment „Fürst Wilhelm von Hohenzollern" eingezogen. Zwei Monate später kam er an die Westfront. Dort blieb er, bis er im September 1918 in Kriegsgefangenschaft geriet. Wie schon von seinen Lehrern, so erhielt er auch von seinen militärischen Vorgesetzten außerordentlich gute Beurteilungen.

Als Albert Buchmann im September 1945 zum Beginn seiner politischen Nachkriegskarriere einen Lebenslauf verfasste, schilderte er den Kriegsbeginn und die Jahre an der Westfront als Motor seiner politischen Anschauungen: „Mit Beginn des damaligen Kriegsausbruchs hatte ich mit der damaligen Sozialdemokratischen Partei geistig gebrochen und bekannte mich ideologisch zur Unabhängigen Sozialdemokratischen Partei. Mit Unterbrechungen durch Gasvergiftungen u. ä. war ich bis Ende September 1918 an der Front, dann in belgischer Kriegsgefangenschaft, aus der ich im Juli 1919 entfloh."[135] Über Nürnberg kehrte Albert Buchmann 1919 nach Pirmasens zurück und arbeitete dort in der Kreisleitung der USPD. Vermutlich im Zusammenhang mit der Spaltung der USPD und wegen seiner politischen Ambitionen zog Albert Buchmann 1920 nach München. Dort erklärte er am 13. März 1920 seinen Austritt aus der protestantischen Kirche. Er wurde im Januar 1921 Mitglied der KPD sowie innerhalb kurzer Zeit Vorsitzender der Münchner Schuharbeitergewerkschaft.[136]

Im Münchner „Konglomerat von eifrigen, begeisterten Leuten mit höchst vagen politischen Ideen, die aus einer lebenslustige[n], leicht entflammbare[n] Bevölkerung mit einem guten Schuss von Künstlern und Eigenbrödlern"[137] kamen, verkörperte Albert Buchmann in geradezu idealtypischer Weise den klassenbewussten, politisch und gewerkschaftlich geschulten KPD-Funktionär.[138] Mit über zehnjähriger Erfahrung in der Partei- und Gewerkschaftsarbeit fiel es ihm leicht, in der Münchner Parteiorganisation der KPD Karriere zu machen. Im Januar 1923 wurde Buchmann zum Leiter der KPD in München gewählt; ab Herbst desselben Jahres arbeitete er als hauptamtlicher Sekretär der KPD Südbayern. Von Mai 1924 bis zu seiner Verhaftung 1933 war er ununterbrochen Reichstagsabgeordneter der KPD.

---

135 Lebenslauf Albert Buchmanns vom 24. September 1945, SAPMO-BArch NY 4178/1, Bl. 1.
136 Ebenda.
137 Rosa Mayer-Leviné, Leviné. Leben und Tod eines Revolutionärs, München 1972, S. 172. Diese persönlichen Erinnerungen decken sich mit den bisherigen Forschungen, die eine ursprünglich amorphe und wenig strukturierte Mitgliedschaft der KPD beschreiben, die nach 1920 durch die ehemaligen Mitglieder der USPD eine organisatorisch disziplinertere und eher linksradikale Ausrichtung erhielt.
138 Zur Sozialstruktur der KPD in Bayern vgl. Mehringer, Die KPD in Bayern, S. 14 f. und 22 ff.

Vermutlich kannten sich Erika Schollenbruch und Albert Buchmann schon längere Zeit, als Rudolf Schollenbruch in einem Brief im Mai 1925 an seine Schwiegertochter Vevy erwähnte, Erika werde ihn gemeinsam mit dem Reichstagsabgeordneten Albert Buchmann in Gmund am Tegernsee besuchen.[139] Fünf Jahrzehnte später berichtete die Dramatikerin Hedda Zinner, die Erika Buchmann in den 1950-Jahren kennengelernt hatte, über die erste Begegnung zwischen Albert Buchmann und Erika Schollenbruch: „Schon in den zwanziger Jahren lernte sie Albert Buchmann kennen. Der ehemalige Schuster ist bereits ein angesehener Parteifunktionär. Er muß etwas abschreiben lassen, es eilt. Die Genossin, die das sonst zu tun pflegt, ist nicht anwesend. Nur ein blondes, junges Mädchen sitzt da. ‚Kannst du mir das tippen?‘ fragt er. ‚Kann ich‘ sagt sie, obwohl das nicht ihre Aufgabe ist. ‚Du kannst es auch verbessern‘, bittet er. ‚Ich kann mich nicht so ausdrücken.‘ Daraus wird die Verbindung fürs Leben.“[140] Freilich orientiert sich Zinner bei dieser Schilderung stark an der Attitüde der sprachgewandten Autorin, die Erika Buchmann in den 1960er-Jahren pflegte. Das erste Treffen von Albert Buchmann und Erika Schollenbruch könnte aber durchaus so stattgefunden haben.

Nachdem sie im Herbst 1924 für kurze Zeit mit einer Freundin in Schwabing gewohnt hatte, lebte Erika Schollenbruch wieder in der elterlichen Wohnung. Zur gleichen Zeit hatte ihr Vater seine Praxis zum Verkauf angeboten und hoffte, bis zur Auszahlung seiner Pensionsversicherung im Jahr 1927 von dem Erlös leben zu können. Es fand sich zwar kein Käufer für die Praxis, wohl aber ein Mieter, der die Zeit bis zur eigenen Krankenkassenzulassung überbrücken wollte.[141] Erikas Schwester Margot, die bereits lange Zeit ohne feste Arbeit war, und ihre Mutter eröffneten 1924 in der Schellingstraße ein Konfiserie- und Konfitürengeschäft.[142] Nach dem Ende der Inflation und angesichts der allgemeinen wirtschaftlichen

---

139 Vgl. Brief vom 3. 5. 1925, SAPMO-BArch NY 4178/68, Bl. 144.

140 Vgl. Undatiertes Fragment aus den Erinnerungen Hedda Zinners, SAPMO-BArch NY 4178/39, Bl. 32.

141 Vgl. SAPMO-BArch NY 4178/68, Bl. 120 ff. Dieser Arzt, Dr. Höfle, zog mit seiner Frau auch als Untermieter in die Wohnung der Familie Schollenbruch. So lebten in der Vier-Raum-Wohnung sechs Erwachsene (darunter eine bettlägerige alte Frau), die sich die Küche teilten. Ursprünglich wollte Rudolf Schollenbruch die Organisation des Haushaltes übernehmen, aber schon nach kurzer Zeit zog er in eine Pension nach Gmund am Tegernsee, um der Enge, den Verpflichtungen und den täglichen Auseinandersetzungen zu entgehen. Dr. Höfle erwies sich als schlechte Wahl für die Nachfolge. Der kokainabhängige Arzt musste mehrfach in Entzugskliniken eingewiesen werden. Die Krankenkassen verweigerten deshalb über Jahre die Niederlassungszulassung. Rudolf Schollenbruch war dadurch gezwungen, über längere Zeiten erneut in seiner Praxis zu arbeiten.

142 Rudolf Schollenbruch hatte sich mit dem Geld seiner Schwiegermutter an Geschäften eines Freundes in der Türkei beteiligt und war so zu geringem Wohlstand gelangt.

Stabilisierung hofften die Frauen auf ein unabhängiges und sicheres Einkommen. Das Geschäft sollte ihnen nicht nur nach dem Tod Rudolf Schollenbruchs einen eigenständigen Lebensunterhalt sichern. Die Einnahmen sollten auch möglichst rasch zu einer Verbesserung der gegenwärtigen Lebensverhältnisse, insbesondere der beengten Wohnsituation beitragen. Aber auch dieser Plan schlug fehl. Nach kurzer Zeit musste Rudolf Schollenbruch resigniert festzustellen: „Es ist ein Luxusgeschäft und für Luxus sind die Leute nicht."[143]

Den Schollenbruchs blieben für den Lebensunterhalt weiterhin nur die Mieteinnahmen aus der Praxis und das Einkommen Erikas. Diese hatte im Haushalt der Eltern als einzige ein eigenes Zimmer und lebte in einer weniger kärglichen Welt. Sie war die vielbeschäftigte Sekretärin und Mitarbeiterin der kommunistischen Landtagsfraktion und organisierte die Wahlkämpfe des Jahres 1924. Seit 1921 konnte sie es sich leisten, regelmäßig Urlaub zu machen. Zumeist fuhr sie an die Nordsee. Den Eltern lieh sie immer wieder Geld, damit diese ihre Schulden tilgen konnten.

Die Liebesbeziehung zu Albert Buchmann änderte an diesem Leben nicht viel. Beide arbeiteten täglich mehr als zwölf Stunden für die KPD. Erikas Arbeitspensum nahm schließlich ein solches Ausmaß an, dass ihr besorgter Vater sich in einem Brief an seinen Sohn Hermann über die Partei beschwerte: „Erika ist total überarbeitet. [...] Alles Warnen hilft nicht, auch nicht bei Albert und den Genossen. Da heißt es: ,Das muß sein. Wir sind dazu da, uns zu opfern.' Für mich als Vater ist es aber doch keine Kleinigkeit zusehen zu müssen, wie mein Kind zu Grunde gerichtet wird."[144]

Anfang Juli 1925 verlobten sich Albert Buchmann und Erika Schollenbruch, am 20. August 1925 heirateten sie in München.[145] Als Trauzeugen wählten sie zwei prominente KPD-Mitglieder: Friedrich (Fritz) Dressel und Wilhelm Olschewski.[146] Die Flitterwochen verbrachte das junge Paar bei Erikas Halbbruder Hermann auf Sylt. Hermann war inzwischen Leiter des Elektrizitätswerkes in Westerland und seine Frau unterhielt eine gut gehende Pension für Feriengäste. Für Erika Buchmann war dies für lange Zeit der letzte Aufenthalt an der Nordsee,

---

143 Brief vom 23. April 1925, SAPMO-BArch NY 4178/68, Bl. 139. In einem späteren Brief warf Rudolf Schollenbruch seiner Tochter Margot Leichtsinn, Verschwendung und Schwindeleien vor. Dieses Verhalten führte im November 1925 zur endgültigen Geschäftsaufgabe und zu erneuten Schulden.

144 Ebenda, Bl. 155.

145 Eheurkunde, SAPMO-BArch NY 4178/1, Bl. 9.

146 Fritz Dressel war 1925 Sekretär des KPD-Bezirks Südbayern und Organisationsleiter. Nach seiner Verhaftung am 3. Mai 1933 wurde er im KZ Dachau grausam gefoltert; er starb am 7. Mai 1933 im dortigen Krankenrevier. Mit Wilhelm Olschewski verband die Buchmanns eine langjährige Freundschaft, die sie nach 1945 auch mit dessen Sohn pflegten.

denn ihr Mann liebte lange Fahrrad- und Wandertouren in den Bergen. Nicht zuletzt wegen der kürzeren Anreise verbrachten die Buchmanns ihren Urlaub in den kommenden Jahren im Hochgebirge.

Wenn Albert Buchmann in der sitzungsfreien Zeit des Reichstages in München war, wohnte er mit seiner Frau bei deren Eltern. Das enge Zusammenleben führte aber zu Konflikten. Rudolf Schollenbruch klagte wenige Monate nach der Hochzeit in einem Brief an seinen Sohn Hermann: „Und nun das unerquickliche Leben in unserem Hause! Vier Parteien in unserer kleinen Wohnung: 1. Mimi, Margot und ich, 2. Dr. Höfle und Frau,[147] 3. Albert Buchmann und Frau. Da will jede Partei ihr eigenes Leben führen, sogar die Großmama. […] Zwischen 8.00 Uhr in der Früh und 1.00 Uhr in der Nacht herrscht ständig Betrieb. Alle im Haus sind nervös, bis auf Albert, der eine herrliche Ruhe hat und überhaupt ein prächtiger Mensch ist."[148]

Erika Buchmann arbeitete nach ihrer Heirat weiter für die KPD, nun jedoch nicht mehr als Angestellte: Als Ehefrau eines Funktionärs wurden ihre Arbeitsleistungen als ehrenamtliches Engagement in Anspruch genommen.[149] Sie nahm diese Veränderung offenbar klaglos als selbstverständliche Entscheidung der Partei hin. Solange sie und ihr Mann ein Auskommen hatten, erwartete sie von der KPD kein eigenes Einkommen. Wie bereits die Eltern Schollenbruch zogen offenbar auch die Buchmanns eine dauerhafte Lohnarbeit der Ehefrau nicht in Betracht.[150]

Albert Buchmann war zum Zeitpunkt der Hochzeit 31 Jahre alt. Als hauptamtlicher Sekretär der KPD in Südbayern verdiente er 320,– Mark im Monat. Nachdem er im Mai 1924 erstmals als Mitglied der KPD-Fraktion in den Reichstag gewählt worden war,[151] musste er seine Abgeordnetendiät von monatlich ca. 600,– Mark der Parteikasse zuführen.[152] Das war in der KPD so üblich.

Dass die Landtags- und Reichstagsabgeordneten zugleich Führer der illegalen Partei in Bayern waren, eröffnete einen freilich geringen politischen Spielraum.

---

147 Der erwähnte Dr. Höfle ist der Arzt, der die Praxis von Rudolf Schollenbruch gemietet hatte. Vgl. Anm. 141.

148 Brief von Rudolf Schollenbruch an Hermann Schollenbruch vom 16. 11. 1925, SAPMO-BArch NY 4178/68, Bl. 155.

149 Ebenda.

150 Maria Schollenbruch und Rudolfs Schwiegertochter Vevy Schollenbruch trugen durch Zimmervermietung zeitweise zum Familieneinkommen bei.

151 Vgl. www.reichstagsprotokolle.de/Pers_bsb00000080_000059; www.reichstagsprotokolle. de/Pers_bsb00000131_000039 (letzter Zugriff am 6. 5. 2012). Albert Buchmann, PND_129882437.

152 Vgl. SAPMO-BArch NY 4178/68, Bl. 226, vgl. auch Martin Broszat/Hermann Weber (Hrsg.), SBZ-Handbuch, München 1990, S. 880.

Wegen ihrer Immunität als Abgeordnete waren sie in der Regel vor Verhaftung und Strafverfolgung geschützt. Da sie zu kostenlosen Bahnfahrten berechtigt waren, verfügten sie über einen großen Bewegungsradius und konnten alle wichtigen Parteiaufträge übernehmen.[153] Das bedeutete allerdings auch, dass sich Erika und Albert Buchmann oft länger nicht sahen. Auch mussten die finanziellen Mittel für Albert Buchmanns Unterkunft und Verpflegung in Berlin ohne die von der KPD einbehaltenen Diäten aufgebracht werden.

Die Partei beanspruchte auch in allen persönlichen Angelegenheiten, von der Urlaubsplanung bis zum Wohnortwechsel, das letzte Wort. Zahlreiche Briefe Albert Buchmanns an seine Frau belegen einerseits den intensiven Austausch der Eheleute, andererseits die höchst unterschiedlichen Welten, in denen sich beide bewegten.[154] Beide waren sozial und wirtschaftlich vollständig von der KPD abhängig. Außenstehende Beobachter und politische Gegner sahen darin einen Beweis dafür, dass Funktionäre der KPD privilegiert und möglicherweise auch korrumpierbar waren.

Vorwürfe dieser Art spielten auch in den innerparteilichen Auseinandersetzungen der KPD eine wesentliche Rolle. Die Buchmanns erlebten täglich Verfolgung und Behinderung ihrer Parteiarbeit durch die bayerischen Behörden und waren bereit, jedes Opfer für ihre politischen Ideale zu bringen. Für sie war die KPD nicht nur eine Organisation zur Durchsetzung politischer Ziele. Sie begriffen die Partei gleichzeitig als Solidargemeinschaft, die sich um ihre Mitglieder kümmerte und ihren exponierten Vertretern eine Rückversicherung bot. Konfrontiert mit Vorwürfen des politischen Opportunismus und der unangebrachten Privilegierung, werteten sie dies als Rufmord durch den politischen Gegner.

Für Albert Buchmann war die Tätigkeit als Schriftleiter der KPD-Zeitung „Neue Zeitung" ein zentraler Teil seiner Parteiarbeit. Die Zeitung war 1918 in München gegründet worden und stand ursprünglich der USPD nahe. Nach der Vereinigung des linken USPD-Flügels mit der KPD wurde sie kurzfristig zum Zentralorgan der bayerischen KPD bzw. des Parteibezirkes Südbayern.[155] Die Verknüpfung der Arbeit des südbayerischen KPD-Vorsitzenden mit der Tätigkeit des Schriftleiters hatte wahrscheinlich pragmatische Gründe: In der KPD war man sich der wachsenden Bedeutung von Presse und der Öffentlichkeitsarbeit durchaus bewusst. Die Doppelbesetzung Albert Buchmanns war daher vor allem Ausdruck eines Mangels an qualifiziertem Personal und der latenten finanziellen

153 Vgl. Mehringer, Die KPD in Bayern, S. 23.
154 Vgl. SAPMO-BArch NY 4178/43. Die mehr als Hundert überlieferten Briefe Albert Buchmanns an seine Frau wurden zwischen 1925 und 1937 geschrieben. Die Briefe Erika Buchmanns an ihren Mann aus den 1920er-Jahren sind nicht überliefert.
155 Vgl. Mehringer, Die KPD in Bayern, S. 13 und 36 ff.

Schwierigkeiten der Partei. Dass Buchmann KPD-Vorsitzender und Schriftleiter war, sparte Personalkosten, minderte aber die Qualität der Parteipresse. Diese konnte sich „weder in Aufmachung noch in journalistischem know how mit den zehn bayerischen SPD-Zeitungen oder gar den bürgerlichen Blättern messen".[156] Auf dem Bezirksparteitag der südbayerischen KPD im Februar 1928 kritisierten die Delegierten wohl zu Recht, der Druck der „Neue Zeitung" sei so schlecht, dass man sie kaum lesen könne. Zudem bringe sie nur Informationen, die man drei Tage zuvor bereits der bürgerlichen Presse habe entnehmen können.[157] In ihrem politischen Lebenslauf erwähnte Erika Buchmann 1949, dass sie neben ihrer Hausfrauentätigkeit auch als Referentin und Arbeiterkorrespondentin gearbeitet habe. Vermutlich hat sie ihren Mann bei seiner journalistischen Arbeit unterstützt.[158] Da in der „Neuen Zeitung" nur prominente Gastautoren namentlich genannt wurden und die Mehrzahl der Artikel ohne Namen erschien, lässt sich Erika Buchmanns Anteil jedoch nicht feststellen.[159]

1925 wurde das Parteiverbot der KPD in Bayern aufgehoben. Trotzdem kam es in den folgenden Jahren auch weiterhin zu Einschränkungen der Versammlungsfreiheit, zu Verboten der „Neuen Zeitung" und zu Behinderungen der täglichen Parteiarbeit. In Bayern erlangte die KPD zu keiner Zeit den Status einer legalen Partei, die in einem rechtstaatlich gesicherten Rahmen agieren konnte. Im Gegensatz zu Mitgliedern anderer KPD-Bezirke hatten die Buchmanns bereits frühzeitig politische Verfolgung erlebt und ihren Alltag entsprechend organisiert. So nutzte Albert Buchmann sein Mandat als Reichstagsabgeordneter vor allem zum Protest gegen willkürliche und ungesetzliche Maßnahmen des bayerischen Innenministers.[160] Trotz seiner Immunität als Reichstagsabgeordneter kam es zwischen 1926 und 1931 wiederholt zu Durchsuchungen seiner Münchner Büroräume sowie der Schollenbruchschen Wohnung, in der er noch immer mit seiner Ehefrau lebte. Meistens fanden Hausdurchsuchungen am späten Abend statt; Albert Buchmann wurde anschließend einige Stunden von der Polizei festgehalten.

Die anhaltende Verfolgung durch die Politische Polizei war sicherlich ein Grund für den nur mäßigen Erfolg der KPD in Bayern. Ein weiterer Grund dürf-

---

156 Ebenda.
157 Vgl. ebenda.
158 Politischer Lebenslauf vom 20. Juli 1949, SAPMO-BArch NY 4178/39, Bl. 1.
159 Einzelne Exemplare der „Neuen Zeitung" sind in der Bibliothek des Bundesarchivs Berlin sowie in einem größeren Umfang in der Bayerischen Staatsbibliothek München überliefert. Die Zeitung erschien wahrscheinlich aus konspirativen Gründen ohne namentliche Nennung der Mitarbeiter.
160 Zeitungsausschnittsammlung, hier: Albert Buchmann, BayHSta, Slg. Personen 4626, ohne Paginierung.

ten die innerparteilichen Fraktionskämpfe der Reichs-KPD gewesen sein, die in abgeschwächter Form auch in der bayerischen KPD ihren Widerhall fanden und das Bild der Genossen in der Öffentlichkeit diskreditierten. Albert Buchmann war neben Joseph Schlaffer oft eine Zielscheibe für Kritik anderer KPD-Mitglieder: „Der Herr Reichstagsabgeordnete Buchmann, der sich einmal als Brandlerianer, das andere Mal als Anhänger von Ruth Fischer und wenn es notwendig wird, als Verteidiger der neuen Richtung Stalins aufspielt, ist das Opfer seiner Umgebung geworden. Ohne das [sic!] er es merkte, ist er in die Klauen von Dressel, Bäumler, Huber und Konsorten geraten. Nicht [sic!] das letzte Wort spricht die, die ganze Clique beherrschende Bezirkssekretärin und ‚Abgeordnete‘ Erika.“[161]

Diese scharfe Kritik an der KPD-Führung in Südbayern veröffentlichten Parteimitglieder im Dezember 1926 in der „Münchner Post". Hier spiegeln sich die Auseinandersetzungen wider, die auch im südbayerischen KPD-Bezirk im Kontext der innerparteilichen Fraktionskämpfe und der beginnenden „Stalinisierung der KPD" (Hermann Weber) ausbrachen. Im Gegensatz zum KPD-Bezirk Nordbayern fehlt bis heute eine Darstellung der Geschichte des südbayerischen Parteibezirkes. Diese wäre erforderlich, um die Rolle von Albert Buchmann in diesen Konflikten beurteilen zu können.[162] Über Erika Buchmann, die zu diesem Zeitpunkt keine leitenden Parteifunktionen innehatte und dementsprechend in den Auseinandersetzungen kaum in Erscheinung trat, ist noch weniger bekannt. Insgesamt waren allerdings beide bayerischen Parteibezirke nicht wichtig genug, um die innerparteiliche Diskussion in der Berliner Zentrale maßgeblich zu beeinflussen.

Diese nachrangige Bedeutung zeigte sich bei den Wahlen in die reichsweiten KPD-Gremien besonders deutlich. Zwischen 1919 und 1939 wurden Mitglieder der bayrischen Parteibezirke nur sporadisch in den Zentralausschuss der KPD gewählt.[163] Die Bezirke galten nicht zuletzt wegen der schwierigen Arbeitsbedingungen und der räumlichen Entfernung von der Berliner Zentrale als periphere Provinz. Die regionalen Probleme und Entscheidungen in Bayern fanden auf der Leitungsebene der Partei kaum Beachtung.[164] Umgekehrt blieben in München die

---

161 Münchner Post vom 18./19. Dezember 1926, StadtA München, Zeitungsausschnittssammlung, ohne Paginierung. Ob es sich bei der genannten „Erika" um Erika Buchmann handelte, konnte nicht geklärt werden, ist jedoch wahrscheinlich. Demzufolge hätte sie über ihren Ehemann, auch ohne Funktion und Mandat, maßgeblichen Einfluss auf den KPD-Bezirk Südbayern besessen.

162 Vgl. Neuhäußer-Wespy, KPD. Die von Hartmut Mehringer 1983 angekündigte Arbeit von Hermann Kopp zur Arbeit der KPD im Parteibezirk Südbayern 1919 bis 1933 ist offensichtlich nie erschienen.

163 Vgl. Weber/Herbst, Kommunisten, S. 909 ff.

164 Neuhäußer-Wespy erwähnte antisemitische Ausartungen in den Parteibezirken, S. 83.

Albert, Erika und Inge
Buchmann, 1927.
*BArch, Bild Y12/A
458-6.*

personellen Veränderungen in der Berliner Parteispitze als Ausdruck der häufigen
ideologischen Kurswechsel relativ bedeutungslos. Viel schwerer wogen die andauernden Personalprobleme, die sich aus der Verfolgung führender Mitglieder durch
die bayerischen Staatsschutzorgane ergaben, sowie die Durchsetzung des „demokratischen Zentralismus". Gerade Letzteres führte bei der bayrischen Parteibasis
zu heftigem Widerspruch.[165]

Wenn Erika Buchmann in den innerparteilichen Auseinandersetzungen eine
Rolle gespielt hatte, so trat dieses Engagement im Frühjahr 1927 in den Hinter-
grund. Am 24. März 1927 wurde Ingeborg, genannt Inge, die erste Tochter von
Albert und Erika Buchmann, geboren.[166]

Von nun an lebte Erika Buchmann zeitweise unter schwierigen finanziellen
Bedingungen und gewissermaßen als alleinerziehende Mutter. Eine erneute
Schwangerschaft zwei Jahre später konnte sie nicht austragen. Der Schwanger-
schaftsabbruch blieb viele Jahre eine traumatische Erfahrung für sie: „Du weißt
wohl nicht, daß ich zwei Jahre nach Deiner eigenen Geburt noch einmal ein Kind
erwartet habe, daß man es mir aber vorher nehmen mußte, wenn ich selbst dabei
am Leben bleiben sollte, das war damals eine sehr schmerzliche Sache für mich.
[…] Wir haben immer gewünscht, daß Du unter Geschwistern aufwächst, weil
wir wissen, daß es schwer ist einziges Kind zu sein und in den meisten Fällen [ist

165 Neuhäußer-Wespy, KPD, S. 81 ff. und 143 ff.
166 Vgl. Kaderakte Inge Buchmanns, SAPMO-BArch BY 1/603.

Maria und Rudolf Schollenbruch mit Erika und Inge Buchmann, 1927.
BArch, Bild Y12/A 458-4.

es] nicht gut."[167] Die schwierige erste Schwangerschaft, der Schwangerschaftsab-
bruch und schließlich eine Blinddarmoperation sowie ein Verkehrsunfall belasteten Erika Buchmanns Gesundheit erheblich. In den späten 1920er-Jahren war
sie über Monate hinweg in so schlechter Verfassung, dass sie weder an Erwerbsar-
beit noch an regelmäßige Parteiarbeit denken konnte.[168]

Erst 1931 kehrte Erika Buchmann auf die politische Bühne zurück. Der Anlass
war eine sechswöchige Reise in die Sowjetunion, die sie mit ihrem inzwischen
75-jährigen Vater unternahm. Rudolf Schollenbruch war gemeinsam mit einer
Begleitperson zu den Feierlichkeiten zum 1. Mai nach Moskau eingeladen worden. Im Anschluss standen der Besuch verschiedener sowjetischer Städte und die
Besichtigung von Fabriken, Gesundheitseinrichtungen, Schulen und Ferienlagern
auf dem Programm. Erika Buchmann berichtete in verschiedenen Zeitungsarti-
keln und auf zahlreichen Vorträgen über die Reise. Die Reiseplanungen und die
Vorbereitung der längeren Abwesenheit werfen auch ein Licht auf den Alltag der
Familie Buchmann.

So wandte sich Erika Buchmann vor der Reise an ihren Halbbruder Hermann:
„Ich verdiene für meine Arbeit nichts, alles ist ehrenamtlich. Albert bekommt
seine Reichstagsdiäten von 600 Mark nicht, sondern nur 450 Mark Sekretärsge-
halt. Davon muß bezahlt werden: 75 Mark Miete, 40 Mark für Frau Keller, die

---

167 Brief Erika Buchmanns an ihre Tochter Inge vom 4. November 1945, SAPMO-BArch NY
4178/58, Bl. 199.

168 Vgl. Brief von Rudolf Schollenbruch an Hermann Schollenbruch, Dezember 1928,
SAPMO-BArch NY 4178/68, Bl. 202.

den Haushalt führt und Inge betreut, sonst kann ich nicht ehrenamtlich arbeiten, 40 Mark für Bücher, die gekauft werden müssen, das wird kontrolliert, 30 Mark Beiträge für alle möglichen Organisationen, denen wir beide angehören müssen, 50 Mark Abzahlung für einige Möbelstücke, ca. 70 Mark für Heizung und Beleuchtung. Mit den restlichen 150 Mark [sic!] müssen wir leben, wir in München, Albert in Berlin. Albert muß mich ausstaffieren und hat für Papa nur noch 100 Mark übrig."[169]

Mit den Angaben zu ihren finanziellen Verhältnissen hoffte Erika Buchmann, Hermann von der Notwendigkeit eines Darlehens zu überzeugen. So wollte sie ohne Wissen des Vaters das fehlende Reisegeld beschaffen. Ursprünglich sollte Maria Schollenbruch ihren Mann begleiten. Sie blieb aber wegen der Pflege ihrer Mutter in München und nahm sich auch noch der vierjährigen Enkelin Inge an. Nachdem Erika Buchmann ihre Finanzprobleme mithilfe des Halbbruders gelöst und neue Kleidung gekauft hatte, konnten Vater und Tochter Ende April 1931 ihre Reise antreten.

Zwei Monate lang reisten Erika Buchmann und Rudolf Schollenbruch durch die Sowjetunion. Sie fuhren von Moskau auf die Krim, von dort aus nach Novosibirsk, nach Stalingrad und Nischni Nowgorod.[170] Erika Buchmann war von den Eindrücken und den Erfolgen des „sozialistischen Aufbaus" in der Sowjetunion überwältigt. In der UdSSR schien ihrer Ansicht nach alles erreicht, wofür sie kämpfte. Als Gast der KPdSU bekam sie die Schwierigkeiten bei der Lebensmittelversorgung kaum zu spüren. Auch war die Zahl an neutralen Gesprächspartnern schon aufgrund der Sprachbarriere begrenzt. Ihr blieben aber durchaus die Beobachtungen des Alltags während der Reisen durch das Land. Nach der Zurücknahme der „Neuen Ökonomischen Politik" (NEP) und der Verkündung des 1. Fünfjahresplanes 1928 befand sich die UdSSR mitten im von Stalin forcierten Umbau vom Agrar- zum Industriestaat: Ohne Rücksicht auf klimatische Gegebenheiten, wirtschaftliche und technische Voraussetzungen sowie menschliche Verluste sollten in der Sowjetunion neue Kohle- und Erzgruben erschlossen, die Elektrifizierung des Landes abgeschlossen und eine Schwerindustrie aufgebaut werden. Über 10 Millionen Menschen starben ab 1929 während der Kollektivierung der Landwirtschaft, die als Agrarrevolution deklariert wurde. Nach der Ausschaltung der innerparteilichen Opposition und den Feierlichkeiten zu Stalins 50. Geburtstag im Dezember 1929 erreichte der Personenkult um ihn einen ersten Höhepunkt.

---

169 Brief Erika Buchmanns an Hermann Schollenbruch vom 13. März 1931, SAPMO-BArch NY 4178/68, Bl. 226.
170 Vgl. diverse Briefe Erika Buchmanns an Albert Buchmann, SAPMO-BArch NY 4178/11.

Rosa Meyer-Leviné, Witwe des 1919 hingerichteten Führers der kommunistischen Münchner Räterepublik, besuchte 1931 ebenfalls Moskau und resümierte nach 1945 in der Rückschau: „Ich war entsetzt, als ich sah, welche Veränderungen seit meinem letzten Besuch vor nur zweieinhalb Jahren vor sich gegangen waren. […] Bemerkenswert an dieser Periode war der Zynismus der herrschenden Kreise. Sie machten sich über die Versprechungen des Fünfjahrplanes lustig und ließen böse Witze kursieren. Der Fünfjahrplan wurde der Welt als die bewußte Willensbekundung des Proletariats präsentiert, den Gürtel – für kurze Zeit – enger zu schnallen (soweit er überhaupt noch enger zu schnallen war), um etwas von bleibendem Wert zu schaffen.“[171]

Es ist ungewiss, ob Erika Buchmann Auswirkungen und Opfer der Diktatur Stalins bemerkte und ähnlich wie Rosa Meyer-Leviné und viele sowjetische Genossen auf ein baldiges Ende der Not hoffte. In ihrem unbedingten Glauben an die Partei erschienen ihr die Entwicklungen in der Sowjetunion möglicherweise aber auch als Teil des „historischen Willens“ der sowjetischen Arbeiterklasse, bei dessen Durchsetzung individuelle Schicksale keine Rolle spielen konnten. In den Briefen an ihren Mann sprach Erika Buchmann die Opfer und Entbehrungen der Bevölkerung bei der Durchsetzung des 1. Fünfjahrplanes nicht an. Ohnedies wurde sie schon bald nach ihrer Ankunft in Moskau und trotz eines straff organisierten Besuchsprogramms von Heimweh und Sehnsucht nach ihrer Tochter geplagt, sodass sie die Reise nicht in vollen Zügen genießen konnte. Die Ungewissheit über das Wohlergehen ihrer Familie verfolgte sie bis in den Schlaf. Ein Albtraum über den Tod ihrer Tochter ließ sie fast die Reise abbrechen, zumal sie auch mehrere Wochen keine Nachricht von ihrem Mann erhalten hatte.[172]

Nach der Rückkehr Ende Juni 1931 standen vor allem die wesentlichen Unterschiede im Alltag der deutschen und der sowjetischen Arbeiter im Mittelpunkt der Vorträge von Erika Buchmann. Sie sprach über die Überwindung der Arbeitslosigkeit und die Vergesellschaftung des Gesundheitswesens in der Sowjetunion sowie über die Würdigung der Arbeiterklasse als maßgebliche gesellschaftliche Schicht. Die KPD sah diese Vorträge als wichtige Beiträge zur parteiinternen Schulung und für die Öffentlichkeitsarbeit an. Außer den Parteimitgliedern sollten auch die Ehefrauen erreicht werden, deren Aufgeschlossenheit als Stütze für das Engage-

171 Rosa Meyer-Leviné, Im inneren Kreis. Erinnerungen einer Kommunistin in Deutschland 1920–1933, Köln 1979, S. 292 ff. Rosa Meyer-Leviné ging 1933 für kurze Zeit nach Frankreich ins Exil, bevor sie nach London übersiedelte. Kurz vor ihrem Tod 1979 erschienen ihre Erinnerungen in deutscher Sprache.

172 Vgl. Briefwechsel Erika und Albert Buchmanns, Mai und Juni 1931, SAPMO-BArch NY 4178/39, Bl. 6. Erika Buchmann erfuhr nicht, dass während ihrer Reise mehrere Verfahren gegen ihren Mann eröffnet worden waren.

Albert Buchmann, um 1929.
BArch, Bild Y10-1435/00.

ment ihrer Männer und damit auch für die erfolgreiche Arbeit der Partei galt. Eine Einladung zur „Proletarischen Abendfeier" am 14. Jahrestag der Russischen Revolution lautete: „Die Ansprache hält Genossin Erika Buchmann – München, die im vergangenen Frühjahr 8 Wochen in der Sowjet-Union weilte. […] Wir erwarten restlosen Besuch unserer Mitglieder vor allem aber ihrer Frauen."[173]

Während Erika Buchmann die Sowjetunion bereiste, wurden in München mehrere Verfahren gegen ihren Mann eröffnet. Zuvor war Albert Buchmanns Abgeordnetenimmunität gesetzlich beschränkt worden. Als Schriftleiter der „Neuen Zeitung" waren vor dem Münchner Landgericht 20 Verfahren wegen Beleidigung, übler Nachrede und anderer Pressevergehen gegen ihn anhängig.[174] Buchmann wurde zur Zahlung von Geldstrafen in Höhe von 200 bis 800 Reichsmark verurteilt.[175] Zwar blieben ihm Haftstrafen erspart. Die mit aller Konsequenz geführten strafrechtlichen Ermittlungen gegen kommunistische Abgeordnete offenbarten jedoch eine neue Dimension der politischen Verfolgung, die über die bislang praktizierte polizeiliche Überwachung hinausging.

173 SAPMO-BArch NY 4168/39, Bl. 6.
174 Bayerische Staatszeitung vom 14. Mai 1931, StadtA München, Zeitungsausschnittsammlung.
175 Neue Zeitung vom 16. 6. 1931, Völkischer Beobachter und Münchner Abendzeitung vom 17. 6. 1931, Völkischer Beobachter vom 9. 12. 1931, StadtA München, Zeitungsausschnittsammlung.

Erika und Inge Buchmann, 1929/30.
BArch, Bild Y10-325/00.

Inge Buchmann, 1928.
BArch, Bild Y10-1434/0.

Der Umzug der Familie Buchmann von München nach Stuttgart, der Ende 1931 anstand, hatte jedoch nichts mit der Verschärfung der politischen Situation in Bayern zu tun. Albert Buchmann wurde zum Januar 1932 von der Berliner Parteizentrale als Bezirksleiter der KPD in Württemberg nach Stuttgart versetzt.[176] Er trat die Nachfolge Joseph Schlaffers an, dem die Berliner Führung die Niederlage der KPD bei den Kommunalwahlen in Württemberg zur Last legte.[177] 1924 hatte Buchmann von Joseph Schlaffer die Funktion des Bezirksleiters in Süd-Bayern übernommen, als dieser zu einer langjährigen Haftstrafe verurteilt worden war. Bis Ende März 1932 in Stuttgart eine passende Wohnung gefunden war, blieb Erika Buchmann mit Inge in München.[178]

176 Anklageschrift gegen Albert Buchmann u. a. wg. Landfriedensbruch und Hochverrat vom 4. 9. 1933, SAPMO-BArch NY 4178/3, Bl. 25.

177 Weber/Herbst, Kommunisten, S. 663.

178 Politischer Lebenslauf vom 20. 7. 1949, SAPMO-BArch NY 4178/39, Bl. 1.

II. Heimatlos. Widerstand und Überlebenskampf in der NS-Zeit (1933-1945)

Im Mittelpunkt dieses Kapitels steht die Frage, welche Erfahrungen aus der NS-Zeit Erika Buchmanns weitere Entwicklung nachhaltig prägten. Dabei wird deutlich, dass die Trennung von ihrem Ehemann, Verfolgung und Haft keineswegs nur zu Vereinsamung, Verlust- und Todesängsten führten. Erika Buchmann begriff die zwölf Jahre der NS-Herrschaft vielmehr als eine Zeit, in der sie bewusst Verantwortung für sich und andere übernahm und in der sie differenzierte Überlebensstrategien entwickeln musste und konnte. Es wird auch der Frage nachgegangen, welchen Anteil Erika Buchmann am Widerstand gegen das NS-Regime in Stuttgart hatte und welche persönlichen Konsequenzen sie zu tragen bereit war. Darüber hinaus wird gezeigt, welche Haftstationen Erika Buchmann durchlief, welche Auswirkungen und Konsequenzen ihre langjährige KPD-Mitgliedschaft hatte und welche Rolle ihr daraus in der sogenannten Häftlingsselbstverwaltung des Frauen-KZ Ravensbrück erwuchs.

II.1. Stuttgart nach der Machtübernahme Hitlers. Parteiarbeit und Weiterleben in der Illegalität

Im März 1932 hatte die Familie Buchmann eine Wohnung in der Stuttgarter Wagenburgstraße 158 bezogen.[1] Der Umzug von München nach Stuttgart war die Folge eines Austausches von Führungspersonal, der auf KPD-Funktionärsebene üblich war. Die Folgen von Hitlers Ernennung zum Reichskanzler im Januar 1933 aber führten dazu, dass sich Erika Buchmann als KPD-Mitglied, Ehefrau eines prominenten Parteifunktionärs und Mutter einer Tochter mit einer völlig neuen Dimension an Verantwortung, Engagement und Belastung konfrontiert sah. Sie stellte sich diesen Herausforderungen und entschloss sich zur aktiven Mitwirkung in der illegalen Parteiarbeit und zum Engagement im Stuttgarter Widerstand.

Im Unterschied zu Bayern war die politische Lage in Württemberg und auch in Stuttgart zu Beginn der 1930er-Jahre relativ ruhig. Während der gesamten Weimarer Republik hatte Württemberg eine Regierung, die vom politischen Katho-

---

1 Auszug aus dem Strafregister Albert Buchmanns vom 21. 12. 1936, SAPMO-BArch NY 4178/3, Bl. 52.

lizismus und der Zentrumspartei beherrscht wurde.[2] In der Weltwirtschaftskrise lag die Arbeitslosenzahl wegen der auf hochwertige Erzeugnisse spezialisierten Industrie und zahlreicher Familienbetriebe stets deutlich unter dem Reichsdurchschnitt.[3] Der Alltag der Landespolitiker der KPD sowie der einfachen Parteimitglieder war weit weniger radikalisiert als in anderen Teilen der Weimarer Republik. In Württemberg waren KPD-Funktionäre bislang nicht kriminalisiert worden. Erika Buchmann hoffte, dass der Neuaufbau der Parteileitung in Stuttgart ihrem Ehemann genug Zeit für ein ruhigeres Familienleben lassen würde. Sie selbst plante offensichtlich, ihr parteipolitisches Engagement in der neuen Umgebung weiter zu reduzieren. Ihr Vater schrieb darüber an seinen Sohn Hermann: Dort hat „Erika dann keine Büroarbeit mehr zu machen und Inge ist nicht mehr so oft allein".[4]

Gleichwohl erfüllten die Buchmanns auch in Stuttgart die Erwartungen der KPD an eine Funktionärsfamilie. Noch bevor Inge die Grundschule besuchte, wurde sie Mitglied der KPD-Pionierorganisation, und ihr Großvater bemerkte mit Stolz, dass sie in der Nachbarschaft zu agitieren begann.[5] Im Oktober 1932 zogen Erika Buchmanns Eltern ebenfalls nach Stuttgart. Für diese Entscheidung waren mehrere Gründe ausschlaggebend. Vor allem war der 76-jährige Rudolf Schollenbruch mit der Pflege seiner schwer kranken Frau[6] und der Verantwortung für seine ebenfalls kranke und arbeitslose Tochter Margot[7] überfordert. Erika Buchmann wiederum hoffte bei der Betreuung ihrer Tochter auf die Unterstützung der Eltern.

In Stuttgart bezogen die Schollenbruchs zunächst eine eigene Wohnung.[8] Das Ehepaar wollte der Unruhe und den Aufregungen entgehen, die der unstete Tagesablauf der Buchmanns sowie wiederkehrende Hausdurchsuchungen und

2   Vgl. Schnabel, Geschichte, S. 100; Schnabel, Württemberg, S. 36 ff.; vgl. zum Verhältnis der Württemberger zur NS-Diktatur und deren Repräsentanten auch Stephenson, Hitler's Home Front.

3   Vgl. Schnabel, Geschichte, S. 135 ff. Im April 1932 waren auf 1000 Einwohner im Reich 96,7 Personen arbeitslos gemeldet, in Württemberg nur 57 Personen.

4   Brief vom 25. Januar 1932, SAPMO-BArch NY 4178/68, Bl. 250.

5   Vgl. Brief vom 5. Juli 1932, ebenda, Bl. 270.

6   Maria Schollenbruch war mehrfach an Galle und Leber operiert worden, ohne dass eine dauerhafte Besserung eingetreten war. Die Sorgen um ihre Töchter und Enkeltöchter, anhaltende finanzielle Schwierigkeiten und die Pflege ihrer an Alzheimer erkrankten 89-jährigen Mutter erschöpften sie körperlich.

7   Margot hatte ihre Ausbildung zur Krankenschwester in Berlin nicht beendet und nach einer langwierigen Gelbsuchterkrankung ihre Stelle in einem Sanatorium in Berlin-Schlachtensee verloren. Sie lebte mit ihrer Tochter bei ihren Eltern in Grafenrath.

8   Schon in München hatten Maria und Rudolf Schollenbruch die gemeinsame Wohnung oft verlassen, um für einige Monate in Pensionen oder zur Untermiete in Wesseling, Gräfelfing und Grafenrath zu wohnen. Vgl. Brief von Rudolf Schollenbruch an seinen Sohn Hermann, SAPMO-BArch NY 4178/45, Bl. 118.

Christine Röhling, geb. Kröger,
Mutter von Maria Schollenbruch,
August 1932, zwei Monate vor
ihrem Tod.
BArch, Bild Y10-1448/00.

Verhaftungen mit sich brachten. Doch schon nach wenigen Wochen führten die finanzielle Not und der aufreibende Familienalltag zu einer Zusammenlegung der Haushalte. Bereits in München war die Familie in Krisensituationen zusammengerückt; in Stuttgart sollte dies nicht anders sein.

Zum Zeitpunkt des Umzuges ihrer Eltern lebte Erika Buchmann mit Inge allein in Stuttgart. Albert Buchmann war im Spätsommer 1932 verhaftet worden. Er wartete in Untersuchungshaft auf einen Prozess wegen Hochverrats und Unterstützung einer staatsfeindlichen Verbindung, der vor dem 4. Strafsenat des Reichsgerichts in Leipzig geführt werden sollte.[9] Die Anklage bezog sich auf ein Ereignis am 23. April 1930. An diesem Tag sollten fünf Mitglieder der KPD-Ortsgruppe Wasserburg/Bayern aus einer Ziegelei in der Nähe von Wasserburg zehn Maschinengewehre mit Munition und einige Dutzend Pistolen gestohlen haben.[10]

9   Neue freie Volks-Zeitung vom 3. Dezember 1932, Neue Zeitung vom 5. Dezember 1932, StadtA München, Zeitungsausschnittsammlung, ohne Paginierung; Münchner Post vom 24. Juni 1932, Fränkischer Kurier vom 24. Juni 1932, BayHSta, Slg. Personen 4626, ohne Paginierung.

10   Die im Anschluss daran verhafteten und zu mehrjährigen Haftstrafen verurteilten KPD-Mitglieder gaben im Prozess an, dass es sich um ein faschistisches Waffenlager gehandelt habe. Vonseiten des Gerichts und der Staatsanwaltschaft wurde die illegale Aufbewahrung von Waffen in einer Ziegelei nicht thematisiert. Albert Buchmann sprach daher in seinem Prozess von Klassenjustiz, die zu einer stärkeren Radikalisierung der Arbeiterklasse führen würde.

Am Vorabend hatte Albert Buchmann in Wasserburg eine Parteiversammlung geleitet und bei einem der am Diebstahl Beteiligten übernachtet. Nachdem Buchmann mit der Auflösung des Reichstages am 4. Juni 1932 seine Immunität als Abgeordneter verloren hatte, wurde er per Haftbefehl gesucht. Man legte ihm zur Last, in Wasserburg zumindest an der Organisation des Waffendiebstahls beteiligt gewesen zu sein. Am 2. Dezember 1932 wurde Albert Buchmann, obwohl zwischenzeitlich wieder in den Reichstag gewählt, zu 18 Monaten Festungshaft ohne Anrechnung der Untersuchungshaft verurteilt. Das Gericht sah es als erwiesen an, dass er der Initiator des Waffendiebstahls war und darüber hinaus den verbotenen Rotfrontkämpferbund unterstützte.[11] Die Haft dauerte jedoch nur wenige Tage. Albert Buchmann konnte das Zuchthaus im Zuge einer Weihnachtsamnestie bereits am 20. Dezember 1932 wieder verlassen.[12] Die Familien Buchmann und Schollenbruch trafen Weihnachten 1932 nach aufreibender Zeit völlig unerwartet wieder vollständig in Stuttgart zusammen. Trotz der Radikalisierung der politischen Verhältnisse blickten sie voller Zuversicht auf das kommende Jahr.[13]

Die Ergebnisse der Reichstagswahl vom 6. November 1932 waren für die KPD vielversprechend. Sie erreichte mit 14,6 Prozent ihr bestes Ergebnis bei einer Reichstagswahl.[14] Wie die SPD entsandte nun auch die KPD aus Württemberg drei Abgeordnete nach Berlin, darunter Albert Buchmann. Die KPD hatte reichsweit über 600 000 Stimmen hinzugewonnen, die KPD-Fraktion stellte nun über 100 Abgeordnete im Parlament. Damit lag sie nur noch 3,5 Prozent hinter der SPD.

Als Adolf Hitler am 30. Januar 1933 von Reichspräsident Paul von Hindenburg zum Reichskanzler ernannt wurde, waren sich Erika und Albert Buchmann sofort darüber im Klaren, welche Auswirkungen dies auf die Parteiarbeit, ihr Familienleben, aber auch auf ihre persönliche Sicherheit haben würde. Schon im Dezember 1929 hatte Rudolf Schollenbruch in einem Brief an seinen Sohn Hermann von tätlichen Übergriffen auf Erika und Albert durch „Hitlerianer" berichtet.[15] Dennoch scheinen Erika und Albert Buchmann bis Ende Januar 1933 keine konkreten Vorkehrungen für den Fall der Illegalität getroffen zu haben. Sie rechneten allen-

---

11 Der Rotfrontkämpferbund und die Rote Jungfront waren in Bayern am 6. Mai 1929 verboten und sofort aufgelöst worden.

12 Anklageschrift gegen Albert Buchmann u. a. vom 4. 9. 1933, SAPMO-BArch NY 4178/3, Bl. 25.

13 Brief von Rudolf Schollenbruch an seinen Sohn Hermann, SAPMO-BArch NY 4178/68, Bl. 278.

14 Neben dem Stimmengewinn für die KPD erreichte die NSDAP bei den Novemberwahlen des Jahres 1932 nur noch 33,1 Prozent der Stimmen. Damit hatten über zwei Millionen Wählerinnen und Wähler weniger für die Partei gestimmt als vier Monate zuvor.

15 Vgl. Brief von Rudolf Schollenbruch an seinen Sohn Hermann, SAPMO-BArch NY 4178/68, Bl. 253.

falls mit einer akuten Gefährdung von Albert Buchmann, der als prominenter KPD-Funktionär in der Öffentlichkeit bekannt war.

Trotz der Verhaftung ihres Mannes am 4. Mai 1933 und zahlreicher anderer KPD-Mitglieder in den folgenden Monaten zeigte sich Erika Buchmann bei ihrer eigenen ersten Verhaftung im November 1933 überrascht und völlig unvorbereitet. Ihrem Vater teilte sie wenige Tage nach ihrer Verhaftung mit: „Da ich keinerlei Grund geliefert habe, kann ich meiner Ansicht nach annehmen, dieses Zwischenspiel nach wenigen Tagen überstanden zu haben."[16] Eine Emigration der gesamten Familie oder einzelner Mitglieder wurde nie in Erwägung gezogen.[17] Eine derartige Entscheidung lag allerdings ohnehin nicht in der Befugnis des einzelnen KPD-Mitgliedes, sondern wurde von der Zentrale getroffen. Erika Buchmann pflegte in dieser Zeit Kontakt zu ihrem Vetter Theodor Walter Elbertzhagen, der seit Mitte der 1930er-Jahre als Schriftsteller mit seiner Frau und seinen Kindern in Berlin lebte. Nachdem dieser sie in Stuttgart besucht hatte, schrieb sie ihrem Mann begeistert über ihn und seinen Erfolg als Schriftsteller und Autor bei verschiedenen Zeitungen und beim Rundfunk. „Übrigens ist er auch in den Stahlhelm eingetreten, da gehört er auch hin. […] Ich mag ihn aber trotzdem, er ist ein lieber Kerl."[18]

Spätestens seit der Aufhebung aller verfassungsmäßigen Grundrechte durch die Verordnungen des Reichspräsidenten „Zum Schutz des Deutschen Volkes" vom 4. Februar 1933 und „Zum Schutz von Volk und Staat" vom 27. Februar 1933 sowie durch die Proklamation des Ausnahmezustandes am 28. Februar 1933 nach dem Reichstagsbrand hielt sich Albert Buchmann von seiner Familie fern. In der Nacht des Reichstagsbrandes ordnete Hermann Göring ein Verbot der gesamten kommunistischen Presse, die Schließung der kommunistischen Parteibüros und „Schutzhaft" für alle kommunistischen Abgeordneten und Funktionäre an.[19] Hartmut Mehringer vermutet wohl zu Recht, dass die bayerischen KPD-Mitglieder die neue Qualität und das Gefährdungspotenzial nach Hitlers „Machtergreifung"

---

16 Brief Erika Buchmanns an ihren Vater Rudolf Schollenbruch, SAPMO-BArch NY 4178/11, Bl. 83. Es kann natürlich nicht ausgeschlossen werden, dass sich Erika Buchmann in ihrem der Zensur unterliegenden Briefwechsel bewusst ahnungslos gab. Nach ihren eigenen Aussagen aus dem Jahr 1949 war sie seit Februar 1933 illegal für die KPD tätig.

17 Rudolf Schollenbruch zeigte sich in verschiedenen Briefen an seine Kinder erleichtert, dass nun in seinem fortgeschrittenen Alter der aufgrund seiner familiären Verhältnisse abgerissene Kontakt zu seiner Schwester und verschiedenen Vettern und Neffen wieder zustande kam. Seine Schwester Anna war mit dem Oberbürgermeister von Hannoversch-Münden verheiratet. Sein Vetter Oskar Pistor lebte als wohlhabender Fabrikant in Uelzen und Theodor Walter Elbertzhagen als erfolgreicher Schriftsteller in Berlin.

18 Brief Erika Buchmanns an ihren Mann am 24. Januar 1934, SAPMO-BArch NY 4178/11, Bl. 100.

19 Vgl. Winkler, Weg, S. 880.

gerade wegen ihrer Illegalitätserfahrungen in den 1920er-Jahren nicht richtig einschätzten. Zwar hatte die Berliner Zentrale seit 1929 wiederholt gefordert, die Parteiorganisation müsse sich auf die Möglichkeit der Illegalität einstellen. Dazu waren aber kaum Vorbereitungen getroffen worden.[20] Viele langjährige KPD-Mitglieder glaubten, dass auch diese Phase massiver Verfolgung vorbeigehen werde, ohne die Partei in ihrem Bestand zu gefährden.

Hinzu kamen Fehleinschätzungen der Parteispitzen. Am 7. Februar 1933 fand in Ziegenhals bei Berlin eine geheime Sitzung des ZK der KPD statt, an der auch Albert Buchmann als Mitglied der Revisionskommission und Pol-Leiter der KPD Württemberg teilnahm. Bei dieser Gelegenheit bewertete Ernst Thälmann Hitlers Machtantritt nicht als Niederlage des Proletariats. Er sah vielmehr die bisherige KPD-Politik bestätigt. Die neuen Bedingungen der illegalen Arbeit und das erhöhte Gefahrenpotenzial wurden völlig verkannt. Ernst Thälmann analysierte weiterhin ganz im Sinne der Sozialfaschismus-These die Gründe, warum es bislang nicht gelungen war, „den Einfluß der SPD- und ADGB-Führer auf die Massen in dem erforderlichen Maß zu liquidieren".[21] In den ersten Monaten des Jahres 1933 lieferte die Berliner Zentrale den regionalen und örtlichen KPD-Funktionären ein völlig falsches Bild der neuen politischen Situation.

Noch am 30. Januar 1933 veröffentlichte die KPD ein Flugblatt mit dem Aufruf zum Generalstreik: „Heraus auf die Straße! Legt die Betriebe still! Antwortet sofort auf den Anschlag der faschistischen Bluthunde mit Streik, mit dem Massenstreik, mit dem Generalstreik!"[22] Am selben Tag verbreitete die württembergische KPD einen ähnlichen, von Albert Buchmann unterzeichneten Aufruf: „Massenstreik! Hitler Reichskanzler!" Der Aufruf blieb jedoch in allen größeren Städten Württembergs ohne Resonanz.[23] Einzig in Mössingen, einer kleinen Industriestadt unweit von Stuttgart, kam es am 31. Januar zu Massenunruhen und

---

20 Vgl. Mehringer, Die KPD in Bayern, S. 69. Vgl. auch Johann Wachtler, Zwischen Revolutionserwartung und Untergang. Die Vorbereitungen der KPD auf die Illegalität in den Jahren 1929–1933, Frankfurt a. M. 1983.

21 Zit. nach: Mehringer, Die KPD in Bayern, S. 69. Die „Sozialfaschismus-These" beherrschte seit Januar 1924 die politische Auseinandersetzung zwischen der KPD und der SPD und geht auf Grigori Sinowjew zurück. Demnach galten Sozialdemokratie und Nationalsozialismus gleichermaßen als Feinde. Dieses Theorem verhinderte nachhaltig das Zustandekommen einer Einheitsfrontpolitik. Vgl. u. a. Klaus Kinner, Der deutsche Kommunismus. Selbstverständnis und Realität, Berlin 1999; Hermann Weber, Die Wandlung des deutschen Kommunismus. Die Stalinisierung der KPD in der Weimarer Republik, Frankfurt a. M. 1969.

22 Zit. nach: Winkler, Weg, S. 867.

23 Vgl. Hans-Joachim Althaus, u. a. (Hrsg.), Da ist nirgends nichts gewesen, außer hier. Das rote Mössingen im Generalstreik gegen Hitler. Geschichte eines schwäbischen Arbeiterdorfes, Berlin 1982, S. 153.

zum einzigen „Generalstreik" gegen die Ernennung Hitlers zum Reichskanzler im Deutschen Reich.[24] Doch auch hier stieß die traditionell starke KPD-Ortsgruppe bereits innerhalb des Ortes auf heftige Abwehr; die Proteste wurden schnell niedergeschlagen. Mehr als 70 Beteiligte wurden zu teils hohen Gefängnisstrafen verurteilt. Die Flugblätter der KPD kamen auch in Mössingen zum Einsatz. Eine Beteiligung von Mitgliedern der KPD-Bezirksleitung oder die persönliche Anwesenheit Albert Buchmann aber konnten im Prozess nicht nachgewiesen werden.[25] Gleichwohl gehörte es in den folgenden Jahrzehnten zu den Standardaussagen der Legendenbildung um die Familie Buchmann, dass Albert Buchmann persönlich und maßgeblich an der Organisation des „Generalstreiks" in Mössingen beteiligt gewesen sein soll.[26]

Buchmann war nach dem Reichstagsbrand bei Sympathisanten untergetaucht und blieb bis Anfang Mai 1933 unentdeckt, obwohl er mehrfach durch Deutschland reiste. Am 4. Mai 1933 wurde er im Quartier des stadtbekannten „Vagabundenkönigs" Gregor Gog auf dem Heuberg in der Nähe von Stuttgart verhaftet.[27] In den vier Monaten zuvor hatte ihm hauptsächlich die Witwe Maria Graf in Stuttgart Unterschlupf gewährt. Persönliche Treffen zwischen Erika und Albert Buchmann dürften in dieser Zeit kaum möglich gewesen sein. Dafür war der Verfolgungsdruck auf Albert Buchmann als einem der prominentesten Gegner des NS-Regimes in Württemberg zu hoch. In Württemberg entwickelte sich bereits unmittelbar nach der Machtübergabe eine enge Zusammenarbeit zwischen NSDAP und staatlichen Stellen. Schon im Februar 1933 wurden unter der Regierung Bolz[28] vertrauliche Listen über Aufenthaltsorte und Kontakte örtlicher und regionaler KPD-Führer angefertigt und dann je nach Einschätzung der Sicherheitslage „abgearbeitet".[29]

24 Diese von Althaus vor 20 Jahren vorgenommene (zugespitzte) Einordnung blieb bisher in der nachfolgenden Forschung unwidersprochen.

25 Vgl. Anklageschrift vom 4. September 1933, SAPMO-BArch NY 4178/3, Bl. 15 ff. Hier wurde ausdrücklich festgestellt, dass Albert Buchmann als Autor des KPD-Flugblattes lediglich als geistiger Urheber des Streikes zu gelten habe.

26 Aussage Bärbel Schindler-Saefkows am 10. November 1993, vgl. auch Willi Bohn, „Hochverräter!", Stuttgart 1984, S. 29–33. Es muss dabei offenbleiben, von wem erstmalig dieser Zusammenhang hergestellt wurde.

27 SAPMO-BArch NY 4178/3, Bl. 14; Hafttagebuch Albert Buchmanns und Württemberger Zeitung vom 6. Mai 1933, ebenda.

28 Eugen Bolz (geb. 1881, hingerichtet 1945), Jurist, MdL, MdR, Zentrum, 1928 bis 1933 Staatspräsident von Württemberg, nach Rücktritt einige Wochen im KZ inhaftiert, in der Goerdeler-Gruppe als Kultusminister nach dem Staatsstreich vorgesehen. Bolz wurde nach dem 20. Juli 1944 verhaftet und in Berlin-Plötzensee hingerichtet.

29 Schnabel, Württemberg, S. 184 f.

Nach seiner Festnahme saß Albert Buchmann zunächst im Gerichtsgefängnis von Tübingen in Untersuchungshaft. Nach einiger Zeit wurde er nach Stuttgart verlegt. Hier wurde am 4. September 1934 ein Prozess wegen „Vorbereitung zum Hochverrat" gegen ihn und die Anführer der Mössinger Unruhen vom 31. Januar 1933 eröffnet.[30] Nach acht Wochen Verhandlung befand der 1. Strafsenat des Oberlandesgerichts Stuttgart Albert Buchmann nach § 81, Abs.1 StGB für schuldig und verurteilte ihn zu drei Jahren Gefängnis unter Anrechnung der Untersuchungshaft.[31] Die Haftstrafe verbüßte Albert Buchmann im Gefängnis in Rottenburg. Sie endete am 27. Juli 1936.

In den Briefen an ihren inhaftierten Mann beschwor Erika Buchmann die emotionale Tiefe ihrer Verbindung. „Wir sind ja gewöhnt, nicht beieinander zu sein. Bei der Art unserer Gemeinschaft ist das auch nicht nötig. Du kannst ohne alle Sorge um mich und das Kind sein. Du mußt und wirst Vertrauen haben, nicht? […] Du bist der liebste Mensch und es wird nie anders werden. Ich schäme mich nicht, allen und laut zu sagen, dass ich Dich mit aller Ausschließlichkeit liebe."[32] Aus der Zeit zwischen Mai 1933 bis zu ihrer zweiten Verhaftung, im Dezember 1935 sind über Hundert Briefe Erika Buchmanns an ihren Mann erhalten. Sie fügte ihren Briefen regelmäßig Zeichnungen ihrer Tochter sowie getrocknete und gepresste Blüten bei.[33] Albert Buchmann vermerkte auf ihren Briefen das Datum seiner jeweiligen Antwortschreiben. Der sehr intensive Briefwechsel ist leider nicht vollständig überliefert.

Erika Buchmann war seit dem Sommer 1933 mit neuen Familienaufgaben befasst. Inge Buchmann sollte ab Ostern 1934 die Waldorf-Schule in Stuttgart besuchen. Erika Buchmann unterrichtete ihre Tochter zu Hause, damit sie den Aufnahmetest für die Waldorf-Schule bestehen konnte. Ihrer Mutter zufolge soll Inge Buchmann vor ihrem Schuleintritt den Lernstoff der gesamten 1. Klasse beherrscht haben. Ein weiterer Einschnitt war der Tod von Maria Schollenbruch am 10. Juli 1933. Zwar war Erika Buchmanns Mutter schon lange Zeit kränklich gewesen; sie starb nun jedoch völlig unerwartet im Alter von nur 55 Jahren.[34] Nach Aussage ihres Vaters war Erika Buchmann davon überzeugt, dass eine wei-

30   Anklageschrift, Aktenzeichen: OJ 8/33, SAPMO-BArch NY 4178/3, Bl. 15. Die fünf anderen Angeklagten wurden darüber hinaus noch eines Vergehens nach § 125 Abs. 2 (schwerer Landfriedensbruch) beschuldigt.

31   Schuhmacher, M. d. R., S. 157 ff.

32   Diverse Briefe von Erika an Albert Buchmann, Mai 1933 bis November 1935, SAPMO-BArch NY 4178/11.

33   Ebenda. Besonders häufig enthielten die Briefe Edelweiß- und Enzianblüten als besonderen Gruß an ihren Mann, der das Hochgebirge liebte.

34   Vgl. Todesschein vom 11. Juli 1933, SAPMO-BArch NY 4178/60, Bl. 25.

tere Leberoperation das Leben ihrer Mutter hätte retten können. Da sie und ihre Schwester zu diesem Zeitpunkt jedoch von der Fürsorge lebten und auch die Rente des Vaters nur für das Nötigste reichte, unterblieb die Operation.[35] Rudolf Schollenbruch hatte stattdessen versucht, das Leiden seiner Frau mit täglichen Morphiumspritzen zu lindern.

Der plötzliche Tod ihrer Mutter erschütterte Erika Buchmann tief. Mit dem Vater verband sie in erster Linie das politische Engagement. Der Mutter dagegen fühlte sich emotional besonders nahe, dies vor allem, nachdem sie selbst ein Kind geboren hatte. Überdies war Maria Schollenbruch trotz ihrer langen Krankheit für Erika Buchmann eine wichtige Hilfe bei der Organisation des eigenen Familienlebens gewesen.

Nach Aussagen von Erika Buchmann hatte sie bereits im Februar 1933 begonnen, für die im Untergrund operierende KPD in Württemberg zu arbeiten.[36] Sie wurde einen Tag nach ihrem 31. Geburtstag am 20. November 1933 ohne Angabe von Gründen erstmals verhaftet und ohne Verfahren eingesperrt.[37] Den ersten Monat der „Schutzhaft" verbrachte sie im Polizeigefängnis Stuttgart. Sie war zusammen mit Prostituierten in einer engen, schmutzigen Zelle eingesperrt und hatte keinerlei Beschäftigung. Zum ersten Mal in ihrem Leben fürchtete Erika Buchmann, der Situation nicht mehr gewachsen zu sein.[38] Ihre größte Sorge galt dem Schicksal der Tochter Inge, die der Großvater nur eingeschränkt betreuen konnte. „Wenn er mir nur durchhält!",[39] schrieb sie an ihren Mann und ließ erkennen, wie nötig sie Gewissheit für das eigene Durchhalten brauchte.

Nach einem Monat Haft in Stuttgart wurde Erika Buchmann in das Frauengefängnis Gotteszell in Schwäbisch Gmünd überstellt.[40] Das Gefängnis Gotteszell

35 Vgl. verschiedene Briefe Rudolf Schollenbruchs an Albert Buchmann vom Juli 1933, SAPMO-BArch NY 4178/13.

36 Als Zeugen für ihre illegale Arbeit nannte Erika Buchmann u. a. Max Opitz. Er war vor 1933 Pol-Leiter verschiedener KPD-Bezirke und ab Frühsommer 1933 Leiter des Bezirkes Württemberg. Opitz hatte noch am 8. Januar 1933 die SPD als Hauptstütze der faschistischen Diktatur diffamiert. Max Opitz war von November 1933 bis Mai 1945 in verschiedenen Zuchthäusern und KZ inhaftiert und nach der Befreiung u. a. Oberbürgermeister von Leipzig und Chef der Präsidialkanzlei Wilhelm Piecks, vgl. SAPMO-BArch NY 4178/39, Bl. 1 und Weber/Herbst, Kommunisten, S. 548 ff.

37 SAPMO-BArch NY 4178/11, Bl. 83; Politischer Lebenslauf vom 20. Juli 1949, ebenda NY 4178/39, Bl. 1; Fragebogen vom 19. November 1946, ebenda NY 4178/40, Bl. 12.

38 Vgl. Briefe Erika Buchmanns an ihren Mann, Dezember 1933, SAPMO-BArch NY 4178/11, Bl. 84 ff.

39 Ebenda.

40 Vgl. Markus Kienle, Gotteszell – das frühe Konzentrationslager für Frauen in Württemberg, in: Wolfgang Benz/Barbara Distel (Hrsg.), Terror ohne System. Die ersten Konzentrationslager im Nationalsozialismus 1933–1935, Berlin 2001, S. 65–77.

war eine der Haftanstalten, in denen nach der Machtübertragung provisorische Abteilungen für weibliche Schutzhäftlinge eingerichtet worden waren.[41] Während männliche Schutzhäftlinge in den frühen Konzentrationslagern oft brutalen Gewaltexzessen ausgesetzt waren, galten für weibliche Schutzhäftlinge in staatlichen Gefängnissen in der Regel eher milde Haftbedingungen.[42] Dass die Schutzhaftabteilungen für Frauen meist in schon bestehenden Frauengefängnissen eingerichtet wurden, lag an der ursprünglich nur kleinen Zahl verhafteter weiblichen Gegner des NS-Regimes.

Die Schutzhaftabteilung in Gotteszell wurde im März 1933 in einem leerstehenden Konvent untergebracht. Die etwa 60 bis 80 inhaftierten Frauen des Jahres 1933 waren auf zwei viel zu kleine Zellen verteilt. Der Direktor des Gefängnisses Gotteszell, Regierungsrat Henning, war ein nachsichtiger, korrekter Verwaltungsbeamter, der seine Ausbildung in der Weimarer Republik erhalten hatte und keine physischen Übergriffe duldete. Alle Frauen waren aus politischen Gründen inhaftiert. Sie durften während der Haft Strick- und Nähzeug behalten, Schach spielen und die Gefängnisbibliothek benutzen.[43] Die Briefe Erika Buchmanns an ihren Mann bestätigen dieses Bild: „Hier ist Sauberkeit, ich kann spazieren gehen und bin vor allen Dingen mit Menschen zusammen, von denen mich keine Welt trennt und die vielseitige Interessen haben.“[44]

In dieser Umgebung fand Erika Buchmann zu ihrer bisherigen Zuversicht zurück. Da die Eheleute gleichzeitig in Haft waren und es ihnen deshalb an berichtenswerten Neuigkeiten mangelte, reflektierten sie in ihren Briefen ihre Beziehung und das Verhältnis zu ihrer Tochter. So schrieb Erika Buchmann: „Ich merke jetzt erst zurecht, wie reich Du mich gemacht hast, Liebster, und welchen Schatz von Erinnerungen ich habe.“[45] Nach dem Besuch der Tochter sinnierte sie: „Bei mir

---

41 Die übrigen Haftorte für Frauen befanden sich in Stadelheim bei München, in der Barnimstraße in Berlin, in Hamburg-Fuhlsbüttel, Braunweiler/Westfalen, Bergkamen-Schönhausen (Westfalen), auf der Burg Hohnstein (Sachsen), in Bad Sulza (Thüringen), Lübeck und Moringen. Vgl. zu den „frühen" Lagern u. a. Benz/Distel (Hrsg.), Terror; dies. (Hrsg.), Herrschaft und Gewalt. Frühe Konzentrationslager 1933–1939, Berlin 2002. Zu Haftanstalten für Frauen vgl. Sybil Milton, Deutsche und deutsch-jüdische Frauen als Verfolgte des NS-Staates, in: Dachauer Hefte 3 (1987) S. 3–20; Renate Riebe, Frauenkonzentrationslager 1933–1939, in: Dachauer Hefte 14 (1998), S. 125–140.

42 Als Ausnahme muss hier vor allem das KZ in der Burg Hohnstein in der Sächsischen Schweiz gelten. Durch die gemeinsame Haft von männlichen und weiblichen Schutzhäftlingen kam es auch hier zu Folterungen an den inhaftierten Frauen.

43 Vgl. Milton, Verfolgte, S. 6; Julius Schätzle, Stationen zur Hölle. Konzentrationslager in Baden und Württemberg 1933–1945, Frankfurt 1974, S. 25 ff.

44 Briefe Erika Buchmann an ihren Mann Albert, SAPMO-BArch NY 4178/11, Bl. 92.

45 Brief vom 20. Dezember 1933, ebenda, Bl. 93.

war Inge vergnügt und sehr, sehr lieb. Du weißt ja, welche Anstrengungen Zärt-lichkeiten für eine so echte Buchmann verlangen und kannst ermessen, was es bedeutet, wenn Inge aus freien Stücken ‚liebes Mütterle‘ in mein Ohr flüstert. […] Ich weiß nicht, welche Empfindungen Ihr Männer gegenüber Euren Kin-dern habt, ich kann nur wünschen, daß Deine Gefühle für Inge den meinen glei-chen mögen.“[46] Weitere wichtige Themen in Erika Buchmanns Briefen waren die Ungewissheit über die Dauer ihrer Haft, das Schicksal ihrer Angehörigen und die Perspektiven nach der Entlassung aus dem Gefängnis. Sie musste davon ausgehen, dass ihr Mann seine Strafe vollständig würde verbüßen müssen und die inzwi-schen sechsjährige Inge nur eine begrenzte Zeit beim Großvater leben konnte.

Anfang Januar 1934 schrieb Rudolf Schollenbruch an seine Tochter, deren Ent-lassung aus dem Gefängnis offenbar unmittelbar bevorstand. Er hatte sein Leben nach dem Tod seiner Frau und der Inhaftierung von Albert und Erika Buchmann neu ordnen müssen. Nach Erikas Festnahme lebte er mit seiner Enkelin Inge in Stuttgart-Zuffenhausen.[47] Margot, die ihre eigene Tochter zu einem Ehepaar in Pflege gegeben hatte, führte ihm den Haushalt. In seinem Brief schlug Rudolf Schollenbruch vor, Erika Buchmann solle sich nach ihrer Entlassung mit ihrer Tochter ein eigenes Zimmer zur Untermiete suchen.[48] Er werde zusammen mit Margot, die sich wieder selbst um ihre Tochter kümmern wolle, ebenfalls ein Zim-mer mieten. Die Möbel der Familien Schollenbruch und Buchmann könnten zwi-schen ihnen aufgeteilt werden. Tatsächlich zog Rudolf Schollenbruch schließlich zur Untermiete nach Böblingen und verbrachte dort seine letzten Lebensjahre.[49] Seine Vermieterin Emma Krämer wurde später eine wichtige Verbindungsperson zwischen Albert und Erika Buchmann und eine geschätzte Kontaktperson für die heranwachsende Inge.

Nach ihrer Haftentlassung am 15. Januar 1934 bezog Erika Buchmann eine Wohnung in der Rotenbergstraße im Stuttgarter Osten. Ursprünglich hatte sie geplant, mit Lina Haag und deren sechsjähriger Tochter Käthe eine größere Woh-nung zu mieten. Die Frauen wollten sich bei der Betreuung der Töchter abwech-

---

46 Brief vom 9. Januar 1934, ebenda, Bl. 98. Albert Buchmann notierte handschriftlich an der oben zitierten Zeile: „Das tun sie!“

47 Brief Rudolf Schollenbruchs an Albert Buchmann vom Januar 1934, SAPMO-BArch NY 4178/13.

48 Brief Rudolf Schollenbruchs an Erika Buchmann vom 8. Januar 1933 [sic!], SAPMO-BArch NY 4178/45, Bl. 123. Rudolf Schollenbruch hatte sich offenbar so kurz nach dem Jahres-wechsel in der Jahresangabe geirrt. Inhaltlich lässt sich der Brief eindeutig auf Januar 1934 datieren.

49 Emma Krämer wurde im Briefwechsel der Familienmitglieder gelegentlich als Großmutter tituliert. Es fanden sich jedoch keine Hinweise auf eine tatsächliche verwandtschaftliche Beziehung.

seln und sich gegenseitig unterstützen.[50] Dieser Plan scheiterte, weil Lina Haag keine Zuzugsgenehmigung für Stuttgart erhielt.

Erstmals seit zehn Jahren verdiente Erika Buchmann wieder ihren eigenen Lebensunterhalt. Zunächst übernahm sie Handarbeiten. Nach einiger Zeit fand sie eine Anstellung als Stenotypistin bei dem Stuttgarter Regierungsbaumeister Becker. Nach eigenen Angaben verdiente sie ungefähr 2200 Mark im Jahr.[51] Das sicherte ihr und ihrer Tochter ein bescheidenes Auskommen. Inge Buchmann besuchte seit April 1934 die erste Klasse der Volksschule.[52] Immer wieder berichtete Erika Buchmann ihrem Mann von den Fortschritten und Kenntnissen der Tochter: „Mein Gott, nun hab' ich die höhere Schule besucht, sogar als eine der besten Schülerinnen, bin auch mit Weisheiten, die ich niemals brauchte, vollgestopft, aber Inge verblüfft mich immer wieder. […] Ich bräuchte so notwendig noch so ein Kerlchen – wenn Du das doch eingesehen hättest!"[53] In den Briefen an ihren Mann wird deutlich, dass sie in den vergangenen Jahren unter der erzwungenen Erwerbslosigkeit gelitten hatte und nun offenbar ohne Schwierigkeiten für ihre Tochter und sich aufkommen konnte.[54]

Während Erika Buchmanns Haftzeit hatte sich Rudolf Schollenbruch um eine regelmäßige Besuchserlaubnis bei Albert Buchmann bemüht. Sie sollte für ihn selbst und seine Enkelin gelten. Zunächst gab es organisatorische Schwierigkeiten beim Besucherrhythmus, da auch Albert Buchmanns Verwandte aus Pirmasens den Häftling aufsuchen wollten. Schließlich aber ermöglichten regelmäßige Besuche und ein ausgeklügelter Briefwechsel eine ständige Verbindung zwischen allen Familienmitgliedern.[55] Erika Buchmann fügte sich nach ihrer Freilassung in dieses Kommunikationssystem ein, sodass sich nun auch ein

---

50 Vgl. SAPMO-BArch NY 4178/11, Bl. 112. Lina Haag war zwischen 1933 und 1939 ebenfalls mehrfach inhaftiert, z. T. in Dunkelarrest. Ihr Ehemann Alfred Haag war vor 1933 KPD-Stadtrat in Schwäbisch Gmünd und MdL. Nach einer einjährigen Gefängnishaft war er in den KZ Dachau und Mauthausen inhaftiert. Nach einer persönlichen Intervention Lina Haags bei Heinrich Himmler wurde er im Februar 1940 entlassen. Vgl. auch Haag, Handvoll.

51 Fragebogen Erika Buchmann Military Government of Germany, undatiert [vermutlich 1945/46], SAPMO-BArch NY 4178/40, Bl. 10.

52 Der Besuch der Waldorf-Schule kam nicht zustande, weil keine 1. Klasse eröffnet werden durfte. Die Rudolf-Steiner-Schule in Stuttgart löste sich im März 1938 selbst auf, weil unter den fortdauernden Repressalien kein normaler Schulbetrieb mehr möglich war.

53 Brief von Erika Buchmann an ihren Mann Albert, SAPMO-BArch NY 4178/11, Bl. 22.

54 Vgl. ebenda, Bl. 120.

55 Vgl. SAPMO-BArch NY 4178/13, 14, 43, 46. Auch während der späteren KZ-Haft und der zunehmend begrenzten Möglichkeit, brieflichen Kontakt zur Familie zu halten, wurden die Schreiben inhaltlich unterteilt und die einzelnen Abschnitte vom Erstempfänger weitergeleitet.

engerer Kontakt zwischen ihr und den Geschwistern ihres Mannes in der Pfalz entwickelte.

Im Sommer 1933 hatte sie mit Inge erstmals die Verwandten in Pirmasens besucht, das Geburtshaus ihres Mannes betreten und mit Rührung die Ähnlichkeit ihres Schwagers Otto mit ihrem Mann wahrgenommen.[56] Es kann durchaus sein, dass sich Erika Buchmann der Familie ihres Mannes im Interesse von Inge zuwandte. Im Fall einer neuerlichen Verhaftung hoffte sie auch auf diese Familie zurückgreifen zu können. Nichte Herta war von ihrer Tante Erika begeistert und schrieb an Albert Buchmann: „In Erika habe ich einen Menschen gefunden, der mir hilft ein bißchen gescheiter zu werden."[57]

Auch Inge Buchmann fand in ihren bisher kaum bekannten pfälzischen Cousinen bald Freundinnen, in deren Gesellschaft sie nicht länger das einzige Kind in einer Welt ständig beschäftigter Erwachsener war. In den Briefen der Pirmasenser Verwandtschaft an den inhaftierten Bruder und Onkel war bisweilen auch von den Freizeitvergnügungen der Mädchen die Rede. Regelmäßige Kinobesuche gehörten zu deren Lieblingsbeschäftigungen. An den Olympiafilmen von Leni Riefenstahl begeisterte sie besonders die Technik der Zeitlupenaufnahmen. Die Mädchen mischten in ihren Briefen fröhliche Äußerungen über einen gelungenen Nachmittag mit enthusiastischen Aussagen über die deutschen Erfolge auf sportlichem und künstlerischem Gebiet.[58]

Erika Buchmann versuchte offenbar bereits unmittelbar nach ihrer Haftentlassung im Frühjahr 1934, wieder Kontakt zu einigen noch nicht inhaftierten KPD-Mitgliedern aufzunehmen. Zunächst arbeitete sie mit Helene Veser (später: Lene Berg) zusammen. Diese stellte sie im Oktober 1934 dem neuen Bezirksleiter der KPD in Stuttgart, Stefan Lovácz, vor.[59] Lovácz war von der Auslandsleitung der KPD als Nachfolger von Albert Buchmann eingesetzt worden und vor allem an Erika Buchmanns Kenntnissen der örtlichen Gegebenheiten und ihren guten Verbindungen zu früheren KPD-Mitgliedern interessiert.[60] Erika Buchmann organi-

56 Brief von Erika Buchmann an ihren Mann Albert, SAPMO-BArch NY 4178/11, Bl. 38.

57 Brief Herta Buchmanns an Albert Buchmann, Sommer 1933, SAPMO-BArch NY 4178/14.

58 Ebenda.

59 Stefan Lovácz (geb. 6. November 1901, hingerichtet: 20. Juni 1938) lernte Modelltischler und trat als Erwerbsloser 1930 in die KPD ein. Nachdem er 1933 einige Monate versteckt gelebt hatte, bekam er über einen Bekannten Kontakt zur illegalen KPD-Nordwest, für die er als Kassierer arbeitete. Ab Herbst 1934 in Stuttgart, gelang ihm der Ausbau des illegalen Apparates der KPD sowie die Beschaffung und Weiterleitung geheimer Rüstungsdaten in die Schweiz. Er war Vater von vier kleinen Töchtern. Am 15. Juni 1935 verhaftet, wurde er vom Volksgerichtshof zum Tode verurteilt, vgl. Weber, Herbst, Kommunisten, S. 467.

60 Vgl. Institut für Zeitgeschichte (Hrsg.), Widerstand als „Hochverrat" 1933–1945, Mikrofiche-Edition, Bd. 7, München 1998, S. 108 ff.

sierte daraufhin Zusammenkünfte; zugleich recherchierte und berichtete sie über potenzielle Gesinnungsgenossen. Mit ihrer Hilfe konnte Stefan Lovácz in nur wenigen Monaten eine neue KPD-Leitung in Stuttgart aufbauen, die aus einem Polit-, Org- und Agitpropleiter bestand. Zudem knüpfte Lovácz erste Kontakte zu früheren SPD-Mitgliedern und Gewerkschaftsfunktionären. Ziel der illegalen Arbeit war es, die Organisationsstrukturen wieder aufzubauen und damit die Voraussetzungen für den politischen Kampf gegen das NS-Regime zu schaffen.[61] Im Untergrund produzierte und verteilte Zeitungen, Flugblätter, Handzettel sowie spektakuläre Aktionen sollten das Überleben der KPD signalisieren.[62] Insgesamt erreichten diese Aktivitäten kaum größere Bevölkerungskreise, doch sie motivierten die eigenen Genossen und deren Durchhaltewillen.

Erika Buchmann beteiligte sich aktiv an der Reorganisation der KPD in Württemberg und an verschiedenen Aktionen. Allerdings wusste sie wahrscheinlich nichts von Stefan Lováczs Verbindung zu KPD-Funktionären aus dem sogenannten AM-Apparat.[63] Entsprechend ahnte sie wohl auch nichts von dem besonderen Verfolgungsdruck, der wegen der von Lovácz, Heinrich Reichel[64] und Liselotte Herrmann[65] betriebenen Militärspionage auf der KPD in Stuttgart lastete. Liselotte Herrmann hatte ab Herbst 1934 Informationen über Aufrüstungspläne und über die Produktion von Rüstungsgütern in den Friedrichshafener Dornier-Werken sowie über den Bau einer unterirdischen Munitionsfabrik bei Celle beschaffen können. Stefan Lovácz und Heinrich Reichel leiteten diese Informationen über die Schweiz an die Sowjetunion weiter. Zwischen Juni und Dezember 1935 wurden Stefan Lovácz, Liselotte Herrmann und der Leiter des AM-Apparates in

---

61 Benz/Pehle (Hrsg.), Lexikon, S. 30 ff.

62 Zu diesen Aktionen zählten das Herablassen riesiger Plakate von Schornsteinen und das Durchtrennen einer Hauptstromleitung in Stuttgart während einer Hitler-Rede.

63 AM-Apparat, Abkürzung für „Abteilung Militärpolitik" und Tarnbezeichnung für den KPD-Nachrichtendienst. Leiter des AM-Apparates war Hans Kippenberger, er wurde am 3. Oktober 1937 in der Sowjetunion hingerichtet.

64 Heinrich Reichel (geb. 1. Oktober 1901, hingerichtet am 22. Juli 1943) war Tischler und ab 1919 KPD-Mitglied. Schon in den 1920er-Jahren Mitarbeiter des AM-Apparates, ab 1932 weitere militärische/nachrichtendienstliche Ausbildung in Moskau. Ab 1933 illegal in Deutschland, organisierte er die Weitergabe der Informationen an die Sowjetunion. Am 30. April 1943 wurde Reichel vom Volksgerichtshof zum Tode verurteilt. Angaben nach Weber/Herbst, Kommunisten, S. 597.

65 Liselotte Herrmann (geb. 23. Juni 1909, hingerichtet: 20. Juni 1938) studierte Chemie und Biologie und musste 1933 die Universität verlassen. Sie arbeitete als Stenotypistin im Ingenieurbüro ihres Vaters. Ab Mai 1934 Mutter eines Sohnes. Sie war seit 1931 Mitglied der KPD und verfügte kurze Zeit später auch über Kontakte zum AM-Apparat. Am 7. Dezember 1935 verhaftet, wurde sie am 12. Juni 1937 vom VGH zum Tode verurteilt, vgl. Weber/Herbst, Kommunisten, S. 303.

Württemberg, Josef Steidle, verhaftet. Die Enttarnung dieser Gruppe war nicht das alleinige Werk der Gestapo, sondern auch die Folge von Verrat aus den eigenen Reihen.[66] Ob die Verhaftung Erika Buchmanns am 18. Dezember 1935 ebenfalls in diesem Zusammenhang stand oder auf eine Unüberlegtheit Albert Buchmanns zurückzuführen ist, lässt sich nicht abschließend klären.[67] Bei einem Besuch ihres Mannes im Gefängnis in Rottenburg hatte Erika Buchmann die „Internationale Pressekorrespondenz" (Inprekorr Nr. 47) eingeschmuggelt.[68] Albert Buchmann gab sie an einen anderen Häftling weiter. Die Zeitschrift wurde entdeckt und die Spur zurückverfolgt.

Für Erika Buchmann waren die Gründe, die zu ihrer Verhaftung geführt hatten, von nachrangiger Bedeutung. Sie wusste sofort, dass sie nun nicht nach wenigen Monaten nach Hause zurückkehren konnte. 30 Jahre später waren die Sorgen, die sie während ihrer Verhaftung und in der darauf folgenden Zeit plagten, noch immer sehr präsent. Eine Genossin erinnerte sich: „Erika war im Gegensatz zu ihm [Albert Buchmann] sprechfreundlich. Ich hatte den Eindruck, daß sie immer noch die schweren Jahre mit all ihren Einzelheiten erlebte. [...] Sie erzählte über die schweren Jahre in der Illegalität und daß sie ihre Tochter instruiert hatte, lautlos aus der Wohnung zu verschwinden, wenn fremde Männer kommen, was sie auch tat und zur Nachbarin lief. So daß es das Schrecklichste war, daß sie sich nicht von ihr verabschieden konnte."[69]

Erika Buchmanns erster Brief aus der Untersuchungshaft an ihren Vater zeugt von der Dramatik der Situation. Sie bat ihren 79-jährigen Vater, ihr Kleidung, Hygieneartikel und ein wenig Geld zu schicken und für ihre Tochter eine

---

66 Vgl. Stuttgarter Zeitung vom 25. Februar 1948 sowie Lothar Letsche (Bearb.), Lilo Herrmann, eine Stuttgarter Widerstandskämpferin, hrsg. von der Vereinigung der Verfolgten des Naziregimes – Bund der Antifaschisten, Landesverband Baden-Württemberg e. V., 2., erw. Aufl., Stuttgart 1993, S. 74 ff. Demnach hatten die Brüder Eugen (Mitarbeiter des AM-Apparates) und Alfons Wicker, langjährige KPD-Mitglieder, die Stuttgarter KPD-Organisation an die Gestapo verraten. Damit war der politische Widerstand in Stuttgart endgültig zerschlagen, acht Mitglieder wurden hingerichtet, fast 300 Kommunisten wurden in der folgenden Zeit verhaftet und zu Zuchthaus- und KZ-Strafen verurteilt. Andere Autoren gehen davon aus, dass der Verrat Eugen Wickers die Versuche der KPD, 1936 erneut eine Bezirksleitung in Württemberg zu installieren, scheitern ließ. Vgl. Bernd Kaufmann u. a., Der Nachrichtendienst der KPD, 1919–1937, Berlin 1993, S. 408.

67 Brief von Erika Buchmann an ihren Mann Albert, SAPMO-BArch NY 4178/11, Bl. 220.

68 Vgl. Nikiforowa, Powest, S. 204. Nikiforowa erwähnte hier, dass die Zeitschrift mithilfe der Tochter Inge in das Gefängnis geschmuggelt wurde. Vgl. auch Schumacher (Hrsg.), M. d. R., S. 158.

69 SAPMO-BArch NY 4178/56. Es handelt sich dabei um eine Materialsammlung von Sophie Kaiser, die in den 1960er-Jahren eine Publikation über Erika Buchmann plante und deshalb zahlreiche Gespräche mit ihr führte. Die Publikation kam nicht zustande.

zuverlässige Unterbringung auf Dauer zu organisieren: „Auch Margot kann sich ja wohl schwerlich um Inge kümmern, also muß sie wohl zur Schwägerin nach Pirmasens."[70] Noch während Erika Buchmann in Untersuchungshaft saß, zog Inge nach Pirmasens. Erika Buchmann versuchte ihre achtjährige Tochter, deren Eltern beide auf unbestimmte Zeit inhaftiert waren, zu trösten: „Wir beide, Du und ich, gehören zusammen und haben uns sehr lieb, daß ein bißchen Trennung nichts Schlimmes ist, nicht? Machs gut Liebling. Deine Mama."[71] Es vergingen 18 Monate, bis Erika Buchmann vor der Verlegung in das Zuchthaus Aichach ihre Tochter wiedersehen konnte.

II.2. Hafterfahrungen. Zuchthaus Aichach und Frauen-KZ Ravensbrück

Im Gegensatz zu ihrer ersten Verhaftung im November 1933 musste Erika Buchmann nach ihrer zweiten Verhaftung am 18. Dezember 1935 18 Monate in Untersuchungshaft verbringen. Die Haftdauer bis zum Sommer 1937 hing wahrscheinlich damit zusammen, dass ihre Aussagen im Volksgerichtshofprozess gegen Stefan Lovácz, Alfred Grözinger, Josef Steidle und Artur Göritz[72] sowie im Verfahren gegen Liselotte Herrmann[73] verwendet werden sollten. Die Mitglieder der illegalen Bezirksverwaltung der KPD und Liselotte Herrmann wurden wegen des Aufbaus illegaler Parteistrukturen sowie der Beschaffung und Weiterleitung von Informationen über die geheime Aufrüstung Deutschlands im Juni 1937 zum Tode verurteilt. Nachdem diese Todesurteile[74] gefällt waren, wurde der Prozess gegen Erika Buchmann wegen „Vorbereitung zum Hochverrat" zügig abgeschlossen.[75]

Erika Buchmann erlebte die Zeit der Untersuchungshaft als extrem belastend. Sie sah der Urteilsverkündung mit großer Anspannung und Sorge entgegen. Inge Buchmann, die inzwischen bei der Familie ihres Onkels in Pirmasens lebte und dort in die Schule ging, konnte ihre Mutter erst gegen Ende der Untersuchungshaft besuchen. Erika Buchmanns Vater Rudolf Schollenbruch war wegen seines

---

70 Brief von Erika Buchmann an Rudolf Schollenbruch, Dezember 1935, SAPMO-BArch NY 4178/64, Bl. 83.

71 Ebenda.

72 Vgl. Institut für Zeitgeschichte (Hrsg.), Widerstand, Bd. 7, 1998, S. 108 f., Aktenzeichen des Verfahrens: 8 J 49/36g.

73 Vgl. ebenda, Aktenzeichen des Verfahrens: 8 J 117/36g.

74 Nur Artur Göritz wurde zu zwölf Jahren Zuchthaus verurteilt.

75 Vgl. Politischer Lebenslauf vom 20. Juli 1949, SAPMO-BArch NY 4178/39, Bl. 1.

schlechten Gesundheitszustandes nur noch selten in der Lage, von Böblingen aus nach Stuttgart zu reisen. Über das weitere Schicksal ihres Mannes erhielt sie keine Nachrichten.

Albert Buchmann war nach der Beendigung seiner Haft im Gefängnis Rottenburg am 27. Juli 1936 nicht entlassen, sondern in das KZ Dachau überstellt worden.[76] Hier wurde er nach der Aussage eines Mithäftlings mehrfach schwer gefoltert.[77] So wurde er unter dem Vorwand, an der Flucht eines Mithäftlings beteiligt gewesen zu sein, mit vorgehaltener Pistole gezwungen, bis zur totalen Erschöpfung über einen Kanal zu springen. Danach musste er niederknien, um minutenlang mit dem Kopf unter Wasser getaucht zu werden.

Dass Erika Buchmann noch während der KZ-Haft ihres Mannes von diesen Misshandlungen erfuhr, kann bezweifelt werden.[78] Gleichwohl dürften Albert Buchmanns Brüder Otto und Ludwig und möglicherweise auch sein Schwiegervater Rudolf Schollenbruch von den in Dachau üblichen Foltermethoden gewusst oder zumindest eine Ahnung von Folterungen gehabt haben.[79] Zu offensichtlich ist während dieser Zeit der KZ-Haft ihre ausdrückliche und oft wiederholte briefliche Nachfrage nach dem Gesundheitszustand ihres Bruders Albert.

Wahrscheinlich rettete es Albert Buchmann das Leben, dass er im Oktober 1936 aus dem KZ Dachau zurück in das Polizeigefängnis nach Stuttgart verlegt wurde. Grund für die Verlegung waren eine erneute Anklage und der bevorstehende Beginn des Prozesses. Drei Monate lang waren nun sowohl Erika als auch Albert Buchmann in Stuttgart inhaftiert. Zwar war ein Zusammentreffen der Eheleute ausgeschlossen. Durch gute Beziehungen zum Wachpersonal des Polizeigefängnisses gelang es Albert Buchmann aber, seiner Frau zu Weihnachten 1936 Gebäck in die Stuttgarter Untersuchungshaftanstalt in der Weimarstraße zu schicken. Zudem konnten sie sich wieder regelmäßig Briefe schreiben. Spätestens jetzt erfuhr Erika Buchmann, welcher Gefahr ihr Mann im KZ Dachau ausgesetzt war. Wegen der Zensur gab es in den Briefen des Ehepaars nur versteckte Hinweise auf Folterungen und Quälereien: „Alles in allem bin ich froh, daß du diese unangenehme Zwischenzeit hinter dir hast und wieder hier in Württemberg bist. Einige

---

76 Vgl. SAPMO-BArch NY 4178/3. Albert Buchmann war in der Häftlingskartei nicht nachweisbar.

77 Vgl. Schumacher (Hrsg.), M. d. R., S. 71 ff.

78 Vgl. Brief der Familie Buchmann aus Pirmasens an ihren Bruder/Schwager Albert, SAPMO-BArch NY 4178/14, Bl. 37.

79 Vgl. Sybil Milton, Die Konzentrationslager der dreißiger Jahre im Bild der in- und ausländischen Presse, in: Ulrich Herbert/Karin Orth/Christoph Dieckmann (Hrsg.), Die nationalsozialistischen Konzentrationslager. Entwicklung und Struktur, Bd. I, Göttingen 1998, S. 135–147.

Bemerkungen in deinem Brief vom 11. Dezember gaben einigen Anlaß dazu. Nun kann ich mir wünschen, daß die kommende Zeit wenigstens so erträglich wird, wie die in Rottenburg und du gesund bleibst."[80]

Während Erika Buchmann in Untersuchungshaft saß, wurde im Oktober 1936 der Prozess gegen Albert Buchmann und sieben weitere Angeklagte vor dem Oberlandesgericht Stuttgart eröffnet.[81] Am 18. Dezember 1936 verurteilte das Gericht Albert Buchmann wegen „Vorbereitung eines hochverräterischen Unternehmens" nach § 86 und § 83, Abs. 2,3 StGB zu drei Jahren Zuchthaus. Außerdem wurden ihm die bürgerlichen Ehrenrechte für weitere drei Jahre aberkannt. Nach dem Urteil wurde er in das Zuchthaus Ludwigsburg überstellt.

Im Sommer 1937 begann in Stuttgart der Prozess gegen Erika Buchmann.[82] Da bisher keine Prozessunterlagen aufgefunden werden konnten, lässt sich über die Urteilsbegründung nur mutmaßen. Die Verurteilung Erika Buchmanns könnte durchaus mit ihrer Widerstandsarbeit für die Stuttgarter Bezirksverwaltung der KPD begründet worden sein. Dafür spricht, dass der Prozess gegen sie unmittelbar nach der Verurteilung von Liselotte Herrmann, Stefan Lovácz und andere Mitangeklagte im Juni 1937 geführt wurde. Zum anderen verweist der erneute Prozess gegen Albert Buchmann auf einen möglichen Zusammenhang mit der Verurteilung Erika Buchmanns. Beiden könnte die Weitergabe kommunistischen Propagandamaterials vorgeworfen worden sein. Erika Buchmann wurde schließlich zu 3 ½ Jahren Zuchthaus verurteilt; die 18-monatige Untersuchungshaft wurde angerechnet. Ab dem 9. August 1937 verbrachte sie die verbleibenden zwei Jahre Haft im Zuchthaus Aichach in Oberbayern.

Der Zeit in Aichach war für Erika Buchmann ungleich schwieriger als der Arrest im Gefängnis Gotteszell vier Jahre zuvor. Zum Ende der 1930er-Jahre waren im Zuchthaus Aichach ca. 1000 Frauen inhaftiert. Im Gegensatz zu Gotteszell waren hier politische und kriminelle Häftlinge zusammen in den Zellen unter-

---

80   Brief Erikas an Albert Buchmann vom 13. Januar 1937, SAPMO-BArch NY 4178/11, Bl. 224. Da der vorausgegangene Brief Albert Buchmanns an seine Frau nicht überliefert wurde, konnte nicht rekonstruiert werden, welche Umstände seiner KZ-Haft Erika Buchmann im Einzelnen bekannt waren.

81   Vgl. Urteil, SAPMO-BArch NY 4178/3, Bl. 51 ff. Leider liegt die Abschrift des Urteils (Aktenzeichen: O Js 27/35, O Js 10/36) nur in Auszügen vor. Aus diesen geht nicht hervor, welcher Vorwurf gegen Albert Buchmann und die anderen Angeklagten genau erhoben wurde. Vgl. Schumacher (Hrsg.), M. d. R., S. 157 f. Demnach wurde Albert Buchmann vorgeworfen, mithilfe der Zeitung Inprekorr Nr. 47 (vgl. Kap III.1.) mit Gewalt die Verfassung des Reiches ändern zu wollen und von März bis Mai 1933 illegal in Stuttgart-Degerloch für die KPD tätig gewesen zu sein.

82   Vgl. Politischer Lebenslauf vom 20. Juli 1949, SAPMO-BArch NY 4178/39, Bl. 1. Die Prozessunterlagen gelten beim Hauptstaatsarchiv als Kriegsverlust.

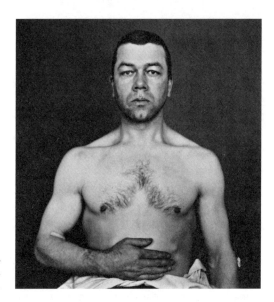

Albert Buchmann, 1936/37,
Zuchthaus Ludwigsburg.
BArch, Bild Y10-1430/00.

gebracht. Im Zuchthaus gab es morgens Haferflockensuppe, mittags und abends Weißkohl oder weiße Bohnen, mittags als dicke, abends als dünne Suppe. Dazu erhielten die Häftlinge 375g Brot für den Tag. Die Räume waren nicht beheizt. Nur alle zwei Wochen wurden die Frauen zum Duschen geführt; sie durften sich zum Waschen allerdings nicht entkleiden.[83] Diese Schikane konnte durchaus mit religiösen Rücksichten begründet worden sein.

Erika Buchmann versuchte, die Haftzeit mit einem selbst auferlegten strengen Zeitplan und einem festen Arbeits- und Weiterbildungspensum zu überbrücken. Auf ihrem Entlassungsschein wurde vermerkt, sie habe die vergangenen Monate hauptsächlich mit Häkelarbeiten verbracht.[84] Das war eine für sie eine vergleichsweise angenehme Tätigkeit, gehörten doch Handarbeiten schon seit jeher zu ihren bevorzugten Freizeitbeschäftigungen.[85]

In zahlreichen Briefen an ihre Tochter und ihren Mann beschrieb sie ihren Tagesablauf. Um die Härten der Trennung zu überspielen, stellte sie sich gegenüber der Tochter als ein Vorbild für Disziplin und Lernbereitschaft dar: „Waschungen und Gymnastik führe ich konsequent durch, daß ich mich gestern sogar zwang, gegen 9.00 Uhr wieder aufzustehen um das Versäumte nachzuholen – ich hatte

---

83 Vgl. Hanna Elling, Frauen im deutschen Widerstand 1933–1945, Frankfurt a. M. 1981, S. 90.
84 Entlassungsschein Aichach vom 28. Juli 1939, SAPMO-BArch NY 4178/40, Bl. 1.
85 Vgl. Brief Erika Buchmanns an Mirjam Schollenbruch vom April 1964, SAPMO-BArch NY 4178/46.

mir vor dem Zubettgehen nämlich eingeredet, es sei zu kalt. [...] Ich las heute in Fontane: ‚Der Himmel legt einem nicht mehr auf, als man tragen kann' – ich möchte das dahin abwandeln: ‚Man kann alles tragen, was man will.'"[86] Täglich übte Erika Buchmann Schreibmaschineschreiben auf einer imaginären Tastatur; sie stenografierte Textstellen aus der ihr zugänglichen Literatur und besserte ihr Französisch auf. Und obwohl sie „den Körper so jung wie möglich und den Geist frisch halten"[87] und Sentimentalitäten, Egozentrik und Eitelkeit ausblenden wollte, offenbarte sie bisweilen in ihren Briefen, was eine jahrelange Haft für eine junge Frau von 35 Jahren bedeutete: „Täglich Ganzwaschungen, regelmäßige Freiübungen und mindestens zwei Stunden Auf und Ab lassen auch den Körper so gut wie möglich zu seinem Recht kommen. Mein Haar ist an den Schläfen allerdings ganz weiß geworden – aber es ist nicht schwer zu tragen."[88]

Schließlich erhielt Erika Buchmann einen Brief von Emma Krämer, der Vermieterin der Wohnung ihres Vaters. Er enthielt die Nachricht, dass Rudolf Schollenbruch am 3. November 1937 gestorben war.[89] Zwar kam der Tod des Vaters für Erika Buchmann nicht überraschend. Mehr noch als vier Jahre zuvor beim Tod ihrer Mutter überfiel sie nun allerdings ein Gefühl völliger Machtlosigkeit. Ihre plötzliche Verhaftung und die wenigen Besuche ihres Vaters im Stuttgarter Untersuchungsgefängnis sowie die immer unter Aufsicht geführten Gespräche hatten keinen Raum für einen privaten Abschied gelassen. Vermutlich war es für Erika Buchmann ein tiefer Schmerz, dass sie in den letzten Lebensmonaten ihres Vaters, mit dem sie ein intensives Verhältnis verband, nicht hatte bei ihm sein können. In den folgenden Jahren nahm sie in Briefen an Albert Buchmann immer wieder Bezug auf einzelne Begebenheiten im Leben des Vaters. Auch ihre Versuche nach 1945, Rudolf Schollenbruch in der Öffentlichkeit zu würdigen, verweisen auf die enge Vater-Tochter-Bindung.[90]

Am 28. Juli 1939 endete Erika Buchmanns Haft im Zuchthaus Aichach.[91] Doch statt sie in Freiheit zu entlassen, brachte man sie zurück in das Polizeigefängnis Stuttgart. Dort sollte die sogenannte Schutzhaftfrage geklärt werden. Ob

---

86   Brief Erika Buchmanns an Albert Buchmann vom 9. März 1936, SAPMO-BArch NY 4178/11, Bl. 217.

87   Ebenda.

88   Brief Erika Buchmanns an Albert Buchmann vom 5. Mai 1936, ebenda, Bl. 219.

89   Vgl. Todesschein vom 3. November 1937, SAPMO-BArch NY 4178/60, Bl. 20; undatierter, jedoch offensichtlich nach Rudolf Schollenbruchs Tod geschriebener Brief von Emma Krämer an Hermann Schollenbruch, ebenda NY 4178/68.

90   Vgl. verschiedene Zeitungsartikel von Erika Buchmann über ihren Vater anlässlich von dessen 100. Geburtstag 1956, SAPMO-BArch NY 4178/65, Bl. 13 und 26 f.

91   Vgl. Fragebogen Military Government of Germany, undatiert [vermutlich 1945/46], SAPMO-BArch NY 4178/40, Bl. 1.

Erika Buchmann tatsächlich mit einer Freilassung gerechnet hatte, muss offenbleiben. Die Überstellung ihres Mannes in das KZ Dachau drei Jahre zuvor sowie die Erfahrungen anderer politischer Häftlinge in Aichach dürften ihr gezeigt haben, dass eine Rückkehr in die Freiheit kaum wahrscheinlich war. Aus Aichach schrieb sie im Mai 1939 an ihren Mann: „Ich weiß ja nicht, wie sich meine Geschichte nun entscheiden wird, wie sehr es mich nach einem Zusammenleben mit Inge und richtiger Arbeit verlangt, kannst Du Dir denken. Aber wenn ich noch ins Lager muß, ist auch das kein Grund, zu verzweifeln."[92]

Nach einem Monat war die Entscheidung über Erika Buchmanns weiteres Schicksal gefallen. Am 24. August 1939 wurde sie gemeinsam mit 21 anderen Frauen in das Frauen-KZ Ravensbrück gebracht.[93] Sie erhielt dort die Häftlingsnummer 2077/1218 und den roten Winkel der politischen Häftlinge. Albert Buchmann wurde nach seiner Entlassung aus dem Zuchthaus Ludwigsburg im Dezember 1939 zunächst erneut in das Polizeigefängnis Stuttgart überstellt. Von dort aus kam er in das Konzentrationslager Sachsenhausen nahe Berlin.

Das Frauenkonzentrationslager Ravensbrück lag 90 Kilometer nördlich von Berlin, in unmittelbarer Nachbarschaft zu der 800 Einwohner zählenden Gemeinde Ravensbrück. Zwei Kilometer vom Lager entfernt befand sich der Bahnhof der Stadt Fürstenberg/Mecklenburg. Ein Großteil der neu ankommenden Frauen musste den Weg in das Lager durch Mecklenburg und Ravensbrück zu Fuß zurücklegen. Auf einem Areal von mehreren Zehntausend Quadratmetern hatten Hunderte männliche Häftlinge des KZ Sachsenhausen zwischen Mai 1938 und April 1939 18 Wohn- und zwei Krankenbaracken, einen Bau für die Lagerverwaltung, Wirtschaftsbaracken, Wirtschaftsanlagen und eine Küchenbaracke errichten müssen. Das gesamte Gelände war von einer vier Meter hohen und mit Hochspannungsleitungen versehenen Mauer umgeben. Im Mai 1939 kamen die ersten Häftlinge nach Ravensbrück. Es handelte sich um Frauen, die zuvor im Konzentrationslager Lichtenburg inhaftiert gewesen waren.[94]

Als Erika Buchmann im August 1939 in das Frauen-KZ Ravensbrück eingewiesen wurde, waren die Arbeiten zum Aufbau des Lagers noch immer nicht

92 Brief Erika Buchmanns an Albert Buchmann vom 27. Mai 1939, SAPMO-BArch NY 4178/11, Bl. 232.

93 Philipp, Kalendarium, S. 239. An dieser Stelle finden sich die Hinweise zu den in verschiedenen Archiven überlieferten Zugangslisten des Frauen-KZ Ravensbrück.

94 Zur Geschichte des Frauen-KZ Ravensbrück vgl. u. a. Wanda Kiedrzyńska, Ravensbrück. Kobiecy obóz koncentracyjny, Warszawa 1961 (Frauenkonzentrationslager Ravensbrück, unveröffentlichte dt. Übersetzung im Archiv der Mahn- und Gedenkstätte Ravensbrück); Tillion, Frauenkonzentrationslager; Claus Füllberg-Stolberg u. a. (Hrsg.), Frauen in Konzentrationslagern. Bergen-Belsen, Ravensbrück, Bremen 1994; Philipp, Kalendarium; Strebel, Ravensbrück.

abgeschlossen. Unter der Aufsicht von Aufseherinnen mussten nun die weiblichen Häftlinge bei jedem Wetter mit primitiven Werkzeugen im Akkord Waldgebiete roden, Straßen bauen, Kähne mit Baumaterialien entladen und Schachtarbeiten ausführen. Viele Frauen sahen diese Arbeitskommandos schon bei ihrer Ankunft im Lager. Die Neuankömmlinge mussten eine demütigende Aufnahmeprozedur überstehen: Ihnen wurden die letzten persönlichen Gegenstände abgenommen und häufig die Kopf- und Körperbehaarung geschoren. Hinzu kamen eine entwürdigende Untersuchung durch einen SS-Arzt in Anwesenheit anderer SS-Männer, stundenlanges Warten auf die Häftlingsbekleidung und erste Schläge und Misshandlungen. Danach war es für die neuen Häftlinge wichtig, die inneren Strukturen und Abläufe des KZ zu verstehen, Anschluss an eine Häftlingsgruppe zu finden und sich auf den Lageralltag zu konzentrieren. Der demütigende und schikanierende Aufnahmeritus zielte darauf ab, die Individualität der Frauen zu brechen, ihre Zuversicht zu zerstören und von Anbeginn bisher gewohnte Normen und Regeln außer Kraft zu setzen.

Ende 1939 waren annähernd 2000 Frauen in Ravensbrück inhaftiert. Ihr Schicksal hing nicht allein von ihren individuellen Fähigkeiten und Kenntnissen ab, die freilich ihre Stellung in der Gruppe der Häftlinge beeinflussen konnten. Wie insbesondere Wolfgang Sofsky gezeigt hat, war es vor allen Dingen die absolute Macht der SS, der alle Häftlinge unterworfen waren und die ihr Überleben im Lager bestimmte.[95] Diese Allmacht fand einen sichtbaren Ausdruck in der Struktur der Häftlingsgesellschaft, die durch die von der SS vorgenommene Einteilung in Häftlingsgruppen und durch die Zwangsinstitution der sogenannten Häftlingsselbstverwaltung geprägt war.

Die Häftlingsgruppen waren durch verschiedenfarbige Winkel auf der Häftlingskleidung gekennzeichnet. Im ersten Jahr des Bestehens von Ravensbrück trugen die meisten Lagerinsassen den schwarzen Winkel der „asozialen" Häftlinge. Innerhalb dieser Gruppe stellten Frauen der Sinti und Roma die Mehrheit. Deutsche bzw. österreichische politische Häftlinge, die den roten Winkel tragen mussten, waren in der Minderheit. Außerdem waren in Ravensbrück Jüdinnen, Zeuginnen Jehovas und sogenannte Kriminelle („befristete Vorbeugehäftlinge" und „Sicherungsverwahrte") inhaftiert. Mit Beginn des Zweiten Weltkrieges im Sommer 1939 wurden auch Frauen aus den eroberten und besetzten Gebieten in das KZ Ravensbrück verschleppt. Alle nicht reichsdeutschen Häftlinge erhielten in der Regel ebenfalls den roten Winkel. Das bedeutete freilich nicht, dass sie sämtlich Widerstand gegen die deutsche Besatzungsmacht geleistet hatten. Insassen

---

95   Vgl. Wolfgang Sofsky, Die Ordnung des Terrors. Das Konzentrationslager, Frankfurt a. M. 1993, S. 27 ff.

mit dem roten Winkel bildeten bald die größte Häftlingsgruppe im Frauen-KZ Ravensbrück.

Die „Häftlingsselbstverwaltung" wurde von der SS installiert, um mithilfe von Funktionshäftlingen Regeln und Abläufe im Konzentrationslager durchzusetzen. Das Prinzip „Teile und Herrsche" setzte die SS als Instrument der Repression sowohl gegen die Funktionshäftlinge als auch gegen die übrigen Inhaftierten ein. Bei wachsenden Zugangszahlen kam den Funktionshäftlingen eine immer größere Bedeutung zu. Vor allem polnische Überlebende berichten, dass wichtige Positionen in der „Häftlingsselbstverwaltung" in den ersten Jahren hauptsächlich mit Häftlingen mit schwarzen und grünen Winkeln, also sogenannten Asozialen und Kriminellen, besetzt wurden.[96] Doch von Anfang an hatten auch deutsche politische Häftlinge wichtige Posten inne. Sie nahmen zum Teil auch im Rahmen ihrer Arbeit im Revier, in der Schreibstube oder in der Arbeitsdienstverwaltung Einfluss auf das Schicksal von Mithäftlingen. Die SS bevorzugte deutsche oder deutschsprachige politische Häftlinge bei der Vergabe von Positionen in der „Häftlingsselbstverwaltung" und in Arbeitskommandos, die im regelmäßigen Kontakt mit der SS standen. Politische Häftlinge galten der SS offenbar als zuverlässiger und weniger korrumpierbar. Auch schienen sie den vielfältigen Aufgaben, die sich vor allem aus der stetig ansteigenden Häftlingzahl ergaben, eher gewachsen.

Erika Buchmann wurde nach ihrer Einweisung in das KZ Ravensbrück für kurze Zeit in den Quarantäneblock verlegt. Danach war sie im Block 1 untergebracht. Dort begegnete sie zahlreichen politischen Gefangenen und Funktionshäftlingen, die sie zum Teil schon aus ihren Haftzeiten in Gottesell und Aichach kannte. Darunter waren zum Beispiel Grete Gahr und Clara Rupp. Solche persönlichen Kontakte und Freundschaften waren vor allem bei den politischen Häftlingen eine wichtige Grundlage für eine schnelle Integration in die Häftlingsgesellschaft. Frühere KPD-Mitglieder, die in der „Häftlingsselbstverwaltung" tätig waren, förderten im Rahmen ihrer Möglichkeiten den Zugang ehemaliger Genossinnen zu bevorzugten Arbeitskommandos oder Funktionen. So konnte nicht nur der Gruppenzusammenhalt der eigenen Klientel gestärkt werden. Frauen, die eine solche Unterstützung erfuhren, hatten im Vergleich zu anderen Gefangenen auch deutlich bessere Überlebenschancen.

Als Erika Buchmann im KZ Ravensbrück eintraf, war Clara Rupp die Blockälteste im Zugangsblock und hatte damit maßgeblichen Einfluss darauf, wo die neuen Häftlinge untergebracht wurden. Clara Rupp berichtete über ihre eigene Ankunft in Ravensbrück im Mai 1939, sie sei von anderen politischen Häftlingen empfangen und ausreichend mit Essen versorgt worden, „da ich aus dem Zucht-

---

96   Vgl. Kiedrzyńska, Ravensbrück, S. 208 f.; Schikorra, Kontinuitäten, S. 144 ff.

haus mit schweren Hungererscheinungen gekommen war".[97] Die SS legte stets
Wert darauf, dass Häftlinge, die wegen ihrer Funktionen täglich in engem Kontakt mit ihr standen, in einer besseren und sauberen Wohnbaracke untergebracht
waren.[98] Damit wollte sich die SS den Anblick kranker und entkräfteter Frauen
ersparen, die Übertragung von Krankheiten verhindern und den Zusammenhalt
sowie die Hilfe und Unterstützung zwischen den Häftlingen unterbinden.

Schon kurze Zeit nach ihrem Eintreffen im KZ begann Erika Buchmann
als Sekretärin des SS-Standortarztes Dr. Dr. Walter Sonntag zu arbeiten.[99] Dessen Position entsprach in einem zivilen Krankenhaus etwa der eines Chefarztes.
Sonntag war in erster Linie für die medizinische Versorgung der Angehörigen
des Kommandanturstabes, der SS-Aufseherinnen sowie der Wachmannschaften
zuständig. Darüber hinaus oblag ihm die medizinische Betreuung der Häftlinge,
die jedoch nur nachrangige Bedeutung hatte und in der Regel nichts mit einer
helfenden und heilenden ärztlichen Tätigkeit zu tun hatte.

Margarete Buber-Neumann, ab August 1940 Häftling im KZ Ravensbrück,
beschrieb ihre Aufnahmeuntersuchung bei Dr. Sonntag als militärischen Appell:
„SS-Arzt Dr. Sonntag, hundertneunzig lang, in hohen Stulpenstiefeln, mit Reitpeitsche, erschien zur Aufnahmeuntersuchung. ‚Antreten!' Fünfzig nackte Frauen
standen in langer Reihe. [...] Einzeln trat man vor den SS-Arzt. Der kommandierte: ‚Mund auf!' und leuchtete mit einer Taschenlampe in den Schlund. Dann:
‚Warum sind sie hier?' – Ich kam an die Reihe und antwortete ‚Politisch!' – ‚Aha,
das richtige Flintenweib! Ab!' Und er schnippte mit der Reitpeitsche nach meiner
Wade. Fertig war die ärztliche Untersuchung [...]."[100]

Als Vorgesetzter aller anderen SS-Ärzte und Krankenschwestern sowie später
der Häftlinge, die als Ärztinnen und Pflegepersonal eingesetzt waren, musste der
SS-Standortarzt auch zahlreiche organisatorische und bürokratische Aufgaben
übernehmen. Diese Büroarbeiten erledigte Erika Buchmann als seine Sekretärin
im Revier. Sie beschrieb ihren Dienstbeginn im Januar 1948 im Prozess gegen
Walter Sonntag in kurzen Sätzen: „Ich war vom November 1939 als Krankenpflegerin im Revier I beschäftigt. Als Dr. Sonntag dort seinen Dienst antrat, wurde ich

---

97 Bericht Clara Rupps vom 8. Dezember 1946, Sammlungen MGR/SBG, Slg. Bu, Bericht 657,
    Bl. 3. Clara Rupp war aus dem Zuchthaus Aichach in das KZ Ravensbrück überstellt worden.

98 Dies betraf vor allem Häftlinge, die in der Kommandantur, der Arbeitsdienstverwaltung
    oder im Revier arbeiten mussten.

99 Dr. Walter Sonntag, geb. 1907, Zahnarzt, ab August 1933 NSDAP-Mitglied, ab November
    1933 Mitglied der SS, Mai 1940 bis Dezember 1941 SS-Standortarzt im KZ Ravensbrück,
    1948 hingerichtet. Vgl. Katrin Stoll, Walter Sonntag – ein SS-Arzt vor Gericht, in: ZfG 50
    (2002) 10, S. 918–939.

100 Buber-Neumann, Gefangene, S. 218.

wenige Zeit später das, was man im Privatleben seine ‚Privatsekretärin' nennen würde. In dieser Position blieb ich bis zum 25. November 1940, wo ich entlassen wurde. Ich halte Dr. Sonntag für einen ausgesprochenen Sadisten […]."[101]

Das sogenannte Revier I bestand aus zwei H-förmig verbundenen Baracken. In ihnen befanden sich die Zimmer des Standortarztes, die der anderen Ärzte und Schwestern, ein Labor, eine Schreibstube, ein Untersuchungsraum, eine Apotheke, verschiedene Behandlungsräume sowie Krankenzimmer für die Aufnahme von stationär zu behandelnden Patienten. Die im sogenannten SS-Album veröffentlichten Fotos von 1940/41 zeigen eine relativ gute Ausstattung der Krankenstation in den ersten Jahren des Konzentrationslagers.[102] Diese Fotos hatte die SS allerdings nicht anfertigen lassen, um den Revieralltag während der „Behandlung" der Häftlinge zu dokumentieren.

Nach Beginn des Krieges waren die Kapazitäten an Räumen, Personal und Medikamenten des Reviers wegen der schnell anwachsenden Häftlingszahl schnell ausgeschöpft. Nach Erika Buchmann fehlte es schon im Winter 1939/40 an Verbandsmaterial zur sterilen Abdeckung vor allem der zahlreichen Erfrierungen. Es wurden daher Verbände aus Papier angelegt, die Dr. Sonntag den erkrankten Frauen beim Verbandswechsel mit einem Stöckchen aus den blutenden und eiternden Wunden riss.[103] Erika Buchmann, die im Revier auch kurze Zeit als Häftlingspflegerin arbeitete, beobachtete täglich, dass offensichtlich kranke Häftlinge unbehandelt in ihre Blocks zurückgeschickt und gleichzeitig gesunde Frauen fragwürdigen Untersuchungen, Quälereien und Schikanen unterzogen wurden. Sie sagte im Januar 1948 im Prozess gegen Sonntag aus: „Im Strafblock war eine etwa 50-jährige Frau, die deshalb sehr oft ins Revier kam, weil sie wirklich an allen möglichen Krankheiten litt. Im Januar 1940 hatte sie an beiden Beinen und Füßen schwere Erfrierungswunden, mit denen sie, um die Verbände erneuern zu lassen, natürlich in den Krankenbau kam. Eines Nachmittags kam diese alte Frau auf allen Vieren ins Revier gekrochen. Dr. Sonntag hatte der begleitenden Aufseherin verboten, die Frau durch andere Häftlinge unterstützen zu lassen, als Strafe dafür, daß sie ihm zu oft in der Revierstunde erschien. Der Anblick dieser Kranken war schrecklich, die Verbände hingen in Fetzen von den Beinen."[104]

Erika Buchmann hat nach 1945 vergleichsweise häufig über die Zustände im Krankenrevier des KZ Ravensbrück berichtet. Dagegen gibt es kaum Schilde-

---

101 Aussage Erika Buchmanns, Stuttgart, 23. Januar 1948, Sammlungen MGR/SBG, NL 12/2–2, ohne Paginierung, Nachlass von Gerda und Walter Sonntag.

102 Vgl. Sammlungen MGR/SBG, Fo II/D10, Bl. 1653 ff.; Philipp, Kalendarium, S. 220 f.

103 Vgl. Aussage Erika Buchmanns, Stuttgart, 23. Januar 1948, Sammlungen MGR/SBG, NL 12/2–2, ohne Paginierung, Nachlass von Gerda und Walter Sonntag.

104 Ebenda.

rungen über ihr eigenes Schicksal oder Reflexionen über die schrecklichen Erfahrungen im Revier des KZ. Offensichtlich wollte oder konnte sie nur ohne Einbeziehung der eigenen Person über ihre Haftzeit sprechen.

Im Herbst 1939 riss der Briefwechsel zwischen Erika und Albert Buchmann ab. Den Häftlingen der Konzentrationslager wurde nun verboten, mit Tinte zu schreiben und mit Bleistift geschriebene Briefe zu empfangen. In einem der letzten überlieferten Briefe[105] vom 1. Oktober 1939 versuchte Erika Buchmann, bei den zensierenden Behörden den Eindruck einer geläuterten Volksgenossin zu erwecken: „Dein letzter Brief, Liebster, hat mich mit einem von Inge hierher begleitet und die Bitterkeit des Transportes abgeschwächt. […] Ich bin voll guten Willens hierher gekommen, den Beweis zu bringen, daß ich mir wieder einen Platz in der großen Gemeinschaft erwerben will und ausfüllen kann. Vorige Woche hörten wir die Rede des Führers in Danzig und ich kann auch die Zeitung verfolgen, das Zusammengehen Deutschlands mit Rußland hat mich mit großer Freude erfüllt. Wie sehr sehnt man sich nach einem gesicherten Frieden und ruhigen Aufbau."[106] Es ist kaum anzunehmen, dass Erika Buchmann die Unterzeichnung des deutsch-sowjetischen Nichtangriffspaktes tatsächlich mit „großer Freude" hatte hinnehmen können, selbst wenn sie den Vertrag als Garant für den Frieden zwischen dem Deutschen Reich und der Sowjetunion deutete.[107]

Im November 1939 stand die Entlassung Albert Buchmanns aus dem Zuchthaus Ludwigsburg unmittelbar bevor. Erika Buchmann versuchte, optimistisch in die Zukunft zu blicken. Sie hoffte auf ein baldiges Zusammentreffen der Familie, obgleich Alberts Einweisung in ein KZ wahrscheinlich war: „Und ich möchte Dir doch so gerne einen Gruß zur Entlassung und zum Beginn der hoffentlich kurzen Periode unserer Trennung schicken."[108] Lediglich durch ihre Überlegungen zum weiteren Leben von Tochter Inge brachte sie im selben Brief ihre realistische Ein-

---

105 Vgl. Brief von Erika Buchmann an ihren Mann Albert, SAPMO-BArch NY 4178/11, Bl. 236.

106 Brief Erika Buchmanns an Albert Buchmann vom 1. Oktober 1939, SAPMO-BArch NY 4178/11, Bl. 234.

107 In einer ersten Stellungnahme des ZK der KPD vom 25. August 1939 zu dem erst zwei Tage zuvor geschlossenen Nichtangriffsvertrag wurde der Pakt als Mittel der Friedenssicherung begrüßt. Gleichzeitig wurden alle friedensliebenden Deutschen zum verstärkten Kampf gegen die Nazidiktatur aufgerufen. Trotz möglicher Informationen durch neue Häftlinge erscheint es fragwürdig, dass Erika Buchmann diese Stellungnahme der KPD Anfang Oktober 1939 kannte. Mag der Vertragsabschluss für die inhaftierten Kommunisten noch verständlich gewesen sein, für die Umsetzung des geheimen Zusatzprotokolls kann das jedoch kaum gelten.

108 Brief von Erika Buchmann an Albert Buchmann vom 1. Oktober 1939, SAPMO BArch NY4178/11, Bl. 236.

schätzung der politischen Lage zum Ausdruck. Nach dem deutschen Überfall auf Polen rechnete Erika Buchmann mit einem langen Krieg zwischen Deutschland auf der einen sowie England und Frankreich auf der anderen Seite. Als sie in dieser Situation von ihrem Schwager in Pirmasens die Nachricht erhielt, dass Inge nicht länger bei ihnen bleiben könne, überwältigten sie Resignation und Hoffnungslosigkeit: „Der Gedanke, daß sie [Inge] vielleicht zu fremden Menschen muß, ist fast unerträglich für mich."[109]

Am 25. November 1940 wurde Erika Buchmann nach Interventionen ihres Vetters Theodor Walter Elbertzhagen aus Ravensbrück entlassen. Schon während der vorangegangenen Haftstrafen hatten sie selbst und nahe Verwandte versucht, die Haftdauer durch Anträge und Bittschreiben an die zuständigen Behörden zu verkürzen oder gar eine Entlassung zu erwirken. So hatte sich Rudolf Schollenbruch im Januar 1934 unter Hinweis auf die Haft seines Schwiegersohnes und die bevorstehende Einschulung seiner Enkelin um eine Entlassung Erikas aus Gotteszell bemüht.[110] Auch während der „Prüfung der Schutzhaftfrage" im Anschluss an ihre Internierung in Aichach hatten sowohl die Familie als auch Erika Buchmann selbst vergebens Gnadengesuche an verschiedene Behörden gerichtet.[111] Im November 1940 aber hatte Vetter Elbertzhagen Erfolg.

Ihre nachgerade erstaunliche Haftentlassung erwähnte Erika Buchmann acht Jahre später nur mit den dürren Worten: „Ich hatte am 22. oder 23. November 1940 durch meine Freundin aus der politischen Leitung [sic!] des Lagers erfahren, daß Himmler meine Entlassung verfügt hatte."[112] Erstaunlich ist weniger die Tatsache ihrer Entlassung. Selbst nach Kriegsbeginn wurden noch mehrere Hundert Frauen aus Ravensbrück auf freien Fuß gesetzt. Erstaunlich ist ihre Entlassung vielmehr deshalb, weil sie als vorbestrafte Funktionärin der KPD galt, die bereits

---

109 Ebenda. Wahrscheinlich sah sich die Familie in Pirmasens wegen der Einberufung der Brüder Albert Buchmanns in die Wehrmacht nicht mehr in der Lage, sich um Inge zu kümmern. Es konnte nicht abschließend geklärt werden, ob Inge bis zur Entlassung Erika Buchmanns aus dem KZ im November 1940 bei ihrer Verwandtschaft in der Pfalz blieb oder zwischen Herbst 1939 und Herbst 1940 noch ein Jahr bei Emma Krämer in Stuttgart-Böblingen verbrachte.

110 Vgl. Brief von Erika Buchmann an ihren Mann Albert, SAPMO-BArch NY 4178/11, Bl. 98.

111 Vgl. SAPMO-BArch NY 4178/11, Bl. 232. In diesem Brief vom 27. Mai 1939 erwähnte Erika Buchmann, dass sie selbst, Inge und Otto Buchmann, der Bruder Albert Buchmanns, bei dessen Familie Inge lebte, Bittgesuche geschrieben hätten.

112 Vgl. Aussage Erika Buchmanns, Stuttgart, 23. Januar 1948, Sammlungen MGR/SBG, NL 12/2–2, ohne Paginierung, Nachlass von Gerda und Walter Sonntag. Erika Buchmann meinte nicht eine illegale politische Leitung innerhalb der Häftlingsgesellschaft, sondern eine Freundin, die als Häftling in der Politischen Abteilung des KZ arbeiten musste.

mehrere Jahre in Gotteszell und Aichach inhaftiert gewesen war. Zudem waren bisher alle Versuche zu einer Haftverkürzung oder gar Freilassung gescheitert. Über Häftlinge mit einer Biografie wie Erika Buchmann hatte es in einem Schnellbrief des Chefs der Sicherheitspolizei und des SD, Reinhard Heydrich, noch im Oktober 1939 geheißen: „Entlassungen von Häftlingen aus der Schutzhaft finden während des Krieges im allgemeinen nicht statt. Insbesondere muß vor der Entlassung von Funktionären und sonstiger besonders aktiv in Erscheinung getretener Häftlinge, von kriminell erheblich vorbestraften Staatsfeinden und betont asozialen Elementen abgesehen werden."[113]

Über die Gründe für die Entlassung Erika Buchmanns aus dem KZ Ravensbrück gab es unter den Häftlingen und auch nach dem Ende der NS-Diktatur zahlreiche Spekulationen. Verbreitet war die Annahme, sie sei entlassen wurde, weil Himmler bei einem Besuch in Ravensbrück ihr besonders „arisches" Erscheinungsbild aufgefallen war. Hierfür finden sich in den Quellen jedoch keine Belege.[114] Dagegen ist nachweisbar, dass es Theodor Walter Elbertzhagen in einem persönlichen Gespräch mit Himmler gelang, Erika Buchmanns Freilassung zum 25. November 1940 zu erwirken.[115] Nach fast fünf Jahren Haft und sechs Tage nach ihrem 38. Geburtstag konnte sie ohne die sonst üblichen Auflagen zu ihrer Tochter nach Stuttgart heimkehren.[116] Als Entlassungsort wurde die Adresse von Emma Krämer in Stuttgart-Böblingen notiert.

Vor ihrer Entlassung musste sie jedoch noch eine demütigende Untersuchung und einen sexuellen Übergriff des SS-Arztes Dr. Sonntag über sich ergehen lassen.

---

113 Schnellbrief des Chefs der Sipo und des SD vom 24. Oktober 1939, IfZ, Fa 183/I, Konzentrationslager IV – Ravensbrück, Bl. 16. Vgl. auch Philipp, Kalendarium, S. 34.

114 Himmler war an dem infrage kommenden Zeitraum nicht in Ravensbrück. Vgl. Peter Witte u. a. (Hrsg.), Der Dienstkalender Heinrich Himmlers 1941/42, Hamburg 1999. Vermutlich kam es in der Überlieferungsgeschichte dieses Ereignisses zu einer zeitlichen Verwechslung. Himmler besuchte am 14. Januar 1941 das KZ Ravensbrück und hatte als „Gnadenerweis" die Entlassung von vier politischen Häftlingen verfügt. Es ist jedoch auch eine personelle Verwechslung mit Bertha Teege möglich, die als Lagerälteste des KZ Ravensbrück nach Auschwitz verlegt wurde, im dortigen Frauenlager ebenfalls als Lagerälteste fungierte und am 18. Juli 1942 von Himmler entlassen wurde.

115 Vgl. Fragebogen Military Government of Germany, undatiert [vermutlich 1945/46], SAPMO-BArch NY 4178/40, Bl. 7 ff. Ebenfalls nach einem Gespräch mit Himmler war es Lina Haag im Februar 1940 gelungen, ihren Mann aus dem KZ Mauthausen zu befreien. Vgl. Haag, Staub, S. 158 ff. Da Erika Buchmann und Lina Haag befreundet waren, könnte die Familie Buchmann von dieser erfolgreichen Vorsprache gewusst haben.

116 Vgl. Entlassungsschein aus dem KZ Ravensbrück vom 25. November 1940, SAPMO-BArch NY 4178/40, Bl. 2. Üblicherweise mussten sich ehemalige Häftlinge eines Konzentrationslagers wöchentlich zur sogenannten Anwesenheitsmeldung bei der örtlichen Gestapo-Dienststelle melden.

„Am Tag vor meiner Entlassung, einem Sonntag, forderte mich Dr. Sonntag ganz plötzlich auf, in den sogenannten Spülraum zu kommen, in dem die gynäkologischen Untersuchungen vorgenommen werden mußten. Gleichzeitig eröffnete er mir zu meinem größten Staunen, daß er mich gynäkologisch untersuchen müsse. Auf meinen Protest hin ließ er durchblicken, daß meine Entlassung davon abhänge. […] Ich gab meinen Widerstand auf und ließ mich untersuchen. Am nächsten Tag eröffnete mir Frl. Dr. med. Gerda Weyand, die spätere Frau Dr. Sonntag, daß ich sofort entlassen würde, daß ich aber nach meiner Ankunft in Stuttgart sofort das Gesundheitsamt aufsuchen müsse – die Untersuchung Dr. Sonntags habe eine Gonorrhoe bei mir ergeben. Ich ließ mich noch in der selben Woche gründlich in Stuttgart untersuchen und selbstverständlich stellte sich dabei heraus, daß ich nicht krank war.“[117]

Dass die Häftlinge vor ihrer Entlassung medizinisch untersucht wurden, entsprach der Normalität. So sollte verhindert werden, dass „Häftlinge entlassen wurden, die bereits auf dem Umsteigebahnhof wegen großer Körperschwäche der öffentlichen Fürsorge übergeben und darauf hin längere Zeit in Krankenhausbehandlung genommen werden mußten“.[118] Gynäkologische Untersuchungen gehörten jedoch nicht zu den üblichen Entlassungsuntersuchungen. Erika Buchmann war nur wenige Stunden vor ihrer Entlassung noch einmal – nun in Form sexueller Gewalt – der Macht und Überlegenheit der SS ausgeliefert. In den vergangenen Monaten hatte sie täglich in einem persönlichen Unterstellungsverhältnis zu Sonntag arbeiten müssen. Offenkundig hatte der SS-Arzt seine Sekretärin vor ihrer Entlassung nicht nur nochmals schikanieren und auf besondere Weise demütigen wollen. Ein letztes Mal sollten die Machtverhältnisse klargestellt werden.[119]

Erika Buchmann selbst hat nicht über die Details ihrer Rückkehr nach Stuttgart berichtet. Lina Haag jedoch beschrieb in ihren Erinnerungen an ihre Entlassung aus dem KZ Lichtenburg im Frühjahr 1939 eine vermutlich vergleichbare Situation: „Eine Aufseherin begleitet mich zum Bahnhof, löst meine Fahrkarte, bringt mich an den Zug und wartet vorschriftsmäßig, bis ich eingestiegen bin und der Zug mit mir abfährt. Ich bin frei. Ich sitze zum ersten Mal seit Jahren wieder unbeaufsichtigt in einem Zug und fahre in den Frühlingsabend hinein nach Leipzig. […] Ich sitze am Fenster und wage nicht, meinen Mantel auszuziehen oder auf

---

117 Aussage Erika Buchmanns vom 23. Januar 1948, Sammlungen MGR/SBG, NL 12/2-2, Nachlass von Gerda und Walter Sonntag.

118 Richard Glücks an die Kommandanten der Konzentrationslager am 30. Juli 1940, zitiert nach Faksimile, abgedruckt in: Johannes Tuchel, Die Inspektion der Konzentrationslager 1938–1945. Das System des Terrors, Berlin 1994, S. 66.

119 Zum Verhältnis zwischen Funktionshäftlingen und Aufseherinnen bzw. SS-Männern vgl. Kapitel III.3.

das Klosett zu gehen. Ich lehne mich in die Ecke zurück und halte die Hand vor mein Gesicht, als schlafe ich, so fremd fühle ich mich. Ich höre die Gespräche der Leute, es ist nichtssagendes Zeug, was sie reden, und es ist mir unbegreiflich, daß man so albern reden kann."[120] Konfrontiert mit dem deutschen Kriegsalltag im November 1940 und den Erfolgen der Wehrmacht, die neben Polen inzwischen auch weite Teile Nord- und Westeuropas besetzt hatte, stand wohl auch Erika Buchmann vor der Frage „Hat das nun alles einen Zweck?"[121]

Nach ihrer Rückkehr nach Stuttgart gelang es Erika Buchmann sehr schnell, wieder im bürgerlichen Leben Fuß zu fassen. Sie wohnte die ersten drei Wochen mit Inge bei Emma Krämer in Böblingen, fand aber schon zehn Tage vor Weihnachten eine eigene Wohnung und zog mit ihrer Tochter nach Stuttgart-Korntal in die Abelsbergstraße 19.[122] Rasch erwarb Erika Buchmann neue Kleidung und Möbel und richtete die Wohnung ein, um möglichst bald wieder einen relativ normalen Alltag für sich und ihre Tochter zu gewährleisten. Inge, inzwischen 13 Jahre alt, besuchte weiter die Schule. Schon am 17. Dezember 1940 wurde Erika Buchmann durch Vermittlung des Arbeitsamtes bei der Farbenfabrik Paul Jaeger & Co. in Stuttgart-Feuerbach eingestellt. Die Firma war der älteste Hersteller ölfreier Anstrichmittel in Deutschland und hatte im Zuge der Rüstungsproduktion in den letzten Jahren stark expandiert. Beim Einstellungsgespräch hatten sowohl die Direktion als auch der DAF-Vertreter, Richard Fecker, als Betriebsobmann von der vorangegangenen KZ-Haft Erika Buchmanns erfahren. Trotzdem wurde Erika Buchmann mit einem Anfangsgehalt von 200,– RM als kaufmännische Angestellte eingestellt. Sie übernahm die selbstständige Führung der Kundenkartei, die Provisionsabrechnung sowie die Vertreterbuchhaltung.[123] Diese unerwartet günstigen Umstände erleichterten ihr die Rückkehr in ein normales Leben. Sie wurde Mitglied in der DAF und engagierte sich bei der Arbeit.[124] Schon nach wenigen Monaten schätzte besonders Direktor Zipplis sie als zuverlässige, umsichtige und überdurchschnittlich intelligente Arbeitskraft.[125] Unmittelbar nach ihrer dreimonatigen Einarbeitungszeit erhielt Erika Buchmann ab April 1941 eine Gehaltserhöhung von 50,– RM; gleichzeitig wurde sie zur Sekretärin des Prokuristen der

---

120 Haag, Staub, S. 144.

121 Ebenda, S. 147.

122 Vgl. Schreiben Kreisamtsleiter an den Ortsgruppenleiter der NSDAP vom 5. 1. 1941, SAPMO-BArch NY 4178/40, Bl. 3.

123 Vgl. ebenda, Bl. 6 ff.

124 Vgl. Fragebogen Erika Buchmanns für Military Government of Germany, undatiert, ebenda, Bl. 9.

125 Vgl. SAPMO-BArch NY 4178/39, Bl. 3 f. Es handelt sich hier um Arbeitszeugnisse, die von der Direktion im Oktober 1941 und im Januar 1942 für Erika Buchmann ausgestellt wurden.

Firma befördert.[126] Direktor Zipplis gewährte ihr außerdem einen Zuschuss zu den Mietkosten und bezahlte ihre Monatskarte für den Weg von Korntal nach Stuttgart-Feuerbach und zurück. Diese Privilegien brachten ihr Neid und Argwohn bei einigen Kollegen ein.[127]

Nach ihrer Freilassung konnte Erika Buchmann wieder regelmäßig Briefe mit ihrem Mann wechseln.[128] Albert Buchmann war seit März 1940 Häftling im KZ Sachsenhausen. Seit Beginn des Krieges stiegen auch hier die Häftlingszahlen schnell an; das Lager wurde erweitert und ausgebaut. Albert Buchmann wurde nach relativ kurzer Zeit zum Leiter des Arbeitsdienstes ernannt. In dieser Funktion oblag es ihm, die Häftlinge für die Arbeitskommandos einzuteilen und einen reibungslosen Arbeitsablauf zu organisieren. Der Lagerälteste des KZ Sachsenhausen, Harry Naujoks,[129] berichtete in seinen 1987 veröffentlichten Erinnerungen, Albert Buchmann habe als Arbeitsdienstleiter vielen Häftlingen helfen können: „Die großen Bauvorhaben im erweiterten Lagerbereich erforderten vor allem Handwerker. Mit Hilfe der Handwerker wurde manch anderer, ursprünglich nicht handwerklich qualifizierter Häftling zum Maurer, Zimmerer, Klempner und konnte in Handwerkskommandos untergebracht werden, mit 200g Schwerarbeiterzulage und relativ unbehelligt vom SS-Terror. Die beim Häftlingsarbeitseinsatz beschäftigten Kumpel [...] und Albert Buchmann haben im Interesse der Häftlinge wertvolle Arbeit geleistet."[130]

Albert Buchmann erfüllte jedoch nicht nur in der „Häftlingsselbstverwaltung" wichtige Funktionen. Er war zudem Mitglied in einer illegalen Gruppe ehemaliger kommunistischer Funktionäre, die durch langjährige Hafterfahrung geschult waren. Auch der Lagerälteste Naujoks gehörte der Gruppe an. Die Männer gewannen in der Häftlingsgesellschaft stetig an Einfluss, organisierten praktische Hilfe für die Gefangenen und führten mit ihnen Diskussionen über die politische Lage

---

126 Vgl. SAPMO-BArch NY 4178/40, Bl. 7. Es handelt sich dabei um eine nach 1945 protokollierte Aussage des Direktor Zipplis.

127 Vgl. ebenda. Direktor Zipplis gab als Grund für seine Protektion Erika Buchmanns an, dass er in ihr eine Leidensgenossin erkannt habe, da er selbst durch „parteipolitische Intrigen" seinen früheren Arbeitsplatz verloren habe. Vgl. SAPMO-BArch NY 4178/40, Bl. 7.

128 Vgl. SAPMO-BArch NY 4178/43. Leider sind für diesen Zeitraum nur die Briefe Albert Buchmanns aus dem KZ Sachsenhausen überliefert, die wenig Einblick in die familiäre Situation von Erika und Inge Buchmann in Stuttgart bieten.

129 Harry Naujoks, geb. 1901 in Hamburg, Kesselschmied, KPD-Mitglied, ab 1933 in verschiedenen Haft-anstalten inhaftiert, ab 1939 Lagerältester im KZ Sachsenhausen, 1945 Befreiung aus dem KZ Flossenbürg, nach 1945 KPD-Vorsitzender in Hamburg, Mitglied der VVN, Vorsitzender des Sachsenhausenkomitees in der BRD, gest. 1983.

130 Harry Naujoks, Mein Leben im KZ Sachsenhausen 1936–1942. Erinnerungen des ehemaligen Lagerältesten, Köln 1987, S. 224.

in Deutschland und Europa. Als die SS wegen der zunehmenden Überbelegung des KZ Sachsenhausen Kompetenzen an Funktionshäftlinge übertrug, gelang es der Funktionärsgruppe laut Naujoks, „ein politischer Faktor im Lager mit großem Einfluß"[131] zu werden.

Erika Buchmann kannte die Lebensbedingungen im Konzentrationslager; sie wusste um die Aufgaben, die ihr Mann als Leiter des Arbeitsdienstes jeden Tag erfüllen musste und konnte hoffen, dass er als Funktionshäftling besser als andere geschützt war. Von Albert Buchmanns illegaler Arbeit wusste sie nach vorliegendem Quellenmaterial aber offenbar nichts.

Anfang Dezember 1941 bemerkte Erika Buchmann, dass die Gestapo sie wieder beobachtete. Unmittelbar nach ihrer Entlassung aus dem KZ Ravensbrück hatte der Gestapokreisamtsleiter angeordnet, „die Buchmann unauffällig überwachen zu lassen und mir bis zum 15. 2. 1941 [Hervorhebung im Original] über ihr derzeitiges Verhalten und ihre wirtschaftlichen Verhältnisse zu berichten".[132] Die Stuttgarter Gestapo hatte sich noch im November 1940 gegen eine Entlassung Erika Buchmanns aus dem KZ ausgesprochen, fühlte sich übergangen und wartete nur auf eine Gelegenheit für eine erneute Festnahme. Es war offenbar der Betriebsobmann Fecker, der Erika Buchmann in seinen regelmäßigen Berichten an die DAF denunzierte. In der Firma war es ein offenes Geheimnis, dass Erika Buchmann vorzeitig aus dem KZ entlassen worden war. Sie hatte sich zwar demonstrativ im bürgerlichen Leben eingerichtet, scheint aber weiterhin aus ihrer politischen Meinung kein Geheimnis gemacht zu haben. Nach 1945 erklärten Direktor Zipplis und Prokurist Bunz unabhängig voneinander, Fecker habe an die DAF berichtet, Erika Buchmann nehme die Russen in Schutz und habe einen Lehrling der Hitler-Jugend abspenstig gemacht.[133]

Mitte Januar 1942 wurde Erika Buchmann an ihrem Arbeitsplatz erneut verhaftet. In der gesamten Firma wurden Verhöre durchgeführt, um weiteres Beweismaterial gegen sie zu sammeln. Die Gestapo drohte mit dem Entzug von Staatsaufträgen. Offensichtlich hatten die fieberhaften Nachforschungen und Drohungen wenig Erfolg. Erika Buchmann wurde nach mehrmonatiger Untersuchungshaft von einem Gericht aus Mangel an Beweisen freigesprochen.[134] Sie konnte jedoch nicht zu ihrer Tochter nach Hause zurückkehren, sondern wurde am 20. Juni 1942 gemeinsam mit 67 weiteren Frauen erneut in das KZ Ravensbrück eingewiesen.[135]

---

131 Ebenda, S. 335.
132 Schreiben des Gestapokreisamtsleiters vom 5. Januar 1941, SAPMO-BArch NY 4178/40, Bl. 3.
133 Vgl. ebenda, Bl. 6.
134 Bericht Nr. 20a, Sammlungen MGR/SBG, Slg. Bu/16. Wann genau der Prozess stattgefunden haben soll, wird in dem Bericht nicht erwähnt.
135 Vgl. Philipp, Kalendarium, S. 251.

Sie erhielt die Häftlingsnummer 11950. Warum Erika Buchmann durch ihr Verhalten am Arbeitsplatz eine Denunziation und eine erneute Verhaftung riskierte, ist unklar. Sie selbst hat darüber zu keinem Zeitpunkt Auskunft gegeben. Einerseits war sie sicherlich zum weiteren Kampf gegen die NS-Diktatur bereit. Andererseits wusste sie auch um die Verantwortung gegenüber ihrer Tochter. Naivität bei der Einschätzung ihrer persönlichen Gefährdung wird man ihr aber kaum unterstellen können.

II.3. Überlebensstrategien in der Extremsituation des Lagers

Zwar wusste Erika Buchmann von der Überwachung durch die Gestapo. Ihre Verhaftung im Januar 1942 muss sie dennoch als bestürzenden Bruch mit ihrem „neuen" Leben empfunden haben. In nur wenigen Monaten war es ihr gelungen, eine gut dotierte und anspruchsvolle Arbeit als Sekretärin zu finden. Auch das Zusammenleben mit ihrer Tochter hatte sich nach fast fünf Jahren Trennung offensichtlich unkompliziert gestaltet.

Wie reagierte Erika auf den katastrophalen Absturz, wie verhielt sie sich als Blockälteste im Frauen-Konzentrationslager Ravensbrück und welche persönliche Überlebensstrategien entwickelte sie? Ihren Nachkriegserinnerungen zufolge war die entscheidende Herausforderung in Ravensbrück nicht der tagtägliche Kampf um Nahrungsmittel, Bekleidung und körperliche Gesundheit, sondern vielmehr ihr Status als Funktionshäftling und ihr Verhältnis zu den Mithäftlingen, als deren Vorgesetzte und Beschützerin sie sich darstellte. Allerdings sprach sie nie an, dass es für sie zu einem unauflösbaren Konflikt wurde, als Blockälteste des Strafblocks unweigerlich zum verlängerten Arm der SS zu werden, wollte sie ihr eigenes Leben schützen. Aufschlussreich für Erika Buchmanns Selbstverständnis ist ein Vergleich ihrer Zeit als Blockälteste im Strafblock vom Sommer 1942 bis zum Sommer 1944 mit ihrem Leben als Blockälteste im Tbc-Block von Januar bis April 1945.

Aus der Zeit der Untersuchungshaft sind sechs Briefe von Erika Buchmann an ihre inzwischen fast 15-jährige Tochter Inge überliefert. Sie veranschaulichen, welche Ängste und Ahnungen sie in diesen Monaten quälten. Voller Sorge überlegte sie, wo Inge wohnen sollte und wie ihre weitere schulische Ausbildung organisiert werden konnte. Da Erika Buchmann während der Untersuchungshaft der Briefkontakt zu ihrem Mann untersagt war, fühlte sie sich allein für Inge verantwortlich. Ihre Schwester Margot, die sie zum Jahreswechsel 1941/42 zuletzt gesehen hatte, kam als nächste Verwandte offenbar nicht für Hilfsleistungen infrage. Ihrer Tochter schrieb Erika Buchmann über das Verhältnis zu Margot: „[…] ich glaube, sie war ebenso froh wieder nach Nürnberg zurück zu kommen, wie ich sie gern wieder los war. Es ist nichts zu machen Ingeputz, wir beide können nun einmal nicht länger als ein paar Stunden in Frieden miteinander auskommen."[136]

Für Inge dürfte die nun dritte plötzliche Festnahme ihrer Mutter ein Schock gewesen sein, zumal auch ihr Vater inzwischen seit fast zehn Jahren in Haft war. Hatten sich während der vorangegangenen Inhaftierungen Erika Buchmanns noch nahe und vertraute Verwandte um Inge gekümmert, so entfielen im Frühjahr 1942 solche Hilfsangebote. Inge Buchmann blieb zunächst in Stuttgart zurück. Der ehemalige Vorgesetzte ihrer Mutter, Direktor Zipplis, gab vier Jahre später zu Protokoll: „Darauf hin [nach der Verhaftung Erika Buchmanns] setzte sich nun Dir. Z. mit dem Vetter der Frau B., Herrn Schriftsteller W. H. Elbertshagen [sic!], in München in Verbindung. Dieser stattete dann bald darauf bei Dir. Z. einen Besuch ab. Herr Elbertshagen [sic!] besuchte Frau B. einmal im Untersuchungsgefängnis, worauf sie dann ins KZ kam [sic!]. […] Nachdem Frau B. im Januar 1942 inhaftiert war, kam dann später ihre Tochter Inge bei Dir. Z. vorbei, um das restliche Gehalt abzuholen. […] Später dann nahm der Vetter Elbertshagen [sic!] die Tochter Inge zu sich nach Berlin, wo sie die Schule weiter besuchte."[137]

Aus dem Untersuchungsgefängnis für Frauen in Ludwigsburg versuchte Erika Buchmann, ihre Tochter bei dem erneuten Umzug zu unterstützen.[138] Anfang Februar 1942 war eine Lösung gefunden. Walter und Anna Maria (genannt Anni) Elbertzhagen, die mit ihren beiden Töchtern in Berlin-Steglitz im Dalandweg 5 wohnten, erklärten sich bereit, Inge aufzunehmen. Erika Buchmann versuchte, ihre Tochter mit Hinweisen auf den „guten geistigen Boden" und ein „Leben bei den Elbertzhagens, das ganz anders sein wird, als das in Pirmasens oder Böblingen" zu ermutigen. Diese Umgebung könne es Inge erleichtern, „endlich ihre Scheu zu überwinden und auf andere zuzugehen".[139] Um ihrer Tochter in Berlin schnell neue Kontakte und Freundschaften zu ermöglichen, erwog Erika Buchmann sogar den Eintritt Inges in den BDM. Weiter konnte die inhaftierte Mutter nur versprechen, dass alle Absprachen für Inges Zukunftspläne Bestand haben sollten: „Wenn Dein Interesse das Gleiche bleibt, dann <u>wirst</u> [Hervorhe-

---

136 Brief von Erika Buchmann an Inge Buchmann vom 1. Februar 1942, SAPMO-BArch NY 4178/58, Bl. 168.

137 SAPMO-BArch NY 4178/40, Bl. 7 f. Zipplis spricht von sich in der dritten Person. Weshalb sich T. W. Elbertzhagen zu diesem Zeitpunkt in München aufhielt, geht aus der Quelle nicht hervor. Der Wohnsitz der Familie Elbertzhagen befand sich in Berlin.

138 Vgl. Brief von Erika Buchmann an ihre Tochter Inge, SAPMO-BArch NY 4178/ 58, Bl. 27.

139 Brief von Erika Buchmann an Inge Buchmann vom 1. Februar 1942, SAPMO-BArch NY 4178/58, Bl. 170.

bung im Original] Du Sippenforscherin. Ich schaffe es, verlaß Dich unbedingt darauf."[140]

Inge Buchmann hatte keine Wahl. Das Angebot von Theodor Walter Elbertzhagen und seiner Frau Anni ersparte ihr die Einweisung in ein Heim oder die Unterbringung in einer fremden Pflegefamilie. Auch noch ein halbes Jahr später, als Erika Buchmann nach ihrer erneuten Einweisung in das KZ Ravensbrück wieder Briefe schreiben konnte, blieben Inges Wohnort und deren weitere Pläne ein wichtiges Thema im Briefwechsel mit Albert Buchmann: „Du hast recht, Albert, man kann voll Vertrauen an Inge denken – aber ich möchte doch, daß sie das Abitur macht, es ist von größten [sic!] Wert für ihren Beruf als Buchhändlerin und das Ziel der Sippenforschung, daß sie eine geschlossene Bildung mitbekommt. Ich werde Walter konkrete Vorschläge machen, wie das in E.[141] erreicht werden kann."[142] Für Erika Buchmann dürfte es beruhigend gewesen sein, dass die Tochter bei von ihr geschätzten Verwandten lebte und regelmäßig die Schule besuchen konnte. Möglicherweise belastete sie es aber auch, dass Inge Vorbehalte gegen den neuen Wohnort hatte. Das geht jedoch aus den überlieferten Quellen nicht hervor.

Ab 1942 waren die Konzentrationslager im Reichsgebiet nicht mehr nur Orte der Unterdrückung des Widerstandes, der rassistischen Verfolgung und Haftort für unerwünschte Bevölkerungsgruppen sowie für Mitglieder des Widerstandes aus den besetzten Gebieten. Die Konzentrationslager, so auch das KZ Ravensbrück, wurden nun mehr und mehr auch als „Zwangsarbeiterreservoir der deutschen Industrie" genutzt.[143] Zeitgleich wurde die Vernichtung der europäischen Juden, die mit dem Überfall auf die UdSSR im Sommer 1941 begonnen hatte, nicht nur fortgesetzt, sondern forciert: sowohl durch die Einsatzgruppen in den besetzten sowjetischen Gebieten als auch innerhalb der neu errichteten Vernichtungslager auf polnischem Boden. Die Gleichzeitigkeit von Zwangsarbeit und Völkermord war für die SS kein Widerspruch. In diesem Kontext steht aller Wahrscheinlichkeit nach auch die Eingliederung der früheren Inspektion der Konzentrationslager als „Amtsgruppe D" in das SS-Wirtschaftsverwaltungshauptamt (SS-WVHA) im März 1942.[144] Damit wurde die Verwaltung der Konzentrationslager ebenso

---

140 Ebenda.

141 Wahrscheinlich steht die Abkürzung „in E." für: im Einzelnen.

142 Brief von Erika Buchmann an Albert Buchmann vom Oktober 1942, SAPMO-BArch NY 4178/58, Bl. 183.

143 Tuchel, Inspektion, S. 22.

144 Vgl. Michael Zimmermann, Arbeit in Konzentrationslagern. Kommentierende Bemerkungen, in: Herbert/Orth/Dieckmann (Hrsg.), Die nationalsozialistischen Konzentrationslager, Bd. II, S. 730–751; Jan Erik Schulte, Das SS-Wirtschafts-Verwaltungs-Hauptamt. Zentrale der Zwangsarbeit von KZ-Häftlingen, in: Ulrike Winkler (Hrsg.), Stiften gehen. NS-Zwangsarbeit und Entschädigungsdebatte, Köln 2000, S. 85–107.

Teil des SS-Hauptamtes wie die für „wirtschaftliche Unternehmungen" zuständige „Amtsgruppe W". Daraus ergaben sich fortdauernde Konflikte, standen sich doch wirtschaftliche und „völkisch-rassische" Interessen gegenüber.[145] Diese strukturellen Veränderungen wirkten sich auch im KZ Ravensbrück aus. Wie andere langjährige KZ-Lagerkommandanten wurde der 1939 eingesetzte Kommandant Max Koegel abgelöst. Seine Position übernahm im September 1942 Fritz Suhren,[146] der den Ausbau des Konzentrationslagers weiter vorantrieb.

Schon im April 1941 war in unmittelbarer Nähe zum Frauen-KZ ein Lager für männliche KZ-Häftlinge eingerichtet worden. Bis Ende 1942 stieg die Zahl der Häftlinge auf über 3000 an; bis zum Zeitpunkt der Befreiung waren dort mehr als 20 000 Männer inhaftiert. Auch das Frauen-KZ wurde ab 1942 um zwei Lagerstraßen mit größeren Baracken außerhalb des bisherigen Lagerareals erweitert. Es entstand das sogenannte Neue Lager. Die Anzahl der weiblichen Häftlinge war inzwischen auf über 10 000 angestiegen. Die Überbelegung des Lagers verschlechterte die Lebensbedingungen der Insassen dramatisch. Ursprünglich waren für die inhaftierten Frauen auf jeder Seite eines Blocks ein Tages- und ein Schlafraum für je 100 bis 150 Frauen vorgesehen. Für diese Zahl waren auch die Waschbecken und Toiletten in den Baracken ausgelegt. Zwar war schon bald nach Kriegsbeginn die anfänglich geplante Aufnahmekapazität des Konzentrationslagers rasch überschritten worden. Die steigenden Häftlingszahlen konnten jedoch durch die Erweiterungen des Lagers zunächst noch ausgeglichen worden.

Ab Sommer 1942 aber wurden die Tagesräume in fast allen Blöcken nach und nach aufgelöst und als Schlafräume genutzt. Bald mussten sich mehrere Frauen eine Pritsche teilen. Frische Wäsche, Strohsäcke sowie der Jahreszeit annähernd angemessene Kleidung und Schuhe gab es schon lange nicht mehr. In das Lager gelangte zudem eine immer größere Zahl an Frauen, die zum Teil wochenlang unterwegs gewesen waren oder von anderen Haftorten überstellt wurden. Läuse wurden zur Plage; Krankheiten, vor allem Typhus und Tbc, breiteten sich aus. Aus diesem Grund mussten das Revier erweitert und Blöcke ausschließlich für Tbc- bzw. Typhuskranke eingerichtet werden.

Noch drastischer wirkte sich die Überbelegung des Lagers auf die Verpflegung der Häftlinge aus. Es herrschte chronischer Hunger, der das Zusammenleben der Häftlinge ebenso zur Qual machte wie Enge und Kälte. Margarete Buber-Neu-

---

145 Letztlich wurde der Konflikt im Sinne der Rüstungswirtschaft beigelegt. Vgl. Zimmermann, Arbeit, S. 730 f.

146 Fritz Suhren, geb. 1908, ab 1931 SS, ab 1938 Waffen-SS, 1941 Schutzhaftlagerführer im KZ Sachsenhausen, von Herbst 1942 bis April 1945 Lagerkommandant im KZ Ravensbrück, 1950 in Rastatt von einem französischen Militärgericht zum Tode verurteilt, im Juni 1950 hingerichtet.

mann beschrieb, dass noch ein Jahr nach Kriegsbeginn, im November 1940, regelmäßig helles Brot und hinreichende Mengen von Margarine, Wurst, Käse sowie Marmelade, mittags eine warme Mahlzeit und sonntags gelegentlich Fleisch ausgegeben wurden.[147] Zwei Jahre später erhielt jeder Häftling morgens eine Tasse Ersatzkaffee und für den Tag einen halben Liter Steck- oder Kohlrübensuppe, die nur selten einige Pellkartoffeln enthielt.[148] Der SS war klar, dass die Frauen bei dieser Ernährung und gleichzeitig schwerster körperlicher Arbeit nur wenige Monate überleben würden. Deshalb wurde ab 1942 einigen Häftlingsgruppen erlaubt, Pakete zu empfangen.[149]

Erstaunlicherweise gehörte auch Erika Buchmann zu diesen Privilegierten, obwohl sie bei ihrer Einweisung als sogenannte Wiederholungstäterin registriert worden war. Sie schrieb daraufhin an Inge in Berlin und bat um dringend benötigte Lebensmittel und Bekleidung: „Was ich haben darf und brauche [Hervorhebung im Original] (ich schrieb Dir schon) weißt Du nun, ja?"[150] In den folgen Jahren waren die Pakete und deren Inhalt ein wichtiges Thema im Briefwechsel zwischen Mutter und Tochter. Erika Buchmann bestellte bei Inge Obst, Zucker und Vollkornprodukte, aber auch Geld und „meine braunen Wanderschuhe".[151] Allem Anschein nach erreichten sie die meisten Pakete; sie wurden zu einer wichtigen Voraussetzung für ihr Überleben.

Die Paketregelung der SS spitze die Situation im KZ Ravensbrück weiter zu. Unter den Häftlingen entstand ein deutlich sichtbares Zweiklassensystem. Auf der einen Seite gab es die gesünderen, kräftigeren Frauen, die sich regelmäßig mit zusätzlichen und besseren Lebensmitteln versorgen konnten. Auf der anderen Seite standen die bereits stark geschwächten Frauen, die nicht mehr für sich selbst sorgen konnten. Ihr tägliches Überleben hing von Zufällen oder der sporadischen Hilfe anderer Frauen ab. Die Hilfe für diese im Lagerjargon als „Schmuckstücke" bezeichneten Frauen wurde für die Mithäftlinge zur alltäglichen Messlatte für die eigene Menschlichkeit. Außer Hunger, Kälte und Ungeziefer gehörte zu den Qualen des Lagers „der fremde, haßerfüllte vom Leiden demoralisierte Mensch", wie die Polin und Ravensbrück-Überlebende Eugenia Kocwa berichtete.[152]

---

147 Vgl. Buber-Neumann, Gefangene, S. 219 f.

148 Vgl. ebenda.

149 Ausgeschlossen von dieser Vergünstigung waren jüdische Häftlinge, Frauen aus der Sowjetunion sowie Frauen, die als sogenannte Nacht-und-Nebel-Häftlinge galten. Vor allem nicht deutsche Familien waren kaum in der Lage, ihre inhaftierten Familienangehörigen regelmäßig mit Paketen zu versorgen.

150 Brief von Erika Buchmann an Inge Buchmann im Oktober 1942, SAPMO-BArch NY 4178/58, Bl. 183.

151 Vgl. zahlreiche Briefe zwischen Sommer 1942 und Herbst 1944, ebenda.

152 Eugenia Kocwa, Flucht aus Ravensbrück, Ost-Berlin 1973, S. 77.

Die Überlebenschancen der Frauen im KZ Ravensbrück hingen nicht nur vom individuellen Zugang zu Lebensmitteln, von hygienischen Verhältnissen und sozialen Kontakten ab, sondern ebenso von der Bedeutung, die den Häftlingen, die zur Zwangsarbeit in der Rüstungsproduktion herangezogen wurden, zukam. Je nach Art des Arbeitseinsatzes konnte dieser lebensbedrohlich sein, umgekehrt aber auch die Chancen zu überleben vergrößern. Dies galt umso mehr, als nach dem Scheitern der „Blitzkrieg-Strategie" gegen die Sowjetunion, dem Kriegseintritt der USA und der Einberufung von immer mehr Männern in die Wehrmacht der Arbeitskräftemangel die deutsche Wirtschaft schwer belastete.

Im Juni 1942 wurde in unmittelbarer Nähe zum Frauen-KZ Ravensbrück mit dem Bau von Fertigungshallen für die Produktion von elektrischen Spulen der Firma Siemens & Halske begonnen.[153] Im Dezember 1944 wurde die Anlage um 13 Häftlingsbaracken erweitert, um die bisherigen Anmarschwege abzukürzen und so die Arbeitsleistung der Häftlinge zu steigern. Die Insassen von Ravensbrück wurden nicht nur am Standort des Hauptlagers, sondern auch in vielen Außenlagern zur Arbeit für die Kriegsproduktion gezwungen. Ungeachtet der noch offenen Forschungskontroverse[154] über die Anzahl der Außenlager gilt als gesichert, dass ab 1942 die Zahl der Ravensbrücker Außenlager rasch anstieg und dass spätestens ab 1944 nur noch eine Minderheit der nach Ravensbrück verschleppten Frauen über einen längeren Zeitraum im Hauptlager verblieb. Dies hatte im Stammlager eine enorme Fluktuation zur Folge, da viele Frauen nach kurzer Zeit zur Zwangsarbeit in eines der Außenlager überführt wurden. In manchen Außenlagern war die Sterblichkeit deutlich höher als im Stammlager. Die Versorgung mit Lebensmitteln war ebenso schlecht wie im Stammlager, hinzu kamen vermehrt Misshandlungen durch die SS oder anderes Bewachungspersonal. Im Gegensatz zum Ravensbrücker Stammlager, das nie bombardiert wurde, waren manche Außenlager als Orte der Rüstungsproduktion bevorzugte Ziele der alliierten Luftangriffe. Die Häftlinge waren den Bombardements meist schutzlos ausgeliefert.

Erika Buchmann wurde 1942 in Ravensbrück mit Bedingungen konfrontiert, die sich im Vergleich zu ihrer vorangegangenen Haft in diesem KZ erheblich ver-

---

153 Vgl. Karl-Heinz Roth, Zwangsarbeit im Siemens-Konzern (1938–1945). Fakten – Kontroversen – Probleme, in: Hermann Kaienburg (Hrsg.), Konzentrationslager und deutsche Wirtschaft 1939–1945, Opladen 1996, S. 149–168; Carola Sachse, Zwangsarbeit für die Firma Siemens 1940–1945, in: Christl Wickert (Hrsg.), Frauen gegen die Diktatur, Berlin 1995, S. 140–153.

154 Vgl. zuletzt das Forschungsprojekt: Angelika Meyer/Erika Schwarz/Simone Steppan, in: dies., Die Außenlager des Frauenkonzentrationslagers Ravensbrück – eine Bestandsaufnahme, in: KZ-Gedenkstätte Neuengamme (Hrsg.), Zwangsarbeit und Gesellschaft, Bremen 2004 (Beiträge zur Geschichte der nationalsozialistischen Verfolgung in Norddeutschland, 8), S. 60–83.

schlechtert hatten. Das galt nicht nur für die Lebensbedingungen der Insassen insgesamt. Eingestuft als „Rückfällige" und „Wiederholungstäterin", gestaltete sich auch ihre eigene Situation nun deutlich schwieriger. Erika Buchmann musste mit einer zweijährigen verschärften Haft im Strafblock des Frauen-KZ Ravensbrück rechnen. In einem Brief an ihren Ehemann deutete sie an, dass sie unmittelbar nach ihrer Überstellung in das KZ erkrankte: „[Macht Euch] um mich keine Sorgen, so schwer die Entzündung auch war, ist die Lunge doch in Ordnung geblieben und ich [sehe] voll Mut und Vertrauen in unsere Zukunft zu dreien!"[155] Ein mehrwöchiger Aufenthalt im Krankenrevier verschaffte Erika Buchmann Zeit, den Schock der Einlieferung zu überwinden. Anschließend wurde sie vom Krankenrevier direkt in den sogenannten Strafblock eingewiesen.

Der ständig überfüllte Strafblock war im Juni 1939 mit einem zusätzlichen Drahtzaun vom restlichen Lager abgetrennt worden. Die Mehrzahl der Insassen war als „Asoziale" oder „Berufsverbrecherinnen" registriert. Hinzu kamen Frauen, denen „Vergehen" gegen die Lagerordnung zur Last gelegt wurden, sowie Frauen, die als rückfällig galten oder an ihren zivilen Arbeitsplätzen des Diebstahls bezichtigt worden waren. Die Polin Wanda Kiedrzyńska, ab Mai 1942 in Ravensbrück inhaftiert, schätzte den Anteil der politischen Häftlinge auf maximal 20 Prozent.[156] Die Häftlinge im Strafblock erhielten geringere Essensrationen und mussten Schwerstarbeit beim Straßenbau, in der Kanalisation und im Klärwerk verrichten.[157]

Im Strafblock herrschten fortwährender Lärm, qualvolle Enge, Schmutz und ständiger Hunger. Diebstähle und Schlägereien zwischen den Häftlingen waren keine Seltenheit. Die als Blockführerinnen eingesetzten Aufseherinnen galten als besonders brutal und grausam. So erinnerte sich eine im Strafblock inhaftierte Polin: „Die kräftige Blondine, die sehr helle und große Frau, schwanger im letzten Monate, quälte und schlug die Häftlinge unvorstellbar und trat in meiner Gegenwart eine kranke Zigeunerin zu Tode."[158]

Erika Buchmann wurde offenbar nach kurzer Zeit im Strafblock zur Blockältesten ernannt und gehörte damit zu den Funktionshäftlingen im System der

---

155 Brief Erika Buchmanns an Albert Buchmann vom Oktober 1942, SAPMO-BArch NY 4178/58, Bl. 183. Ob Erika Buchmann bereits krank aus Stuttgart überstellt wurde oder erst im Lager erkrankte, konnte nicht ermittelt werden. Denkbar wäre auch, dass das Lungenleiden weniger ernsthaft war und die Behandlung im Revier eine von Genossinnen ermöglichte „Verschnaufpause" darstellte, so wie es bei der Einlieferung Rosa Thälmanns in das Frauen-KZ Ravensbrück organisiert wurde.

156 Vgl. Wanda Kiedrzyńska, Das Frauenkonzentrationslager Ravensbrück, in: Internationale Hefte der Widerstandsbewegung 3 (1960), S. 88.

157 Vgl. Charlotte Müller, Die Klempnerkolonne von Ravensbrück. Erinnerungen des Häftlings 10787, Ost-Berlin 1981, S. 67 f.

158 Bericht Maria Liberakova, in: Kiedrzyńska, Ravensbrück, S. 42.

„Häftlingsselbstverwaltung". In der Regel wählte die SS-Lagerleitung die Häftlinge für diese Posten aus; sie berücksichtigte dabei jedoch häufig auch die Vorschläge der Lagerältesten. Ob in diesem Fall die Lagerleitung einen erfahrenen Häftling brauchte, um die Situation im Block unter Kontrolle zu halten, oder ob Erika Buchmann selbst diese Machtposition angestrebt hatte, lässt sich nicht mehr ermitteln. Als Blockälteste war sie zum Teil von schwerer körperlicher Arbeit befreit. Sie konnte auch innerhalb des Blocks mehr Platz für sich und eine eigene Pritsche beanspruchen. Im Lager durfte sie sich freier bewegen und das ermöglichte ihr, Kontakte zu anderen Häftlingen zu pflegen und Neuigkeiten auszutauschen.[159]

Die Stellung einer Blockältesten brachte jedoch nicht nur Vorteile. Erika Buchmann unterstand in dieser Funktion verstärkt der Aufsicht der SS. Sie war gegenüber den Blockführerinnen dafür verantwortlich, dass sich alle Frauen an die bis ins kleinste Detail geregelte Lager- und Blockordnung hielten und pünktlich zur Arbeit erschienen. Sie musste stets über den Verbleib jedes einzelnen Häftlings des Strafblocks informiert sein und über die Belegschaft des Blocks Buch führen. In diesem Buch war neben dem Namen und der Häftlingsnummer u. a. vermerkt, in welchem Arbeitskommando der Häftling beschäftigt war und welche Frau krank im Revier lag. Erika Buchmann musste bei den täglichen Appellen gegenüber der Oberaufseherin des Frauen-KZ Meldung erstatten, die Listen für Transporte in andere Lager oder zur Zwangsarbeit in eines der Außenlager anfertigen sowie Essensrationen bestellen und verteilen. Zu den Aufgaben einer Blockältesten gehörte es außerdem, Frauen zu begleiten, die zur Schreibstube beordert worden waren, ins Revier mussten oder die wegen eines Verstoßes gegen die Lagerordnung bestraft werden sollten.[160] Kein Häftling durfte außerhalb der

---

159 Zum System der sogenannten Funktionshäftlinge haben sich zahlreiche Überlebende und Wissenschaftler geäußert vgl. u. a. Eugen Kogon, Der SS-Staat. Das System der deutschen Konzentrationslager, München 1974; H. G. Adler, Selbstverwaltung und Widerstand in den Konzentrationslagern der SS, in: Vierteljahrshefte für Zeitgeschichte 8 (1960) 3; Hermann Langbein, „... nicht wie die Schafe zur Schlachtbank". Widerstand in den nationalsozialistischen Konzentrationslagern, Frankfurt a. M. 1980; Falk Pingel, Häftlinge unter SS-Herrschaft. Widerstand, Selbstbehauptung und Vernichtung in Konzentrationslagern, Hamburg 1978; Sofsky, Ordnung; Niethammer/Hartewig, Antifaschismus; KZ-Gedenkstätte Neuengamme (Hrsg.), Abgeleitete Macht. In zahlreichen Erinnerungsberichten überlebender Ravensbrück-Häftlinge spielt die Auseinandersetzung mit sogenannten Funktionshäftlingen eine zentrale Rolle, vgl. Irmtraud Heike/Bernhard Strebel, Häftlingsselbstverwaltung und Funktionshäftlinge im Konzentrationslager Ravensbrück, in: Füllberg-Stolberg u. a. (Hrsg.), Frauen in Konzentrationslagern, S. 89–98; Renate Riebe, Funktionshäftlinge in Frauenkonzentrationslagern 1933–1939, in: KZ-Gedenkstätte Neuengamme (Hrsg.), Abgeleitete Macht, S. 51–56.

160 Dabei konnte es sich um Strafarbeit, Dunkelarrest, Prügelstrafen oder Arreststrafen mit Essens- und/oder Schlafentzug handeln. Meist wurden die Strafen im Zellenbau (Bunker) des Lagers vollstreckt.

wenigen Freistunden ohne eine Blockälteste oder einen anderen Funktionshäftling die Lagerstraße betreten.[161] Erfüllte die Blockälteste ihre Aufgaben nicht in erwartetem Umfang, wurde sie persönlich verantwortlich gemacht und bestraft. Eine Blockälteste konnte erheblichen Einfluss auf das Leben der Mithäftlinge haben. Wenn es ihr gelang, die vorgegebenen Verhaltensregeln als allgemein gültige Normen durchzusetzen, konnte sie gegenüber der Blockführerin an Ansehen gewinnen und die Interessen der anderen Frauen besser vertreten.

Erika Buchmann führte vom Frühjahr 1942 bis zum Sommer 1944 die Funktion der Blockältesten für die SS offenbar zufriedenstellend aus. Ihr vorrangiges Interesse dürfte gewesen sein, selbst zuerst den Strafblock und später das Lager zu überleben. In ihren Erinnerungen an die Zeit als Blockälteste des Strafblocks sprach Erika Buchmann ihre zwangsläufig eigennützige Überlebensstrategie so gut wie nicht an. Umso wortreicher schilderte sie das erzwungene konfliktreiche Zusammenleben unterschiedlicher Häftlingsgruppen als schlimmste Belastung.

Schon bei ihrer ersten Verhaftung im November 1933 hatte Erika Buchmann im Untersuchungsgefängnis Stuttgart eine kurze Zeit mit Prostituierten die Zelle geteilt. Dies hatte ihr damals offenbar mehr zugesetzt als die Schutzhaft in Gotteszell. Erika Buchmann hatte vor 1942 fast ihre gesamte Haftzeit in engem Kontakt mit Frauen aus dem politischen Widerstand durchlebt. Im Strafblock aber machte sie nun tagtäglich die Erfahrung, dass die meisten Frauen dort bestenfalls den Grund für ihre Inhaftierung kannten, jedoch keinen politisch motivierten Widerstand leisten wollten und sich mit Gesprächen über Essen, Männer, Sexualität begnügten. Noch Jahrzehnte später schrieb sie an eine Berliner Journalistin: „Das Lager zerfiel in zwei fest umrissene Kategorien von Menschen – Politische und Asoziale. Daß man sie nicht so wie im ersten Jahr getrennt von einander [sic!] leben ließ, sondern zusammenzwang in eine Gemeinschaft, in der es kaum innere Berührungspunkte gab und die von beiden Seiten als quälend empfunden wurde, war vielleicht die größte Strafe, die die SS sich gegen die Politischen ausdenken konnte, die raffinierteste Folter."[162] Während ihrer gesamten Haft betrachtete Erika Buchmann die sogenannten asozialen Häftlinge als Opfer ihrer Lebensumstände, für die in der Regel jede Hilfe und Unterstützung zwecklos war. Dass sie von der SS zu einem gemeinsamen Leben mit diesen Frauen gezwungen wurde, empfand sie als „größte Strafe".

Im Strafblock gab es nur wenige Genossinnen, mit denen Erika Buchmann auf gewohnte Weise und in der Gewissheit gemeinsamer Ziele und Werte kommuni-

---

161 Vgl. Müller, Klempnerkolonne, S. 30.
162 SAPMO-BArch NY 4178/51, Bl. 70. Dieser Brief ist im Nachlass ohne Angabe des Datums und des Adressaten überliefert.

zieren konnte. Eine besondere Freundschaft verband sie mit der später hingerichteten Kommunistin Charlotte Eisenblätter. Erika Buchmann schrieb drei Jahre nach ihrer Befreiung in einem Nachruf auf die Getötete: „Du tatest das Schlimmste, was Du unter diesen Umständen tun konntest: Du warst anders als die anderen. Und so sehr wir wenigen Politischen im Strafblock Dich liebten, so sehr setzte Dir die Masse zu, verwundete Dich, wo es ging, lachte über Dich, konnte Dich nicht verstehen. […] Aber Du hast Dich tapfer durchgebissen. Korb um Korb trugen wir beide durch die langen Gemüsekeller zu den wartenden Autos, frierend und hungrig. Unsere Gedanken waren weit weg, unsere Gedanken ließen uns alles ertragen, die alten Lieder aus den Wanderjahren in der sozialistischen Jugendbewegung beschleunigten unsere Schritte."[163]

Freilich erscheint das Singen von Liedern aus der sozialistischen Jugendbewegung während der Arbeit in einem Arbeitskommando unrealistisch. Zudem charakterisierte Erika Buchmann mit der Darstellung Charlotte Eisenblätters wohl vor allem sich selbst. Dennoch zeigt dieses Zitat, dass der Kontakt zu Gleichgesinnten, die Projektion der eigenen Person in eine vergangene oder zukünftige bessere Welt und der Austausch darüber zu den wesentlichen Überlebensstrategien der inhaftierten Frauen zählte.[164] In dem Nachruf auf ihre Freundin Lotte skizzierte Erika Buchmann sicher auch, wie sie selbst als Blockälteste des Strafblocks wahrgenommen werden wollte. Sie zeichnete das Bild einer tadelsfreien Blockältesten und beispielhaften Genossin, die auch unter widrigsten Umständen den Anforderungen an eine Kommunistin gerecht wurde.

Als „asoziale" Verhaltensweisen erwähnten vor allem politische Häftlinge in ihren schriftlichen Erinnerungen lesbische Beziehungen.[165] Nicht allen als „asozial" inhaftierten Frauen wurden homoerotische Beziehungen zugeschrieben; jedoch wurden in der Regel nur „asozialen" Häftlingen lesbische Verhältnisse unterstellt. Schließlich galt das ihnen zugeschriebene Stigma der sexuellen Devianz, das auch als Haftgrund diente – Prostitution, der nationalsozialistischen Volksgemeinschaft unangepasster Lebenswandel, „Verkehr mit Fremdvölkischen", – als

---

163 Bericht 8, Sammlungen MGR/SBG, Slg. Bu/15, Bl. 5 f.

164 Zu geschlechtsspezifischen Bedingungen des Überlebens und den Überlebensstrategien von Frauen in Konzentrationslagern liegen bisher nur schlaglichtartige Forschungsergebnisse vor. Vgl. Milton, Verfolgte, S. 3–20; Gabriele Pfingsten/Claus Füllberg-Stolberg, Frauen in Konzentrationslagern – geschlechtsspezifische Bedingungen des Überlebens, in: Herbert/Orth/Dieckmann (Hrsg.), Die nationalsozialistischen Konzentrationslager, Bd. II, S. 911–938.

165 Vgl. Buber-Neumann, Gefangene, S. 235; Nanda Herbermann, Der gesegnete Abgrund. Schutzhäftling Nr. 6582 im Frauen-Konzentrationslager Ravensbrück, Nürnberg 1946, S. 86; Hildegard Schaeder, Ostern im KZ, Berlin 1947, S. 15.

ausreichend, um diesen Frauen auch im Lager lesbische Beziehungen unterstellen zu können.[166]

Erika Buchmann, im katholischen Umfeld Münchens aufgewachsen und sowohl durch die soziale Herkunft ihres Vaters und seinem bürgerlichen Wertehorizont als auch durch die kommunistische „Kameradschafts-Ehe" geprägt, teilte die tradierten und nationalsozialistischen Stigmatisierungen gegenüber homoerotischen Beziehungen. Isa Vermehren, politischer Häftling, spätere Ordensschwester in der Gesellschaft der Ordensfrauen vom Heiligsten Herzen Jesu und während ihrer Haft im KZ Ravensbrück Beobachterin der Gefangenen im Strafblock, sah in diesem Block die „tatsächliche Brutstätte jener wirklich lesbischen Liebe mit allen abstoßenden Erscheinungen ihrer verzerrenden Wirkung. Die jungen Insassinnen des Strafblocks waren zum großen Teil diesem Laster verfallen, und unschwer konnte man sie erkennen an ihren sehr maskulinen Äußerlichkeiten. Sie trugen kurzgeschnittene Haare, die sie mit der typischen Jungsbewegung der ganz flachen Hand und weitausladenden Ellenbogen sich immer wieder über den Kopf strichen. Sie standen zusammen wie junge Männer in betont lässiger Haltung, [...], lachten kurz und rau und wandten in der Unterhaltung miteinander ein ganz erstaunliches Vokabular blödester Formeln und billigster Gemeinplätze [an]."[167] Johanna Baumann, als sogenannte Kriminelle ab Juli 1940 in Ravensbrück und zeitweilig auch im Strafblock inhaftiert, äußerte sich 1946 befremdet darüber, dass die beiden politischen Häftlinge Popp und von Skene als erkennbar lesbisches Paar im Strafblock als Blockälteste und deren Schreiberin fungierten.[168]

Neben der verinnerlichten gesellschaftlichen Ablehnung gegenüber offen zur Schau getragener Sexualität empfand Erika Buchmann den Umgang mit diesen

---

166 Zum Schicksal der „asozialen" Häftlinge liegen bis heute, nicht zuletzt wegen der sehr schlechten Quellenlage, nur wenige Forschungsarbeiten vor. Vgl. vor allem: Wolfgang Ayaß, „Asoziale" im Nationalsozialismus, Stuttgart 1995; ders., „Asoziale", die verachteten Verfolgten, in: Dachauer Hefte 14 (1998), S. 50–66; Christa Schikorra, „Asoziale" Frauen. Ein anderer Blick auf die Häftlingsgesellschaft, in: Jacobeit/Philipp (Hrsg.), Forschungsschwerpunkt Ravensbrück, S. 60–71; dies., Kontinuitäten der Ausgrenzung. „Asoziale" Häftlinge im Frauen-Konzentrationslager Ravensbrück, Berlin 2001 sowie Kerstin Meier, „Es war verpönt, aber das gab's"– Die Darstellung weiblicher Homosexualität in Autobiografien von weiblichen Überlebenden aus Ravensbrück und Auschwitz, in: KZ-Gedenkstätte Neuengamme (Hrsg.), Verfolgung von Homosexuellen im Nationalsozialismus, Bremen 1999 (Beiträge zur Geschichte nationalsozialistischer Verfolgung 5), S. 22–34.

167 Isa Vermehren, Reise durch den letzten Akt. Ravensbrück, Buchenwald, Dachau. Eine Frau berichtet, Reinbek 1979, S. 50.

168 Vgl. Sammlungen MGR/SBG, Z 77/72, Bd. 2, Bl. 538.

Frauen noch aus einem weiteren Grund als höchst unangenehm. Die betonte Darstellung körperlicher Präsenz, die Zurschaustellung sexueller Handlungen und selbst Versuche, durch intime Beziehungen Selbstbestimmung zu demonstrieren, empfand sie innerhalb der Lagergesellschaft und angesichts des täglichen Sterbens im Lager als Belastung und Missachtung der übrigen Häftlinge.[169]

Erika Buchmann versuchte die Probleme, die sich aus der heterogenen Zusammensetzung des Strafblocks, aus der Virulenz erlernter Vorurteile gegenüber als „asozial" klassifizierten Frauen und der besonders schlechten Versorgung mit Lebensmitteln, Wäsche und medizinischer Hilfe ergaben, mit erhöhtem eigenem Engagement und erzieherischer Arbeit zu kompensieren. Sie versuchte, durch Selbstdisziplin, Beherrschung und Zurückstellung der eigenen Person an den guten Willen der Frauen zu appellieren und die von ihr vorgelebten Eigenschaften als erfolgreiche Überlebensstrategien in der Haft anzupreisen. Auch andere ehemalige Häftlinge haben über Erika Buchmanns verzweifelte Versuche, die Not im Strafblock zu lindern, berichtet.

Ihr erstes Ziel aber musste es sein, von allen Häftlingen des Blocks als Autorität akzeptiert zu werden. Dazu bedurfte es eines ständigen Wechselspiels: Einerseits musste Erika Buchmann ohne Hilfe der Blockführerin Disziplin und Ordnung im Strafblock durchsetzen. Andererseits musste sie auf eine spürbare Verbesserung der Situation der Insassinnen hinwirken. Dass Erika Buchmann mit ihren Methoden auf Dauer Erfolg hatte, wurde von Überlebenden des Strafblocks später angezweifelt: „Übertretungen der Häftlinge wie Brotdiebstahl, Streit usw. hat Erika Buchmann derart bestraft, daß sie die Essenausgabe um eine halbe Stunde hinausschob."[170] Andere Überlebende, die Erika Buchmann nach 1945 um Leumundszeugnisse gebeten hatte, erklärten, sie habe immer wieder versucht, zusätzliche Essensrationen, Bekleidung und Medikamente für die Frauen im Strafblock zu beschaffen. Nach einiger Zeit habe sie auch durchsetzen können, dass die Häftlinge des Strafblocks in kürzeren Abständen das Bad aufsuchen durften. Auch habe sie dafür gesorgt, dass Kranke aus dem Strafblock häufiger als nur einmal pro Woche zur Revierstunde erscheinen durften. Insgesamt habe sich allmählich die Sauberkeit im Block verbessert und die vorher üblichen Massenstrafen seien seltener verhängt worden.[171] Als nach 1945 im Rahmen von Spruchkammerverfahren auch ehemalige Funktionshäftlinge ihr Verhalten in den Konzentrationslagern rechtfertigen mussten, räumte Erika Buchmann ein, geohrfeigt und geschlagen zu haben. Dieses wenig überraschende Eingeständnis hatte aber keinerlei Folgen für

169 Vgl. Manuskript Erika Buchmann, nach 1945, SAPMO-BArch NY 4178/51, Bl. 70 f.
170 Bericht 68, Sammlungen MGR/SBG, Slg. Bu/17, Bl. 2.
171 Vgl. ebenda, Bl. 1

Erika Buchmanns Reputation.[172] Offenbar erschien es ihr im Rückblick auf die Verhältnisse im Strafblock günstiger, Schläge gegenüber aufbegehrenden Mithäftlingen nicht abzustreiten.

Möglicherweise ist es ihr als Blockältester tatsächlich gelungen, die Anforderungen der SS zu erfüllen und zugleich die Haftsituation aller Frauen im Strafblock partiell zu verbessern. Dass ihr eigenes Verhalten eine „Umerziehung" der Insassinnen bewirkte, erscheint angesichts der Umstände im Strafblock aber wenig wahrscheinlich. Im Gegensatz zu ihrer späteren Funktion als Blockälteste des Tbc-Blocks erwähnte sie die zwei Jahre im Strafblock in ihren zahlreichen Erinnerungsberichten nur selten. In einem Theaterstück über Ravensbrück, das Erika Buchmann 1961 gemeinsam mit Hedda Zinner verfasste, stellte sie „asoziale" und „kriminelle" Häftlinge 1961 zwar durchaus positiv dar. Dass sie jedoch die Haftjahre im Strafblock in ihren Erinnerungen vollständig ausblendete, deutet auf eine Nicht-Bewältigung der überstandenen Entbehrungen und Konflikte hin. Zugleich offenbart sich das Unvermögen, sich mit dem ihr aufgezwungenen Anpassungsverhalten literarisch auseinanderzusetzen.[173]

Während ihrer Zeit als Blockälteste des Strafblocks musste Erika Buchmann schwierige Entscheidungen für ihre Tochter treffen und zudem häufig lange Zeit auf ein Lebenszeichen ihres Mannes warten. Im Herbst 1942, kurz nach ihrem 40. Geburtstag, riss der direkte Kontakt zwischen den Eheleuten ab. Der Grund war höchstwahrscheinlich die Verlegung von Albert Buchmann in das KZ Flossenbürg, in das er am 28. November 1942 gemeinsam mit 17 anderen politischen Häftlingen aus dem KZ Sachsenhausen eingewiesen wurde. Als sogenannte Blaupunkte[174] stigmatisiert, mussten sie in den folgenden Jahren Schwerstarbeit in den Granitsteinbrüchen von Flossenbürg verrichten.

Zuvor hatten die 18 Männer mehrere Wochen lang Einzelhaft in den Dunkelzellen von Sachsenhausen ertragen müssen. Jeder von ihnen hatte einmal wichtige Funktionen in der „Häftlingsselbstverwaltung" des KZ Sachsenhausen innegehabt. Neben Albert Buchmann war auch der langjährige Lagerälteste Harry Naujoks im Sachsenhausener Zellenbau in Einzelhaft isoliert worden. Über diese schier ausweglose Situation schrieb Harry Naujoks: „Ich denke an das, was uns bevorsteht. Nach bisherigen Erfahrungen müssen wir mit dem Allerschlimmsten

---

172 Weiterführendes in Kap. III.2.

173 Vgl. „Ravensbrücker Ballade", in: Hedda Zinner, Stücke, Ost-Berlin 1973, vgl. auch Kap. IV.3.

174 Wahrscheinlich sollte durch diese zusätzliche Kennzeichnung, der neben dem roten Winkel angebrachte blau angestrichene Konservendosendeckel auf Brust, Rücken und am Hosenbein, gezeigt werden, dass es sich bei diesem Häftling um einen zur Lynchjustiz Freigegebenen handelte.

rechnen. Ich bin im Augenblick völlig ratlos und wehrlos. [...] Ich bin traurig, daß ich den Menschen, die ich liebe, nicht mehr sagen kann, wie glücklich ich mit ihnen war."[175]

Nach der Ankunft in Flossenbürg wurden Einzelhaft und Dunkelarrest zunächst fortgesetzt. Nun erfuhren die 18 Männer aber auch, was ihnen vorgeworfen wurde. Der SS-Lagerkommandant teilte ihnen mit, dass sie wegen bolschewistischer Propaganda und politischer Zellenbildung auf Befehl des Reichsführers SS Heinrich Himmler zu „Freiwild" erklärt worden seien. An die Funktionshäftlinge des KZ Flossenbürg erging der Befehl, nach spätestens einer Woche dürfe keiner der Männer mehr am Leben sein. Unter Todesandrohungen wurde den Häftlingen verboten, diese Gefangenen zu unterstützen oder ihnen etwas zu essen zu geben.[176]

Das Kalkül der SS ging jedoch nicht auf. Trotz Essensentzug, Schwerstarbeit und fortdauerndem Aufhetzen der Mitgefangenen durch die SS erlebten 16 der 18 Männer die Befreiung im April 1945. Harry Naujoks führt ihr Überleben auf ihren Bekanntheitsgrad und die Hochachtung zurück, die sie bei den anderen Häftlingen erworben hatten. Einige kannten die Männer bereits aus Sachsenhausen. „Als ich meine Arbeit in der Strafkompanie antrat, sagte der Capo, der BVer [Berufsverbrecher] Willi Freudenberg, zu mir: ‚Du bist lange genug im Lager, um zu wissen, was dir blüht. Ich habe auch Anweisung des Lagerführers über dich. Ich weiß wer du bist. Ich werde meine Anweisungen nicht durchführen.'"[177]

Erika Buchmann erfuhr von der lebensbedrohlichen Haftverschärfung für ihren Mann nichts. Doch dürfte sie geahnt haben, was das Ausbleiben seiner Briefe bedeutete. Im Januar 1944 erhielt sie nach 15 Monaten erstmals wieder einen Brief von Albert Buchmann: „Liebste! Die ersten Grüße in diesem Jahr gehören dir. Alles was ich seit deinem letzten Brief vom September 1942 für dich gedacht habe, sowie all die Freude darüber, wie du die Zeit überwunden hast, möchte ich in diese Zeilen und Wünsche für dich hineinlegen!"[178]

1943 musste Erika Buchmann wieder allein über Inges weitere Ausbildung entscheiden. Inge konnte oder wollte sich nicht in Berlin und bei der Familie Elbertzhagen einleben. Schon unmittelbar nach ihrem Umzug im Sommer 1942 hatte sie ihren Eltern mitgeteilt, dass sie sich bei der Berliner Verwandtschaft nicht wohl fühle. Während Erika Buchmann ihre Tochter aufforderte, sich besser auf die neue Situation einzustellen, reagierte Albert Buchmann mit Verständnis. In

---

175 Naujoks, Leben, S. 334 f.

176 Vgl. ebenda, S. 338.

177 Ebenda, S. 339.

178 Brief von Albert Buchmann an Erika Buchmann vom 1. Januar 1944, SAPMO-BArch NY 4178/43, Bl. 303.

seinem letzten, direkten Brief versuchte Albert Buchmann seine Frau zu überzeugen, dass es für Inge am besten sei, Berlin zu verlassen und nach Pirmasens
zurückzukehren: „Inge fühlt sich in Berlin nicht wohl, […] in Pirmasens könnte
sie in ihre alte Klasse."[179] Er deutete das Unbehagen seiner Tochter als positiven
Charakterzug und sicheres Urteil gegen die bürgerliche Verwandtschaft.[180]

Entgegen aller bisherigen Planungen entschied sich die nun 16 Jahre alte Inge
Buchmann schließlich, die Schule bereits im März 1943 mit der mittleren Reife zu
verlassen. Ihren Plan, Buchhändlerin zu werden, wollte sie nun in Stuttgart ange-
hen.[181] Albert Buchmann fand an Inges Entscheidung Gefallen: „3 Jahre B.-Hilfe
[Bibliotheks-Hilfe], 1 Jahr Fachschule, Buchhändlerin, Bibliothekarin, dazu flott
Stenographie/Maschinenschreiben, dann habe ich um Dich, mein Mädel, keine
Sorgen."[182] Um ihrer Mutter entgegenzukommen, wollte sich Inge in Stuttgart
zusätzlich extern auf das Abitur vorbereiten. Mit Zustimmung der Eltern verließ sie Berlin, quartierte sich wieder bei Emma Krämer in Stuttgart-Böblingen
ein und begann ein Praktikum bei der staatlichen Volksbüchereistelle in Stuttgart.[183] 1944 bereiteten Erika Buchmann die häufigen Bombardierungen Stuttgarts Sorgen.[184] Inge unterschätzte die Gefährdung durch die Bombenangriffe
tatsächlich.[185] Im Dezember 1944 bat Erika Buchmann ihre Tochter, die Stadt zu
verlassen: „Jeden Tag lese ich angstvoll in der Zeitung, ob Stuttgart erneut bombardiert wurde."[186]

Im Sommer 1944 wurde Erika Buchmann vom Strafblock in einen regulären
Block überstellt. Sie musste nun in den sogenannten Dachauer Betrieben[187] und

179 Brief von Albert Buchmann an Erika Buchmann, Herbst 1942, ebenda, Bl. 299.
180 Brief von Albert Buchmann an Erika Buchmann vom 5. März 1944, ebenda, Bl. 304.
181 Vgl. Briefe von Erika Buchmann an Inge Buchmann von Oktober 1943 bis August 1944,
     SAPMO-BArch NY 4178/58, Bl. 189 bis 193.
182 SAPMO-BArch NY 4178/58, Bl. 67, Brief von Albert Buchmann an Inge Buchmann vom
     14. November 1942.
183 Vgl. SAPMO-BArch BY 1/603, Kaderakte Ingeborg Buchmanns, Fragebogen vom 14. Okto-
     ber 1963.
184 Vgl. Jörg Friedrich, Der Brand. Deutschland im Bombenkrieg 1940–1945, Berlin 2004,
     S. 335.
185 Vgl. SAPMO-BArch NY 4178/58, Brief von Erika Buchmann an Inge Buchmann vom
     Dezember 1944.
186 Ebenda.
187 Die Dachauer Betriebe waren am 21. Juni 1940 als Gesellschaft für Textil- und Lederverwer-
     tung mbH (Texled) gegründet worden. Ursprünglich besaß dieses Unternehmen Betriebe
     und Werkstätten in den Konzentrationslagern Dachau und Ravensbrück, jedoch fand noch
     im selben Jahr für den Dachauer Betriebsteil ein Eigentümerwechsel statt. Trotzdem blieb
     der Name „Dachauer Betriebe" für die Ravensbrücker Werkstätten weiterhin bestehen. Er
     wurde vor allem von den Häftlingen selbst gebraucht.

dort in der Knopfkammer, der Materialausgabe und der Schneiderei arbeiten.[188] Vor allem die Arbeit in der Schneiderei beschrieben viele Häftlinge als regelrechte Hölle, nur noch vergleichbar mit den Verhältnissen im Strafblock oder im Zellenbau. Obwohl die Schneiderei I eine moderne, 1943 neu eröffnete und mit der modernsten Technik ausgestattete Fabrikhalle war, waren die Arbeitsbedingungen unter der Aufsicht der SS mörderisch. Von schlagenden und brüllenden Aufseherinnen angetrieben, mussten die Häftlinge in qualvoller Enge, stickiger Luft und ständigem Lärm im Akkord arbeiten. Je eine Tag- und eine Nachtschicht mussten bei der Produktion von Häftlingskleidung sowie bei der Ausbesserung und Instandsetzung von SS-Uniformen immer wieder erhöhte Leistungsvorgaben erfüllen.

Für Erika Buchmann dürfte diese Umstellung sehr schwierig gewesen sein. Als Häftling und Blockälteste des Strafblocks hatte sie vor allem grobe, körperlich schwere Arbeiten verrichten müssen, und mit ihren 42 Jahren gehörte sie zu den älteren Frauen. Nun sollte sie trotz ihres verminderten Sehvermögens feine Näharbeiten ausführen. Nach der Arbeit wurden bei den Häftlingen Körpervisitationen durchgeführt, damit es keiner Frau gelang, einen Fetzen Stoff – als Taschentuch oder Verbandsmaterial – zu entwenden. Auch in der Schneiderei arbeiteten „Politische", „Kriminelle" und „Asoziale" gemeinsam an den Maschinen. Diese Mischung der Häftlinge sollte Sabotage verhindern und gegenseitige Denunziationen fördern.[189]

Nach einem halben Jahr gelang es Erika Buchmann, der Arbeit in der Schneiderei zu entkommen. Ab dem 1. Januar 1945 wurde sie Blockälteste im Block 10, dem Tuberkuloseblock.[190] Erika Buchmanns Vorgängerin war Carmen Maria Mory, die im ganzen Lager als Spitzel berüchtigt war. Sie hatte den für Tuberkulosekranke reservierten Block 10 allerdings nur von September bis Dezember 1944 geleitet.[191] Warum Carmen Mory auf Anweisung des SS-Arztes Dr. Percival Treite nach nur

---

188 In Ravensbrück produzierten eine Schneiderei, eine Strohschuhflechterei, eine Rohrmattenweberei, eine Weberei, eine Kürschnerei sowie Strickerinnen für die Texled. Vgl. Lotte Zumpe, Die Textilbetriebe der SS im Konzentrationslager Ravensbrück, in: Jahrbuch für Wirtschaftsgeschichte Ost-Berlin I (1969), S. 11–51; Enno Georg, Die wirtschaftlichen Unternehmungen der SS, Stuttgart 1963; Jan Erik Schulte, Zwangsarbeit und Vernichtung. Das Wirtschaftsimperium der SS. Oswald Pohl und das SS-Wirtschafts-Verwaltungshauptamt 1933–1945, Paderborn 2001.

189 Vgl. Buber-Neumann, Gefangene, S. 345.

190 Bericht 19, Sammlungen MGR/SBG, Slg. Bu/16, ohne Paginierung.

191 Carmen Maria Mory wurde im ersten Hamburger Ravensbrück-Prozess von einem britischen Militärgericht zum Tode verurteilt. Nach der Ablehnung ihres Gnadengesuches verübte sie am 9. April 1947 in der Haftanstalt Hamburg-Fuhlsbüttel Selbstmord. Zur schillernden Biografie Morys vgl. Durrer, Verfolgte; Caterina Abbati, Ich, Carmen Mory. Das Leben einer Berner Arzttochter und Gestapo-Agentin 1906–1947, Zürich 1999.

drei Monaten als Blockälteste wieder abgelöst wurde, ist nicht bekannt. Ebenso ist ungewiss, ob die Anweisung von Dr. Treite,[192] Erika Buchmann erneut die Funktion einer Blockältesten zu übertragen, auf ihre eigenen Bemühungen zurückging, ob andere (politische) Häftlinge Einfluss auf die Stellenbesetzung genommen hatten oder ob sie aufgrund ihrer „Erfahrung" als Häftling und Funktionshäftling für diesen Posten ausgewählt wurde. In jedem Fall scheint die Arbeit als Blockälteste eines Krankenblocks Erika Buchmann sehr entgegengekommen zu sein.

Im Winter 1940/41 erkrankten erstmals viele Frauen an Tuberkulose, und die Zahl der Neuerkrankungen stieg weiter steil an. Selbst jene jungen und besonders kräftigen Frauen, die für die Arbeit an den Webstühlen der „Texled" bevorzugt wurden, erkrankten häufig schon nach einem halben Jahr an Tuberkulose. Der SS-Arzt Dr. Treite begann im September 1943 damit, das Revier um zahlreiche ehemalige Wohnbaracken zu erweitern und die stationären Patientinnen nach ihren Krankheiten zu trennen.[193] Die Vergrößerung des Reviers und der Einsatz von weiteren Häftlingsärztinnen und Häftlingspflegerinnen änderten allerdings nichts daran, dass die Einweisung in das Revier für die Mehrzahl der Häftlinge den sicheren Tod bedeutete. Die hygienischen Bedingungen waren katastrophal. In der Regel mussten sich mehrere kranke Frauen eine Pritsche teilen. Frische Wäsche für die Kranken gab es kaum; auch waren die Möglichkeiten, sich zu waschen, eingeschränkt. Die Versorgung mit Medikamenten und Lebensmitteln war völlig unzureichend. Die Aufgabe von SS-Ärzten und Krankenschwestern beschränkte sich vornehmlich darauf, den Ausbruch von Seuchen bzw. deren Übergreifen auf das SS-Personal zu verhindern und die arbeitsfähigen von den arbeitsunfähigen Häftlingen zu trennen.

Neben den tuberkulosekranken Frauen waren im hinteren Teil von Block 10 in einem 15 qm großen „Idiotenstübchen" Frauen untergebracht, die an Angstpsychosen litten oder angesichts des Platzmangels, des Lärms und des alltägliche Sterbens im Lager wahnsinnig geworden waren. Manche waren aus den Außenlagern ins „Idiotenstübchen" des Stammlagers gebracht worden. Eingepfercht in abgeschlossene Fabrikhallen, hatten sie die häufigen Bombenangriffe der Alliierten auf die Außenlager nicht ertragen.

---

192 Frauenarzt Dr. Percival Treite, geb. 1911, Mutter Deutsche, Vater Engländer, ab Oktober 1933 Mitglied der SS, ab September 1943 Arzt im KZ Ravensbrück, galt als fachlich sehr guter Arzt und Organisator, beteiligt an Selektionen und der Ermordung von Kranken im Revier des Frauen-KZ, 1947 zum Tode verurteilt, beging nach der Ablehnung seines Gnadengesuchs in der Haft Selbstmord.

193 Aussage Treites vom 16. bis 18. Januar 1947, Sammlungen MGR/SBG, PRO, WO 235/307, ohne Paginierung. So lagen zum Beispiel die Typhuskranken im Block 6 und die Patienten der Chirurgie im Block 9.

Als Erika Buchmann im Januar 1945 den Block übernahm, fand sie dort 280 tuberkulosekranke Frauen vor. Wenige Zeit später zählte sie schon über 500, darunter auch Kinder.[194] Sie musste schnell erkennen, dass sie den sterbenskranken Frauen allenfalls in den Stunden bis zum Tod beistehen konnte. Sehr viel ausführlicher als die Tätigkeit im Strafblock schilderte Erika Buchmann nach ihrer Befreiung 1945, wie sie sich mit Elan in die Aufgabe stürzte und in der Dankbarkeit der Kranken Anerkennung für ihre Arbeit fand.[195] Offenbar fiel es ihr leichter, sich der Kranken anzunehmen und diese zu umsorgen, als zuvor die Belegschaft ihres Blocks. Diese Aufwertung spiegelt sich deutlich in ihren zahlreichen Aussagen über ihre vergleichsweise kurzen Einsatz im Tuberkulose-Block wider.[196] Sie beschrieb diese Arbeit ab den 1950er-Jahren mehrfach ausführlich und berichtete über ihre verzweifelten Versuche, zusätzliche Nahrungsmittel und Medikamente zu besorgen.

Neben der Schilderung der SS-Verbrechen ging es Erika Buchmann auch darum, unmittelbar nach der Befreiung ihr großes Engagement für kranke und sterbende Häftlinge sowie ihr politisch und moralisch korrektes Verhalten im KZ Ravensbrück zu dokumentieren. Sie wollte den Block der Tuberkulosekranken für die Nachwelt als einen Ort darstellen, an dem kranken Häftlingen bereitwillig geholfen wurde. Dass Überlebenshilfe in den letzten Monaten des Bestehens von Ravensbrück für die Masse der Häftlinge im Block 10 praktisch unmöglich war, blendete sie aus. Dennoch ist es nachvollziehbar, dass sie ihre erfolgreiche Hilfe für wenige als persönlichen Sieg über die SS und die Existenzbedingungen des Lagers empfand.

Im Winter 1944/45 wurde das KZ Ravensbrück zum Auffang- und Durchgangslager für Häftlinge, die für die aus anderen Konzentrationslagern „evakuiert" worden waren. Darüber hinaus fungierte Ravensbrück als Vernichtungsort für Alte, Schwache und Kranke.[197] Im Januar 1945 waren über 45 000 Frauen in Ravensbrück inhaftiert. Sie schliefen zu fünft auf den Pritschen, die Wasserleitungen waren eingefroren und die Kanalisation funktionierte nicht mehr. Ein furchtbarer Gestank lag über dem gesamten Lager. Die Frauen wühlten im Abfall, um etwas Essbares zu finden. Eine Flecktyphusepidemie brach aus. Die Zustände in Ravensbrück erreichten schließlich ein bis dahin unvorstellbares Ausmaß an Elend, Todesangst und Hoffnungslosigkeit.

Erika Buchmanns Nachkriegsschilderungen, diesen Umständen zu trotzen, illustrieren daher tatsächlich vor allem ihre bereits angesprochenen Bemühungen, die Arbeit als Blockälteste des Tbc-Blocks als vorbildlich und erfolgreich darzu-

---

194 Bericht 19, Sammlungen MGR/SBG, Slg. Bu/16, ohne Paginierung.

195 Vgl. Erika Buchmann, Block 10 – Tuberkulose, o. O. 1945.

196 Vgl. ebenda; dies., Frauen im Konzentrationslager, Stuttgart 1946; dies., Frauen von Ravensbrück, Ost-Berlin 1959.

197 Zu den letzten Monaten im KZ Ravensbrück vgl. Erpel, Vernichtung.

stellen. Sie erklärte, sie habe mit Erfolg von anderen Häftlingen Lebensmittel und Unterstützung für die Kranken des Blocks 10 erbeten. Dies sei besonders schwierig gewesen, da nur wenige Frauen einen Sinn darin gesehen hätten, die eigenen Überlebenschancen zu schmälern und ihre knappen Nahrungsmittel mit Todkranken zu teilen. Es sei schließlich aber doch gelungen, unter den politischen Häftlingen Lebensmittelsammlungen durchzuführen. Es hätten vor allem Frauen gespendet, die regelmäßig Pakete erhielten. So hätten wenigstens die Kinder im Tbc-Block eine etwas bessere Ernährung erhalten. Die wenigen zusätzlichen Lebensmittel seien verteilt worden und Erika Buchmann habe den Frauen erlaubt, auf dem kleinen Ofen der Baracke zu kochen.

Dafür habe sie sich in ständigen Auseinandersetzungen vor der Oberschwester Elisabeth Marschall verantworten müssen. Obwohl Elisabeth Marschall dem Reichsbund freier Schwestern (sogenannte blaue Schwestern) und nicht dem NS-Reichsbund Deutscher Schwestern (sogenannte braune Schwestern) angehörte, charakterisiert Erika Buchmann sie als „eine der schlimmsten Erscheinungen des FKL Ravensbrück".[198] Selbst die Zuteilung von Diätnahrung habe die Oberschwester nur in wenigen, in ihren Augen aussichtsreichen Fällen genehmigt. Insgesamt habe gegolten, dass die Häftlinge im Block 10 „sowieso abzuschreiben seien".[199] Mit diesen Aussagen veranschaulicht Erika Buchmann einerseits die tatsächlichen Verhältnisse im Tbc-Block. Andererseits benennt sie mit der Oberschwester Elisabeth Marschall eine konkrete Widersacherin, deren Anweisungen sie sich zu widersetzen verstand. So sollte der eigene Erfolg sichtbar gemacht werden.

Trotz ihrer Erfahrungen im Umgang der SS-Ärzte und Krankenschwestern mit den kranken Frauen ihres Blocks wurde sie nach eigenen Aussagen nicht misstrauisch, als Dr. Treite sie am 20. Januar 1945 mit der Aufstellung einer Liste von Frauen beauftragte, „die positiv oder 100 % invalid seien, deren Tod in absehbarer Zeit zu erwarten wäre".[200] Erika Buchmann glaubte der Erklärung des SS-Arztes, dass die Schwerkranken in das ehemalige Jugendlager Uckermark verlegt werden sollten. In den dortigen Revieren könne besser für die Frauen gesorgt und damit gleichzeitig der Block 10 entlastet werden.[201] Erika Buchmann stellte die

---

198 Sammlungen MGR/SBG, Slg. Bu/16, Bericht 21, ohne Paginierung.

199 Buchmann, Block 10, S. 1.

200 Ebenda, S. 4.

201 Im sogenannten Jugendlager Uckermark wenige Kilometer östlich des Stammlagers Ravensbrück waren bis zum Januar 1945 straffällige oder als asozial geltende Mädchen oder weibliche Jugendliche inhaftiert. Die dort inhaftierten Mädchen wurden Anfang Januar 1945 entlassen, zur Zwangsarbeit verpflichtet oder wurden in das KZ Ravensbrück oder andere Konzentrationslager überstellt. 50 bis 60 Mädchen blieben, abgeschirmt vom entstehenden Vernichtungslager Uckermark, bis zum April 1945 im Jugendlager inhaftiert. Vgl. Katja Limbächer u. a. (Hrsg.), Das Mädchenkonzentrationslager Uckermark, Münster 2000.

gewünschte Liste in den Tagen darauf zusammen. Bis zum 9. Februar 1945 ver-
ließen 132 kranke Frauen den Block 10. Kurze Zeit später wurden im gesamten
Lager Alte, Kranke und Erschöpfte, aber auch Frauen mit grauen Haaren und
Krampfadern aufgefordert, sich zu melden. Sie wurden in den Blocks 27 bis 32
gesammelt und verließen von dort aus das Lager. Erika Buchmann sah in diesen
Vorgängen die früheren Angaben von Dr. Treite bestätigt.

Auch andere Überlebende haben ausgesagt, dass damals viele Häftlinge den
Aussagen der SS Glauben schenkten. Über die Gründe für dieses „Vertrauen"
schrieb die französische Überlebende Germaine Tillion erstmals zu Beginn der
1970er-Jahre: „Im Oktober, November und Dezember [1944] wurde im Lager groß
die Werbetrommel dafür gerührt, daß Frauen über fünfzig, Erschöpfte und Kranke
eine ‚rosa Karte' anfordern sollten. Man versprach ihnen eine weniger schwere
Arbeit in einem ‚Erholungslager' [...]. Viele mochten das mit aller Verbissenheit
glauben und meldeten sich freiwillig dafür an."[202] Imre Kertész berichtet über ein
ähnliches Verhalten seiner Mutter, die trotz offensichtlicher Lüge und wider besseren Wissens einer guten Nachricht über seinen Aufenthaltsort Glauben schenkte:
„Die Menschen versuchten damals verzweifelt, sich ihre Träume von einer ratio-
nalen Ordnung der Welt zu erhalten."[203] Vielleicht hat Erika Buchmann in der
verzweifelten Hoffnung zu überleben ebenfalls ohne Argwohn den Beteuerungen
Treites Glauben geschenkt. Da sie die Listen für Treite zusammengestellt hatte,
war die Beteuerung ihrer Ahnungslosigkeit nach Kriegsende allerdings auch die
einzige Möglichkeit, nicht als Handlangerin der SS eingestuft zu werden.

Dass es sich bei diesen „Überstellungen" nicht um eine fürsorgliche Verlegung
kranker Häftlinge handelte, wurde den übrigen Insassen in Ravensbrück schließlich doch klar. Bald gab es in Ravensbrück erste Gerüchte, dass die nach Uckermark transportierten Frauen kaum Überlebenschancen hätten. Es gebe dort weder
Pritschen noch Decken, weder Essen noch medizinische Versorgung. Tatsächlich
starben dort viele Frauen an Hunger und Verwahrlosung; sie erfroren oder wurden
mit Benzolinjektionen systematisch ermordet. Die Mehrheit der 4000 Häftlinge
wurde allerdings aus der Uckermark nach Ravensbrück zurückgebracht und in
einer provisorischen Gaskammer ermordet, die zum Jahreswechsel 1944/45 eingerichtet worden war. Schätzungen zufolge wurden von Anfang Januar bis Ende April
1945 5000 bis 6000 Kinder, Frauen und Männer in Ravensbrück ermordet.[204]

202 Tillion, Frauenkonzentrationslager, S. 272.
203 Imre Kertész, Dossier K., Reinbek 2006.
204 Vgl. Anise Postel-Vinay, Gaskammern und die Ermordung durch Gas im Konzentra-
     tionslager Ravensbrück, in: Jacobeit/Philipp (Hrsg.), Forschungsschwerpunkt Ravensbrück,
     S. 33–46; Strebel, Ravensbrück, S. 280 f. Das genaue Datum des Betriebs der Gaskammer
     wird in der Forschung noch immer kontrovers diskutiert, vgl. Erpel, Vernichtung, S. 72 ff.

Anfang März 1945 ließ Dr. Treite ohne vorherige Information der Blockältesten weitere 93 Kranke aus dem Block 10 zum Transport abholen. Erika Buchmann versuchte mit allen Mitteln, den Transport zu verzögern. Da die Selektionen nun immer willkürlicher und hektischer verliefen, hatten die Häftlinge kaum eine Chance, sich selbst zu schützen oder wirkungsvolle Rettungsaktionen für andere Insassen zu organisieren. Die einige Möglichkeit, wenigstens einige Frauen zu retten, sah Erika Buchmann in der Manipulation der Krankenblätter. Zu offensichtlich kranke oder invalide Frauen kamen dafür nicht infrage. Nur bei weniger schweren Fällen konnte sie gemeinsam mit den Häftlingsärztinnen Röntgenbefunde, Sputumuntersuchungen, Blutsenkungsergebnisse oder Fieberkurven fälschen. Die Frauen wurden danach als vermeintlich Gesunde aus dem Tbc-Block entlassen. In wenigen Fällen wurden den Frauen Beruhigungsmittel injiziert, um sie transportunfähig erscheinen zu lassen.[205]

Standen Selektionen bevor, mussten die Frauen in den Schreibstuben, die Blockältesten und die Häftlingsärztinnen schnell und beherzt handeln, wenn sie zumindest einigen Kranken helfen wollten. Die Funktionshäftlinge akzeptierten in dieser Situation, dass sie mit der Rettung einer Frau möglicherweise den Tod einer anderen in Kauf nahmen. Eine unbekannte Autorin berichtete nach 1945: „Fertiggestellte unterschriebene Listen wurden in der Nachtschicht abgeändert, indem wir die Mittelblätter neu schrieben und mit diesen Namen ergänzten, indem wir andere dafür wegließen. So war es möglich, viele Kameradinnen und wertvolle Menschen zu retten […]."[206] Solche Aktionen konnten nur Frauen bewerkstelligen, die sich gegenseitig uneingeschränkt vertrauten. Dass sie in dieser Extremsituation Mitinsassen aus der „eigenen" Häftlingsgruppe und mit demselben politischen Hintergrund bevorzugten, ist begreiflich. Kommunistinnen hielten politisch Gleichgesinnte zweifellos für „wertvoller" als Frauen, die als unpolitisch galten oder andere Meinungen vertraten. Der „politische Wert" eines Menschen, der nach der Befreiung womöglich noch nützlich sein konnte, war ein wichtiges Auswahlkriterium.

Ob sich Erika Buchmann diese Sichtweise zu eigen gemacht hat oder anderen Kriterien den Vorzug gab, ist nicht mehr zu klären. Gleichwohl muss sie sich über die Konsequenzen einer von Häftlingen vollzogenen Auswahl im Klaren gewesen sein. Denn nicht immer gelang es bei der Manipulation der Selektionslisten, die Namen der zu rettenden Frauen durch Namen bereits toter Frauen zu ersetzen.

---

205 Vgl. Buchmann, Block 10, S. 8; „Lagergeschichte", Sammlungen MGR/SBG, Slg. Bu, ohne Paginierung.

206 „Lagergeschichte", Sammlungen MGR/SBG, Slg. Bu, ohne Paginierung.

Bei ihren Bemühungen zur Rettung der Tbc-Kranken erhielt Erika Buchmann Unterstützung von unerwarteter Seite. Dem Tuberkuloseblock wurde im Laufe des Januar 1945 ein neuer SS-Arzt zugeteilt. Dieser Arzt, Dr. Franz-Bernhard Lucas,[207] nahm am Schicksal seiner Patientinnen Anteil. Nach ihrer Befreiung gab Erika Buchmann an, Dr. Lucas habe aus den Beständen der SS Medikamente, Brot und andere Lebensmittel beschafft und gegen den Willen seines Vorgesetzten Dr. Treite die Entlassung von Tbc-Kranken durchgesetzt.[208] Doch schon nach wenigen Wochen wurde Dr. Lucas in das KZ Sachsenhausen strafversetzt. Er hatte sich geweigert, an den Selektionen für die Gaskammer-Morde in Ravensbrück teilzunehmen. Sein Nachfolger im Block 10 wurde Dr. Adolf Winkelmann,[209] der zuvor unter anderem in den Konzentrationslagern Groß Rosen und Sachsenhausen als SS-Arzt eingesetzt gewesen. Die Selektionen wurden fortgesetzt. Noch am 23. April 1945 wurden 18 Tbc-Kranke in der Gaskammer des KZ Ravensbrück ermordet. Unmittelbar danach wurde die Gaskammer zerstört.

Die „Entgrenzung der Gewalt"[210] führte in den letzten Monaten des Bestehens von Ravensbrück zur systematischen Verelendung großer Häftlingsgruppen, zu zahllosen Mordaktionen und nicht zuletzt zur Inbetriebnahme der Ravensbrücker Gaskammer. Sie ging mit der Dezentralisierung und Erosion der SS-Herrschaft einher. Internationale Hilfsorganisationen und einzelne Akteure bemühten sich nun erfolgreich um die Freilassung von nord- und westeuropäischen sowie von polnischen Häftlingen.[211] Noch vor Beginn der Todesmärsche konnten mehr als 10 000 Frauen aus Ravensbrück in Sicherheit gebracht werden. Zusätzlich stellte die SS vor allem für deutsche, österreichische und tschechische politische Häftlinge offizielle Entlassungsscheine aus. Erika Buchmann gab nach dem Krieg allerdings an, dass letztlich nur ca. 200 Frauen auf diese Weise das KZ verlassen hätten.[212] Zur gleichen Zeit gingen die willkürlichen Selektionen weiter. Unter den Häftlingen verbreiteten sich Gerüchte über bevorstehende Evakuierungsmärsche zur Ostsee und über eine Sprengung des Lagers. Auf diesem Wege, so hieß es, wolle sich die SS aller transportunfähigen Häftlinge entledigen.

207 Dr. Franz-Bernhard Lucas, geb. 1911, zuvor SS-Arzt im KZ Auschwitz, ausführlicher zu Lucas vgl. Kap. III.2., IV.3.

208 Vgl. Buchmann, Block 10, S. 6. Diese Kranken konnten das KZ Ravensbrück mit den Evakuierungstransporten des Internationalen, Schwedischen oder Dänischen Roten Kreuzes verlassen.

209 Dr. Adolf Winkelmann, geb. 1887, war Mitangeklagter im 1. Ravensbrück-Prozess 1946/47 vor einem britischen Militärgericht in Hamburg. Er starb vor der Urteilsverkündung.

210 Erpel, Vernichtung, S. 68 ff. Vgl. auch Stefan Hördler, Die Schlussphase des Konzentrationslagers Ravensbrück. Personalpolitik und Vernichtung, in: ZfG 56 (2008) 3, S. 222–248.

211 Vgl. ebenda, S. 148.

212 Vgl. Bericht 169b, Sammlungen MGR/SBG, Slg. Bu/19, ohne Paginierung.

Am frühen Morgen des 27. April 1945 wurden alle Blockältesten zur Lagerleitung gerufen. Man teilte ihnen mit, dass nun die Evakuierung des Lagers beginne.[213] Die Häftlinge sollten kein Gepäck mitnehmen; beim Verlassen des Lagers würde jede Frau eine Decke und ein Rot-Kreuz-Paket erhalten. Die Häftlinge wurden in großer Eile aus den Blocks und zum Zählappell getrieben. Zu diesem Zeitpunkte hatte das KZ Ravensbrück noch etwa 20 000 Insassen. Bis zuletzt hatte Erika Buchmann gehofft, dass die Aufseherinnen es ihr gestatten würden, bei den Kranken im Block 10 zu bleiben.[214] Aber mit einer der letzten Marschkolonnen musste auch sie das Lager verlassen.

Die Dramatik der letzten Stunden im KZ schildert Erika Buchmann in einem undatierten Bericht nach der Befreiung: „Endlich am Morgen des 29. April (der Geschützlärm war deutlich zu hören) kam der Befehl: alles, was gehen kann, tritt mittags um 12 Uhr mit allem Gepäck auf der Lagerstraße an. Wir Kommunistinnen waren in der Mehrheit der Auffassung, daß wir uns weigern sollten, das Lager zu verlassen. Die SS ging jedoch mit vorgehaltenen Revolvern und Schäferhunden von Block zu Block und jagte alles raus, was gehen konnte. Auf Anordnung der Ärzte durften neben den Kranken nur eine kleine Zahl von Ärztinnen und Pflegerinnen im Lager bleiben. Wir versprachen unseren Kameradinnen, daß wir die Verbindung mit dem Lager aufrecht erhalten und bei der ersten sich bietenden Gelegenheit zurückkommen würden."[215]

Beim Abmarsch aus Ravensbrück gelang es Erika Buchmann, mit zwei guten Freundinnen, Ilse Hunger und Nadja Bunjac, zusammenzubleiben.[216] Auf der Straße trafen sie auf Tausende Flüchtlinge; vor allem Frauen und Kinder versuchten, in Richtung Westen zu fliehen. Pferdefuhrwerke versperrten den Weg, und Soldaten der Wehrmacht versuchten in der entgegengesetzten Richtung zur Front zu kommen. Immer wieder überflogen Flugzeuge der Alliierten die Straße im Tiefflug. Die Grenze zwischen den Flüchtlingen, den Soldaten und den Frauen aus dem KZ Ravensbrück verschwamm immer mehr.

Noch nicht weit vom KZ entfernt gelang Erika Buchmann, Ilse Hunger und Nadja Bunjac die Flucht in einen Wald. Einen Tag und eine Nacht verbargen sie

---

213 Vgl. Sigrid Jacobeit in Zusammenarbeit mit Simone Erpel, „Ich grüße Euch als freier Mensch". Quellenedition zur Befreiung des Frauen-Konzentrationslagers Ravensbrück im April 1945, Berlin 1995, S. 85 ff.

214 Vgl. Manuskript Erika Buchmann, nach 1945, SAPMO-BArch NY 4178/51, Bl. 46.

215 Bericht 169b, Sammlungen MGR/SBG, Slg. Bu/19, ohne Paginierung.

216 Ilse Hunger, geb. 1910, gest. 1989, deutsche Kommunistin, war in der Schreibstube beschäftigt gewesen und hatte Erika Buchmann durch die Manipulation von Krankenlisten geholfen, Häftlinge des Tbc-Blockes zu retten. Nadja Bunjac, 18-jährige Jugoslawin, war in den letzten Monaten Stubenälteste im Tbc-Block gewesen.

sich unter Zweigen in einer Mulde. Erika Buchmann und Ilse Hunger dachten fieberhaft über ihre Fluchtchancen nach, während Nadja Bunjac 24 Stunden lang schlief. Als die drei Frauen schließlich am 30. April ihr Versteck verließen und zurück zur Straße liefen, fanden sie diese leer vor. In einiger Entfernung erkannten sie dann aber sowjetische Soldaten und Panzer. Sie waren frei.[217]

217 Vgl. Manuskript Erika Buchmann, nach 1945, SAPMO-BArch NY 4178/51, Bl. 46–48, 55–58; Bericht Erika Buchmann, nach 1945, ebenda, NY 4178/52, Bl. 5.

III. Zu Hause in Stuttgart. Parteipolitikerin und Landtagsabgeordnete (1945–1956)

Im folgenden Kapitel wird der Frage nachgegangen, wie sich die langjährige Hafterfahrung auf den weiteren Lebensweg von Erika Buchmann auswirkte. Wie viele Mitglieder der KPD, die Verfolgung und Haft überlebt hatten, setzte auch sie ihre politische Arbeit unmittelbar nach der Befreiung fort. Als Mitglied im KPD-Parteivorstand, Gemeindevertreterin im Stuttgarter Gemeinderat und Abgeordnete im Landtag von Baden-Württemberg machte sie in den Jahren zwischen 1945 und 1956 eine beeindruckende Karriere. Bei näherer Betrachtung ist dieser Erfolg jedoch weniger den eigenen Ambitionen geschuldet. Zu berücksichtigen sind vor allem der extreme Personalmangel der KPD nach der NS-Diktatur, der schwerlich zu kompensieren war, sowie der wachsende Verfolgungsdruck auf führende KPD-Mitglieder in der frühen Bundesrepublik. Chronologisch vorgehend, interessiert zunächst die Frage, wie Erika Buchmann nach zehn Jahren Haft die Rückkehr zur Familie und in ein ziviles Leben unter den Bedingungen der unmittelbaren Nachkriegszeit gestaltet hat. Blieb die KPD die maßgebliche Instanz und wichtigste Konstante in ihrem Leben oder setzte Erika Buchmann, vor allem nach der Geburt ihrer zweiten Tochter, andere Prioritäten?

Zu zeigen ist, dass Erika Buchmann sowohl wegen der veränderten familiären Situation als auch wegen der zunehmend als bedrohlich wahrgenommenen politischen Entwicklung auf die Anforderungen der KPD mit wachsendem Widerwillen, Enttäuschung und Verweigerung reagierte. Daran schließt sich die Frage an, wie sie diese schwierige Situation bewältigte.

III.1. Politisches Engagement unter amerikanischer Besatzung

Am 30. April 1945 wurde das Konzentrationslager Ravensbrück von Einheiten der Roten Armee befreit. Im Gegensatz zu Tausenden anderen Häftlingen war es Erika Buchmann gelungen, dem Todesmarsch zu entkommen. Sie kehrte zunächst wieder in das befreite KZ zurück und machte sich erst Mitte Juni 1945 auf den Weg nach Stuttgart.

Die Heimkehr Erika Buchmanns und die ersten Monate ihres Lebens in Stuttgart werden im Folgenden aus drei Perspektiven untersucht. Erstens werden die Rahmenbedingungen betrachtet, unter denen sie den Übergang zwischen Haft und Rückkehr in das zivile Leben bewältigen musste. Zweitens sind die Umstände zu analysieren, unter denen die Familien der politischen Häftlinge nach Jahren der Trennung wieder zusammenfanden. Den Buchmanns gelang dies allem Anschein nach problemlos. Dieser Befund ist umso erstaunlicher, als die Überlebenden nicht nur die physischen und psychischen Folgen ihrer Haft zu tragen hatten. Wie die Mehrheit der deutschen Bevölkerung mussten auch sie sich den Anforderungen der Nachkriegszeit stellen, den Verlust von Familienangehörigen und Heimat überwinden und mit Hunger und Wohnungsnot zurechtkommen. Verlief der Übergang von der Haft in das zivile Leben wegen der sofortigen politischen Einbindung tatsächlich reibungslos oder überlagerten sich hier verschiedene Entwicklungen, die ein Familienleben im engeren privaten Sinne nicht zuließen? Drittens geht es um die Möglichkeit des erneuten politischen Engagements ehemaliger kommunistischer KZ-Häftlinge im kommunalen und regionalen Rahmen in der Amerikanischen Besatzungszone. Ebenso interessiert die Doppelbelastung der Akteure, die gleichzeitig auch die Neugründung der KPD und den Aufbau der Parteistrukturen vorantrieben.

Erika Buchmann kehrte am 30. April 1945 in das befreite Frauen-KZ Ravensbrück zurück. Warum sie das tat, ist unklar. Sie selbst hat sich dazu nie geäußert. Vier Gründe erscheinen plausibel: Zunächst ist es denkbar, dass Erika Buchmann wissen wollte, was die SS den kranken und marschunfähigen Häftlingen angetan hatte, nachdem alle marschfähigen Insassen das Lager verlassen hatten. Sollte es noch Überlebende geben, würde jede Hilfe bei deren Pflege und Versorgung gebraucht werden. Zweitens war es durchaus ratsam, die Heimkehr zunächst aufzuschieben. Der Krieg war noch nicht beendet, und die politische wie militärische Situation in Deutschland völlig unübersichtlich. Erika Buchmann hatte bereits das Chaos auf den Straßen erlebt, das umherziehende Flüchtlingstrecks und aufgeriebene militärische Einheiten verursachten. Auch wusste sie um die zerbombten Großstädte, um zerstörte Bahnhöfe und Brücken sowie um die katastrophale Ernährungslage. In dieser Situation erschien bereits der Weg in das nur 80 Kilometer entfernt liegende Berlin außerordentlich mühevoll. Von Fürstenberg nach Stuttgart aber musste die zehnfache Strecke zurückgelegt werden. Drittens dürfte Erika Buchmann kaum in der körperlichen Verfassung für einen überstürzten Aufbruch gewesen sein. Und schließlich hatten die politischen Häftlinge offenbar abgesprochen, nach der Befreiung zunächst in das Lager zurückzukehren.

Bei ihrer Ankunft in Ravensbrück stießen Erika Buchmann, Ilse Hunger und Nadja Bunjac nach Aussage der ehemaligen Häftlinge Adélaïde Hautval und Vera Hozáková auf „medizinisches Personal zumeist selbst an Typhus oder Tbc erkrankt, körperlich geschwächt und ausgehungert, die fieberhafte Anstrengungen entwickelten, um dem Sterben Einhalt zu gebieten. [...] Die halbwegs ‚Gesunden' durchstreiften das Lager sowie die umliegende SS-Siedlung auf der Suche nach Eßbarem und stießen auf große Mengen von Rot-Kreuz-Paketen, die die SS gehortet und den Häftlingen vorenthalten hatte."[1] Nach Ravensbrück zurückgekehrte Frauen berichten übereinstimmend, dass Anfang Mai 1945 noch ca. 500 Tuberkulosekranke in dem ehemaligen Konzentrationslager waren.

Wie zahlreiche Quellen belegen, wurde das KZ Ravensbrück am 30. April 1945 von Einheiten der Roten Armee befreit. Doch das Bild, das die Erinnerungsberichte von den Ereignissen der ersten Tage nach der Befreiung zeichnen, bleibt auffallend unscharf. Sicher scheint, dass die Rote Armee nicht mit der Existenz eines Konzentrationslagers in dieser Region gerechnet hatte. Sie hatte daher auch keine Vorkehrungen für die schnelle Versorgung Tausender Kranker und Sterbender getroffen. Schließlich intervenierten einige ehemalige Häftlinge bei sowjetischen Offizieren, die in Fürstenberg stationiert waren. Wahrscheinlich ergriff die Rote Armee am 4. Mai 1945 erste Maßnahmen, um die Situation der noch im Lager verbliebenen Menschen zu verbessern.[2] Ob die fünftägige Verzögerung entstand, weil sich die Rote Armee nicht zuständig fühlte, oder ob ihr die logistischen Möglichkeiten fehlten, lässt sich nicht klären. Die dringlichste Aufgabe war die Wiederherstellung der Wasserversorgung im Lager, die in den letzten Apriltagen zusammengebrochen war.[3] Der Fürstenberger Stadtkommandant der Roten Armee, Hauptmann Makarov, zwang mehrere Hundert Einwohner, vor allem Frauen und junge Mädchen, zu Aufräumarbeiten und zur Versorgung der Kranken im Lager. Vorrangig galt es, den Ausbruch von Epidemien zu verhindern. Deshalb mussten die unzähligen Toten in Massengräbern in unmittelbarer Nähe des ehemaligen KZ bestattet werden.

Für andere ehemalige Konzentrationslager sind offizielle Anweisungen der Alliierten überliefert, die deutsche Bevölkerung mit den in ihrer unmittelbaren Nachbarschaft begangenen Verbrechen zu konfrontieren. In Ravensbrück scheint eine solche Anordnung nicht ergangen zu sein. Erika Buchmann jedoch glaubte offenbar an die erzieherische Wirkung einer unmittelbaren Konfrontation und ergriff selbst die Initiative. In einem undatierten Erinnerungsbericht schrieb sie: „Ich habe selbst eine Truppe von etwa 20 gezwungen, mit mir zum Krematorium zu gehen – dort lagen noch eine ganze Anzahl unverbrannter, nackter, völlig abgemagerter und stinkender Leichen. Ich hoffe, sie werden den Anblick nie vergessen können."[4]

---

1   Erpel, Vernichtung, S. 189.
2   Vgl. ebenda, S. 191 ff.; Interview mit Antonina Nikiforowa (ehemalige Häftlingsärztin), in: Jacobeit, Freier Mensch, S. 156 ff.; Schwarz/Steppan, Entstehung, S. 218 ff.
3   Vgl. Manuskript Erika Buchmann, nach 1945, SAPMO-BArch NY 4178/51, Bl. 58.
4   Bericht 169b, Sammlungen MGR/SGB, Slg. Bu 19, ohne Paginierung; Erinnerungsbericht Erika Buchmanns, undatiert, ebenda.

Im Laufe des Mai 1945 verbesserten sich die sanitären Verhältnisse in Ravensbrück; es gab genügend Reinigungsmittel, für jede Frau ein eigenes Bett und frische Wäsche. Auch Medikamente und Lebensmittel wurden in ausreichender Menge ins Lager gebracht. Trotzdem kam für viele Kranke jede Hilfe zu spät. Schätzungen zufolge starben in den ersten Wochen nach der Befreiung noch täglich 30 bis 35 Menschen. Im Laufe des Monats Juni konnte die Zahl der Toten auf zwei bis drei Menschen am Tag reduziert werden.[5] Die polnische Überlebende Wanda Kiedrzyńska berichtet, dass von den 240 im Lager zurückgelassenen Polinnen knapp ein Drittel noch nach der Befreiung starb.[6] Antonina Nikiforowa, sowjetische Überlebende und ehemalige Häftlingsärztin, erinnerte sich: „Einige der Kranken fuhren auch mit dem Wunsch in die Heimat zurück, um lieber dort, als im KZ Ravensbrück zu sterben. All jene, die ein Auto besteigen konnten, zogen es vor, nach Hause zu fahren. […] Das Einzige, was wir machen konnten, war, sie [die Toten im Lager] bekleidet der Erde zu übergeben. Die erste Zeit hatten wir noch die Möglichkeit, jeden in sein Grab zu legen. Später jedoch, bei bis zu 40 Beerdigungen täglich, konnten wir das nicht mehr tun."[7] Diese dramatischen Zahlen zeigen, welchen körperlichen und vor allem psychischen Belastungen Erika Buchmann nach ihrer Rückkehr in das ehemalige KZ ausgesetzt war. Das tägliche Sterben Hunderter Frauen nach der Befreiung war für die Überlebenden eine schwere Bürde, zumal auch kaum Zeit und Kraft blieben, die Toten würdig zu bestatten.

Erika Buchmann kümmerte sich in diesen Wochen jedoch nicht nur um die Versorgung der Kranken. Sie engagierte sich von Anfang an auch für eine Aufklärung über die Verbrechen der SS in Ravensbrück. Das zeigt die erzwungene Konfrontation der 20 Fürstenbergerinnen mit dem ehemaligen Krematorium. Bereits unmittelbar nach der Befreiung war es Erika Buchmann ein wichtiges Anliegen, die Untaten von Ravensbrück zu dokumentieren, öffentlich an die Ermordeten zu erinnern und das Wissen der Überlebenden schriftlich festzuhalten.

In einem offensiven Umgang mit der jüngsten Vergangenheit sahen Erika Buchmann und andere Überlebende zudem einen Weg, die in den vergangenen Jahren erlittenen Qualen auch persönlich zu bewältigen. Viele ehemalige politische Häftlinge, insbesondere die Kommunistinnen, hingen der Vorstellung an,

---

5　So die Einschätzung von Simone Erpel, vgl. Erpel, Vernichtung, S. 197, allerdings ohne genaueren Angaben über die Quelle dieser Schätzungen. Verschiedene Überlebende und sowjetische Militärärzte veröffentlichten in den folgenden Jahrzehnten ihre Erinnerungen, in denen sie nicht repräsentative Zahlen über Kranke und Todesfälle nach der Befreiung nannten.

6　Vgl. Kiedrzyńska, Ravensbrück (dt. Übersetzung), S. 224 f.

7　Nikiforowa, in: Jacobeit, Mensch, S. 159 f.

den toten Kameradinnen gegenüber verpflichtet zu sein und deren Vermächtnis hüten zu müssen. Erika Buchmann gehörte zu denjenigen, die andere ehemalige Insassen von Ravensbrück dazu veranlassten, unmittelbar nach der Befreiung ihre Hafterfahrungen niederzuschreiben. Sie sammelte diese ersten Berichte und nahm sie an sich.[8] Die Niederschriften dienten freilich nicht allein dem Zweck, Zeugnis über die nationalsozialistischen Massenverbrechen im Lager abzulegen. Gleichzeitig sollten sie vermutlich auch darüber Auskunft geben, ob sich einzelne Genossinnen während ihrer Haft im Sinne der KPD „korrekt" verhalten hatten.

Allerdings dominierte eine geschlossene Gruppe politischer Häftlinge aus Deutschland frühzeitig die Sicht auf die Ereignisse im Konzentrationslager Ravensbrück.[9] Die Erinnerungen des ehemaligen politischen Häftlings Gertrud Lemmnitz zeigen, dass Autorinnen wie Erinnerungsberichte nach bestimmten Kriterien ausgewählt wurden.[10] Sie selbst bot vergeblich ihre Unterstützung an; sie wurde nicht beteiligt. In der Tat deutet alles darauf hin, dass bestimmten Überlebenden die Niederschrift einzelner Themen und Geschehnisse aus dem Lageralltag aufgetragen wurde. Die Erinnerungsberichte mussten zugleich unter zuvor festgelegten Fragestellungen und Maßgaben geschrieben werden. Zu den Organisatorinnen dieser ersten Erinnerungsberichte zählte offenbar auch Erika Buchmann, die laut Gertrud Lemmnitz auch einige Berichte an sich nahm. Andere wurden der sowjetischen Armee übergeben. So entstand schon sehr früh ein Kanon, innerhalb dessen sich alle weiteren Aussagen ehemaliger deutscher politischer (kommunistischer) Häftlinge bewegten.[11] Brisante Themen wie das Verhältnis zwischen verschiedenen Häftlingsgruppen oder das Selbstverständnis und Verhalten der sogenannten Funktionshäftlinge blieben entweder ganz ausgespart oder wurden nur verklausuliert behandelt.

Sofern es ihre Kräfte erlaubten, nahmen die überlebenden Frauen des KZ Ravensbrück im Mai 1945 auch an den ersten politischen Aktionen in der Stadt

8   Vgl. Bericht Gertrud Lemmnitz, SAPMO-BArch NY 4288, Nachlass Alfred Lemmnitz, Bl. 54.

9   Auch Frauen anderer Nationalitäten begannen mit der Dokumentation der Verbrechen in Ravensbrück. Darüber hinaus begann eine staatliche sowjetische Untersuchungskommission ihre Arbeit im ehemaligen KZ Ravensbrück, deren Bildung auf einen Regierungsbeschluss der Regierung der UdSSR zur Untersuchung nazifaschistischer Verbrechen im November 1942 zurückgeht. Vgl. Erpel, Vernichtung, S. 201.

10 Gertrud Lemmnitz, als deutsche Kommunistin in der Illegalität in Amsterdam verhaftet, berichtet, dass sie während der Haft trotz ihres politischen Hintergrundes keinen Kontakt zu den deutschen politischen Häftlingen herstellen konnte. Gertrud Lemmnitz wurde während ihrer Haft als Lagerläuferin und Lagerpolizistin eingesetzt. Vgl. SAPMO-BArch EA 2194, Bl. 17, Nachlass Gertrud Lemmnitz.

11 Vgl. Sammlungen MGR/SBG, Slg. Bu, ohne Paginierung.

Fürstenberg teil. Noch ohne Angabe der Urheberschaft wurde schon am Tag nach dem Einmarsch der Roten Armee zum Feiertag des 1. Mai 1945 ein Flugblatt mit der Überschrift: „Liebe Kameradinnen!" in der Stadt verbreitet. Darin hieß es: „Die Hölle des Konzentrationslagers Ravensbrück liegt hinter uns. Unseren Befreiern, den tapferen Soldaten der Roten Armee, gebührt unser heißer Dank. […] Wir Frauen aus allen europäischen Ländern geloben: Nie wieder Faschismus! Nie wieder Krieg! Wir werden uns dafür einsetzen, daß in der Welt alle Wirtschafts- und Handelsfragen sowie alle politischen Probleme friedlich gelöst werden. Uns vereint heute eine tiefe Trauer um all die tausend Frauen und Mütter, die im Lager Ravensbrück ihr Leben lassen mußten."[12] Offenkundig war der Roten Armee eher daran gelegen, Propaganda zu betreiben, als den unhaltbaren Zuständen im ehemaligen Konzentrationslager unverzüglich zu begegnen. Bekanntlich benötigte sie fünf Tage, um erste Hilfsmaßnahmen für die Überlebenden des Lagers einzuleiten.

Von Erika Buchmann wiederum ist das Manuskript einer Rede überliefert, die sie am 27. Mai 1945 im Kinosaal des Deutschen Hauses in Fürstenberg vor 600 Frauen gehalten haben soll. Darin konzentriert sie sich vor allem auf die Probleme der Fürstenberger Zivilbevölkerung. Eine besondere Dankbarkeit gegenüber der Roten Armee äußert sie nicht. Auch auf ihr eigenes Schicksal als Überlebende des Frauen-KZ Ravensbrück geht sie nicht ein. Sie erklärt: „Für uns werden harte Zeiten kommen. Wir sind besiegt und haben die Schäden gutzumachen, die wir in der Gesamtheit unseres Volkes verursachten. Wir haben kein Recht uns darüber zu beschweren. Wir alle, jeder Einzelne von uns, trägt die Verantwortung für diesen Krieg mit. […] Wir Frauen haben die Pflicht wachsam zu sein, damit das Elend der letzten Jahre nicht wieder vor uns und unseren Kindern stehen kann. Uns darf es nicht mehr genügen, gute Hausfrauen und sorgsame Mütter zu sein – wir müssen auch mehr als jemals vorher Anteil nehmen am politischen Leben unserer Nation. Wir können alles, was wir wollen."[13]

Erika Buchmanns verzichtet in dieser Rede auf jede ideologische Verbrämung. Weder beansprucht sie für sich und ihre Genossinnen, einen Beitrag zum Sieg über den Faschismus geleistet zu haben, noch nahm sie alle Deutschen für „einen Wendepunkt in unserer Geschichte"[14] in die Pflicht. Stattdessen richtet sie einen pragmatischen Appell an die Frauen: Zwar erwähnt sie durchaus eine allgemeine

---

12   Gesamter Wortlaut des Flugblattes in: Wolfgang Stegemann/Wolfgang Jacobeit (Hrsg.), Fürstenberg/Havel Ravensbrück. Im Wechsel der Machtsysteme des 20. Jahrhunderts, Bd. 2, Teetz 2004, S. 224.

13   Die Durchführung der Veranstaltung erwähnt Jacobeit, vgl. Stegemann/Jacobeit, Machtsysteme, S. 152, leider ohne Quellenangabe.

14   Stegemann/Jacobeit, Machtsysteme, S. 152 f.

Verantwortung von Frauen für den Krieg; sie kommt jedoch vor allem auf konkrete Aufgaben zu sprechen, die „wir Frauen" nun übernehmen müssten.

Ihre Rede ist darüber hinaus ein seltenes Beispiel für die frühe Auseinandersetzung einer Kommunistin mit der sowjetischen Besatzungsmacht. Erika Buchmann fährt fort: „Aufgehetzt und dazu aufgefordert von ihrer verbrecherischen Führung haben die SS-Männer [und nicht etwa deutsche Wehrmachtssoldaten] polnische, ukrainische und russische Frauen, Mädchen und Kinder vergewaltigt und viehisch abgeschlachtet, friedliche Heimstätten angezündet, Kinder gequält. [...] Der einfache russische Soldat, der vergewaltigt oder plündert, wird nicht ohne weiteres begreifen können, daß er sich für das an seinen Familien begangene Unrecht am falschen Objekt rächt."[15] Bei den Fürstenberger Frauen dürfte Erika Buchmann mit dieser Erklärung kaum auf Verständnis gestoßen sein. Doch ist ihre Rede in jedem Fall ein Indiz dafür, dass sie bereits wenige Wochen nach der Befreiung aus dem KZ aktiv und selbstbewusst in der Öffentlichkeit auftrat und zur Auseinandersetzung mit der jüngsten Vergangenheit aufforderte.

Nach Angaben des für Ravensbrück zuständigen sowjetischen Militärarztes, Sergej Bulanow wurde das ehemalige KZ Ravensbrück im Juni 1945 dem Ministerrat der UdSSR unterstellt.[16] Das Gelände sollte wahrscheinlich als zentraler Sammelpunkt für sowjetische Staatsangehörige dienen und unterstand ab diesem Zeitpunkt dem NKWD. Mit dieser Entscheidung wurde die Repatriierung der noch im Lager lebenden ehemaligen Häftlinge forciert. Viele KZ-Überlebende ließen sich vor ihrer Rückkehr in die Heimat Haftbestätigungen und/oder Passierscheine von der sowjetischen Militäradministration oder von der Fürstenberger Stadtverwaltung ausstellen. Auch im Nachlass Erika Buchmanns ist ein derartiger Ausweis überliefert; er ist auf den 11. Juni 1945 datiert.[17] Wenige Tage später trat sie von Fürstenberg/Ravensbrück ihre Heimfahrt nach Stuttgart an.

---

15 Ebenda. Auch zahlreiche ehemalige Häftlinge des Frauen-KZ Ravensbrück waren von sowjetischen Soldaten nach der Befreiung auf den Todesmärschen und im ehemaligen KZ vergewaltigt worden. Nach der Vergewaltigung von Jugoslawinnen in den ehemaligen Häftlingsbaracken schlossen sich die Frauen nachts in ihren Unterkünften ein. Vgl. Vera Hozáková, „Und es war doch ...", hrsg. von der Stiftung Brandenburgische Gedenkstätten, Berlin 1995, S. 49. Über die Anzahl der vergewaltigten Fürstenbergerinnen liegen keine statistischen Angaben vor. Jedoch ist der Selbstmord von über 40 Fürstenbergerinnen und Fürstenbergern unmittelbar vor oder nach dem Einmarsch der Roten Armee belegt. Vgl. Christreich Reck, Pastor i. R., Sterberegister der Stadt Fürstenberg/Havel vom 24. Mai 1945, zit. nach: Stegemann/Jacobeit, Machtsysteme, S. 225 f.

16 Vgl. Bericht 614, Aussage Bulanows, Sammlungen MGR/SBG, Slg. Bu/34, ohne Paginierung.

17 „Sicherheitsdienst der Stadt Fürstenberg/Havel", Ausweis vom 11. 6. 1945, SAPMO-BArch NY 4178/40, Bl. 4.

Zunächst reise sie nach Berlin. Vermutlich wusste sie, dass Maria Wiedmaier, eine Stuttgarter Kommunistin und später Mithäftling im KZ Ravensbrück, inzwischen Sozialreferentin und Leiterin des OdF-Ausschusses in Berlin-Charlottenburg war.[18] Maria Wiedmaier stellte Erika Buchmann am 22. Juni 1945 ebenfalls einen Ausweis darüber aus, dass sie eine Überlebende des KZ Ravensbrück sei. Beide Dokumente wurden ins Russische übersetzt und beglaubigt, sodass Erika Buchmann hoffen konnte, ohne weitere Schwierigkeiten nach Stuttgart zu gelangen. Am 4. Juli erreichte sie gemeinsam mit drei anderen Frauen Weimar. Am 8. Juli 1945 wurde sie in die laufende Versorgung des Ernährungsamtes Stuttgart aufgenommen.[19] Warum es offenbar erst zwei Tage später zu einem Wiedersehen mit ihrer Familie kam, ist ungewiss.

Bereits vor ihrer Rückkehr nach Stuttgart hatte Erika Buchmann einen Brief an ihre Tochter Inge geschrieben.[20] Während ihrer Internierung in Ravensbrück hatte sie stets sehr persönliche Briefe an Inge verfasst, in deren Mittelpunkt das Wohlergehen und die Lebensumstände der Tochter standen. Nun wandte sie sich in einem sehr sachlichen Ton an Inge; zum Ende des Briefes verfiel sie in eine nachgerade agitatorische Diktion: „240 Kilometer haben wir schon zwischen Ravensbrück und uns gelegt und all das Schreckliche, das wir dort erlebten, ist Erinnerung geworden, eine schreckliche Erinnerung an die Zeit tiefster deutscher Schmach. Wir sind derart hart geworden und wir haben hassen gelernt aus tiefstem Herzensgrund. Wir hassen den Faschismus als unseren Todfeind, als die Macht, mein Kind, die Euch Jungen an der Front und in der Heimat Millionen geopfert hat […].“[21] Während der KZ-Haft hatte sich Erika Buchmann in ihren Briefen an Ehemann und Tochter niemals frei äußern können. Daher verwundert es umso mehr, dass sie in ihrem vermutlich ersten unzensierten Brief nach Jahren nun einen so förmlichen Ton anschlug. Statt von sich selbst zu sprechen, wählt sie den Plural. Ihre Tochter nennt sie nicht beim Namen, sondern spricht sie nur

18   SAPMO-BArch NY 4202/12, 14, 16, 19, Nachlass Maria Kuhn-Wiedmaier. Vgl. auch Weber/ Herbst, Kommunisten, S. 866; Susanne zur Nieden, Unwürdige Opfer. Die Aberkennung von NS-Verfolgten in Berlin 1945 bis 1949, Berlin 2003, S. 142.

19   Vgl. SAPMO-BArch NY 4178/40, Bl. 4, Bestätigung vom Ernährungs- und Wirtschaftsamt der Stadt Stuttgart vom 04.07.1945.

20   Vgl. Brief von Erika Buchmann an Inge Buchmann vom 23. Juni 1945, SAPMO-BArch NY 4178/58, Bl. 197. Der Brief liegt nur in einer maschinenschriftlichen Abschrift vor. Wird unterstellt, dass es im Juni 1945 kaum noch funktionierende Postverbindungen zwischen den Besatzungszonen gab und auch die Zustelladresse nicht eindeutig klar war, ist zu bezweifeln, dass der Brief Inge Buchmann überhaupt erreichte. Zudem müssen grundsätzliche Zweifel an der Authentizität des Schreibens bestehen.

21   Brief von Erika Buchmann an Inge Buchmann vom 23. Juni 1945, SAPMO-BArch NY 4178/58, Bl. 197.

Albert Buchmann, Juli 1945.
BArch, Bild Y10-1431/00.

mit „mein Kind" an. Der Grund für ihre Distanziertheit und die steifen Formulierungen ist unklar.

Albert Buchmann hatte nach seiner Rückkehr im Mai ein rasches Wiedersehen mit seiner Frau herbeigesehnt.[22] Jedoch fand er fast zwei Monate später nur wenige Worte, die die erste Begegnung mit Erika nach einer zwölfjährigen Trennung belegen. Zwischen: „21. Mai, Pfingstmontag – Ankunft in Stuttgart mit sowj. Freunden 2 Beiwagen" und „19. Juli, Donnerstag – 7.00 Hochstetten" erwähnte Albert Buchmann in seinem Taschenkalender lapidar: „10. Juli, Dienstag – Nachmittags kam Erika von Ravensbrück zurück."[23]

Bis auf diese knappe Notiz sind keine weiteren Äußerungen des Ehepaars über das Wiedersehen im Juli 1945 überliefert. Nachdem der direkte Briefkontakt zwischen KZ-Insassen verboten worden war, hatten sich Erika und Albert Buchmann durch Briefe ihrer Tochter über den Aufenthaltsort und den Gesundheitszustand des jeweils anderen informieren können.[24] Im Frühjahr 1945 riss vermutlich

---

22 Vgl. Kalendereintrag vom 22. Mai 1945, SAPMO-BArch NY 4178/5, Bl. 2.
23 Abschrift Taschenkalender 1945 (das Original ist ebenfalls überliefert), SAPMO-BArch NY 4178/5, Bl. 3.
24 Vgl. letztes überliefertes Schreiben von Erika Buchmann an Inge Buchmann im Dezember 1944, SAPMO-BArch NY 4178/58, Bl. 195; letzter überlieferter Brief von Albert Buchmann an Inge Buchmann vom 7. Januar 1945, SAPMO-BArch NY 4178/43, Bl. 305.

auch der Kontakt zu Inge ab. Zwischen den Eheleuten aber war es wahrscheinlich unstrittig, dass sie sich nach Kriegsende in Stuttgart treffen würden.

Albert Buchmann war am 23. April 1945 auf dem sogenannten Evakuierungs-marsch aus dem KZ Flossenbürg bei Neumarkt in der Oberpfalz von amerika-nischen Truppen befreit worden: „Die Wende für uns ist da! Die Amerikaner haben uns gestern befreit! Frei! Nach zwölf Jahren! Es fehlen daran noch zehn Tage."[25] In seinen Erinnerungen erwähnt Albert Buchmann, dass er und die anderen „Blaupunkte" noch im April 1945 in Wehrmachtsuniformen gesteckt und als wehrwürdig erklärt worden seien.[26] Am 18. April 1945 wurden die Männer vereidigt.

Nach der Befreiung untersagte der amerikanische Stadtkommandant von Neu-markt den befreiten Häftlingen die eigenmächtige Weiterreise und jede Art von politischer Aktivität. Ungeachtet dieses Befehls begannen deutsche, französische und sowjetische ehemalige Häftlinge jedoch umgehend mit der politischen Arbeit. „Nachher mit Dolmetscher, der dem amerikanischen Kommandanten unsere Absicht vorträgt, zur 1. Mai-Veranstaltung. Ablehnung! […] Zwanglose 1. Mai-Konferenz im Kommandantur-Polizeiraum. Zwei sowjetische, zwei jugoslawische, ein französischer, ein spanischer Delegierter, die Genossen vom Ort und wir drei Kameraden (Genosse Anton ist daheim zum Kochen)."[27] Am 8. Mai erhielt Albert Buchmann einen Ausweis, der ihm die Heimkehr nach Stuttgart ermöglichte. Über Allersberg, Großenried, Bechhofen, Dinkelsbühl und Schorndorf erreichte er am 22. Mai Stuttgart: „Zwei russische Offiziere fahren uns im Wagen nach Stuttgart. Endlich daheim! Inge ist da, jung, kräftig, froh, wie ich sie mir vorstellte. Voll Stolz halte ich sie im Arm. Aber es fehlt nun Erika. Sie wird sich noch irgendwo auf der Straße abmühen, um heimzukommen. Dann wird die Freude erst so vollkom-men sein, wie unter den Umständen denkbar. Am Abend im Kampfkomitee gegen Faschismus.[28] Die Genossen freuen sich, daß ich da bin. Es beginnt nun auch hier für mich die Fortsetzung der Arbeit im stärksten Ausmaß."[29]

Für Albert Buchmann war nach der Heimkehr die Suche nach einer gemein-samen Wohnung für die Familie die vorrangige Aufgabe. Am 1. Juni 1945 wurde

---

25   Kalender Albert Buchmann, 23. 4. 1945, SAPMO-BArch NY 4178/5, Bl. 23; Schumacher (Hrsg.), M. d. R., S. 73.

26   Vgl. Kalender Albert Buchmann, 23. 4. 1945, SAPMO-BArch NY 4178/5, Bl. 23.

27   Kalendereinträge vom 29. April und 1. Mai 1945, ebenda.

28   Vgl. Lutz Niethammer u. a. (Hrsg.), Arbeiterinitiative 1945. Antifaschistische Ausschüsse und Reorganisation der Arbeiterbewegung in Deutschland, Wuppertal 1976, insbesondere S. 503 ff.

29   Vgl. Kalendereintrag vom 22. Mai 1945, SAPMO-BArch NY 4178/5, Bl. 32. Warum die Rückkehr gemeinsam mit zwei russischen Offizieren stattfand, erläuterte Albert Buchmann nicht weiter.

ihm eine 3 ½-Zimmerwohnung in der Hauptstraße in Stuttgart-Gablenberg zugewiesen.[30] Der bisherige Wohnungsinhaber, Bernhard Weber, seine Frau und eine
Tochter mussten die Wohnung einschließlich des Inventars an Albert Buchmann
übergeben. Der bisherige „Pg und Ogru-Leiter Bernhard Weber" galt als flüchtig.
Am 3. Juli 1945 wurde außerdem den „zurückgekehrten, politischen KZ-Häftlingen Robert Strähle und Albert Buchmann der ehemalige Garten des Pg. Weber
mit der diesjährigen Obst- und Beerenernte" übertragen.[31]

Zwar lebte Erika Buchmann nach ihrer Rückkehr aus Ravensbrück mit ihrem
Mann und ihrer Tochter in einer fremden Wohnung, die mit Möbeln anderer
Menschen ausgestattet war.[32] Doch die Lebensumstände der Familie Buchmann
gestalteten sich weitaus günstiger als die der Mehrheit der KZ-Überlebenden. In
den Wohnräumen eines NSDAP-Mitglieds und Ortsgruppenleiters fühlte sich
Erika Buchmann aber immer etwas unbehaglich. Hinzu kamen Streitigkeiten mit
der Familie Weber um die Rückgabe von Einrichtungs- und Gebrauchsgegen-
ständen, die bis 1954 andauerten. Erika Buchmann rechtfertigte sich vier Jahre
später in einem Brief an die Tochter der Familie Weber: „Sie wissen, daß wir uns
von vornherein bemüht haben, alle ihren Eltern gehörenden Dinge so rasch als
möglich dem Wohnungsamt zurückzugeben – es ist nicht angenehm, in frem-
der Menschen Dinge leben zu müssen. Aber es ist Ihnen ja nicht unbekannt, daß
uns seitens der Gestapo ein Siebenzimmerhaushalt von sehr großem Wert rest-
los weggenommen worden ist. Dabei befanden sich Zimmereinrichtungen, die
nicht mehr ersetzbar sind, da sie aus dem Besitz meiner Großeltern stammten
und hohen Altertumswert hatten."[33] Bis in die 1950er-Jahre hinein vermieteten
die Buchmanns einen Teil der Wohnung an wechselnde Untermieter.[34] Bei Erika
Buchmann rief das beengte Wohnen ohne Privatsphäre ein nachhaltiges Gefühl
der Heimatlosigkeit hervor.

Die Stadt Stuttgart war in den Kriegsjahren weiträumig bombardiert worden.
68 Prozent der Innenstadt waren nach 53 Luftangriffen nicht mehr bewohnbar

---

30 Vgl. Wohnraumzuweisung, Wohnungs- und Siedlungsamt der Stadt Stuttgart vom 1. 6. 1945,
   SAPMO-BArch NY 4178/50, Bl. 1.
31 Ebenda, Bl. 2.
32 Offenbar wurde den Buchmanns die Wohnung zur dauerhaften Nutzung übergeben. Ab
   Sommer 1945 wurden ihnen für die Einrichtungs- und Gebrauchsgegenstände von der
   städtischen Preisbehörde sogenannte Abnutzungsgebühren in Rechnung gestellt, bis zum
   August 1950 betrugen diese 700 Mark. Vgl. Wohnraumzuweisung, Wohnungs- und Siedlungsamt der Stadt Stuttgart vom 1. 6. 1945, SAPMO-BArch NY 4178/50, Bl. 1 ff.
33 Brief von Erika Buchmann an Lore Schneider, geb. Weber, vom 14. November 1949,
   SAPMO-BArch NY 4178/50, Bl. 18 f.
34 Es ließ sich nicht klären, ob dies aufgrund des Mangels an Wohnraum verpflichtend war
   oder ob die Buchmanns alte Gewohnheiten wieder aufnahmen.

Erika Buchmann, 1945/46.
BArch, Bild Y10-233/00.

oder galten als vollkommen zerstört. Annähernd 4 500 Menschen waren bei den Luftangriffen getötet worden.[35] In den größeren süddeutschen Städten wie Stuttgart, Heilbronn und Ulm lagen fast drei Viertel der Industrieanlagen in Schutt und Asche.[36] In Stuttgart hatten die Bombenangriffe vor allem die Werke von Daimler-Benz und Bosch getroffen. Hinzu kam, dass Württemberg während des Zweiten Weltkrieges einen beträchtlichen Verlust an Einwohnern zu verzeichnen hatte: Neben 120 000 Wehrmachtsangehörigen waren auch 18 000 Zivilpersonen umgekommen. Am 21. April 1945 hatten französische Truppen Stuttgart befreit; die Amerikaner hatten die Gebiete rechts des Neckars besetzt.[37] Nach längeren Verhandlungen einigten sich Franzosen und Amerikaner auf den Verlauf der Zonengrenze entlang der Autobahn Karlsruhe–Ulm. Am 8. Juli 1945 wurde Stuttgart in das amerikanische Besatzungsgebiet eingegliedert. Trotz der Einwohnerverluste war die Zahl der Menschen, die versorgt werden musste, nicht geringer geworden. Neben den Evakuierten und den Displaced Persons musste vor allem der Unterhalt der französischen und amerikanischen Besatzungsmacht sichergestellt werden.

35   Vgl. Friedrich, Brand, S. 336; Paul Sauer, Die Demokratisierung des kommunalen Lebens nach 1945 in Stuttgart, Stuttgart 1996, S. 5 f.
36   Vgl. Schnabel, Württemberg, S. 225.
37   Vgl. Sauer, Demokratisierung, S. 6; Edgar Lersch u. a. (Hrsg.), Stuttgart in den ersten Nachkriegsjahren, Stuttgart 1995, S. 22 ff.

Im Herbst 1945 begann der Zustrom der Vertriebenen nach Württemberg und Baden. Innerhalb eines Jahres stieg in Württemberg die Anzahl der Menschen, die Wohnraum und Lebensmittel benötigten, noch einmal um eine halbe Million an. Umso erstaunlicher erscheint eine Mitteilung der Stuttgarter Zeitung im November 1945, dass die Ernährungslage ernst, aber nicht verzweifelt sei. Im Bericht heißt es weiter, die Ernte sei ausreichend genug, um die Bevölkerung über den Winter bis zum April leidlich zu versorgen.[38] Dennoch gab es vor allem in den zerstörten württembergischen Großstädten große Schwierigkeiten, die Menschen mit Lebensmitteln, Brennstoffen und akzeptablem Wohnraum zu versorgen.

Erika Buchmann erreichte ihre Heimatstadt praktisch zeitgleich mit dem Übergang von der französischen zur amerikanischen Besatzungsmacht. Beim Wiederaufbau des öffentlichen und gesellschaftlichen Lebens gingen die Amerikaner davon aus, dass sich eine besiegte Nation dem Willen der Sieger beugen müsse. Die Besatzung sollte jedoch nicht in Willkürherrschaft umschlagen. Vielmehr beabsichtigte die Militärregierung auf lokaler Ebene, das System der deutschen Zivilverwaltung, der Gerichtsbarkeit und der ausführenden Organe weitestgehend weiter zu nutzen.[39] Unmittelbar nach der Übernahme der Besatzungszone führten die Amerikaner ein striktes Verbot aller politischen Aktivitäten ein. Die Konsolidierung der Besatzungsherrschaft sollte nicht durch politische Forderungen von Teilen der deutschen Bevölkerung behindert werden. Bevor auf das partei- und kommunalpolitische Engagement von Erika Buchmann in Stuttgart eingegangen wird, soll zum besseren Verständnis kurz der Aufbau der kommunistischen Parteiarbeit in Süddeutschland und insbesondere in Württemberg während der amerikanischen Besatzungsherrschaft geschildert werden.

Noch während der französischen Besetzung Stuttgarts engagierte sich Albert Buchmann in Arbeitsausschüssen; diese Aktivitäten setzte er auch unter der amerikanischen Militäradministration fort.[40] Lutz Niethammer datiert Albert Buchmanns Rückkehr fälschlicherweise auf Anfang Juni 1945 und merkt an, dieser habe bereits zwei Tage später gemeinsam mit Romuald Hilsenbeck die Leitung der Zentrale der Arbeitsausschüsse übernommen.[41] Letztere Angabe wird durch den Taschenkalender Albert Buchmanns bestätigt. In einer undatierten Selbstdefini-

---

38 Ebenda.
39 Vgl. Radioansprache Oberst William W. Dawson, erster Landesmilitärgouverneur von Württemberg-Baden am 1. August 1945 zit. nach: ebenda, S. 37.
40 Vgl. Taschenkalender Albert Buchmanns 1945/46, SAPMO-BArch NY 4178/5, Bd. 1, Bl. 1 ff.
41 Vgl. Niethammer u. a. (Hrsg.), Arbeiterinitiative, S. 567. Romuald Hilsenbeck, geb. 1897, gest. 1961, Postschaffner, langjähriges KPD-Mitglied, vor 1933 KPD-Abgeordneter des württembergischen Landtages, wegen illegaler KPD-Arbeit bis 1945 mehrfach in „Schutzhaft", nach 1945 im Führungskreis der KPD in Württemberg und Gemeinderat in Stuttgart.

tion der Arbeitsausschüsse hieß es: „Die Arbeitsausschüsse sind parteipolitisch unabhängige Arbeitsgemeinschaften der Hitlergegner in Stadt und Land. Sie sind in paritätischer Zusammensetzung Organe des Volkes zur Beseitigung der Reste des Nationalsozialismus, zur Förderung des Wiederaufbaus und der Wiedergutmachung. […] Die Arbeitsausschüsse unterordnen sich in jeder Weise den Anordnungen der Besatzung und der Behörde. Sie sind die Beauftragten der breitesten Bevölkerungskreise, Mittler und Helfer zwischen Volk und Stadtverwaltung."[42]

Eine interessante Ergänzung liefert ein KPD-Situationsbericht über die Bezirke Baden, Pfalz, Saargebiet und die Stadt Stuttgart vom Oktober 1945: „In Württemberg drückt sich die Politik des antifaschistisch-demokratischen Blocks in den antinazistischen Arbeitsausschüssen aus, von denen es allein 50 in Stuttgart und insgesamt 200 in Württemberg gibt. Darunter sind sämtliche Städte Württembergs vertreten. Die Landesleitung dieser Arbeitsausschüsse ist wie folgt zusammengesetzt: 1 KPD (Buchmann 1. Sekretär der Bezirksleitung), 1 SPD, 1 Zentrum und ein bekannter Bauernvertreter. Am 15. September 1945 waren in ganz Württemberg 8000 Menschen als Mitarbeiter dieser Ausschüsse erfaßt. Die Tätigkeit dieser Ausschüsse wird sogar in amerikanischen Zeitungen als vorbildlich gerühmt, obwohl sie nicht offiziell bestätigt, also nur toleriert sind. Die Arbeitsausschüsse haben sich das Recht erkämpft, für die von den Nazileitern frei gewordenen Betriebsleiterstellen Kommissare vorzuschlagen."[43]

Auch Erika Buchmann gönnte sich nach ihrer Ankunft in Stuttgart nur eine kurze Ruhepause. Ohne Angabe der Quelle erwähnt Lutz Niethammer, dass auch sie sich in der Frauenarbeit der Arbeitsausschüsse engagierte.[44] Schon im Mai 1945 hatte sich innerhalb des zentralen Arbeitsausschusses von Stuttgart eine Unterabteilung für Frauenarbeit gebildet. Die hier engagierten Frauen setzten Bäckereien wieder in Gang, organisierten den Transport von Kartoffeln aus Bayern und regelten die Wohnungs- und Brennholzverteilung. Später kamen die Einrichtung von Nähstuben, die Verteilung von Bekleidung und die Einrichtung von Schulspeisungsangeboten für die Stuttgarter Kinder hinzu. Ob Erika Buchmann tatsächlich

---

42 Vgl. SAPMO-BArch BY 1/360, Bl. 65 ff. Wahrscheinlich handelt es sich um eine Form der Selbstdarstellung; Autor und Erscheinungsjahr sind nicht angegeben.

43 Vgl. ebenda.

44 Vgl. zu Frauen- und Arbeitsausschüssen in Stuttgart: Andrea Hauser, Frauenöffentlichkeit in Stuttgart nach 1945 – Gegenpol oder hilflos im Abseits?, in: Anna-Elisabeth Freier/ Annette Kuhn, Frauen in der Geschichte V, Düsseldorf 1984, S. 64. Ich habe keine weiteren Hinweise für eine Mitarbeit Erika Buchmanns in den Arbeitsausschüssen gefunden. Sicher ist, dass sie gemeinsam mit Romuald Hilsenbeck, Karl Brehm, Wilhelm Elsässer und Karl Groß dem Stuttgarter Gemeinderat angehörte. Alle vier waren KPD-Mitglieder und hatten schon im April 1945 in verschiedenen Stuttgarter Stadtbezirken Kampfkomitees, die Vorläufer der Arbeitsausschüsse, gegründet.

Mitarbeiterin der Arbeitsausschüsse wurde oder als Gemeinderätin nur eng mit diesen zusammenarbeitete, lässt sich nicht klären.

Nach seinen Eintragungen im Taschenkalender war Albert Buchmann im Sommer 1945 nicht nur mit der Leitung der Arbeitsausschüsse beschäftigt. Er nahm auch Kontakt zu alten Genossen auf, suchte Bündnispartner und unternahm erste Versuche zur Reorganisation der Stuttgarter KPD-Leitung. Wilhelm Heinskill, der als politischer Häftling in Mauthausen interniert gewesen war, traf auf dem Heimweg nach Berlin in Stuttgart mit Albert Buchmann zusammen. Er berichtet: „Die Parteiarbeit ist durch die Illegalität sehr gehemmt. Nach Rücksprache mit Buchmann, Stuttgart, beschränken wir uns auf reine Kaderarbeit. Wir erwarten wie in der russischen Zone die Legalität der Partei."[45]

Für Albert Buchmann begann am 25. September 1945 ein neues Berufsleben in der Landesverwaltung Württemberg/Inneres. Sein Vorgesetzter war der Landesdirektor und spätere Innenminister Fritz Ulrich.[46] Zwar hegte der Sozialdemokrat wahrscheinlich persönliche Vorbehalte gegen Buchmann. Im Juli 1945 hatte Ulrich seinem künftigen Mitarbeiter aber in einem Schreiben erläutert, was er von ihm erwarte: „Bemerken möchte ich, daß mir eine ausdauernde Verbindung zwischen den Arbeitsausschüssen, als den vorbereitenden Zellen einer künftigen politischen Willensbildung des Landes, sehr am Herzen liegt und ich gerade von Ihnen nach dieser Richtung allerhand erhoffe."[47] Am 11. Oktober 1945 wurde

---

45 Bericht vom 7. August 1945, SAPMO-BArch BY 1/59.

46 Vgl. Schreiben Fritz Ulrichs an Albert Buchmann vom 27. 9. 1945, SAPMO-BArch NY 4178/2, Bl. 2. Die Einstellung zum kommissarischen Direktor erfolgte unter Vorbehalt der Zustimmung der amerikanischen Militärregierung, die wenig später erfolgte. Fritz Ulrich und Albert Buchmann hatten auch in zentralen parteipolitischen Fragen miteinander zu tun. Während Albert Buchmann für eine Vereinigung von KPD und SPD eintrat, befürwortete Fritz Ulrich zunächst eine noch umfassendere Linkspartei, die neben den Arbeiterparteien auch Demokraten und ehemalige Zentrumsmitglieder umfassen sollte. Damit befand sich Fritz Ulrich ursprünglich im Gegensatz zu Kurt Schumacher, der einen derartigen Zusammenschluss strikt ablehnte.

47 Brief des Landesdirektors Fritz Ulrich an Albert Buchmann am 27. Juli 1945, SAPMO-BArch NY 4178/2, Bl. 1. Anlass des Briefes war die Verzögerung des Arbeitsbeginns Albert Buchmanns aufgrund von Raumproblemen, die durch einen Umzug der Innenverwaltung behoben werden sollten. Da es zeitgleich offenbar ähnliche Probleme bei der Arbeitsaufnahme Ludwig Beckers gab, liegt die Vermutung nahe, dass es innerhalb der Innenverwaltung Widerstand gegen die Einstellung von zwei kommunistischen Funktionären an verantwortlicher Stelle gab. Ludwig Becker, geb. 1892, gest. 1974, vor 1933 MdL in Württemberg, als „Rechter" aus der KPD ausgeschlossen, Mitglied der KPO, Gewerkschaftsfunktionär, 1938–1945 KZ Buchenwald, Wiedereintritt in die KPD, MdL Südwürttemberg-Hohenzollern, 1951 Ausschluss aus der KPD, ab 1955 Mitglied der SPD, 1953–1959 Bezirksleiter der IG Metall in Baden-Württemberg.

Albert Buchmann zum Regierungsdirektor ernannt. Er übernahm die Leitung der Wohlfahrtsabteilung im Württembergischen Innenministerium. Fritz Ulrich beurteilte die Arbeitsausschüsse durchaus kritisch. Einen Monat nach seinem Amtsantritt schrieb er am 18. Juli 1945 an den Stuttgarter Oberbürgermeister Arnulf Klett, man treffe in den Arbeitsausschüssen „vielfach auf Leute, denen man ihre jetzige feindliche Einstellung gegen den Nationalsozialismus in den früheren entscheidenden Zeiten nicht anmerken konnte". Gleichwohl schlug er vor: „Im Interesse der Erhaltung der Arbeitsfähigkeit der öffentlichen Verwaltung und eines leistungsfähigen Berufsbeamtentums [sollte] der Untersuchung dieser Bewegung näher getreten [werden]."[48]

Mit der Einstellung von Albert Buchmann wollte Fritz Ulrich nicht nur dessen praktische Erfahrungen als Leiter der Arbeitsausschüsse in Stuttgart nutzen. Aus sozialdemokratischer Perspektive war es auch ein kluger politischer Schachzug, den potenziellen KPD-Vorsitzenden in die Arbeit der Verwaltung einzubinden. Damit sollte Profilierungsversuchen der KPD begegnet werden.[49] Im Übrigen arbeiteten die Sozialdemokraten bereits seit Juni 1945 verstärkt in den Arbeitsausschüssen mit, um den Einfluss der Kommunisten einzudämmen.

Am 11. Juni 1945 wurde in der Sowjetischen Besatzungszone der Gründungsaufruf der KPD veröffentlicht. Am Tag darauf ließ die SMAD in Berlin die KPD als Partei zu.[50] In der Französischen bzw. später der Amerikanischen Besatzungszone war zu diesem Zeitpunkt die Neugründung politischer Parteien noch untersagt. Jedes politische Engagement bedurfte der Genehmigung des Militärgouverneurs. Ab August 1945 konnten Parteien in der Amerikanischen Besatzungszone eine Lizenz zur Arbeit auf kommunaler Ebene beantragen. Sie mussten aber demokratischen Anforderungen entsprechen. Für eine Lizenz mussten nicht nur das Parteiprogramm, ein Finanzierungsplan sowie eine Liste mit Unterstützungsunterschriften eingereicht werden. Zugleich war ein umfangreicher Fragebogen auszufüllen.[51]

---

48 Brief Fritz Ulrichs, Landesdirektor für Inneres, an Dr. Arnulf Klett, OB Stuttgart (vom 18. Juli 1945 bis zu seinem Tod 1974), zit. nach: Lutz Niethammer, Kampfkomitees und Arbeitsausschüsse in Stuttgart, in: ders. u. a. (Hrsg.), Arbeiterinitiative, S. 593 f.

49 Im Juli 1945 sprach Kurt Schumacher erstmals nach dem Krieg auf einer Funktionärsversammlung in Stuttgart. Schumacher, der vor 1933 württembergischer Landtagsabgeordneter und Stuttgarter Reichstagsabgeordneter war, verfügte nach wie vor über eine starke Hausmacht im Südwesten. Er sprach sich vehement gegen eine Aktionseinheit oder gar einen Zusammenschluss mit der KPD aus. Lediglich in der Sozialpolitik und bei der Aufarbeitung des Nationalsozialismus wollte er Zugeständnisse machen.

50 Diese Neugründung der KPD, wie die wenig später erfolgte (Neu-)Gründung von SPD, CDU und LDP, blieb auf die Sowjetische Besatzungszone beschränkt. Die Forderungen aus dem Gründungsaufruf der KPD sollten gleichwohl für alle Besatzungszonen gelten.

51 Vgl. Lersch, Nachkriegsjahre, S. 78 ff.

Lange Zeit wurden in der Amerikanischen Besatzungszone Lizenzen nur auf Kreisebene erteilt. Im Sommer 1945 waren KPD und SPD die ersten Parteien, die eine Lizenz erhielten und politisch wieder aktiv wurden. Ungeachtet der Beschränkungen, die ihr die Besatzungsmacht auferlegt hatte, versuchte die KPD, die Organisationsstrukturen der Vorkriegszeit mit Untergliederungen in Kreis-, Bezirks- und Landesorganisationen zu reaktivieren. In Anbetracht der hohen personellen Verluste der Partei sowie ihres weiterhin nur halblegalen Status erforderte dieses Vorhaben einen ungeheuren Kraftakt.[52]

Albert Buchmann arbeitete zehn Monate als Regierungsdirektor im Innenministerium. Am 15. Juli 1946 schied er auf eigenen Wunsch aus dem Innenministerium aus.[53] Damit folgte er einer Weisung der im April 1946 in Berlin gegründeten SED, die seine Zusammenarbeit mit der SPD-Führung kritisiert hatte.[54] Nach seinem Rückzug aus dem Amt widmete sich Albert Buchmann ganz im Sinne der Berliner Leitung ausschließlich dem weiteren Aufbau der KPD in Württemberg-Baden, deren Vorsitzender er wurde. Die KPD-Führung von Württemberg-Baden hatte aber noch weiterreichende Pläne mit Buchmann: Er sollte bei den Wahlen zur Verfassunggebenden Landesversammlung am 30. Juni 1946 als Spitzenkandidat der Kommunisten kandidieren. Die KPD setzte dabei auf Buchmanns Reputation als erfahrener Parlamentarier der Weimarer Republik, als engagierter Leiter der Arbeitsausschüsse und als anerkannter Gegner der nationalsozialistischen Diktatur.

Das Wahlergebnis war für die KPD jedoch enttäuschend. Von den 100 Sitzen in der Verfassunggebenden Landesversammlung gewann sie nur zehn und fiel damit als kleinste Partei sogar weit hinter die DVP zurück. Der Entwurf der neuen Verfassung wurde am 24. Oktober 1946 von der Landesversammlung verabschiedet. Einen Monat später billigten die Wähler die Verfassung; gleichzeitig fanden erstmals Wahlen zum Landesparlament statt. Die CDU erhielt 38,4 Prozent, die

---

52 Zwischen 30 000 und 40 000 KPD-Mitglieder wurden während der NS-Zeit ermordet, 60 000 wurden in Zuchthäusern und KZ inhaftiert, 50 000 starben während des Krieges und 100 000 Mitglieder der KPD wurden in die Wehrmacht eingezogen und befanden sich zu diesem Zeitpunkt noch in Kriegsgefangenschaft. Vgl. Wilhelm Pieck, Sitzungsnotizen, SAPMO-BArch BY 1/59, Bl. 39. Vgl. auch Patrick Major, The death of the KPD. Communism and Anti-Communism in West-Germany 1945–1956, Oxford 1997, S. 195 ff.

53 Vgl. div. Schreiben zur Verwaltungsarbeit von Albert Buchmann, u. a. 13. Juli 1946, SAPMO-BArch NY 4178/2, Bl. 5, hier auch Schreiben Albert Buchmanns an Fritz Ulrich mit der Bitte, aus dem Amt ausscheiden zu dürfen, sowie die Antwortschreiben Fritz Ulrichs und der Staatskanzlei. Laut Ersatzarbeitsbuch von Albert Buchmann blieb er bis zum 31. Oktober 1946 Regierungsdirektor. Der KPD wurde zugestanden, einen anderen Vertreter für den Posten im Innenministerium zu benennen.

54 Vgl. zur Haltung der Berliner KPD-Führung zu diesem Vorgang Anm. 524.

SPD 31,8 Prozent, die DVP 19,6 Prozent und die KPD 10,2 Prozent der Stimmen. Albert Buchmann wurde in den Landtag gewählt und vertrat mit Walter Fisch aus Hessen die KPD im Länderrat der amerikanischen Zone. Laut Register des Landtages gehörten die KPD-Abgeordneten zu den aktivsten Landtagsmitgliedern dieser Legislaturperiode.[55] Ungeachtet dessen scheiterte die KPD bei der nächsten Landtagswahl im November 1950 mit 4,9 Prozent der Stimmen an der Fünf-Prozent-Klausel.[56]

Nach der Zulassung der Parteien in der Amerikanischen Besatzungszone veröffentlichte die KPD im September 1945 in Württemberg einen „Aufruf der Kommunistischen Partei! An das schaffende Volk in Stadt und Land! An alle fortschrittlichen Männer und Frauen! An die Stuttgarter Jugend!"[57] Dieser programmatische Aufruf war teilweise wortgleich mit dem Berliner Aufruf drei Monate zuvor. Zum Aufgabenkatalog gehörten Forderungen nach der Einheit der Arbeiterbewegung, der Enteignung der Nationalsozialisten und Kriegsverbrecher, dem Kampf gegen Hunger, Arbeitslosigkeit, Obdachlosigkeit und Kälte, der Wiederherstellung der demokratischen Rechte und Freiheiten des Volkes, der Abschaffung von Großgrundbesitz und großen Adelsgütern und der Übergabe der Betriebe, die die lebenswichtige öffentliche Grundversorgung sicherstellten, in die Hände der Selbstverwaltung der Gemeinden, der Kreise und des Landes.[58] Als Mitglieder des Parteivorstandes von Württemberg-Baden unterzeichneten diesen Aufruf auch Albert und Erika Buchmann. Erika Buchmann hatte sich zur Zeit der Veröffentlichung des Berliner Aufrufs im Juni 1945 noch in der SBZ aufgehalten und in Berlin und Kontakt zu zahlreichen KPD-Funktionären gehabt. Es ist daher

---

55   Vgl. Archiv des Landtages von Baden-Württemberg, Register des Ersten Württembergisch-Badischen Landtages, Stuttgart.

56   Vgl. Klocksin, Kommunisten, S. 132. Klocksin sieht die Gründe für das schlechte Abschneiden der KPD in der geringen Wahlbeteiligung, dem Abwandern potenzieller Wähler zur SPD und dem Zuzug von Wählern aus dem ostdeutschen Raum, die in der Tendenz antikommunistisch waren.

57   SAPMO-BArch BY 1/360, Bl. 1, undatiert. Die KPD konnte am 28. September 1945 in Stuttgart einen Antrag auf Zulassung stellen. Am 1. Oktober 1945 wurde von den Amerikanern die lokale Zulassung genehmigt, im Dezember 1945 konnten sich die Parteien landesweit offiziell (wieder) gründen.

58   Ebenda. Das Dokument ist undatiert, stammt aber wahrscheinlich aus den Sommermonaten 1945. Da es sich dezidiert an die Stuttgarter Bevölkerung richtet und von der KPD-Leitung Stuttgarts unterzeichnet wurde, war die KPD zu diesem Zeitpunkt wahrscheinlich nur auf lokaler Ebene zugelassen. Gleichwohl agierte Albert Buchmann bereits als Funktionär im überregionalen Rahmen. Dass es sich bei diesem Dokument um eine eher unreflektierte Übernahme des Textes aus Berlin handelte, wird an der Forderung nach Abschaffung des Großgrundbesitzes deutlich. Dies war für die ostelbischen Güter relevant, traf aber kaum auf Württemberg zu.

anzunehmen, dass sie die Veröffentlichung des KPD- Aufrufs in Württemberg entscheidend mit vorangetrieben hat.[59]

Im Sommer 1945 hatte sich die KPD von einigen politischen Positionen verabschiedet, die bis 1933 für sie verbindlich gewesen waren. So verzichtete sie auf die traditionelle kommunistische Forderung nach der Verstaatlichung der Produktionsmittel und forderte die Errichtung einer parlamentarisch-demokratischen Republik. Mit keinem Wort fand das bis 1933 propagierte „Sowjetdeutschland" Erwähnung. Diese programmatische Neuausrichtung entsprach den „Grundlinien für die Gestaltung eines neuen demokratischen Deutschland", die KPD-Funktionäre ab Herbst 1944 im Moskauer Exil erarbeitet hatten. Darin waren Konzepte für die Errichtung einer Nachkriegsordnung in Deutschland unter sowjetischer Herrschaft enthalten.[60] Die KPD sollte beim Aufbau einer antifaschistisch-demokratischen Ordnung die zentrale Rolle übernehmen: 1. Ihr müsse es gelingen, sich wie vor 1933 als Massenpartei zu etablieren. 2. Die noch bestehenden staatlichen Strukturen seien zu zerschlagen, um die entscheidenden Posten erhalten zu können. 3. Unter Führung der KPD müsse die Einheit der Arbeiterklasse erreicht werden.

Bei den programmatischen Vorgaben der Berliner KPD, die für sich in Anspruch nahm, das Führungsgremium aller KPD-Mitglieder zu sein, wurde kaum realisiert, dass die KPD in den westlichen Besatzungszonen unter deutlich schwierigeren Bedingungen als in der SBZ am Neuaufbau der Parteistrukturen und an der Umsetzung des Aufrufes vom 11. Juni 1945 arbeiten musste. Personell schlechter ausgestattet, von den Besatzungsmächten nicht unterstützt, sondern zum Teil argwöhnisch beobachtet, sollten die Funktionäre und Mitglieder vor Ort oftmals Berliner Beschlüsse umsetzen, in denen Gegebenheiten in anderen Regionen kaum berücksichtigt wurden. Dies betraf neben den historischen, strukturellen und regionalen Unterschieden besonders die aktuelle Konstellation unter der jeweiligen westlichen Besatzungsmacht.

Nach den Erfahrungen des Nationalsozialismus hielten viele langjährige Mitglieder von KPD wie SPD eine Vereinigung der beiden Arbeiterparteien für den einzig richtigen Weg. In etlichen lokalen und regionalen Organisationen kam es zu Zusammenschlüssen und Einheitsfrontbekundungen von Kommunisten und Sozialdemokraten. Auch die zahlreichen Arbeitsausschüsse Stuttgarts praktizierten über die Parteigrenzen hinweg eine erfolgreiche Zusammenarbeit. Obwohl

---

59 Vgl. Müller, Hälfte, S. 57.
60 Vgl. Christoph Kleßmann, Die doppelte Staatsgründung. Deutsche Geschichte 1945–1955, Bonn 1991, S. 27 ff.; Peter Erler, „Moskau-Kader" der KPD in der SBZ, in: Manfred Wilke (Hrsg.), Die Anatomie der Parteizentrale. Die KPD/SED auf dem Weg zur Macht, Berlin 1998, S. 229 ff.

dies den Forderungen nach Bündnispartnern und dem Gedanken der Volksfront-
politik entsprach, war der KPD-Führung in Berlin an dieser Art der Einigung von
unten jedoch nicht gelegen. Auf dem VII. Weltkongress der Komintern 1935 in
Moskau waren die Prinzipien der Bildung einer Einheitspartei formuliert worden.[61] Demnach sollte die KPD nur zu einer Fusion mit der SPD bereit sein, wenn
die neue Partei wesentliche Programmpunkte der KPD übernahm, die KPD die
Führungspositionen besetzte und die Prinzipien des demokratischen Zentralismus anwandte. Das ZK der KPD forcierte die Einheit von oben und ignorierte die
äußerst unterschiedlichen Voraussetzungen für die Bildung einer Einheitspartei
im Osten und Westen Deutschlands. Das war führenden Genossen der KPD zwar
bewusst.[62] Aber zugunsten eines einheitlichen Auftretens als Reichspartei bestanden sie weiter auf den in Berlin entwickelten einheitlichen Grundsätzen für die
Parteiarbeit.

Neben den strategisch falschen Berliner Vorgaben für die Parteiarbeit war
die Arbeitsüberlastung der örtlichen und regionalen Funktionäre ein Problem.
Die Mehrzahl der aktiven KPD-Mitglieder war nicht nur mit der Reorganisation
der Partei, sondern auch maßgeblich mit der Umstrukturierung der öffentlichen
Verwaltungen, der Besetzung der ersten zugelassenen Volksvertretungen und der
Organisation des zivilen Lebens befasst. Zu diesem Zeitpunkt konnten die KPD-
Mitglieder durchaus davon ausgehen, dass die Mitarbeit in Behörden und die
enge Zusammenarbeit mit Mitgliedern anderer Parteien dem KPD-Postulat einer
antifaschistisch-demokratischen Grundordnung entsprach. Auch die Besetzung
von lokalen Verwaltungen mit KPD-Angehörigen war von der Parteiführung als
vorrangige und besonders langfristig wirksame Aufgabe betont worden.

Angesichts der Zerstörungen und der Probleme bei der Versorgung der
Bevölkerung dürften viele KPD-Mitglieder das kommunalpolitische und soziale
Engagement allerdings hauptsächlich als Gebot der Stunde verstanden haben.
Sie fanden bei der Bevölkerung Anerkennung dafür, dass sie bei der Beschaffung
von Lebensmitteln, Wohnraum und Brennstoffen, bei der Wiederaufnahme des
Schulbetriebs sowie bei der Versorgung von Flüchtlingen und Obdachlosen hal-
fen. So konnte die Stuttgarter KPD in den unmittelbaren Nachkriegsmonaten
wesentliche Posten unter anderem beim städtischen Milchhof, im Wohnungs-,
Ernährungs- und Fuhramt sowie bei den technischen Werken[63] mit eigenen Mitgliedern besetzen.

61   Vgl. Staritz, KPD, S. 201 f.
62   Vgl. Manfred Wilke, Kommunismus in Deutschland und Rahmenbedingungen politischen
     Handelns nach 1945. Zur Einführung, in: ders. (Hrsg.), Anatomie, S. 32 f.
63   Vgl. KPD Stuttgart/Württemberg 1945/46, Situationsbericht, SAPMO-BArch BY 1/59,
     Bl. 39.

Bevor ehemalige KPD-Funktionäre nach dem Ende der NS-Herrschaft ihre politische Arbeit wieder aufnehmen durften, wurden sie innerhalb der KPD überprüft. Vor einem zentralen Ausschuss des ZK mussten sie über ihr eigenes Verhalten und das ihrer kommunistischen Mitgefangenen in den verschiedenen NS-Haftanstalten Rechenschaft ablegen, Auskunft über ihr Verhältnis zu anderen Häftlingen und ihre Mitarbeit in illegalen Parteigruppen geben.[64] Schon im Juni 1945 begann die KPD mit der Überprüfung der in NS-Deutschland verbliebenen Kommunisten und der aus den Konzentrationslagern befreiten Parteimitglieder.[65] Bisher geht die Forschung davon aus, dass sich die Ergebnisse dieser Befragungen nur selten sofort und direkt auf die Nachkriegskarriere der Einzelnen auswirkten. Einerseits war der Bedarf an erfahrenen Funktionären sehr groß; andererseits konnten die Angaben nur schwer überprüft werden. Alle Aussagen fanden allerdings Eingang in die Kaderakten und konnten bei Bedarf wieder herangezogen werden. Dass jene Berichte, die im KZ Ravensbrück unter maßgeblicher Mitarbeit Erika Buchmanns verfasst wurden, ebenfalls in diesem Kontext entstanden sind, ist zu vermuten, aber nicht nachweisbar.

Erika Buchmann engagierte sich nicht nur im Parteivorstand der Stuttgarter KPD, sondern ab Herbst 1945 auch in der Kommunalpolitik. Am 12. Oktober 1945 fand die erste Sitzung des Stuttgarter Gemeinderates statt.[66] Die Mitglieder waren von den jeweiligen Parteien benannt worden. Als eine von insgesamt sechs Genossen vertrat Erika Buchmann die KPD in der provisorischen Kommunalvertretung. Bis zu den ersten regulären Gemeinderatswahlen im Mai 1946 fanden die Sitzungen alle vier Wochen statt.

Erika Buchmann wurde Mitglied in der Wohlfahrts- und Gesundheitsabteilung.[67] Während sie sich in den Sitzungen kaum zu Wort meldete, trat sie auf der Ebene der Abteilungen, die heute den Ausschüssen entsprechen, mit ihrem Engagement deutlich hervor. Im Wohlfahrtsausschuss arbeiteten die mehrheitlich weiblichen Mitglieder überparteilich zusammen. Gemeinsam mit den Abgeordneten Charlotte Armbruster (CDU) und Anna Haag[68] (SPD) setzte sich Erika

---

64 Vgl. Stößel, Positionen, S. 59.

65 Vgl. Michael Kubina, Der Aufbau des zentralen Parteiapparates der KPD 1945–1946, in: Wilke (Hrsg.), Anatomie, S. 88. So wurde auch mit den aus der Westemigration zurückgekehrten Parteikadern verfahren.

66 Vgl. StadtA Stuttgart, Sitzungsprotokolle des Gemeinderates, Bd. 118. Ohne Angabe der Parteizugehörigkeit wurde Erika Buchmann als Hausfrau bezeichnet.

67 Vgl. ebenda, Bd. 119.

68 Vgl. Christa Gallasch, Anna Haag – Schriftstellerin, Frauenrechtlerin, Politikerin und Pazifistin, in: Schwäbische Heimat 4 (1990), S. 342–352; Maja Riepl-Schmidt, Anna Haag, geborene Schaich. Die Friedensfrau, in: dies., Wider das verkochte und verbügelte Leben. Frauenemanzipation in Stuttgart seit 1880, Stuttgart 1990, S. 247–254.

Buchmann nachdrücklich dafür ein, dass die amerikanische Besatzungsmacht Heizmaterial bevorzugt an Familien mit Kindern abgeben sollte. Dieser Vorschlag führte ebenso zum Erfolg wie die Initiative zur Gewährung eines Schulfrühstücks für besonders bedürftige Kinder. Da die Verwaltung im Winter 1945/46 nicht in der Lage war, derartige Aufgaben finanziell und logistisch zu bewältigen, musste die Hilfe auf andere Weise organisiert werden. Die Hilfsaktion „Rettet das Kind", für die Erika Buchmann die Unterstützung des Roten Kreuzes und der Sanitaire Suisse gewinnen konnte, übernahm zum Beispiel die Schülerspeisung.[69]

Am 26. Mai 1946 fanden in Stuttgart die ersten regulären Gemeinderatswahlen nach dem Krieg statt. Die nächsten Wahlen folgten im Oktober 1947. Erika Buchmann wurde beide Male gewählt und arbeitete nun in der Verwaltungs- und der Sozialabteilung. Im Laufe des Jahres 1946 nahm sie aber immer seltener an den Gemeinderatssitzungen teil. Für 1947 sind keinerlei Aktivitäten der Abgeordneten Erika Buchmann nachweisbar. Ihr Rückzug aus der aktiven Politik lag sicherlich an ihrer Schwangerschaft und der Geburt der zweiten Tochter Bärbel am 17. März 1947. Am 1. September 1948 trat Erika Buchmann offenbar von ihrem Mandat zurück. Der Schlosser und Betriebsrat Karl Hirsch nahm ihren Platz ein.[70]

Inge Buchmann, inzwischen 18 Jahre alt, hatte ihre Arbeit als Praktikantin in einer Bibliothek aufgegeben.[71] Von einer Ausbildung zur Bibliothekarin und einer anschließenden Tätigkeit als „Sippenforscherin" war nicht mehr die Rede. Nach elterlichem Vorbild begann sie sich im Sommer 1945 in der politischen Jugendarbeit zu profilieren. Sie arbeitete als Sekretärin der antifaschistischen Arbeitsausschüsse in Stuttgart und wurde im gleichen Jahr Landessekretärin der Schwäbischen Volksjugend und Mitglied der KPD.[72] Damit kam es beruflich und politisch zu einer engen Zusammenarbeit zwischen Vater und Tochter. Albert Buchmann adressierte am 23. Juli 1945 an die „Zentralstelle der Arbeitsausschüsse Groß-Stuttgart" einen Aufruf an die gesamte Jugend, um über die Reihen der Jungkommunisten hinaus Mitstreiter für die „Schwäbische Volksjugend" zu werben.[73] Im Sinne der Vorgaben des Berliner ZK der KPD sollte so auch in Württemberg eine Grundlage für eine „überparteiliche Jugendarbeit" geschaffen werden.

Obwohl sie zahlreiche Erfolge vor allem in der täglichen Arbeit für die Stuttgarter Bevölkerung verbuchen konnten, fand die Arbeit der württembergischen

---

69   StadtA Stuttgart, Sitzungsprotokolle der Sitzungen der Wohlfahrts- und Gesundheitsabteilung 1945–1956, Bd. 119.

70   Ebenda.

71   Vgl. Michael Herms, Hinter den Linien. Westarbeit der FDJ 1945–1956, Berlin 2001, S. 357.

72   Vgl. ebenda.

73   Vgl. SAPMO-BArch BY 1/360, KPD Stuttgart 1945–1959, hier: Arbeitsausschüsse, Bl. 59 ff.

Genossen in der Berliner KPD-Zentrale keine Anerkennung. Anfang November 1945 reiste ZK-Instrukteur Bruno Fuhrmann in die Amerikanische Besatzungszone. Seinem Einsatz lag der Anspruch zugrunde, dass lokale und regionale Parteiorganisationen durch Instrukteure des KPD-Parteivorstandes oder einen der Landesvorstände, später auch durch die SED direkt zu lenken und zu leiten seien. Die Instrukteure hatten die operative Umsetzung der zentral vorgegebenen politischen Linie vor Ort zu überwachen. Sie hatten unmittelbare Weisungsbefugnis und dominierten damit in der Praxis nicht selten die lokalen Führungsgremien.[74]

Der folgende Bericht des Instrukteurs Bruno Fuhrmann an das Sekretariat des ZK der KPD gibt einen guten Einblick in das Verhältnis zwischen dem ZK und der KPD-Landesleitung sowie in das Verständnis von innerparteilicher Demokratie Anfang 1946: „Württemberg-Baden: In diesem Bezirk hatten unsere Genossen von Anfang an eine falsche Einschätzung ihrer eigenen Stärke. Ich mußte in mehreren Aussprachen entschieden gegen die Auffassung auftreten, daß wir zum Beispiel nicht legal werden und wir als Kommunisten auch niemals einen Ministerposten erhalten oder an leitender Stelle im Staatsapparat tätig sein werden können. In beiden Bezirken bestand und besteht die Schwäche noch darin, daß wir mit der SPD nur eine lose Verbindung in der Spitze haben. Wir nutzten bisher dort wenig die Möglichkeiten in den Kreisen, Betrieben und Ortsgruppen aus, wo der Wille zur Einheit stark ist. Erst nach langer Diskussion wurde in Stuttgart mit der SPD-Führung das gemeinsame Vorgehen bei der Regierungsbildung besprochen. Die SPD-Führung sabotierte und schließlich gaben sich unsere Genossen mit einer untergeordneten Position im Innenministerium zufrieden. Der Ministerpräsident verlangte, daß ausgerechnet unser politischer Leiter, der Genosse Buchmann, diese Position übernehmen soll. Unsere Genossen fielen darauf herein, und das Sekretariat beschloß, daß Genosse Buchmann diese Position übernimmt, obwohl ich schon vor einigen Wochen vorgeschlagen hatte, daß wir untergeordnete Positionen nicht übernehmen, wenn wir auf Grund unserer Stärke nicht wenigstens einen Ministerposten erhalten. [...] Er [Albert Buchmann] muß seinen Regierungsposten sofort niederlegen. Ich habe schon mit ihm darüber gesprochen. Er will dieses auch tun. [...] Zwischen den drei Sekretären (Buchmann, Nuding, Leibbrand) läßt die Zusammenarbeit zu wünschen übrig. Formell liegt dies an Buchmann, da er sich verleiten ließ, den Regierungsposten zu übernehmen. Es ist aber so, daß sowohl Nuding als auch Leibbrand versuchen, nun zu erreichen, daß Buchmann im Staatsapparat bleibt. Ich halte dieses nicht für gut. Buchmann sollte Pol-Leiter

---

74 Vgl. Volker Sieger, Die Wirtschafts- und Sozialpolitik der KPD von 1945 bis 1956, Frankfurt a. M. 2000, S. 242. Die folgende Quelle zeigt, zu welch frühem Zeitpunkt und mit welchem Nachdruck die Landesleitungen im Westen von der Berliner Zentrale bevormundet wurden.

der Partei bleiben. Er wird im ganzen Bezirk als solcher absolut anerkannt. Es soll hier auch gesagt sein, daß Genosse Nuding leider etwas zu Intrigen neigt."[75]

Obwohl Erika Buchmann in diesem Bericht nicht namentlich genannt wird, ist sie doch als Mitglied der Stuttgarter KPD-Leitung ebenfalls von der Kritik betroffen. Über die Württembergische und speziell die Stuttgarter KPD urteilte Fuhrmann abschätzig: „Der große Mangel in Württemberg besteht darin, daß wir keine gute kollektive Leitung im Sekretariat der B.-L. haben (im Gegensatz zu unseren Leitungen in München und Nürnberg). In Württemberg ist es Tatsache, daß wir fast in allen Orten einen verhältnismäßig großen Stamm von alten und auch erfahrenen Parteigenossen haben. Unsere Leitung versteht es aber schwer, diese Freunde für die Arbeit einzusetzen. Stuttgart ist wohl der einzige Bezirk, wo bisher nicht all unsere Kräfte richtig ausgenutzt werden. Die Mitgliederzahlen, die Positionen in den Gewerkschaften und Betrieben stehen in keinem Verhältnis zu den vorhandenen Kräften."[76]

Noch während des Fuhrmanns Aufenthalts in Württemberg fand am 5. und 6. Dezember 1945 eine erste zentrale Konferenz der KPD-Bezirke Bayern, Württemberg, Baden, Groß-Hessen, Südwest und Pfalz statt. Albert Buchmann hielt das zentrale Referat. Darin sprach er als kommende Aufgaben das Bündnis der KPD mit der SPD, den Gewerkschaften, den Wohlfahrtsverbänden und den Kirchen, den Umgang der KPD mit ehemaligen Kriegsgefangenen und die Vorbereitung zu den Wahlen der Gemeinderäte und zur verfassunggebenden Versammlung an. Er ging außerdem auf die schwierige Zusammenarbeit mit dem Berliner ZK ein.[77] Er erläuterte auch die Kritik der süddeutschen Parteibezirke an der Berliner Forderung nach einer Reichskonferenz der KPD: Auf einer solchen Konferenz müssten mit den Delegierten aller Landesverbände die politischen Forderungen der KPD diskutiert werden. Nur so, erklärte Albert Buchmann, könne man die Standpunkte der KPD der deutschen Bevölkerung überzeugender vorstellen.[78]

---

75 Bruno Fuhrmann „Bericht über meine Instruktionsfahrt in der amerikanischen Zone vom 1. 11. 1945 bis zum 5. 1. 1946", SAPMO-BArch BY 1/59, Bl. 112 ff. Fuhrmann nannte als maßgebliche Ziele seiner Reise: Weiterleitung von Informationen aus Berlin, Vorbereitung der Wahlen, Schaffung eines Bündnisses mit der SPD für eine gemeinsame Wahlkampagne und Wählerlisten. Dabei dürfte vor allem zu berücksichtigen sein, dass Kurt Schumacher als früherer württembergischer Landtagsabgeordneter und Stuttgarter Reichstagsabgeordneter noch immer über eine starke Hausmacht verfügte und zahlreiche württembergische SPD-Mitglieder seiner strikt antikommunistischen Linie folgten.

76 Bericht Bruno Fuhrmann, SAPMO-BArch BY 1/59, KPD Stuttgart/Württemberg 1945/46, Bl. 112 ff.

77 Vgl. Manuskript Albert Buchmann, SAPMO-BArch BY 1/58, KPD Stuttgart/Württemberg 1945/46.

78 Vgl. ebenda.

Zwei Monate später, also sechs Wochen nach der Rückkehr Fuhrmanns nach Berlin und den aus KPD-Sicht enttäuschenden Gemeinderatswahlen in kleineren Kommunen der Amerikanischen Besatzungszone, scheint vom Selbstbewusstsein der süddeutschen Bezirke nicht mehr viel übrig geblieben zu sein. Am 12. Februar 1946 übte Albert Buchmann in einem Grundsatzreferat während der Konferenz der süddeutschen KPD-Bezirke Selbstkritik. Er ging dabei auf jene Aspekte der Parteiarbeit ein, die Fuhrmann als besonders mangelhaft bezeichnet hatte. Albert Buchmann kritisierte nun, dass es die KPD nicht verstanden habe, die Jugend und die Frauen für sich zu gewinnen. Um die Jugend habe sie sich zwar intensiv bemüht. Aber sie habe nicht berücksichtigt, dass die Frauen als größte Wählergruppe stark antikommunistisch orientiert seien. Noch entschiedener sei das Versäumnis der KPD, das Verhältnis zur SPD in der geforderten Weise zu dominieren; man habe diese Beziehungen nicht ernst genug genommen.[79] Buchmann erwähnte allerdings auch Ursachen des Scheiterns bei den Wahlen, die aus Entwicklungen und Entscheidungen in der SBZ resultierten. Man sei bei den Diskussionen mit den Wählern und den eigenen Mitgliedern über die Boden-, Schul- und Verwaltungsreform in der SBZ allein gelassen worden. Viele der KPD-Entscheidungen in der SBZ seien den Wählern in Württemberg überhaupt nicht zu vermitteln. Damit sprach Albert Buchmann erstmals deutlich aus, dass die KPD der SBZ für die Genossen in den westlichen Besatzungszonen oftmals als das größte Hindernis im Kampf um Wählerstimmen war.

Ungeachtet der schwelenden Konflikte zwischen der württembergischen Landesleitung und dem Berliner ZK nahm Albert Buchmann als Delegierter am Vereinigungsparteitag von KPD und SPD im April 1946 in Berlin teil. Er wurde in den Parteivorstand (PV) der neu gegründeten SED gewählt. 20 der insgesamt 80 Mitglieder des PV der SED waren Vertreter der Westzonen; davon gehörten zwölf Mitglieder der KPD und acht Mitglieder der West-SPD an.[80] Von nun an war der Parteivorstand der SED zugleich die höchste Parteileitung der KPD. Die Anerkennung dieser Fusion durch die KPD-Mitglieder in den westlichen Besatzungszonen sowie die Methoden und Umstände der Vereinigung hatten für die Parteiarbeit der KPD außerhalb der SBZ von Beginn an fatale Folgen.[81]

Erika Buchmann hatte in den ersten Monaten nach ihrer Rückkehr aus dem KZ Ravensbrück neben den Alltagssorgen der Nachkriegszeit und der Rückkehr in die politische Arbeit auch eine unerwartete Schwangerschaft zu bewältigen. Im

---

79 Vgl. ebenda.
80 Vgl. Kluth, KPD, S. 108.
81 Die westlichen Besatzungsmächte lehnten die Fusion von KPD und SPD ab. In den westlichen Besatzungszonen wurde die SED nicht als Partei zugelassen.

November 1945, wenige Tage vor ihrem 43. Geburtstag, schrieb sie an ihre Tochter Inge: „Du weißt von Deinem Vater, daß Du in ein paar Monaten Bruder oder Schwester haben wirst. Ich weiß nicht, ob Du Dich freust, aber ich hoffe es so sehr, wie ich noch nie etwas erhofft habe. Es kommt ein bißchen spät, ohne unsere Schuld – wir haben immer gewünscht, daß Du unter Geschwistern aufwächst. […] Du gehst über kurz oder lang aus dem Haus, damit müssen wir uns abfinden wie alle Eltern. Wenn wir dann ganz allein bleiben würden – ich könnte das Heimweh nach Dir nicht ertragen. Ich bitte Dich um ein wenig Geduld mit mir, mein Mädel, und um Liebe für Dein Geschwisterchen!"[82] Diese Zeilen spiegeln Erika Buchmanns Hoffnung auf eine vollständige Familie wider. Zudem verleiht sie dem Bedürfnis Ausdruck, mit dem zweiten Kind alle jene Erfahrungen nachholen zu können, die sie und ihr Mann wegen der Haftzeiten während der NS-Zeit nicht hatten machen können. Erika Buchmanns große Sorge aber war, dass Inge das neugeborene Kind als Konkurrenz sehen könnte. Möglichweise würde sie übel nehmen, dass dem Geschwisterkind all das zuteil werden sollte, was ihr selbst in Kindheit und Jugend verwehrt geblieben war.

Viele Überlebende von Ravensbrück deuteten ihre Schwangerschaften nach 1945 als Ausdruck von Stärke und Sieg. Bereits im Konzentrationslager hatten sich einige Frauen vorgenommen, dass sie eines Tages, wenn alles überstanden sein würde, eigene Kinder zur Welt bringen wollten. In glücklichen, gesunden Kindern sahen ehemalige Häftlinge oft den lebenden Beweis dafür, dass sie als die Stärkeren aus den brutalen Machtverhältnissen hervorgegangen waren.[83] Von Erika Buchmann ist eine vergleichbare Deutung aber nicht überliefert.

Am Morgen des 1. Januar 1946 fuhren Erika, Inge und Albert Buchmann nach München, um alte Freunde und eine Parteiveranstaltung im Zirkus Krone zu besuchen. In der Nacht kam für sie die „bittere Enttäuschung, Erika muß in die Klinik, Frühgeburt".[84] Dieser spröde Eintrag Albert Buchmanns in seinem Taschenkalender dürfte nicht annähernd Erika Buchmanns Trauer entsprochen haben. Zum zweiten Mal hatte sie ein Kind verloren. Albert Buchmann versuchte am 3. Januar mit einem Brief seiner Frau, Trost und Hoffnung zu übermitteln: „Alles Wissen darum, daß wir auf einen Bruder oder eine Schwester für Inge nicht verzichten brauchen, ist immerhin ein Trost, besonders für Dich. Aber das Wesentliche ist doch für mich, daß […] Du mir und Inge und nicht zuletzt der Partei erhalten

---

82   Brief von Erika Buchmann an Inge Buchmann vom 4. November 1945, SAPMO-BArch NY 4178/58, Bl. 199 ff.

83   Vgl. Hanka Housková, Monolog, Berlin 1993 (Schriften der Stiftung Brandenburgische Gedenkstätten/Mahn- und Gedenkstätte Ravensbrück), S. 13; Gesprächsprotokoll Bärbel Schindler-Saefkow vom 10. November 1993.

84   Taschenkalender Albert Buchmanns, 1. Januar 1946, SAPMO-BArch NY 4178/5, Bl. 9.

bist. Diese Tatsache, entschuldige bitte, bringt mir vorläufig doch mehr, als der Verlust, sosehr ich ihn auch beklage."[85]

Eine Woche blieb Erika Buchmann in der Münchner Klinik, bevor sie nach Stuttgart zurückkehren konnte. Dass sie nach dem medizinisch notwendigen Abbruch einer Schwangerschaft 1929 nun erneut ein Kind verloren hatte, mag für Erika Buchmann die körperliche und psychische Belastung noch verstärkt haben. Sie setzte ihre Arbeit in der KPD und im Stuttgarter Gemeinderat zwar fort, unterbrach diese jedoch immer wieder für längere Phasen – wahrscheinlich um der notwendigen Erholung willen.

Ein dreiviertel Jahr, nachdem Erika Buchmann ihr Kind verloren hatte, schrieb sie an ihre langjährige Freundin Ilse Hunger nach Leipzig: „Ich bin seit vier Monaten nicht mehr in der politischen Arbeit und gehöre seitdem zur Kategorie der menschlichen Drohnen im wahrsten Sinn. Die Lösung des Rätsels ist eine einfache: Ich erwarte wieder ein Kindchen, im März soll es auf die Welt kommen und in der Familie Buchmann ist große Freude. Aber mir ging es vom 2. Monat ab recht schlecht, ich habe alle die Schwangerschaftsbeschwerden gehabt, die bei mir dann vorhanden sind, wenn ich im Begriff bin, ein gesundes Kind auf die gute Art und Weise zu bekommen."[86] Die glückliche Erika Buchmann ermutigt sogar ihre Freundin, ebenfalls optimistisch in die Zukunft zu blicken: „Wie unwichtig sind neben diesem Glück alle Beschwerden, Ängste und Nöte, gell? Ach, Ilselein, ich bin so froh, ich habe das sichere Gefühl, daß diesmal alles in Ordnung kommt und wir all die Freuden noch einmal durchleben dürfen, die uns vor 20 Jahren Inge gebracht hat. [...] Die Zeiten waren für Menschen unserer Klasse noch nie rosig und wir sind mit allem doch immer wieder fertig geworden, gell? Wir haben ja in Ravensbrück oft gesehen, wie Mütter es selbst dort fertiggebracht haben, ihre Kinder am Leben zu halten. Und das sollen wir nicht auch können? Und das Wernerlein [Sohn von Ilse Hunger] braucht einen Spiel- und Lernkameraden – ich weiß, wie schwer es für ein einzelnes Kind ist."[87]

Die sichere Gewissheit, in der Erika Buchmann die Geburt ihres zweiten Kindes erwartete, wurde nicht enttäuscht. Am 17. März 1947 brachte sie in Stuttgart eine gesunde Tochter, Bärbel Maria, zur Welt.[88]

---

85   Brief von Albert Buchmann an Erika Buchmann vom 3. Januar 1946, SAPMO-BArch NY 4178/44, Bl. 7.

86   Brief von Erika Buchmann an Ilse Hunger vom 16. November 1946, Sammlungen MGR/ SBG, NL 4/3–7, Nachlass Ilse Hungers.

87   Ebenda.

88   Den zweiten Namen „Maria" erhielt Bärbel nach ihrer Großmutter, der Mutter Erika Buchmanns.

Erika Buchmann mit Tochter Bärbel,
1947.
BArch, Bild Y12/A 459-3.

Albert Buchmann weilte zum Zeitpunkt der Geburt auf einer Funktionärstagung in Kassel. In seinem Taschenkalender vermerkte er, dass ihn während der Sitzungspause die Nachricht der Geburt eines gesunden Kindes erreichte: „Wieder eine Tochter."[89] Für Erika Buchmann dagegen war Bärbels Geburt eine aufwühlende Erfahrung und Anlass genug, über das Verhältnis zu ihrem Ehemann nachzudenken: „Als Du [Albert Buchmann] kamst heut morgen, konntest Du wohl kaum empfinden, welche Empfindungen ich gehabt habe – aber sie waren so wie damals im Mai 1925 – so als ob Du selbst durch unser kleines Mädchen mir noch einmal geschenkt worden wärest. Nun habe ich zwei stille Stunden hinter mir und ich hab in ihnen über mein Leben nachgedacht. Das Ergebnis ist das alte – beinah Scham darüber, daß es mir bisher so gut gegangen ist. […] Du warst ja neben meinem Mann immer gleichzeitig der Genosse, dessen Führung und besserer Einsicht ich mich immer vorbehaltlos anvertrauen konnte […]."[90] Fast beschwörend bezieht sich Erika Buchmann hier auf ihren Mann, Genossen und

89   Taschenkalender Albert Buchmanns 1947, Eintrag vom 17. März 1947, SAPMO-BArch NY 4178/6, Bl. 24.
90   Brief Erika Buchmanns an Albert Buchmann vom 20. März 1947, SAPMO-BArch NY 4178/12, Bl. 3.

Inge und Bärbel Buchmann, 1948/49. *BArch, Bild Y12/A 459-6.*

Kampfgefährten, bevor sie fortfährt: „Und nun ist das Kleine da – ich weiß nicht, ob Du ahnst, wie schmerzlich viele Jahre hindurch herbeigesehnt, von allen Verzichten der bitterste."[91] Hier werden ansatzweise ihre Wünsche und Erwartungen an das gemeinsame Familienleben erkennbar. Ihrer älteren Tochter Inge hatte Erika Buchmann wiederholt geschrieben, dass sie sich immer mehrere Kinder gewünscht habe. Zwei Schwangerschaften hatte sie nicht austragen können, jetzt nahm sie in der wirtschaftlich schwierigen Nachkriegszeit als über 40-Jährige die Belastungen einer erneuten Mutterschaft auf sich. Erika Buchmann wollte dieses zweite Kind; es sollte der Beweis dafür sein, dass die zwölf Jahre NS-Diktatur nicht all ihre Wünsche und Hoffnungen hatten zerstören können.

    Erika Buchmanns überliefertem „Babytagebuch" zufolge zählten die Monate nach Bärbels Geburt zur glücklichsten Zeit ihres bisherigen Lebens. Die Sorgen, wie ihr 53-jähriger Ehemann und ihre 20-jährige Tochter das Baby aufnehmen würden, hatten sich schnell als unbegründet erwiesen. In ihren tagebuchähnlichen Aufzeichnungen entwirft sie das Bild einer glücklichen Familie: „Inge kam am nächsten Morgen zu uns. Mir hat das Herz bei dieser ersten Begegnung zwischen Euch beiden geklopft bis in den Hals. Werdet Ihr Euch ineinander finden? Das zärtliche, weiche Gesicht meiner Großen, als sie Dich zum ersten Mal sah, gibt mir frohe Gewißheit."[92]

---

91 Ebenda.

92 Sogenanntes Babytagebuch, Sammlungen MGR/SBG, NL 35, Nachlass Erika Buchmanns, ohne Paginierung.

Bärbel Buchmann, 1948.
BArch, Bild Y10-1439/00.

Die erste Begegnung zwischen Vater und neu geborener Tochter schildert Erika Buchmann zurückhaltender: „Am 20. März wurdest Du Deinem Vater vorgestellt, der in Kassel war – oder dorthin fuhr – als Du geboren wurdest. […] Er soll Dir einmal sagen, wie Deine Eltern zueinander standen in der Zeit, wo Du ihnen geschenkt worden bist. Das ist nicht unwichtig, Du wirst es eines Tages wissen!"[93]

Auch nachdem Erika Buchmann mit dem Baby nach Hause zurückgekehrt war, begegnete Albert Buchmann seiner kleinen Tochter mit vorsichtiger Zurückhaltung. Er näherte sich ihr zaghaft und möglichst unbeobachtet. „Nein, viel Zeit für dich bleibt ihm [Albert Buchmann] nicht, so gern er sie haben möchte. Aber es reichte immer zu kleinen zärtlichen Besuchen an deinem Stubenwagen. […] Er macht dummen Schnickschnack mit dir, wie alle Väter […]. Er hat dich sehr lieb, dein Erzeuger, das ist zu sehen."[94]

Auffallend ist, wie sehr Erika Buchmann sich in ihren Aufzeichnungen bemüht, ein harmonisches Familienidyll festzuhalten. Die doch gedämpfte Freude

93   Ebenda.
94   Ebenda.

ihres Mannes erklärte Erika Buchmann sich (und offenbar auch Dritten) mit der für ihn charakteristischen Distanziertheit. Erika Buchmann selbst plante, bis zum Sommer 1947 zu Hause zu bleiben und dann in die politische Arbeit zurückzukehren. Doch als die Zeit der Rückkehr gekommen war, schied sie ohne Angabe von Gründen aus dem Stuttgarter Gemeinderat aus.[95]

III.2. Auseinandersetzung mit der KZ-Haft 1945 bis 1950

Parallel zu ihrem Rückzug aus der Tagespolitik intensivierte Erika Buchmann ihren Einsatz für die Erinnerungsarbeit. Die insgesamt acht Jahre und fünf Monate Haft bis 1945 hatten tiefe Spuren hinterlassen, die für ihr weiteres Leben in der deutschen Nachkriegsgesellschaft bedeutsam blieben. Die Quellen legen den Schluss nahe, dass Erika Buchmann die Beschäftigung mit der Geschichte des KZ Ravensbrück – im Gegensatz zu ihren Aufgaben in den verschiedenen politischen Ämtern – als persönliches Anliegen ansah und mit großer Hingabe betrieb. Interessant ist, welche Formen sie für die Auseinandersetzung mit der Zeit ihrer Haft insbesondere im KZ Ravensbrück wählte und in welchem Kontext sie aktiv wurde.

Erika Buchmann verfolgte bei der öffentlichen Auseinandersetzung mit der Geschichte von Ravensbrück aber nicht nur persönliche Interessen. Sie engagierte sich auch in den neu entstehenden Verbänden ehemaliger Häftlinge. Es gab Konflikte zwischen Überlebendenorganisationen in der SBZ einerseits und in den westlichen Besatzungszonen andererseits. Erika Buchmann wurde allerdings nicht nur als ehemaliger Häftling und Mitglied von Häftlingsverbänden wahrgenommen. Ebenso galt sie als eine von ehemaligen SS-Ärzten benannte Entlastungszeugin.

Bereits im Mai 1945 hatte Erika Buchmann begonnen, Erinnerungsberichte ehemaliger politischer Häftlinge von Ravensbrück zu sammeln. Es muss offenbleiben, ob sie dies tat, um ihr Verhalten und das anderer politischer Häftlinge während der Haft zu dokumentieren und zu rechtfertigen, oder ob sie vorrangig die Verbrechen im KZ bezeugen und schildern lassen wollte. Möglicherweise kamen beide Intentionen zusammen. In jedem Fall aber war Erika Buchmann mit ihrem Engagement eine der wenigen Überlebenden, die unmittelbar nach der Befreiung die öffentliche Auseinandersetzung mit den NS-Verbrechen suchte.

Im Fall von Ravensbrück nutzten vor allem die ehemaligen politischen Häftlinge die in der SBZ gebotenen institutionellen Möglichkeiten, um öffentlich

---

95 Ein naheliegender Grund könnte die zeitliche Belastung, die die Betreuung eines Säuglings mit sich brachte, gewesen sein.

über das KZ als Gewaltregime und die eigenen Erfahrungen zu berichten.[96] Der Berliner Hauptausschuss „Opfer des Faschismus" war nach eigenem Bekunden sowohl „politisches Gremium als auch die amtliche Wohlfahrtsstelle für alle in Berlin lebenden NS-Verfolgten".[97] Der Ausschuss war zwar bereits ab Mai 1945 in Berlin aktiv; eine eigenständige Organisation der Ravensbrücker Überlebenden entstand jedoch erst mit den sogenannten Ravensbrück-Prozessen in Hamburg.[98] Am 5. Dezember 1946 begann vor einem britischen Militärgericht in Hamburg der erste Prozess gegen einige in Ravensbrück eingesetzte SS-Angehörige, Aufseherinnen und auch ehemalige Funktionshäftlinge. Kein ehemaliger deutscher politischer Häftling war als Zeuge der Anklage geladen.

Diese Ignoranz war den deutschen Überlebenden Anlass zur Gründung einer eigenen Organisation. Mit deren Hilfe sollten nicht nur Wiedergutmachungsansprüche formuliert und durchgesetzt werden. Die Organisation sollte auch zur Dokumentation der in Ravensbrück begangenen Verbrechen beitragen und die Ermittlungsbehörden bei der Verfolgung und Verurteilung von Tätern unterstützen. Am 6. Januar 1947 trafen sich im Sitzungssaal des Sozialamtes Berlin-Mitte rund 80 ehemalige politische Häftlinge des Frauen-KZ Ravensbrück.[99] Sie beschlossen, eine Protestnote an den britischen Gerichtshof zu senden und zu fordern, dass eine Vertretung der deutschen Häftlinge zwingend zu den Prozessen hinzugezogen werden müsse. Nur Angehörige dieser Häftlingsgruppe könnten wegen ihrer meist langjährigen Haft lückenlose Aussagen zu den Geschehnissen in Ravensbrück machen. Erika Buchmann wurde als eine mögliche Zeugin benannt. Sie sollte vor allem über die Verbrechen in den ersten Jahren des Bestehens des Frauen-KZ Auskunft geben. Darüber hinaus einigte man sich auf die baldige Gründung eines Komitees, das künftig die Interessen der ehemaligen politischen Häftlinge vertreten sollte.[100] Die Teilnehmerinnen dieses ersten Treffens waren in der Mehrzahl ehemalige KPD-Mitglieder, die im April 1946 Mitglieder der SED

---

96   Zu Opferverbänden und der Durchsetzung von Wiedergutmachungsansprüchen vgl. Elke Reuter/Detlev Hansel, Das kurze Leben der VVN von 1947 bis 1953. Die Geschichte der Vereinigung der Verfolgten des Naziregimes in der SBZ und in der DDR, Berlin 1997; Constantin Goschler, Wiedergutmachung. Westdeutschland und die Verfolgten des Nationalsozialismus (1945–1954), München 1992; Annette Weinke, Die Verfolgung von NS-Tätern im geteilten Deutschland. Vergangenheitsbewältigung im geteilten Deutschland oder: Eine deutsch-deutsche Beziehungsgeschichte im Kalten Krieg, Paderborn 2002; zur Nieden, Opfer.

97   Zur Nieden, Opfer, S. 34.

98   Mit der Gründung der VVN kam 1947 noch eine weitere Organisation der Überlebenden der Konzentrationslager hinzu.

99   Sammlungen MGR/SBG, P-NMG4, Geschichte der Gedenkstätte Ravensbrück, RA XIII/2-Nr. 1, ohne Paginierung.

100 Vgl. ebenda.

geworden waren. Diese Einschränkung bzw. Ausgrenzung sollte in den kommenden Jahren bestehen bleiben und nach der Gründung der DDR nahezu selbstverständlich werden.

Es dauerte über ein Jahr, bis am 10. April 1948 im Rahmen des „Buchenwald-Treffens" in Weimar die erste zentrale gesamtdeutsche Arbeitstagung der ehemaligen Ravensbrücker Häftlinge stattfand. Von den 99 Teilnehmerinnen kamen 78 Frauen aus der SBZ und Berlin und nur 21 aus den westlichen Besatzungszonen. Über die Gründe für die verzögerte Gründung des Verbandes ehemaliger Ravensbrücker Häftlinge verlangten in Weimar vor allem Teilnehmerinnen aus den westlichen Besatzungszonen genaue Auskunft. Während Erika Buchmann eher allgemein über die schlechte Zusammenarbeit mit dem Berliner Komitee klagte,[101] wurde die aus Düsseldorf angereiste Doris Maase deutlicher: „Die Bevölkerung behandelt uns so, wie wir bei der Besatzungsmacht angesehen sind! Die Landesleitung und die Ortsleitung [der VVN] sitzen in einer elenden Baracke. Wir haben keine Mittel, wir sind nur auf uns angewiesen. Wir müssen mehr Unterstützung durch Euch [Überlebende aus der SBZ] bekommen."[102] Die Ausführungen von Doris Maase zeigen, dass die ehemaligen politischen Häftlinge in den westlichen Besatzungszonen in die Isolation geraten waren.[103] Die Schwierigkeiten im beginnenden Kalten Krieg offenbaren sich auch in der geringen Anzahl der Teilnehmerinnen aus den Westzonen. Im Frühjahr 1948 hatten sich die seit Langem schwelenden Konflikte zwischen den westlichen Alliierten und der Sowjetunion erheblich zugespitzt. Am Vorabend der Berlin-Blockade hatten die West-Alliierten kein Interesse an der Unterstützung einer gesellschaftlichen Gruppe, die den Kommunisten nahestand.

Im Gegensatz zur sowjetischen Militärregierung beabsichtigten die westlichen Besatzungsmächte von Anfang an, die aus „rassischen", religiösen oder politischen Gründen Verfolgten nur für eine Übergangszeit bis zur Normalisierung der Lebensverhältnisse zu unterstützen. So verfügte die amerikanische Militärregierung im Oktober 1945 erhöhte Lebensmittelrationen für alle anerkannten Verfolgten des NS-Regimes. Nach der Währungsreform im Sommer 1948 wurde die Unterstützung mit der Begründung aufgekündigt, dass sich die Ernährungssituation nun erheblich verbessert habe.[104] Die amerikanische Besatzungsmacht wollte ehemalige KZ-Häftlinge nach einer Phase der physischen, psychischen und

---

101 Vgl. Sammlungen MGR/SBG, P-NMG, Bd. 4, 1948, Erika Buchmann bezog sich bei ihrer Aussage auf das seit Januar 1947 in Berlin agierende Ravensbrück-Komitee.

102 Ebenda.

103 Maase bezog sich in diesem Kontext wohl hauptsächlich auf die in der VVN aktiven ehemaligen Häftlinge.

104 Vgl. Goschler, Wiedergutmachung, S. 75.

sozialen Stabilisierung wieder in das normale Leben integrieren. Jede weitere politische und soziale Privilegierung, wie sie in der SBZ bzw. in der DDR über Jahrzehnte hinweg üblich wurde, lehnten die Amerikaner unter Verweis auf das Gebot der sozialen Gerechtigkeit strikt ab.[105] In der deutschen Nachkriegsgesellschaft sollte sich keine aufgrund ihres KZ-Schicksals herausgehobene Gruppierung bilden. Auf diese Situation reagierte Maase mit ihrem Appell an die ehemaligen Ravensbrücker Häftlinge in der SBZ, ihre Aktivitäten zu verstärken und damit auch die mangelnden Möglichkeiten in den westlichen Besatzungszonen zu kompensieren.

Vor allem die Teilnehmerinnen aus dem sowjetischen Sektor Berlins gingen nicht auf die Bitten ihrer ehemaligen Mithäftlinge aus den westlichen Besatzungszonen ein. Ihr Hauptziel war die Gründung einer gesamtdeutschen Verfolgtenorganisation der ehemaligen Ravensbrücker Häftlinge. Diese Organisation sollte unabhängig von den jeweiligen Militärregierungen einheitliche Ziele verfolgen und über die Zonengrenzen hinweg agieren. Die konkreten Probleme von Anerkennung und Wiedergutmachung sollten demgegenüber zurücktreten.[106] Schon im März 1948 hatte Erika Buchmann in einem Brief an die Ost-Berlinerin Anni Sindermann[107] auf die Probleme der Überlebenden in den westlichen Besatzungszonen hingewiesen. Allerdings sprach Erika Buchmann nicht die schwierigeren Organisationsbedingungen im Westen, sondern in erster Linie zwischenmenschliche Probleme an: „Es ist nicht gut, daß vom Komitee aus die Frage der westlichen Kameradinnen so nebensächlich behandelt wird und selbst dann, wenn die eine oder andere von uns einmal zufällig in Berlin ist, es zu keiner Aussprache in Ruhe

---

105 Ebenda.

106 Erst 1965 kam es, wahrscheinlich auf Intervention der Vertreterinnen aus der DDR, beim Internationalen Ravensbrück-Komitee zum notwendigen Anstoß, auch in der BRD ein Ravensbrück-Komitee zu gründen. Bis zu diesem Zeitpunkt hatte in unregelmäßigen, größeren Abständen ein Arbeitskreis getagt.

107 Anni Sindermann, geb. 17. 12. 1912, Textilarbeiterin, ab 1929 in der KPD, zwischen 1933 und 1945 in verschiedenen Haftanstalten u. a. als Geisel für ihren Ehemann Kurt Sindermann (kommunistischer Landtagsabgeordneter in Sachsen), ab 1944 KZ Ravensbrück, ab 1946 Karriere als Gewerkschaftsfunktionärin bei der IG Druck und Papier erst in Sachsen, dann im Zentralvorstand, gest. 4. 2. 1990. Zeugen gaben an, dass Kurt Sindermann nach seiner Entlassung aus dem KZ als Spitzel für die Gestapo gearbeitet habe und für die Verhaftung und den Tod zahlreicher sächsischer KPD-Mitglieder verantwortlich sei. Er kam unter bis heute ungeklärten Umständen im Frühjahr 1945 in der Nähe von Radeberg ums Leben. Anni Sindermann hat den Verrat ihres Mannes immer bestritten („Ich möchte hier sagen, daß das Verhalten meines Mannes vor der Gestapo vielleicht nicht immer eines Genossen würdig war. Wichtig ist aber, er ist nicht zum Verräter geworden." Weber, Kommunisten, S. 742). Horst Sindermann, der Schwager Anni Sindermanns, war 1985 Präsident der Volkskammer der DDR und Mitglied des Politbüros der SED.

und mit einem positiven Ergebnis kommen kann. Ich halte den Vorschlag oder Beschluß, wenigstens ein paar Kameradinnen näher zur Arbeit heranzuziehen, für sehr gut und hoffe nur, daß er eingehalten wird."[108]

Die Berlinerin Emmy Handke forderte in ihrem Grundsatzreferat 1948 in Weimar, dass „das Zusammentragen von Material über die SS-Wachmannschaften, die Rekonstruktion der Geschichte des Lagers und seiner Außenkommandos zu einer Herausgabe eines Ravensbrückbuches führen" solle.[109] Notwendig sei es außerdem, die Namen aller Ermordeten zu erfassen und eine Kartei der Überlebenden zu erstellen. Letztlich waren sich die Anwesenden einig, dass es eine wichtige Aufgabe der künftigen Überlebenden-Vereinigung sei, die Geschichte des ehemaligen Frauen-KZ Ravensbrück zu erforschen und zu tradieren.

Erika Buchmann war eine der ersten Rednerinnen in der Diskussion und vielen Anwesenden bekannt. Einige hatten bereits während der Haft Kontakt zu ihr gehabt; andere kannten sie als Autorin ihres zwei Jahre zuvor[110] veröffentlichten Erinnerungsberichts und als Vorkämpferin der Auseinandersetzung mit den NS-Verbrechen in Ravensbrück. In der Tat engagierte sich Erika Buchmann bereits seit Mitte 1945 wie kaum ein anderer deutscher politischer Häftling für die Auseinandersetzung mit den Geschehnissen in diesem Lager. Trotzdem übernahm sie weder im Ravensbrück-Komitee noch in der VVN, deren Mitglied sie am 1. Juli 1947[111] wurde, jemals ein Amt.

Ihre fast 30 Jahre andauernden Aktivitäten zeigen, dass sie die Auseinandersetzung mit der Geschichte von Ravensbrück nicht nur als Verpflichtung gegenüber den Opfern und als politischen Auftrag begriff. Sie wollte zugleich ihre eigene Geschichte erzählen und ihre persönliche Deutung der KZ-Haft verbreiten. Diese beanspruchte Deutungshoheit war wirksam, solange sie sich im Einklang mit der offiziell akzeptierten Definition des „Antifaschismus" und der „Opfer des Faschismus" befand. Die Kriterien, die in der Sowjetischen Besatzungszone für die Anerkennung als „Opfer des Faschismus" erfüllt werden mussten, wurden bald auch in den Westzonen zum moralischen Maßstab.[112] Der Ehrentitel „Opfer des Faschismus" kam nur denjenigen zu, die während der nationalsozialistischen Diktatur auf der Seite der KPD gestanden sowie mehrjährige Haftstrafen in Konzentra-

---

108 Brief Nr. 1, Sammlungen MGR/SBG, NL 7–3–2, Nachlass Anni Sindermanns, ohne Paginierung.

109 Erste Tagung der Ravensbrückerinnen 1948 in Weimar, Auszüge des Protokolls veröffentlicht in: Ravensbrückblätter 25 (1998) 96, S. 13.

110 Buchmann, Frauen im Konzentrationslager.

111 Kopie des Mitgliedbuches, SAPMO-BArch NY 4178/32, Nr. 4332, keine durchgehende Paginierung.

112 Vgl. zur Nieden, Opfer, S. 42 f.

tionslagern und Zuchthäusern verbüßt hatten.[113] Nach 1945 wurde der Antifaschismus zu einem Heldenmythos ausgebaut: Es genügte nicht, Widerstand gegen Hitler geleistet sowie langjährige Haftstrafen überlebt zu haben. Propagiert wurde vielmehr das Bild vom heldenhaften Kampf und aktiver politischer Arbeit unter den Häftlingen. Kehrseite dieses Heldenmythos war die Verleugnung von Schwäche und Kollaboration. Auch das häufig sehr ambivalente Verhältnis der Kommunisten zu anderen Häftlingsgruppen wurde verschwiegen und die Rolle der Antifaschisten im System der Funktionshäftlinge nicht kritisch reflektiert. Erika Buchmann hat dieses fragwürdige Heldenbild von Anfang an mit gestaltet. Die Realität im KZ hatte mit diesem Bild nur wenig gemein.

In der Stilisierung der kommunistischen Häftlinge zu Kämpfern gegen den Faschismus auch während der Haft blieb kein Platz für eine Darstellung von Verwerfungen und Konflikten, denen auch Erika Buchmann als Blockälteste des Strafblocks ausgesetzt gewesen sein muss. Wie hätte sie die Situation im Strafblock beschreiben können, ohne sich auf die Frage nach ihrer eigenen Überlebensstrategie in dieser Situation und damit auf ein Eingeständnis von Schuld, Schwäche und Unvermögen einzulassen? Stattdessen zog sie sich in ihren Darstellungen zur Geschichte des Frauen-KZ Ravensbrück auf eine entpersonalisierte Position zurück. Sie ließ ihr Ich hinter einer allgemeineren objektiven Darstellung, in der ambivalente Situationen, fragwürdige Kooperationen und Ausgrenzungen keine Rolle spielten, verschwinden.[114]

Nach dem Weimarer Treffen wurden die ehemaligen Häftlinge aufgefordert, Erinnerungsberichte zu schreiben und so die Verbrechen im KZ Ravensbrück zu dokumentieren. Sie sollten sich auch an der Suche und Identifizierung von Tätern beteiligen und nach Möglichkeit die Strafverfolgungsbehörden unterstützen. Durch Zufall konnte Erika Buchmann zur Identifizierung ehemaliger Aufseherinnen von Ravensbrück entscheidend beitragen. Ab Oktober 1946 bestand mit dem sogenannten Internierungslager Ludwigsburg 77 das einzige Frauenlager in der Amerikanischen Besatzungszone.[115] Dort waren anfangs außer ehemaligen Aufseherinnen der Konzentrationslager und Außenlager auch ehemalige Funktionärinnen verschiedener NS-Organisationen und aufgrund von Denunziationen aufgegriffene Frauen inhaftiert. Ursprünglich sollte das Prinzip einer gemein-

---

113 Ottomar Geschke, Vorsitzender des Berliner Hauptausschusses der „Opfer des Faschismus" (OdF) in der Deutschen Volkszeitung vom 1. Juni 1945, in: ebenda, S. 42 f.

114 Hinzu kam, dass Erika Buchmann, in kommunistischer Propaganda geschult, das eigene Schicksal im Kontext des Kampfes gegen den Faschismus als nachrangig betrachtet haben mag.

115 Vgl. Kathrin Meyer, Entnazifizierung von Frauen. Die Internierungslager der amerikanischen Besatzungszone in Deutschland 1945–1952, Berlin 2004, S. 94 ff.

samen Internierung aufrechterhalten werden. Doch ab Frühjahr 1947 setzte sich bei der amerikanischen Besatzungsmacht die Meinung durch, dass es günstiger sei, die internierten Frauen möglichst in der Nähe ihres Heimatortes unterzubringen. Deshalb sollten den Internierungslagern für Männer in der Amerikanischen Besatzungszone entsprechende Frauenabteilungen angegliedert werden. Kurz vor dieser Umverteilung wandte sich der Ermittler des Internierungslagers 77 an Erika Buchmann und erbat Auskünfte über zwei ehemalige Ravensbrücker Aufseherinnen.[116] In den Internierungslagern der Amerikaner waren nach dem Vorbild der Spruchkammern Lagerkammern eingesetzt. Sie hatten den Auftrag, auf der Grundlage eines umfangreichen Fragebogens die berufliche und politische Vergangenheit der Internierten zu überprüfen. Die Lagerkammer glich die Angaben auf den Fragebögen mit Aussagen von Be- und Entlastungszeugen ab und nahm eine Einstufung der betreffenden Person nach fünf Kategorien vor. Da die ehemaligen Aufseherinnen aus Sicht der Lagerkammer als Mitglieder der SS galten, wurden sie in die Kategorie „Hauptschuldige" eingestuft.

Im Oktober 1946 befanden sich 295 ehemalige Aufseherinnen verschiedener Konzentrationslager im Internierungslager 77.[117] Sie stellten mit fast 20 Prozent die größte Häftlingsgruppe. Wie viele ehemalige Ravensbrücker Aufseherinnen in Ludwigsburg einsaßen, lässt sich nicht rekonstruieren. Da Ravensbrück jedoch das Ausbildungslager für zukünftige KZ-Aufseherinnen war, dürften viele, wenn nicht die meisten der internierten Aufseherinnen ihren Dienst in diesem KZ begonnen haben.[118] Einige Aufseherinnen waren bei Kriegsende sofort in amerikanische Gefangenschaft geraten. Andere waren nach der Befreiung des Lagers in die Amerikanische Besatzungszone geflohen und später in Ludwigsburg interniert worden.

Auf die schriftliche Anfrage des Ludwigsburger Ermittlers im Frühjahr 1947 bot Erika Buchmann an, nach Ludwigsburg zu kommen und weitere ehemalige Aufseherinnen zu identifizieren und gegebenenfalls über deren Tätigkeit auszusagen. In einem Schreiben vom 15. Februar 1947 hatte das „Komitee der Ravensbrücker Frauen" Erika Buchmann autorisiert, in seinem Namen zu agieren und bei Bedarf weitere Zeuginnen für Geschehnisse in den verschiedenen Außenlagern zu benennen.[119] Am 4. Juni 1947 besuchte Erika Buchmann erstmals das Internierungslager in Ludwigsburg.[120] An diesem Tag sprach sie mit 27

116　Vgl. SAPMO-BArch NY 4178/54, Bl. 7, 9.
117　Diese und die folgenden Zahlen zit. nach: Meyer, Entnazifizierung, S. 212.
118　Vgl. Philipp, Kalendarium, S. 82.
119　Bescheinigung Komitee der Ravensbrücker Frauen vom 15. 2. 1947, SAPMO-BArch NY 4178/40, Bl. 16.
120　Vgl. Aussagen ehemaliger Aufseherinnen des KZ Ravensbrück, SAPMO-BArch NY 4178/54, Bl. 50 f.

ehemaligen Ravensbrücker Aufseherinnen. Nach diesem Besuch notierte sie: „Die Frauen sehen brillant aus, braun gebrannt und durchweg sehr gut ernährt."[121] Bis zum 1. Juli 1947 folgten zwei weitere Besuche. Über die ersten zwei Besuche informierte Erika Buchmann das Berliner Ravensbrück-Komitee.[122]

Freilich kannte sie selbst nur einige wenige Aufseherinnen aus Ravensbrück. Auch war es der Mehrzahl der Überlebenden dieses KZ nicht möglich, persönlich nach Ludwigsburg zu reisen. Das Ravensbrück-Komitee und Erika Buchmann ersuchten die Leitung des Internierungslagers daher um Fotos der in Ludwigsburg internierten Aufseherinnen. Die meisten ehemaligen Häftlinge wussten entweder die Namen der SS-Aufseherinnen nicht oder kannten die Schreibweise der Namen nicht. Die Fotos sollten helfen, Verwechslungen durch Namensgleichheit zu vermeiden und weitere Täterinnen zu identifizieren. Erika Buchmann erreichte, dass von 103 in Ludwigsburg inhaftierten Frauen Passfotos gemacht wurden. Sie klebte die Fotos auf große Papierbogen und ergänzte sie mit Namen, Geburtsdatum, Einsatzorten sowie den verschiedenen Funktionen in den einzelnen Konzentrationslagern.[123] Diese Fotobögen wurden in Berlin ehemaligen Häftlingen zur Identifizierung vorgelegt. Möglicherweise waren es diese von ihr selbst angefertigten Bildtafeln, die Erika Buchmann bei ihrer Vernehmung im Ministerium für Staatssicherheit am 26. November 1966 mit der Bitte vorgelegt wurden, Aufseherinnen des ehemaligen Frauen-KZ Ravensbrück zu identifizieren.[124]

Bei den 1947 angefertigten Fotos handelte es sich nicht um Polizeifotos in Frontal- und Profilansicht. Die Fotos zeigen gut ernährte und frisierte jüngere Frauen und lassen Rückschlüsse auf die Bedingungen im Internierungslager Ludwigsburg zu. Die Frauen lebten in festen Unterkünften und unter guten hygienischen Bedingungen. Sie wurden ausreichend mit Lebensmitteln und Medikamenten versorgt und konnten selbst entscheiden, ob sie arbeiten wollten.[125] Konfrontiert

---

121 Brief Erika Buchmanns an das Ravensbrück-Komitee vom 4. Juni 1947, SAPMO-BArch ZM 1283A. 3, ohne Paginierung.

122 Vgl. ebenda, Bl. 59.

123 Vgl. Jeanette Toussaint, „Ich bitte Sie um Auskunft, was Ihnen über die Genannte und deren Verhalten gegenüber den Häftlingen bekannt ist." Die Geschichte einer Fotosammlung, in: Simone Erpel (Hrsg.), Im Gefolge der SS: Aufseherinnen des Frauen-KZ Ravensbrück. Begleitband zur Ausstellung, 2. Aufl., Berlin 2011, S. 265–276.

124 Vgl. BStU ZA, Bestand ZUV 1 Band 10, Bl. 147 ff. Für den Hinweis danke ich Simone Steppan. In der DDR kam es bis in die 1980er-Jahre in verschiedenen Zusammenhängen immer wieder zu Ermittlungen, zumeist durch das Ministerium für Staatssicherheit und hauptsächlich gegen ehemalige Aufseherinnen des Frauen-KZ Ravensbrück. Vgl. Eschebach, Ermittlungskomplex, in: Jacobeit/Philipp (Hrsg.), Forschungsschwerpunkt Ravensbrück, S. 94–114.

125 Vgl. Meyer, Entnazifizierung, S. 109 ff.

mit den ehemaligen Aufseherinnen zog Erika Buchmann offenbar Vergleiche zu ihrer eigenen Haftsituation. Der persönliche Kontakt mit den internierten Frauen und die Erinnerung an ihre eigene Rolle als ehemaliger Funktionshäftling scheint Erika Buchmann veranlasst zu haben, Vorwürfe gegen die einzelnen Frauen differenziert zu beurteilen.

Solche Umsicht kennzeichnet auch Erika Buchmanns Aussagen über den ehemaligen SS-Arzt Dr. Franz-Bernhard Lucas. Ihre überraschend zurückhaltenden Beurteilungen führten umgehend zu einem langwierigen Konflikt mit dem Ravensbrück-Komitee in Berlin. In einer undatierten Aussage gegenüber dem Hauptausschuss „Opfer des Faschismus" erläuterte Erika Buchmann: „Er [Lucas] hat nachweisbar Dutzenden von Tuberkulösen dadurch das Leben gerettet, daß er gemeinsam mit mir und Mlada Tauferová Häftlinge entließ, deren Entlassung Treite und Trommer abgelehnt hatten[126] und die sichere Kandidaten für die Vernichtung waren. Er hat mir kostbare Medikamente organisiert, die manche Tuberkulöse am Leben erhielten, meinen Patienten seine eigenen Verpflegungsrationen zugesteckt usw."[127]

Im Gegensatz dazu hatte Emmy Handke schon einen Monat nach Erika Buchmanns erstem Besuch in Ludwigsburg die Haltung des Ravensbrück-Komitees unmissverständlich klar gemacht: „Wir sind der Meinung, daß entlastende Aussagen über Aufseherinnen und SS-Männer nur in den Fällen gemacht werden können, wenn sie wirklich unter Einsatz ihrer eigenen Person den Häftlingen geholfen und diesen besondere Erleichterungen oder Vergünstigungen verschafft haben. Dabei darf es sich aber nicht nur um einzelne Fälle gegenüber dem einzelnen Häftling handeln, sondern ihre Gesamthaltung allen Häftlingen gegenüber kann nur gewertet werden. […] Wir werden entlastend nur aussagen, wenn wir wirklich konkretes Material haben, in allen anderen Fällen belastendes Material zusammentragen und es an die Gerichte oder Spruchkammern weiterleiten."[128]

Die Auseinandersetzung um die Aussagen über Dr. Lucas veranschaulicht, wie schwierig der Umgang mit Täter-Biografien für die Opfer gewesen sein muss. Erika Buchmann, Germaine Tillion[129] und andere werteten Lucas' Verhalten in Ravensbrück als außergewöhnlichen Akt der Zivilcourage und traten deshalb auch öffentlich für ihn ein. Andere Überlebende waren dagegen der Auffassung,

---

126 Mlada Tauferová war Häftlingsärztin, Treite und Trommer SS-Ärzte.

127 BStU, AV 8/74, Bd. 1/2, Bl. 43. Das Schreiben ist auf 1946/47 zu datieren, da die Arbeit des Hauptausschusses der OdF, im Mai 1945 gegründet, im Rahmen der Berlin-Blockade praktisch zum Erliegen kam.

128 Aussagen ehemaliger Aufseherinnen des KZ Ravensbrück, Notizen Erika Buchmann, SAPMO-BArch NY 4178/54, Bl. 59 f.

129 Vgl. Tillion, Frauenkonzentrationslager, S. 136.

dass allein schon die Tätigkeit als SS-Arzt in einem Konzentrationslager unentschuldbar sei. Im Falle von Lucas brachte erst der Frankfurter Auschwitz-Prozess von 1963 bis 1965 ans Licht, dass er 1943 als SS-Arzt auch an den Selektionen an der Rampe in Auschwitz beteiligt war. Ob sein Engagement für die Frauen des Ravensbrücker Tbc-Blocks von humanitären Erwägungen geleitet wurde oder lediglich ein Versuch war, in Erwartung der Niederlage Fürsprecherinnen zu finden, kann anhand der verfügbaren Quellen nicht entschieden werden. Für Erika Buchmann genügte die Unterstützung, die sie durch Lucas erfahren hatte, um ihn gegenüber den anderen SS-Ärzten positiv herauszuheben.

In Bezug auf Dr. Lucas gab Erika Buchmann aus eigenem Antrieb eine differenzierte Beurteilung ab. Zu Beginn der Verfahren gegen Dr. Walter Sonntag und den ehemaligen Lagerkommandanten Fritz Suhren vor britischen und französischen Militärgerichten suchten jedoch die Ehefrauen der Angeklagten den Kontakt zu ihr.[130] Insbesondere Gerda Sonntag wollte Erika Buchmann zu einer positiven Aussage über ihren Mann bewegen. Sie verwies dabei darauf, dass Erika Buchmann als Sonntags Sekretärin eingesetzt gewesen sei und deshalb Privilegien genossen habe.[131] Gegen Sonntag wurde im Rahmen des 4. Ravensbrück-Prozesses im Mai und Juni 1948 verhandelt. Erika Buchmann war als Zeugin der Anklage geladen. Zwischen August 1947 und Mai 1948 standen Erika Buchmann und Gerda Sonntag in brieflichem Kontakt; wahrscheinlich trafen sie sich auch persönlich.

Auch bei der Beurteilung der Eheleute Sonntag, die beide als SS-Ärzte im KZ Ravensbrück gearbeitet hatten, differenzierte Erika Buchmann. In einem Brief an Gerda Sonntag schrieb sie: „Ich glaube zu wissen, daß Sie im Grunde ein gutmütiger Mensch waren – aber gerade dann hätten Sie Front machen müssen gegen all das Unrecht, das Sie im Krankenbau des FKL auf Schritt und Tritt sehen konnten, wenn Sie nur wollten. […] Wir alle hatten immer den Eindruck, als ob der Einfluß von Dr. Sonntag alles was, wie auch in jedem Menschen so auch in Ihnen negativ ist, an die Oberfläche gebracht hat und langsam die guten Eigenschaften erstickte."[132] Offenbar sprach sich Erika Buchmann im Fall von Gerda Sonntag zumindest gegen weitere Ermittlungen aus. So teilte Gerda Sonntag ihrem inhaftierten Mann im Mai 1948 mit: „Mit Erika Buchmann habe ich heute gesprochen.

---

130 Vgl. Aussagen ehemaliger Aufseherinnen des KZ Ravensbrück, Notizen Erika Buchmann, SAPMO-BArch NY 4178/54, Bl. 8, 38, 44.

131 Dr. Gerda Sonntag, geb. Weyand, hatte ihren Dienst in Ravensbrück im September 1939 begonnen. Während ihrer Arbeit als Sekretärin von Sonntag hatte Erika Buchmann demnach auch regelmäßig Kontakt zu Gerda Weyand. Nach ihrer Eheschließung mit Sonntag (Juli 1941) und der folgenden Schwangerschaft beendete sie 1942 ihren Dienst als Ärztin im KZ.

132 Brief Erika Buchmanns an Gerda Sonntag vom 7. August 1947, zit. nach: Stoll, SS-Arzt, S. 70.

Man hat sämtl. Belastungszeugen gefragt, ob ich zu verhaften sei. Sie hätten einstimmig gegen meine Verhaftung gesprochen."[133]

Die Intervention von Gerda Sonntag konnte allerdings nicht verhindern, dass Erika Buchmann deren Ehemann in ihren Aussagen schwer belastete. Gegenüber den britischen Ermittlungsbehörden nannte sie zahlreiche Beispiele für Walter Sonntags Verbrechen in Ravensbrück. Am 23. Januar 1948 erklärte sie während des Prozesses gegen ihn: „Ich halte Dr. Sonntag für einen ausgesprochenen Sadisten."[134] Sonntag wurde zum Tode verurteilt und im September 1948 hingerichtet.

Während des Prozesses gegen Sonntag hielt sich Erika Buchmann einige Wochen in Westerland/Sylt bei ihrem Halbbruder Hermann und seiner Frau Vevy sowie in Hamburg auf. Die überlieferten Briefe bieten einen Einblick in den familiären Alltag der Buchmanns in dieser besonders für Erika emotional schwierigen Zeit. Die Vermutung liegt nahe, dass sie ihrer Zeugenaussage mit Anspannung entgegensah. Unmittelbar vor der Konfrontation mit Dr. Sonntag machte sie aber zumindest ihrer Familie gegenüber einen äußerst gelassenen Eindruck. In einem Brief schrieb sie: „Dienstag ist Verhör beim Staatsanwalt und dann geht es am Mittwoch zum Prozeß. Ich werde versuchen, schnell dran zu kommen, damit ich heim kann. Wenn es nicht klappt, dann fahre ich noch einmal hierher zurück."[135] Viel wichtiger erschien Erika Buchmann der Bericht über ihre Reise an die Nordsee: „Ich habe viel geschlafen, wie immer bei Vevy herzlich gegessen und bin 4x am Meer und in den Dünen gewesen und wie immer bezaubert von dem endlosen und ewig neuen Spiel der Wellen. Das nimmt meiner Begeisterung für die Berge nichts, Albert. Aber ich wünschte doch, Du könntest Dich einmal im Urlaub auch für das Meer entscheiden, vielleicht auf der Mecklenburger Seite."[136]

Vom eigentlichen Zweck dieser Reise, der Zeugenaussage und dem Treffen mit ehemaligen Mithäftlingen in Weimar, wird in diesem Brief nur am Rande gesprochen.[137] Es entsteht der Eindruck, eine Ehefrau und zweifache Mutter genieße einige erholsame Tage bei ihrer Verwandtschaft am Meer. Der Hinweis auf ver-

---

133 Brief Gerda Sonntags an Walter Sonntag vom 11. Mai 1948, zit. nach: ebenda.

134 Vgl. Sammlungen MGR/SBG, Nachlass Sonntag, NL 12/2–2, ohne Paginierung.

135 Brief Erika Buchmanns an Albert und Inge Buchmann vom 8. April 1948 von Westerland/ Sylt nach Stuttgart, SAPMO-BArch NY 4178/12, Bl. 5. Erika Buchmann hatte einige Ferientage bei der Familie ihres Halbbruders Hermann auf Sylt verbracht, reiste von dort nach Weimar zur Tagung der Ravensbrückerinnen, um von dort zum Prozess gegen Sonntag nach Hamburg zurückzukehren.

136 Ebenda.

137 Für die Mehrzahl der als Zeugen geladenen ehemaligen Häftlinge gehörte die Konfrontation mit ihren ehemaligen Peinigern und die notwendigen Berichte über ihre KZ-Haft zu den schwierigsten und qualvollsten Momenten nach ihrer Befreiung.

gangene und künftige Erholungsreisen zeigt, dass Albert und Erika Buchmann Ende der 1940er-Jahre offenbar versuchten, entgegen dem offiziellen Bild von der unermüdlich arbeitenden Funktionärsfamilie ein normales Familienleben zu führen. Sie wollten sich auch in diesen Zeiten des allgemeinen Mangels Freiraum für persönliche Vorlieben und Interessen offenhalten.[138]

Die Kontakte der Überlebenden untereinander waren für einige Frauen nicht nur bei der Durchsetzung von Wiedergutmachungsansprüchen von Bedeutung. Sie dienten auch der kritischen wechselseitigen Überprüfung. Ehemalige Häftlinge konnten in den Verdacht geraten, sich an Misshandlungen, Denunziationen oder an der Tötung von Mithäftlingen beteiligt zu haben. Gingen die Ermittler der Spruchkammern solchen Vorwürfen nach, wurden ehemalige Mithäftlinge als Zeugen hinzugezogen. Am 9. Oktober 1947 erließ die Spruchkammer Feuerbach eine einstweilige Anordnung gegen Gertrud Müller. Einen Tag später wurde sie verhaftet und in das Internierungslager 77 nach Ludwigsburg gebracht.[139] Gertrud Müller, geborene Wieland, wurde am 29. November 1915 in Stuttgart geboren. Sie war vor 1933 Mitglied im KJVD, nach 1945 in der KPD und langjährige Vorsitzende und Ehrenvorsitzende der Lagergemeinschaft Ravensbrück/Freundeskreis e. V.[140] Von Herbst 1943 bis Oktober 1944 war Gertrud Müller politischer Häftling in Ravensbrück. Danach wurde sie nach Geislingen an der Steige in ein Außenlager des KZ Natzweiler überstellt und im April 1945 in der Nähe von München von amerikanischen Truppen befreit. Am 3. Dezember 1947 wurde sie im Rahmen der Spruchkammerverhandlung von zwei Zeuginnen mit dem Vorwurf konfrontiert, sie habe als Blockälteste „in Geislingen mit Stöcken und einem Gummischlauch geschlagen, ihnen Essen entzogen und sie stundenlang Appell stehen lassen".[141] Gertrud Müller wurde in die Gruppe der „Belasteten" eingestuft und zu zwei Jahren Arbeitslager verurteilt. Das Urteil wurde später von der Berufungskammer bestätigt, obwohl Erika Buchmann in der Berufungsverhandlung zugunsten von Gertrud Müller ausgesagt hatte.[142]

Nach den Vorwürfen gegen Gertrud Müller befürchtete Erika Buchmann offenbar, wegen ihrer Tätigkeit als Blockälteste des Strafblocks mit ähnlichen

---

138 Albert und Erika Buchmann waren im Juli 1947 mit ihren Kindern im Urlaub in Bayern. Auch in den folgenden Jahren unternahm die Familie immer wieder Erholungsreisen, vgl. diverse Briefwechsel bei Erholungsreisen, SAPMO-BArch NY 4178/39.

139 Vgl. Müller, Hälfte, S. 61.

140 Gertrud Müller verstarb am 25. Mai 2007.

141 Müller, Hälfte, S. 62.

142 Gertrud Müller wurde im Internierungslager Ludwigsburg inhaftiert. Am 12./13. Januar 1950 fand in Ludwigsburg ein Wiederaufnahmeverfahren statt. Die Zentralspruchkammer hob das Urteil gegen Gertrud Müller wegen des nicht Zutreffens des Art. 40 des Gesetzes zur Befreiung von Nationalsozialismus und Militarismus auf. Vgl. Müller, Hälfte, S. 71 ff.

Anschuldigungen konfrontiert zu werden.[143] Um etwaige Vorwürfe frühzeitig entkräften zu können, begann sie, Leumundszeugnisse ehemaliger Häftlinge zu sammeln. Im März 1948 wandte sie sich an das Stuttgarter VVN-Büro: „Ich sende Euch in der Anlage Abschriften von Charakteristiken, die ehemalige politische Häftlinge des FKL über meine Person und mein Verhalten abgegeben haben. Der Fall Müller läßt es mir geraten erscheinen, Euch diese Materialien zu übergeben [...]. Ich werde in den nächsten Wochen eine größere Arbeit abschließen, in der ich für die Frauen-KZ grundsätzlich notwendige Erklärungen abgebe über die Frage, inwieweit es notwendig war, undisziplinierten Elementen gegenüber zur Selbsthilfe im Interesse des ganzen Lagers zu schreiten."[144]

Im April 1948 nahm sie während des Treffens der Ravensbrücker Überlebenden in Weimar zu den Vorwürfen gegen sie und Gertrud Müller in einem Diskussionsbeitrag öffentlich Stellung. Zu diesem Zeitpunkt hielt Erika Buchmann einen Prozess gegen sich zwar bereits für unwahrscheinlich, betonte jedoch ausdrücklich, Ohrfeigen gegen „asoziale und kriminelle Elemente" im Lager seien notwendig gewesen.[145] Im Gegensatz zu Gertrud Müller, die auch noch in ihrer 2004 veröffentlichten Biografie[146] sämtliche Vorwürfe zurückweist, bekannte sich Erika Buchmann dazu, Mitgefangene geschlagen zu haben. Sie sah dies als notwendig an, um Disziplin und Ordnung im Lager aufrechtzuerhalten.

Diese Sicht teilten auch andere Überlebende. Maria Wiedmaier, ebenfalls politischer Häftling in Ravensbrück, hatte schon im Dezember 1947 die Argumentationslinie vorgegeben: „Es mußte also mit energischer Hand eingegriffen werden, damit wenigstens die Besten am Leben blieben und damit wenigstens etwas Ordnung und Disziplin geschaffen wurden. [...] Daher wurde eine durch die Blockälteste ausgeteilte Ohrfeige oftmals zum Segen für den ganzen Block. Niemals aber hat Erika Buchmann geprügelt oder eiskaltes Wasser über die Häftlinge geschüttet. [...] Nur das Abschaum [sic!] des Strafblocks, der nur nach seinen tierischen Instinkten lebte, wurde mit Willen aller antifaschistischen Kräfte im Lager mit einer Ohrfeige erzogen. [...] Erika Buchmann hat bewiesen, wie man unterschiedlich arbeiten mußte und konnte, je nach der Zusammensetzung des Blocks, um die Interessen der Häftlinge gegen die Lagerleitung zu vertreten."[147]

143 Vgl. SAPMO-BArch NY 4178/53, Bl. 58. Es sind keine eindeutig gegen Erika Buchmann gerichteten Anschuldigungen überliefert.

144 Vgl. SAPMO-BArch NY 4178/53, Bl. 58.

145 Geschichte der Gedenkstätte Ravensbrück, Sammlungen MGR/SBG, P-NMG/5, RA I/3-5K, ohne Paginierung.

146 Vgl. Müller, Hälfte.

147 Bestätigung Maria Wiedmaier, 9. Dezember 1947, Archiv VVN Stuttgart, ohne Sign., ohne Paginierung.

Erika Buchmann verteidigte derartige Denkmuster zeitlebens und unternahm in der Öffentlichkeit keinerlei Versuche, ihr Verhalten während der Haft, die Gründe für ihr Überleben oder die Konsequenzen ihres Handelns für andere kritisch zu reflektieren. Das öffentliche Eingeständnis, im Lager auch selbst geschlagen zu haben, lässt sich als Festhalten an dieser Überlebensstrategie deuten. Es kam zu keinem Spruchkammerverfahren gegen Erika Buchmann. Anhand ihres Fragebogens vom 20. April 1946 wurde sie als „nicht betroffen" eingestuft. Der öffentliche Ankläger erhob auch in den folgenden Monaten keine weiteren Vorwürfe gegen sie.[148]

Zehn Jahre später aber belastete Margarete Buber-Neumann[149] in ihrem 1958 veröffentlichten Bericht über ihre Gefangenschaft im sowjetischen GULAG und in Ravensbrück Erika Buchmann schwer: „Sie brachte dauernd Häftlinge mit ‚Meldungen' zum ‚Strafrapport'. Wie ich schon erwähnte, gab es unter den Frauen im Strafblock schlimme Elemente, und das Zusammenleben mit ihnen war qualvoll. Aber berechtigt das eine angebliche Sozialistin wie Erika Buchmann, zur Oberaufseherin Langefeld zu äußern, daß es besser wäre, solche Typen, die ständig die Gemeinschaft stören, zu liquidieren?"[150]

Das Verhältnis zwischen Margarete Buber-Neumann und Erika Buchmann im Lager ist aus heutiger Sicht schwer zu beurteilen. Der Gegensatz zwischen den beiden Frauen geht auf die Zeit vor 1933 zurück. Margarete Buber-Neumann hatte bereits in den 1920er-Jahren ein unkonventionelles, unangepasstes Leben geführt. Ab 1935 lebte sie in der UdSSR und war 1938 während der stalinschen Säuberungen in ein Straflager eingewiesen worden. Diese Erfahrungen unterschieden sie von der orthodoxen Kommunistin Buchmann. Die Biografien der beiden Frauen offenbaren gegensätzliche Positionen innerhalb der kommunistischen Bewegung. Die parteiinternen Auseinandersetzungen fanden in den Konzentrationslagern häufig ihre Fortsetzung in gegenseitiger Missachtung oder Aggression. Das mag zum harschen Urteil von Buber-Neumann über Erika Buchmann beigetragen haben. Die öffentlichen Anprangerungen beschädigten allerdings nicht das Ansehen, das Erika Buchmann in ihrem Lebensumfeld genoss: Denn sie lebte ab 1957 in der DDR, und hier galt Buber-Neumann als Verräterin und Abtrünnige. Zudem standen ihre Bücher in der DDR auf dem Index verbotener Literatur.

Für Erika und Albert Buchmann hatte die Auseinandersetzung mit ihrer Inhaftierung während der NS-Zeit nach 1945 auch noch eine juristische Dimension. Unmittelbar nach der Befreiung machten sie ihr Anrecht auf Wiedergutmachung

---

148 Staatsarchiv Ludwigsburg, EL 901/20 Bü. 37, ohne Paginierung.
149 Vgl. Buber-Neumann, Gefangene.
150 Ebenda, S. 312.

und auf Tilgung der NS-Urteile aus dem Strafregister geltend. Die Urteile gegen Erika Buchmann wurden am 19. November 1948 aus dem Strafregister gelöscht. Auf den endgültigen Wiedergutmachungsbescheid mussten sie und ihr Mann jedoch bis 1951 warten.[151]

In der Amerikanischen Besatzungszone trat zwischen Mitte August und Anfang September 1949 (rückwirkend zum 26. April 1949) das Entschädigungsgesetz in Kraft. Es räumte „rassisch", religiös und politisch Verfolgten des NS-Regimes einen Rechtsanspruch auf Wiedergutmachung entstandener Schäden an Leben, Körper, Gesundheit, Freiheit, Eigentum, Vermögen oder beim wirtschaftlichen Fortkommen ein.[152] Ende 1952 lagen in Württemberg-Baden insgesamt 46 000 Anmeldungen nach dem Entschädigungsgesetz vor. Diese rechtmäßigen Forderungen stellten die Länder vor enorme finanzielle Schwierigkeiten. Württemberg-Baden entschloss sich, diese Summe aus dem Staatshaushalt aufzubringen. Es teilte die Ansprüche in drei Klassen ein. Für die Bearbeitung galten unterschiedliche Fristen. 1960 sollten alle Entschädigungsleistungen ausgezahlt sein.

Erika und Albert Buchmann erhielten ihre Wiedergutmachungszahlungen vergleichsweise früh. Generell wurde die erste Rate der Haftentschädigung bis zu einer Höhe von 3000 DM sofort nach Feststellung der Ansprüche gezahlt.[153] Die Forderungen der VVN nach einer zügigen Auszahlung der weiteren Raten wurden mit Hinweis auf mangelnde finanzielle Mittel abgelehnt, wobei auch politische Vorbehalte eine Rolle spielten. Ergänzend bemerkte der zuständige Staatssekretär im bayerischen Finanzministerium, „daß eine große Zahl von Mitgliedern der VVN Kommunisten sind, die als solche im wesentlichen nur Haftentschädigungsansprüche geltend machen konnten [...]. Zahlreiche Eingaben und unerfüllte Forderungen der VVN [sind der Versuch,] Unruhe in die Kreise der Verfolgten zu tragen und die Autorität der Staatsregierung zu untergraben."[154]

Um eine politische Auseinandersetzung zu vermeiden, ermöglichte Württemberg-Baden umgehend die vorzeitige Auszahlung der zweiten Rate, wenn das Geld für den sozialen Wohnungsbau verwendet würde. Erika und Albert Buchmann entschlossen sich zur Nutzung dieses Modells und erhielten in ihrer zweiten Rate 26 604, 85 DM ausgezahlt. Mit dieser Summe beteiligten sie sich am Bau von zwei Wohnblöcken in Endersbach.[155]

---

151 Vgl. Wiedergutmachungsbescheid, SAPMO-BArch NY 4178/40, Bl. 17.

152 Zit. nach: Goschler, Wiedergutmachung, S. 149. Das Gesetz sollte noch vor Bildung der Bundesregierung verkündet werden. Die einzelnen Länder in der Amerikanischen Besatzungszone veröffentlichten das Gesetz im o. g. Zeitraum zu unterschiedlichen Zeiten.

153 Die Haftentschädigungsverordnung trat Ende November 1949 in Kraft.

154 Goschler, Wiedergutmachung, S. 152.

155 Vgl. Wiedergutmachungsbescheid Albert Buchmanns, SAPMO-BArch NY 4178/1.

III.3. Im Landtag von Baden-Württemberg und im Parteivorstand der KPD

Nach der Geburt ihrer Tochter vergingen vier Jahre, bis Erika Buchmann wieder zu arbeiten begann. Sie folgte hier weniger eigenen Ambitionen als den Instruktionen und Anordnungen der KPD. Erika Buchmann lehnte eine erneute Berufstätigkeit zwar nicht generell ab. Die Kandidatur als Landtagsabgeordnete, die der KPD-Parteivorstand für sie vorgesehen hatte, entsprach jedoch nicht ihren Wünschen und Neigungen.

Ihre Rückkehr in die Berufstätigkeit begann 1951 mit der politischen Arbeit innerhalb der KPD.[156] Sie wurde auf dem „Münchner Parteitag" der KPD vom 2. bis 4. März 1951,[157] der programmatisch die stalinistischen Säuberungen in der KPD legitimierte, zur Leiterin der Abteilung Frauen ernannt. Damit war sie die einzige Frau, die ins Sekretariat der KPD gewählt wurde.[158] Es ist kaum überraschend, dass Erika Buchmann in die Parteiarbeit zurückkehrte. Bemerkenswert ist jedoch, dass die KPD-Führung der politischen Karriere ihres Mannes etwa zeitgleich (nach dem Wahldebakel für die Partei in Württemberg-Baden) ein Ende setzte.

Erika Buchmann begann ihre landespolitische Nachkriegskarriere nach der Entmachtung altgedienter Funktionäre der KPD-Führung, die noch in der Weimarer Republik sozialisiert worden waren. Mit dem Vorwurf „politischer Fehler und opportunistischer Abweichungen" wurde im Januar 1951 auf Initiative der SED die gesamte württembergischen KPD-Führung abgesetzt.[159] Diese sogenannte Mitgliederkontrolle eröffnete Erika Buchmann die Möglichkeit einer Parteikarriere. Ihr wurde ein Amt angetragen, während langjährige Genossen, mit denen sie sowohl die Erfahrungen der 1920er-Jahre als auch die von Verfolgung und Haft zwischen 1933 und 1945 verband, ausgeschlossen wurden. Ohne Angabe der konkreten Umstände erwähnt Lutz Niethammer, Hans Schneider[160]

---

156 Für den beschriebenen Zeitraum liegen keine Quellen über eine „öffentliche" politische Arbeit Erika Buchmanns vor. Dessen ungeachtet war sie natürlich Mitglied der KPD geblieben und wahrscheinlich in ihrer Ortsgruppe aktiv bzw. unterstützend für ihren Ehemann tätig. Diese Situation war wohl vergleichbar mit der zwischen 1927 und 1933.

157 SAPMO-BArch NY 4178/1. Der „Münchner Parteitag" fand tatsächlich in Weimar (DDR) statt.

158 Vgl. Stöss (Hrsg.), Parteien-Handbuch, S. 1791.

159 Weber/Herbst, Kommunisten, S. 447; Patrick Major, Big brother und little brother: Das Verhältnis SED-KPD 1948–1951, in: Elke Scherstjanoi (Hrsg.), „Provisorium für längstens ein Jahr." Die Gründung der DDR, Berlin 1993, S. 155–163, hier S. 161 f.

160 Hans Schneider, geb. 1910, ab 1928 KPD-Mitglied und KJVD-Funktionär, 1933–1935 KZ-Haft, danach unter Aufsicht bzw. untergetaucht, nach 1945 Wiederaufbau der KPD, nach 1951 Sekretär der Stuttgarter KPD-Führung, nach 1956 Abkehr von der KPD und Maoist.

Erika Buchmann auf dem „Münchner
Parteitag" der KPD, Weimar 1951.
BArch, Bild Y10-1445/00.

habe „1951 im Zusammenspiel mit Max Reimann[161] die Absetzung der württembergischen KPD-Führer Buchmann, Nuding und Leibbrand"[162] erwirkt. Offenbar waren diese Absetzungen Teil der Parteisäuberungen, die die SED seit 1949
betrieb. Diese trafen zunächst alle ehemalige Westemigranten, später, im Rahmen
der sogenannten Noel-Field-Affäre, auch alle „Alt-Kommunisten".[163]

161 Max Reimann, geb. 31. 10. 1898, ab 1919 Mitglied der KPD, nach 1933 Zuchthaus und KZ
   Sachsenhausen, MdL in NRW und MdB, 1948 bis 1956 Vorsitzender der KPD, ab 1952 in
   der DDR, 1968 Rückkehr in die BRD, Mitglied der DKP, 1977 in Düsseldorf gestorben.
162 Niethammer u. a. (Hrsg.), Arbeiterinitiative, S. 515.
163 Noel H. Field, amerikanischer Staatsbürger, war während des Zweiten Weltkrieges in der
   Schweiz Leiter der Europa-Abteilung eines amerikanischen Hilfswerkes und organisierte in
   vielfältiger Form Hilfe insbesondere auch für kommunistische Emigranten in der Schweiz
   und in Frankreich. Er wurde 1949 nach Budapest entführt; ihm wurde zur Last gelegt, als
   Agentenführer des CIA hohe und höchste kommunistische Funktionäre ausgehorcht zu
   haben; vgl. Bernd-Rainer Barth, Wer war Noel Field? Die unbekannte Schlüsselfigur, in:
   Annette Leo u. a. (Hrsg.), Vielstimmiges Schweigen. Neue Studien zum DDR-Antifaschismus, Berlin 2001, S. 197–221; Bernd-Rainer Barth/Werner Schweizer (Hrsg.), Der Fall Noel
   Field. Schlüsselfigur der Schauprozesse in Osteuropa. Verhöre und Selbstzeugnisse 1948–
   1957, Berlin 2006. Buchmann und Leibbrand hatten langjährige KZ-Haft überlebt. Nuding
   war Mitarbeiter des AM-Apparates und als solcher 1935/36 für die Instruktion der illegalen
   württembergischen KPD-Organisation zuständig, später in Frankreich interniert, arbeitete
   er ab 1941 für die Résistance. Als „Alt-Kommunisten" wurden Mitglieder stigmatisiert, die
   schon vor 1933 Mitglied der KPD waren.

Der KPD-Parteivorstand unterstellte in einer Resolution vom Dezember 1949 allen KPD-Landesvorständen in der BRD „titoistische, trotzkistische und brandleristische Tendenzen".[164] Im März 1950 verhaftete das MfS in Ost-Berlin den stellvertretenden KPD-Vorsitzenden und BRD-Bürger Kurt Müller. Dieser Höhepunkt der Verfolgung von KPD-Mitgliedern erregte in der bundesdeutschen Gesellschaft einiges Aufsehen.[165] In den folgenden Monaten – vor allem auf dem III. Parteitag der SED im Juli 1950 – übten führende SED-Mitglieder scharfe Kritik an der gesamten KPD. Alle höheren KPD-Funktionäre, die nach der Westemigration zurückgekehrt waren, wurden zu „Kadergesprächen" in die DDR beordert. Der „Münchner Parteitag" der KPD von März 1951 war bereits für Anfang 1949 geplant, dann aber vertagt worden. In Löwenberg, einem Ort 20 Kilometer nördlich von Berlin, fand unmittelbar vor dem verschobenen Parteitag eine nächtliche Vorbereitungssitzung statt. Auf dieser Sitzung erklärte Max Reimann im Namen des KPD-Parteivorstandes, dass fast alle bislang amtierenden KPD-Landesvorsitzenden abgesetzt seien.

Da bisher noch keine wissenschaftlichen Abhandlungen zur Geschichte der Stuttgarter Arbeiterbewegung, zum Widerstand während der NS-Zeit und zur Entwicklung der württembergischen KPD vorliegen, können diese Vorgänge hier nicht ausführlich dargestellt werden. Augenfällig ist jedoch, dass die SED-Führung Robert Leibbrand im Januar 1951 veranlasste, in die DDR überzusiedeln. Seine Frau Gertrud rückte im Mai 1951 im Bundestag als KPD-Abgeordnete nach und folgte ihrem Mann erst nach Ende der Legislaturperiode 1953 in die DDR.[166] Die Parallelen zu den politischen Karrieren von Erika und Albert Buchmann, die gleichfalls von der SED bestimmt wurden, sind bemerkenswert. Hermann Nuding wurde als schwerer „opportunistischer Fehler" sein „versöhnlerisches Verhalten" gegenüber Kurt Müller und die Ablehnung der Arbeitsgemeinschaft SED-KPD vorgeworfen. Der Anweisung, ebenfalls nach Ost-Berlin zu übersiedeln, widersetzte sich der schwer kranke Nuding jedoch. Er zog sich stattdessen vollständig aus der aktiven Politik zurück.

Die Rückkehr Erika Buchmanns auf die politische Bühne erfolgte also im Zuge heftiger Umbrüche innerhalb der KPD. Auf der bundespolitischen Tagesordnung

---

164 Major, Verhältnis, S. 161.

165 Albert Buchmann und Kurt Müller waren seit Längerem gut miteinander bekannt. Nach Auflösung der Arbeitsgemeinschaft SED/KPD und der damit verkündeten „organisatorischen Eigenständigkeit" der KPD im Januar 1949 wurde unter Leitung von Franz Dahlem eine Westkommission beim neu gegründeten Politbüro der SED berufen. Diese Westkommission sollte die Arbeit der KPD und deren Umfeldorganisationen anleiten. Die „Empfehlungen" stellten de facto jedoch Weisungen dar. Albert Buchmann und Kurt Müller gehörten neben anderen Vertreter der KPD der Westkommission an.

166 Gertrud Leibbrand, geb. 31. 12. 1911, Tochter des bekannten württembergischen Kommunisten Karl Schneck, Stenotypistin, ab 1927 KJVD, nach 1933 zeitweise inhaftiert und ab 1945 KPD-Funktionärin, gest. 12. 7. 2002.

stand zu dieser Zeit der Zusammenschluss der Länder Württemberg-Baden, Württemberg-Hohenzollern und Baden im Südwesten der Bundesrepublik. Im frühen Wirtschaftswunder sprachen hierfür vor allem ökonomische Gründe. Die amerikanische Militärregierung in Württemberg-Baden und die französische in Württemberg-Hohenzollern hatten beim Wiederaufbau unterschiedliche Normen und Rahmenbedingungen geschaffen. Bereits am 1. Juli 1948 hatten die Militärgouverneure den Regierungschefs zugestanden, Vorschläge zur territorialen Neugliederung der drei westlichen Besatzungszonen zu unterbreiten. Es vergingen jedoch weitere vier Jahre bis zur Gründung eines südwestdeutschen Landes.[167] Am 9. Dezember 1951 ergab die Volksabstimmung über die Schaffung eines einheitlichen „Südweststaates" mit dem Namen Baden-Württemberg eine knappe Mehrheit von 52,2 Prozent der Stimmen.[168] Die KPD lehnte die territoriale Neugliederung mit dem Argument ab, ein einheitlicher Südweststaat diene lediglich der Remilitarisierung der Bundesrepublik.[169]

Drei Monate nach dem Votum für die Vereinigung Baden-Württembergs fanden am 9. März 1952 die Wahlen zur Verfassunggebenden Versammlung statt. Die KPD erzielte nur 4,4 Prozent der Stimmen und damit vier Sitze. Erika Buchmann war die einzige Frau unter den KPD-Abgeordneten.[170] Die vier KPD-Abgeordneten konnten nur als Gruppe und nicht als Fraktion auftreten.[171] Dies hatte zur Folge, dass die vier Abgeordneten nicht in den Landtagsausschüssen vertreten waren. Nach der Annahme der Verfassung 1952 arbeiteten die Mitglieder der Landesversammlung bis 1956 als Abgeordnete des Landtages weiter. Anders als in den drei Vorgängerparlamenten zeichneten sich die wenigen KPD-Abgeordneten in den Plenarsitzungen weder durch häufige Präsenz noch durch Aktivitäten aus.[172]

167 Vgl. Ina Hochreuther, Frauen im Parlament. Südwestdeutsche Abgeordnete seit 1919, Stuttgart 1992, S. 95.

168 Vgl. Schnabel, Württemberg, S. 279.

169 Vgl. Klocksin, Kommunisten, S. 134.

170 Die drei anderen KPD-Abgeordneten waren Wilhelm Bechtle, Hans Rueß und Erwin Eckert. Ehefrau von Hans Rueß war Paula Kopp, die wie Erika Buchmann in Ravensbrück inhaftiert und in erster Ehe mit Hermann Nuding verheiratet gewesen war. Vgl. Friedrich Pospiech, Unbelehrbar auf der Wahrheit beharrende … Paula und Hans Rueß. Zwei Leben im Widerstand gegen Krieg und Faschismus, Bonn 2002.

171 Bei den Wahlen zur Verfassunggebenden Versammlung galt die Fünf-Prozent-Klausel nicht. Die CDU erreichte 52, die SPD 38, die FDP/DVP 23 und die BHE 6 Sitze im Landtag von Baden-Württemberg.

172 Die Anwesenheitsquote der KPD-Parlamentarier während der Plenarsitzungen lag bei ca. 80 Prozent und damit deutlich unter der der anderen Fraktionen. Vgl. Archiv des Landtages von Baden-Württemberg, Stuttgart, Register des Ersten Landtages von Baden-Württemberg, ohne Paginierung.

Der Grund hierfür war möglicherweise das veränderte politische Klima im Vorfeld des KPD-Verbotes.

Erika Buchmann widmete sich als Abgeordnete im Stuttgarter Landtag den unterschiedlichsten Themen. Als Einzelkämpferin blieb sie jedoch eine Randfigur ohne vorzeigbare Erfolge. Hinzu kamen die zunehmende Ausgrenzung und Kriminalisierung der vier KPD-Abgeordneten. Die Anträge und Vorlagen, die sie in das Parlament einbrachten, betrafen vor allem konkrete Projekte. Dazu zählten zum Beispiel der Neubau des Staatlichen Gesundheitsamtes in Böblingen, die Gleichstellung von Kriegerwitwen und Schwerbeschädigten mit Flüchtlingen und Vertriebenen bei der Zuteilung von Wohnraum, die Erhöhung der Gebührensätze für Hebammen sowie die Erhöhung der Leistungen der Arbeitslosenunterstützung und -fürsorge.[173] Während sie die Fürsorgeprobleme erfolgreich lösen konnte, scheiterte sie mit Gesetzesvorlagen zur Schulgeld- und Lernmittelfreiheit, zur besseren finanziellen Förderung von Wohnungsbau und Wohnraumbeschaffung sowie mit einer Gesetzesvorlage für den Finanzausgleich zwischen Land und Gemeinden in Baden-Württemberg.[174]

Für Erika Buchmann selbst wurde jedoch ein Vorfall zum beherrschenden Thema ihrer Abgeordnetenzeit, der nicht direkt mit ihrem Mandat als KPD-Abgeordnete zusammenhing. Am 8. Februar 1953, einem Sonntag, führten Beamte des Polizeipräsidiums Stuttgart in der Privatwohnung der Buchmanns eine Hausdurchsuchung durch. Zu diesem Vorfall gab es auch eine Debatte im Stuttgarter Landtag, in der sich die überaus feindliche Stimmung gegen die KPD offenbarte. Die Hausdurchsuchung galt Albert Buchmann, der im Zusammenhang mit Maßnahmen gegen die „Sozialistische Aktion" gesucht wurde. Gegen ihn hatte der Oberbundesanwalt einen Haftbefehl (Az. St. E 49/52) wegen des Verdachts auf Hochverrat erlassen.[175]

---

173 Vgl. Verhandlungen der Verfassunggebenden Landesversammlung von Baden-Württemberg, Sitzungen, Landtag von Baden-Württemberg, 1. Wahlperiode, 1952–1956, Parlamentarische Drucksache.

174 Vgl. ebenda.

175 Vgl. Landtag von Baden-Württemberg, Parlamentsarchiv, Abg. Erika Buchmann, o. Sign. Der Hinweis zur „Sozialistischen Aktion" ist der Stellungnahme des Landeskriminalamtes Baden-Württemberg zum o. g. Vorfall in der Akte Erika Buchmanns im Parlamentsarchiv entnommen und wurde von Norbert Madloch im Gespräch mit der Autorin am 24. September 2003 erwähnt. In der Literatur fand sich lediglich der Hinweis auf die „Sozialdemokratische Aktion". Vgl. Amos, Westpolitik, S. 33, hier auch allg. zur Westpolitik der SED, sowie Michael Kubina, „Was in dem einen Teil verwirklicht werden kann mit Hilfe der Roten Armee, wird im anderen Teil Kampffrage sein." Zum Aufbau des zentralen Westapparates der KPD/SED 1945–1949, in: Wilke (Hrsg.), Anatomie, S. 413–501, hier S. 489. Kubina weist darauf hin, dass am 21. November 1949 in Hamburg ein Treffen zwischen der „Sozialdemokratischen Aktion", Erich Arp (bis Januar 1949 Mitglied der SPD), Karl Schirdewan

Albert Buchmann war seit 1951 weder Mitglied in der württembergischen KPD-Leitung noch war er Landtagsabgeordneter. Aber er übernahm für die KPD spezielle Aufgaben sowohl in der BRD als auch in der DDR. Im Rahmen der „Sozialistischen Aktion" hatte er den Auftrag, ein Bündnis zwischen der KPD und linken Mitgliedern der SPD vorzubereiten. Der Beginn des KPD-Verbotsverfahrens[176] im November 1951 sowie der 1952 gegen ihn ausgestellte Haftbefehl machten eine Fortsetzung seiner politischen Arbeit in der Bundesrepublik faktisch unmöglich. Dass ein Haftbefehl gegen ihn vorlag, war der Familie Buchmann offenbar nicht bekannt.

Albert Buchmann war ab April 1951 mit Wohnsitz in Düsseldorf und ab Januar 1953 in Ost-Berlin gemeldet. Er hatte sich allerdings in längeren Abständen regelmäßig mit seiner Frau und seiner jüngeren Tochter getroffen.[177] Über die Durchsuchung seiner Stuttgarter Wohnung informierte ihn seine ältere Tochter Inge per Brief: „Gestern sprach ich mit Mama. Sie hatte Sonntag früh Besuch, Du wurdest gesucht ebenfalls unter Hochverratsverdacht. Trotz Immunitätsausweis gab es eine Hausdurchsuchung. […] Du sollst Dich gut und gründlich auskurieren lassen! Offensichtlich war sie sehr froh, daß Du durch diese Umstände nicht zu Deinem üblichen Sonntagsbesuch zuhause warst – und wir sind es auch! So weiß man doch, wie die Dinge stehen und kann sich dementsprechend vorsehen – in andrem [sic!] Fall hätte das leicht schlecht ausgehen können."[178]

Erika Buchmann war bei der Hausdurchsuchung ebenfalls nicht zugegen. Anwesend waren die gerade erst sechsjährige Bärbel Buchmann, ihre Tante Margot Müller, die vermutlich zu Kinder-Betreuung eingesprungen war, sowie eine Untermieterin. Die Hausdurchsuchung dürfte bei den Buchmanns schlimme Erinnerungen an Verfolgung und Bedrohung wachgerufen haben. Vor allem die bei-

und Albert Buchmann stattgefunden habe; vgl. ebenda, S. 481. Die „Sozialdemokratische Aktion" bestand wenigstens bis 1951 und wurde vom Innenministerium der BRD als eine von der SED gesteuerte und finanzierte Organisation neben der KPD, der FDJ, der DSF und der VVN gewertet. Vgl. auch Stöss (Hrsg.), Parteien-Handbuch.

176 Vgl. Kap. III.4.

177 Vgl. Ermittlungen gg. Weihe, Karl u. a. wg. Beihilfe zum Mord, Staatsarchiv Amberg, Bestand StA Weiden, Nr. 101. Ich danke Christa Schikorra für diesen Hinweis. Albert Buchmann war in der Zietenstraße 12 in Düsseldorf gemeldet. Seine erste offizielle Meldeadresse in Ost-Berlin, allerdings erst ab Dezember 1953, lautete Einbecker Straße 41 in Berlin-Friedrichsfelde. Dabei dürfte es sich kaum um eine tatsächliche Wohnung gehandelt haben, da dies auch die Adresse der ersten Büroräume der Gruppe Ulbricht in Berlin war, nach ihrem Eintreffen in Berlin im April 1945. Vgl. SAPMO-BArch NY 4178/1, Bl. 23; Auskunft des Landeseinwohneramtes Berlin vom 22. 10. 2002.

178 Brief Inge Buchmanns an Albert Buchmann vom 9. Februar 1953, SAPMO-BArch NY4178/12, Bl. 120. Inge Buchmann lebte zu diesem Zeitpunkt mit ihrem Ehemann Heinz Lippmann in Ost-Berlin.

den Arbeitszimmer der Wohnung wurden gründlich durchsucht und zahlreiche Broschüren, Schriftstücke, Zeitungen, Zeitschriften sowie Geld beschlagnahmt. Unter den konfiszierten Materialien waren offensichtlich auch Papiere, die Erika Buchmanns Abgeordnetenarbeit betrafen. In ihrer Beschwerde an den Bundesgerichtshof in Karlsruhe forderte sie zehn Tage später die Herausgabe von 1579 Schriftstücken.[179] Der BGH antwortete Erika Buchmann: „Diese Schriftstücke betreffen unzweifelhaft ihren Ehemann. Dies ergibt sich daraus [...], daß die Sendungen seinen Namen tragen oder [...] es sich um Druckschriften der ‚Sozialistischen Aktion' handelt.“[180] Ihre Beschwerde sei somit gegenstandslos. Erst im Juli 1953 waren die einbehaltenen Materialien vollständig zurückgegeben.

Die Hausdurchsuchung bei den Buchmanns in Stuttgart hatte ein langwieriges parlamentarisches und juristisches Nachspiel. Am 9. Februar 1953 legte die KPD-Gruppe beim Präsidenten der Verfassunggebenden Landesversammlung Baden-Württembergs Beschwerde wegen der Verletzung der Immunitätsrechte der Abgeordneten Erika Buchmann ein. Die Parlamentsgruppe forderte die Verfassunggebende Landesversammlung auf, die Rückgabe der beschlagnahmten Dokumente und des Bargelds sowie ein Dienstverfahren gegen die zuständigen Beamten des Landeskriminalamtes zu verlangen.[181]

Bereits zwei Tage später fand auf Initiative der KPD eine Aussprache im Stuttgarter Landtag statt. Unter Berufung auf die Artikel 46 und 47 des Grundgesetzes stellte der KPD-Abgeordnete Wilhelm Bechtle den Dringlichkeitsantrag, dass die Verfassunggebende Landesversammlung für die Wahrung der Rechte der Abgeordneten eintreten und die Immunitätsrechte jedes Abgeordneten verteidigen müsse.[182] Während Bechtle den Antrag der KPD erläuterte, wurde mit anhaltenden Zwischenrufen: „Siehe Müller! Wo ist der Bundestagsabgeordnete Müller?“ an die Verhaftung des stellvertretenden KPD-Vorsitzenden und KPD-Bundestagsabgeordneten Kurt Müller am 22. März 1950 in Ost-Berlin erinnert.[183]

179 Vgl. Schreiben Erika Buchmanns an den Oberstaatsanwalt beim Bundesgericht vom 17. Februar 1953, SAPMO-BArch NY 4178/41, Bl. 5.

180 Schreiben des Untersuchungsrichters am Bundesgerichtshof an Erika Buchmann vom 15. Juni 1953, SAPMO-BArch NY 4178/41, Bl. 18.

181 Vgl. Landtag von Baden-Württemberg, Parlamentsarchiv, Abg. Erika Buchmann, o. Sign., ohne Paginierung.

182 Vgl. ebenda, Auszug aus dem Sitzungsprotokoll vom 11. Februar 1953, Beilage 547.

183 Kurt Müller, geb. 1903, gest. 1990, ab 1920 KPD-Mitglied, zwischen 1934 und 1945 Haft im Zuchthaus und im KZ Sachsenhausen, nach 1945 Vorsitzender der KPD in Niedersachsen und MdL in Niedersachsen, 1950 unter einem Vorwand in die DDR beordert und vom MfS verhaftet, durch ein sowjetisches Fernurteil als angeblicher Agent zu 25 Jahren Haft verurteilt, zwischen 1953 und 1955 in Wladimir inhaftiert. 1955 konnte er im Zusammenhang mit der Freilassung deutscher Kriegsgefangener in die BRD zurückkehren, ab 1957 Mitglied der SPD.

Das Plenum warf der KPD andauernde Verstöße gegen demokratische Grund-rechte und Heuchelei vor.

Der Antrag der KPD-Gruppe wurde schließlich an den Geschäftsordnungs-ausschuss überwiesen. Bis zum März 1955 waren verschiedene württembergische Behörden mit dem Vorgang befasst. Sie kamen sämtlich zu dem Schluss, die Immunität der Abgeordneten Erika Buchmann sei nicht verletzt worden.[184] Zwar ist durchaus davon auszugehen, dass die Ermittlungsbehörden gegen KPD-Mit-glieder nicht unbedingt zimperlich vorzugehen pflegten. Die jahrelangen Unter-suchungen zu diesem Vorgang zeugen jedoch eher davon, dass dem Vorwurf der Verletzung der Immunität, ein Grundprinzip der parlamentarischen Demokratie, mit Nachdruck verfolgt wurde.

Dass sich die Stimmung gegenüber den KPD-Abgeordneten in der Folgezeit weiter verschlechterte, zeigt ein Vorfall von 1954. Der KPD-Abgeordnete Erwin Eckert hatte in einer Autobahnraststätte eine Aktentasche mit einer größeren Summe Bargeld vergessen; der Pächter der Raststätte hatte die Tasche der Polizei übergeben. Diese Begebenheit führte in Parlament und Öffentlichkeit zu wochen-langen Spekulationen über die Herkunft und den möglichen Verwendungszweck des Geldes. Die spätere Einstellung der Ermittlungen und die Rückgabe des Geldes durch das Justizministerium erhielt dem gegenüber kaum mehr öffentliche Aufmerksamkeit.[185] Haften blieb in der öffentlichen Wahrnehmung, dass KPD-Parlamentarier ständig mit der staatlichen Gewalt in Konflikt gerieten.

Im Frühjahr 1951 begann für Erika Buchmann nicht nur beruflich, sondern auch privat ein neuer Lebensabschnitt. Bereits 1950 hatte ihre ältere Tochter Inge das Elternhaus verlassen; sie lebte seitdem vor allem in Düsseldorf und Frank-furt/Main.[186] Sie war im Zentralbüro der West-FDJ für Kaderfragen zuständig und übernahm zudem den Vorsitz der westdeutschen Pionierorganisation. In dieser Zeit war sie faktisch die persönliche Referentin von Heinz Lippmann.[187]

---

184 Im Archiv des Landtages Baden-Württemberg befinden sich verschiedene Schriftstücke, Brie-fe und Stellungnahmen des Präsidenten der Verfassunggebenden Landesversammlung, des Landeskriminalamtes Baden-Württemberg, des Oberbundesanwaltes beim Bundesgerichts-hof und dem Justizministerium Baden-Württemberg. Alle beteiligten Behörden waren sich einig, dass eine Landtagsabgeordnete bei der Durchsetzung eines Haftbefehls gegenüber ih-rem Ehemann die Durchsuchung der gemeinsamen Wohnung nicht verhindern könne und es auch keinen Immunitätsschutz von Landtagsabgeordneten gegenüber Bundesbehörden gebe.

185 Vgl. Klocksin, Kommunisten, S. 136.

186 Vgl. Herms, Linien, S. 98.

187 Heinz Lippmann, geb. 24. 10. 1921, gest. 11. 8. 1974, Auschwitz-Überlebender, zu diesem Zeitpunkt Stellvertreter Vorsitzender der FDJ, verantwortlich u. a. für Organisation (bes. West-FDJ) und Finanzen, Mitglied der Westkommission des Politbüros der SED. Vgl. Michael Herms, Heinz Lippmann. Porträt eines Stellvertreters, Berlin 1996.

Mit Lippmann, der seit Oktober 1950 geschieden war, verband Inge bereits seit mehreren Monaten eine Liebesbeziehung. Das Verhältnis wurde offenbar nicht geheim gehalten und von Erich Honecker, damals Vorsitzender der FDJ und Lippmanns unmittelbarer Vorgesetzter, gefördert. Im November 1950 schlug Honecker Inge Buchmann und Heinz Lippmann als Mitglieder des Rates des WBDJ vor. Inge Buchmann gehörte zu den ersten zehn Kadern der West-FDJ, die im Frühjahr 1951 für mehrere Wochen in die Sowjetunion reisten. Im Juni 1951 allerdings wurde die West-FDJ verboten. Unter diesem Eindruck bat Inge Buchmann darum, im Herbst 1951 zum Jahreslehrgang der SED an die Parteihochschule in Ost-Berlin wechseln zu dürfen. Dieser Wunsch wurde ihr erfüllt. Sobald ihr Übersiedlungsantrag genehmigt war, zog sie noch 1951 nach Ost-Berlin zu Heinz Lippmann.[188] Anfang 1952 heirateten Inge Buchmann und Heinz Lippmann. Ihre Wohnung lag in Berlin-Pankow, in der Nähe des „Regierungsstädtchens" rund um den Majakowski-Ring.[189] Wenig später erkrankte Inge Lippmann schwer an Knochentuberkulose und brach wahrscheinlich deshalb ihr Studium an der Parteihochschule ab. Gleichwohl wurde von beiden Funktionären weiterhin eine glänzende Karriere in der FDJ bzw. in der SED erwartet.

Unter den gegebenen innerdeutschen politischen Bedingungen konnten zwischen Stuttgart und Ost-Berlin kaum enge Familienbeziehungen gepflegt werden. Um zu Inges Hochzeit nach Ost-Berlin reisen zu können, bemühten sich die Buchmanns um einen Interzonenpass. Der Antrag wurde von den westdeutschen Behörden jedoch ohne Angabe von Gründen abgelehnt; die Hochzeit musste ohne die Brauteltern stattfinden.[190] Über private Besuche von Inge und Heinz Lippmann in Stuttgart wiederum entschied letztlich die SED. Sie befand darüber, welche Kader für Reisen in die Bundesrepublik infrage kamen und welche nicht. Dem Briefwechsel der Eheleute Buchmann nach zu urteilen, war für Erika in den frühen 1950er-Jahren die erneute Trennung von ihrem Ehemann die größte Belastung. Albert Buchmann lebte ab dem Frühjahr 1951 in Düsseldorf und scheint seine Familie in Stuttgart nur noch gelegentlich besucht zu haben.

---

188 Personalkarte von Funktionären der FDJ in der BRD, SAPMO-BArch DY 24/2/3–254.

189 Die genaue Adresse lautete Kissingen-Platz 4. Wirtschaftlich ging es den Lippmanns zu dieser Zeit sehr gut. Heinz Lippmann verdiente netto mehr als 1000 Mark monatlich. Das war weit mehr als das Doppelte eines Durchschnittslohns in der DDR zu dieser Zeit. Vgl. Herms, Lippmann, S. 114 f.

190 Landtag von Baden-Württemberg, Parlamentsarchiv, Abg. Erika Buchmann o. Sign., ohne Paginierung. Über die genauen Gründe für die Ablehnung fanden sich keine weiteren Angaben. Die Verweigerung der Reiseerlaubnis in die DDR entsprach offenbar gängiger Praxis. Im April 1953 wurde Erika Buchmann erneut die Ausstellung eines Interzonenpasses verweigert. Vgl. ebenda.

Die Familientreffen wurden noch seltener, als Buchmann 1953 die Funktion eines Parteisekretärs der KPD-Parteischule „Ernst Thälmann" in Schmerwitz bei Berlin übernahm.

Kurz nach ihrer Wahl zur KPD-Abgeordneten im Parlament von Baden-Württemberg war Erika Buchmann allein für ihre Tochter Bärbel verantwortlich. Zeitweise wohnte ihre Schwester Margot bei ihr und unterstützte sie. Aber wie schon in früheren Jahren kam es auch jetzt wieder zu schweren Zerwürfnissen zwischen den Schwestern. Im September 1953 schrieb Erika Buchmann an ihren Mann: „Meine Schwester hat das Haus nach einem großen Krach verlassen. Du hast recht gehabt, wenn Du ihrer ‚Besserung' skeptisch gegenüber gestanden hast. Nichts hat sich geändert, gar nichts, nur die Methoden sind raffinierter geworden. Nun ist Schluß, endgültig Schluß."[191]

Schmerzlich war für Erika Buchmann auch die Trennung von Tochter Inge. Immer wieder klagte sie in ihren Briefen über lange Phasen der Einsamkeit und das Ausbleiben von Briefen aus Ost-Berlin und Schmerwitz: „Es gibt Tage, die fast unerträglich sind und der heutige Sonntag ist so einer. Da geht man von einem der leeren Zimmer ins andere, schlägt ein Buch auf und macht es wieder zu und wenn man das täte, was man am liebsten möchte, dann würde man sich am liebsten aufs Sofa legen und losheulen. Man weiß nicht so recht warum. Wahrscheinlich weil es regnet, weil sich nichts rührt, weil man so schrecklich allein ist, mitten unter Hunderttausenden."[192]

Wenn manchmal von ihr mühsam arrangierte Treffen mit ihrem Mann nicht zustande kamen, wurde aus Trauer Resignation: „Aber, aber – warum hast Du denn nicht an der Autobahn-Ausfahrt gestanden? Man kann sich doch ausrechnen, daß man dort zwei Stunden nach der Abfahrt ankommen wird. […] Ich jedenfalls habe für einen Aufenthalt an der Tankstelle gesorgt und mir die Augen ausgeschaut. Es blieb dann nichts anderes übrig, als wieder einmal zu resignieren. Daran gewöhnt man sich im Laufe der Jahrzehnte."[193] Die Briefe zwischen den Eheleuten scheinen zeitweise über Kuriere, reisende Freunde und Genossen

---

191 Brief Erikas an Albert Buchmann vom September 1953, SAPMO-BArch NY 4178/12, Bl. 18. Tatsächlich ließ sich anhand der überlieferten Quellen kein erneuter Kontakt zwischen den Schwestern nachweisen. Auch im Briefwechsel zwischen Erika Buchmann und ihren Halbgeschwistern spielte Margot Müller keine Rolle mehr. Offenbar bestand jedoch noch einige Jahre Kontakt zwischen Erika Buchmann und ihrer Nichte Erika, die nach ihrer Heirat ebenfalls den Kontakt zu ihrer Mutter abgebrochen hatte.

192 Ebenda.

193 Brief von Erika Buchmann an Albert Buchmann vom 26. Oktober 1953, ebenda, Bl. 22. Albert Buchmann antwortete am 1. November 1953. Ohne näher auf die Gründe einzugehen, erwähnte er, dass er an anderer Stelle auf Erika Buchmann gewartet hatte und das verpasste Treffen einem „Adolf" anzulasten sei.

und unter der Verwendung von Deckadressen[194] und Decknamen zugestellt worden zu sein: „Liebster, da fährt nun wieder ein anderer Mensch zu Dir und ich sitze leise weinend zuhause. [...] Heute begeht man hier den 17. Juni. Ich sitze am Etat und Erwin hilft mir ausnahmsweise einmal dabei – so macht es auch mehr Spaß, soweit man das von solchen Dingen überhaupt sagen kann. Ich werde froh sein, wenn ich endlich einmal von dem ganzen Betrieb befreit bin und wieder an irgendeine andere Arbeit kann. Mir liegt der parlamentarische Betrieb nun einmal gar nicht, so wenig wie Inge die Arbeit, die sie jetzt macht. Nur daß ich nicht freiwillig daran gegangen bin.“[195]

In diesen Momenten der Einsamkeit und beruflichen Frustration formulierte Erika Buchmann gegenüber ihrem Mann ausnahmsweise eigene Wünsche, die nicht mit der Parteilinie in Einklang standen: „Aber es ist mir doch sehr ernst damit, daß ich nicht mehr lange so weiter möchte. [...] Wenn ich wiederkomme, dann müssen wir nun einmal sehr ernsthaft über unsere Zukunft miteinander sprechen, gell? [...] Und wir bereiten uns in der nächsten Zeit besonders auf den Reisen manche Freude für die Zeit, in der wir beiden endlich einmal in Hauspantoffeln geruhsam auf der bekannten Bank in der untergehenden Sonne sitzen werden und vom Leben nicht mehr viel als Erinnerung haben. Das walte Gott.“[196] Ob sie jemals an die Erfüllung solcher Wünsche geglaubt hat, ist angesichts ihrer zahlreichen, selbst formulierten Durchhalteparolen allerdings sehr zweifelhaft.

Albert Buchmann antwortete seiner Frau regelmäßig und ausführlich. Auf die Frustrationen und Ängste, die Erika Buchmann äußerte, ging er jedoch nur sehr selten und allenfalls indirekt ein. Versuchte er, seine Frau zu ermutigen oder zu trösten, schrieb er oft darüber, wie schwierig es sei, eine zuverlässige Parteiarbeit „prächtiger Menschen" mit einer glücklichen Partnerschaft in Einklang zu bringen: „Wie viel stiller Mut bei wie vielen hunderttausend prächtigen Menschen ist nötig, um durchzustehen – ohne viel Aufheben – was uns die Banditenpolitik beschert. Daß Du zu diesen gehörst, zu mir, zu uns, die mit der nötigen Erkenntnis und Willen die Kräfteverhältnisse zu ändern bestrebt sind, von Anfang unseren [sic!] Beisammenseins, das macht mir das Leben mit Dir zusammen heute so

---

194 Vgl. ebenda, Bl. 35. Eine der Deckadressen lautete: Gertrud Schlotterbeck, Landhausstraße 110, Stuttgart. In der Anrede wurden die Vornamen, Kosenamen, Abkürzungen oder Decknamen verwendet. Für Erika Buchmann wurde der Name „Erna", für Albert Buchmann der Name „Otto", für Inge der Name „Ilse" und für Bärbel der Name „Straps" verwendet.

195 Brief Erikas an Albert Buchmann vom Juni 1954, SAPMO-BArch NY 4178/12, Bl. 35. Inge arbeitete zu diesem Zeitpunkt als wissenschaftliche Mitarbeiterin am Institut für Zeitgeschichte in Ost-Berlin. Zu den Hintergründen des Arbeitsplatzwechsels von Inge Buchmann vgl. Kapitel III.4.

196 Brief Erikas an Albert Buchmann vom Juni 1954, SAPMO-BArch NY 4178/12, Bl. 48.

Inge und Bärbel Buchmann, um 1951. *BArch, Bild Y10-1429/00.*

glücklich wie damals. Das wird so bleiben und alle Widerwärtigkeiten und z. T. Unzulänglichkeiten, die an uns herangetragen werden, können diese persönliche und politische Bindung zu einander wenn möglich nur festigen."[197]

Oft stand die Entwicklung der beiden Töchter im Mittelpunkt des Briefwechsels. Erika Buchmann wies regelmäßig darauf hin, wie sehr Bärbel ihren Vater vermisse, „das ist auch wegen der Kleinen notwendig. Du wirst gespürt haben, wie nötig sie Dich braucht – die ganze stürmische Zärtlichkeit war ein sehr beredter Ausdruck dafür."[198] Albert Buchmann indes war es wichtig, auch in schwierigen Situationen das Wohlergehen von Inge zu betonen: „Du fragst nach dem Verhältnis der beiden [wahrscheinlich Inge und Heinz Lippmann] [...] Ich möchte sagen, vorläufig sehe ich keinen Anlaß zur Beunruhigung, wenn ich auch alles in Betracht ziehe. Und was den Gesundheitszustand der Großen betrifft, so hat sich derselbe offenbar nicht verschlechtert und bietet m. E. auch keinen Grund zur stärkeren Beunruhigung."[199]

Möglicherweise nutzte Erika Buchmann die Sitzungen des KPD-Parteivorstands und gelegentliche Aufenthalte bei ihrem Ehemann in Ost-Berlin dazu, die Unzufriedenheit mit ihrer Lebenssituation auch gegenüber den Genossen

197 Brief Albert Buchmanns an Erika Buchmann vom 1. November 1953, SAPMO-BArch NY 4178/44, Bl. 19.
198 Brief Erika Buchmanns an Albert Buchmann vom 11. Januar 1954, SAPMO-BArch NY 4178/12, Bl. 34.
199 Brief Albert Buchmanns an Erika Buchmann vom 21. September 1953, SAPMO-BArch NY 4178/44, Bl. 15.

anzusprechen. Höheren Ortes könnte aber ebenso angeregt worden sein, dass es an der Zeit sei, das Ehepaar wieder zusammenzuführen. Vielleicht unternahm auch Albert Buchmann selbst Versuche, die für seine Frau so unbefriedigende Situation zu ändern. Die überlieferten Quellen lassen hier keine eindeutige Aussage zu. Sicher jedoch ist, dass sowohl Erika als auch Albert Buchmann nach fast 40-jähriger Mitgliedschaft in der KPD Verhaltensnormen wie Disziplin, Aufopferung und Unterordnung tief verinnerlicht hatten. Sie hätten ihre private Lebenssituation niemals eigenmächtig ohne Billigung oder sogar auf Kosten der Partei verbessert. Für die Absolventen der KPD-Parteischule in Schmerwitz waren die Buchmanns Prototypen, „der in der Weimarer Republik geprägten ‚alten‘ KPD-Mitglieder, die machten, was die Partei ihnen sagt".[200]

III.4. Ohne Perspektive. Die KPD im Kalten Krieg

Erika Buchmann erschien ihr Leben und Wirken in Stuttgart zunehmend ohne Sinn und Perspektive. Sie war von ihrer Partei in eine Aufgabe gedrängt worden, die sie selbst nie angestrebt hatte, von ihrer Familie getrennt und in der täglichen Arbeit diskreditiert, ausgegrenzt und kriminalisiert. Es war jedoch ein familiäres Ereignis, das sie endgültig an ihrem Leben in Stuttgart zweifeln ließ.

Am Morgen des 29. September 1953 hatte Heinz Lippmann die eheliche Wohnung in Berlin-Pankow verlassen, um vor Antritt eines seit Langem geplanten Bulgarienurlaubs noch einmal sein Büro aufzusuchen. Gegen Mittag wollte er zurückkehren, um zusammen mit seiner Frau Inge, die auf gepackten Koffern wartete, zum Flughafen zu fahren. Doch Heinz Lippmann kehrte weder an diesem Tag noch später zu Inge zurück. Am Vortag war es in Anwesenheit mehrerer Funktionäre zu einer heftigen Auseinandersetzung zwischen Erich Honecker und Lippmann gekommen. Honecker hatte wegen der Westarbeit der FDJ und speziell der Kaderarbeit Lippmanns schwere Vorwürfe erhoben.[201] Lippmann fühlte sich schon seit Monaten verfolgt und diskreditiert. Als im Mai 1953 auch noch sein Mentor Franz Dahlem[202] aller Funktionen enthoben wurde, sah er sich auch per-

---

200 Norbert Madloch, Gespräch mit der Autorin am 24. September 2003.

201 Vgl. Herms, Lippmann, S. 152 f.

202 Vgl. SAPMO-BArch NY 4072, Nachlass Franz Dahlems. Franz Dahlem, geb. 1892, ab den frühen 1920er-Jahren führendes KPD-Mitglied, ab 1927 Mitglied des ZK der KPD, zuerst Emigration, nach Auslieferung aus Frankreich ab 1942 KZ Mauthausen, war er zu diesem Zeitpunkt Kaderleiter der SED sowie Leiter der Westkommission der SED und damit faktisch Führer der westdeutschen KPD. Er galt unter den Parteimitgliedern als deutlich populärer als Ulbricht. Seit 1950 schrittweise entmachtet, stand er kurz vor einem Schauprozess.

sönlich in Gefahr. Offenbar wusste Inge Lippmann um die Konflikte ihres Mannes mit Erich Honecker,[203] ahnte jedoch nichts von deren Tragweite. Am 29. September erhielt Lippmann unmittelbar vor Verlassen seines Büros einen Anruf der ZPKK, er solle sich umgehend bei Hermann Matern[204] melden. In diesem Moment fasste er den Entschluss, die DDR unverzüglich zu verlassen. Mit einem westdeutschen Personalausweises und 300 000 DM aus dem Devisenvermögen der FDJ ließ sich Lippmann von seinem Fahrer zum Bahnhof Friedrichstraße fahren. Von dort aus fuhr er mit der S-Bahn nach Tempelhof und nahm ein Flugzeug nach Hamburg.

Heinz Lippmann informierte vorab weder seine Frau, mit der ihn eine „feste Beziehung und leidenschaftliche Liebe"[205] verband, noch seinen Schwiegervater, mit dem er seit fast fünf Jahren in verschiedenen Parteigremien eng zusammen gearbeitet hatte, über das Ausmaß der Konflikte und seine Fluchtpläne. Die von Franz Dahlem und Erich Honecker protegierte Funktionärsehe der Lippmanns, die beiden Ehepartnern politische Macht und Privilegien eingebracht hatte,[206] wurde nun innerhalb eines Tages zur „Angelegenheit Lippmann". Lippmanns Flucht brachte seine Frau Inge in eine äußerst schwierige Situation. Am Abend des 29. September 1953 fuhr sie in der Hoffnung zum Bahnhof Friedrichstraße, ihren Mann dort zu finden. In der Überzeugung, dass Heinz Lippmann ein Unglück zugestoßen sei, sprach sie auch mit Erich Honecker. Dieser macht ihr jedoch unmissverständlich klar, dass ihr Mann die DDR verlassen und damit sie persönlich, ihr Vertrauen und ihre gemeinsamen Überzeugungen verraten habe.

Nach Hause zurückgekehrt, gab Inge Lippmann alle privaten Briefe ihres Mannes an sie in die Obhut einer Freundin; die Schreiben sollten „nicht in die

---

Die beginnende Entstalinisierung rettete ihn, und nach seiner Rehabilitierung 1956 wurde er wieder Mitglied des ZK der SED, ohne aber den alten Einfluss wiederzuerlangen. Vgl. u. a. Jürgen Danyel (Hrsg.), Die geteilte Vergangenheit. Zum Umgang mit Nationalsozialismus und Widerstand in beiden deutschen Staaten, Berlin 1995; Broszat/Weber (Hrsg.), SBZ-Handbuch; Wilke, Parteizentrale, S. 276.

203 Vgl. Herms, Lippmann, S. 152.

204 Hermann Matern, geb. 1893, Leiter der ZPKK der SED und Ulbrichts „rechte Hand" bei den Parteisäuberungen innerhalb von SED und KPD.

205 Herms, Lippmann, S. 98. Vgl. jedoch SAPMO-BArch NY 4178/44, Bl. 15. Am 21. September 1953 wurden im Briefwechsel zwischen Erika und Albert Buchmann zudem Eheprobleme zwischen Inge und Heinz Lippmannn angedeutet.

206 Inge und Heinz Lippmann zählten zu den ersten Kadern, denen ein Urlaub in der Sowjetunion genehmigt wurde. Sie waren zu Gast in Erholungsheimen der FDJ und verbrachten die Wochenenden im Gästehaus des Zentralrates der FDJ am Döllnsee in der Schorfheide. Vor allem Heinz Lippmann schätzte die Möglichkeit, mit den vorhandenen Motorbooten riskante Wettfahrten zu unternehmen. Vgl. Herms, Lippmann, S. 115.

Hände der Polizei" fallen.[207] Doch nur wenige Stunden später händigte Erich Honecker eben diese Briefe Hermann Matern aus. Inges Freundin hatte das in sie gesetzte Vertrauen enttäuscht. Inge Lippmann wurde mehrfach von Mitarbeitern des MfS und der ZPKK befragt. Schließlich glaubte man ihr, dass sie von den Fluchtplänen ihres Mannes nichts gewusst hatte. Zwei Tage nach seiner Flucht schickte Heinz Lippmann seiner Frau ein Telegramm mit der Ankündigung, ein erklärender Brief werde in Kürze folgen. Tatsächlich traf am 3. Oktober 1953 ein elfseitiges Schreiben bei Inge Buchmann ein. In einem mit MfS, SED und Erich Honecker abgesprochenem Telegramm forderte sie ihren Mann lediglich zur Rückkehr auf. Diesem Ansinnen konnte und wollte Heinz Lippmann nicht folgen.[208]

Inge Buchmann zog im April 1969 wieder in die Bundesrepublik und hatte ihren Wohnsitz in München. Heinz Lippmann lebte nach seiner Flucht zuerst in Hamburg, später in Bonn. Ein Wiedersehen zwischen Inge Buchmann und Heinz Lippmann wäre ab 1969 leicht möglich gewesen. Dazu scheint es jedoch bis zum Tod Heinz Lippmanns 1974 nicht gekommen zu sein.[209]

Inge Lippmann ließ sich schließlich überzeugen, einer Scheidung zuzustimmen und wieder ihren Mädchennamen anzunehmen. Trotzdem wurde sie als stellvertretende Leiterin der Westabteilung der FDJ abgesetzt. Wie andere ehemalige enge Mitarbeiter ihres Mannes erhielt auch sie einen weniger exponierten Arbeitsplatz zugewiesen. Inge Buchmann hatte sich gegenüber der SED nichts zuschulden kommen lassen. Dennoch verfuhr die Partei mit ihr genauso wie mit anderen Genossen, die ihren Ansprüchen nicht genügten. Mit der Flucht Heinz Lippmanns war die Parteikarriere von Inge Buchmann beendet: "KPD leaders deemed to be security risks were relieved off their functions and transferred to the GDR. Many assumed desk jobs in publishing or academia, although some returned to West Germany after 1956."[210] Inge Buchmann arbeitete bis Dezember 1953 offiziell noch im Zentralrat der FDJ (Westabteilung), wurde anschließend für fünf Monate als Redakteurin bei der FDJ-Zeitung „Junge Welt" beschäftigt und erhielt schließlich eine Anstellung als Sachbearbeiterin am Institut für Zeitgeschichte in Ost-Berlin.[211] Das Ausmaß ihrer persönlichen Tragödie interessierte

---

207 Zit. nach: Ebenda, S. 157.
208 Vgl. ebenda.
209 Heinz Lippmann verstarb im August 1974 in Bonn/Bad Godesberg.
210 Major, Death, S. 203.
211 Vgl. undatierter Lebenslauf, SAPMO-BArch BY 1/603, Kaderakte Inge Buchmanns. Inge Buchmann blieb bis zum Dezember 1958 im Institut für Zeitgeschichte. Zuletzt arbeitete sie als stellvertretende Direktorin des Instituts. Obwohl sie weder das Abitur abgelegt noch Geschichte studiert hatte, begann sie im Februar 1959 als Assistentin an der Humboldt-Universität Berlin im Fachbereich Geschichte an ihrer Dissertation zu arbeiten. Offenbar

keinen der SED-Funktionäre, die mit dem „Fall Lippmann" befasst waren. Im Bericht der ZPKK zur Auswertung der „Lippmann-Affäre" wurde die Beziehung zwischen Inge und Heinz lediglich als möglicher Grund für Lippmanns „Verrat" diskutiert: „Inge war in letzter Zeit viel krank (Tbc) und L. hat sie scheinbar liebevoll umsorgt. Es ist aber offensichtlich, daß er mit Absicht in die Familie heiratete, um dadurch das Vertrauen der Partei zu erhöhen und sich besser tarnen zu können."[212]

Offenbar bemerkte nur Erika Buchmann, wie tief dieses Ereignis ihre Tochter erschüttert hatte. Doch Mutter und Tochter fanden offenbar keinen Weg, miteinander über den Verlust, die Enttäuschung und den Schmerz zu reden. Vielmehr vertiefte sich die Entfremdung zwischen ihnen weiter, die Erika Buchmann schon seit einiger Zeit beklagt hatte. Mithilfe ihres Mannes suchte sie nach einer Lösung für die Probleme der Tochter. Kurz nach Lippmanns Flucht reiste sie nach Ost-Berlin und schrieb gegen Ende ihres Aufenthalt an Albert Buchmann: „Ich fahre schweren Herzens nach Hause. Ich habe das Gefühl, daß Inge froh ist, wenn ich wieder fort bin. Sie spricht kaum mit mir. Ich habe wieder einmal das bittere Gefühl, daß sie kein Vertrauen zu mir hat. Das ist für mich umso schmerzlicher, als ich sehr an ihr hänge, ich glaube, fast noch mehr als an Bärbel. Ich weiß, Inge wird über alles hinwegfinden. Das Schlimmste war für sie sicher, daß der Schlag sie völlig unvorbereitet getroffen hat und ihr eine solche abgrundtiefe Schlechtigkeit zum ersten Mal begegnet ist. Schlimm ist, daß sie vollkommen allein steht – seit ich hier bin [in Berlin] hat kein Mensch sie besucht oder auch nur angerufen."[213]

Vierzehn Tage später versuchte Albert Buchmann in einem Brief an seine Frau, die Situation zu entschärfen: „Deine Vermutung Liebste, daß Ilse [Inge] kein Vertrauen hätte, wäre bedrückend, wenn dem so wäre. Aber in dieser Sache weiß ich es besser – weil ich unmittelbar drum herum bin – daß Du Dich täuschst. Nachdem wir wissen, daß Ilse an sich nicht sehr redselig ist, ist es begreiflich, daß sie in dieser Verfassung noch weniger reden konnte [Hervorhebung im Original]. Sie war bis dahin auch mir gegenüber auf das Notwendigste beschränkt, nämlich auf Antwort zu meinen Fragen. […] Was das Sorgenkind Ilse angeht, so glaube

---

wechselte sie nicht freiwillig an die Humboldt-Universität. Inge Buchmann beschwert sich mehrfach über die schlechte Bezahlung. In der Kaderakte ist darüber hinaus erwähnt, dass sie die an sie gerichteten Anforderungen nicht erfüllte. Ob sie tatsächlich promoviert wurde, ist nicht bekannt. So erfüllte sich für die 32-jährige Inge Buchmann ihr Jugendwunsch, „Ahnenforscherin" zu werden, jedoch hatte ihre Lebensrealität nichts mehr mit den Wünschen der Heranwachsenden gemein.

212 Zit. nach: Herms, Lippmann, S. 167.
213 Brief von Erika Buchmann an Albert Buchmann vom 13. Oktober 1953, SAPMO-BArch NY 4178/12, Bl. 20.

ich, daß das Wesentliche bestimmt überwunden ist. Der Ton und die Atmosphäre am Wochenende läßt jedenfalls kaum noch Randerscheinungen erkennen. [...] Zugleich verstehen wir beide ebenso gut, daß dies einer von tausend Fällen ist, der durch die spalterische Schandpolitik ausgelöst bzw. verursacht wurde."[214]

Erika und Albert Buchmann suchten nach weiteren Möglichkeiten, Inge aus ihrer Lethargie und Niedergeschlagenheit herauszuhelfen. Insbesondere sollte sie wieder stärker in das Familienleben einbezogen werden. Wann immer es nun möglich war, reiste Bärbel Buchmann nach Ost-Berlin, um mehr Zeit mit ihrer älteren Schwester zu verbringen. Auch Albert Buchmann besuchte seine Töchter häufiger und berichtete seiner Frau nach Stuttgart: „Scherz und Strenge, Letzteres in Hinblick auf den Straps [Bärbel Buchmann], wechseln mit sonst üblicher Unterhaltung; Ilse hat zurück gefunden und der Straps gedeiht dabei. Übrigens gehört ihnen der Sonnabend Abend und Sonntag vollständig, mit erzählen, spielen usf. Hinzu kommt Kindertheater wenn's was entsprechendes gibt."[215]

Doch nach neun Monaten konstatierte Erika Buchmann, dass alle Bemühungen der Eltern nur begrenzte Wirkung zeigten: „Ich kann mir nicht helfen; aber meine Sorgen um die Große sind nicht viel geringer geworden. Natürlich habe ich auch gemerkt, daß die Zeit schon ein wenig geholfen hat. Aber Du täuschst Dich, wenn Du glaubst, daß sie fertig damit wäre. Sie sehnt sich nach der alten Arbeit, das kannst Du mir glauben. [...] Ihr Verhalten zu Pfingsten hat nur zu deutlich gezeigt, wie sehr sie unter der sträflichen Vernachlässigung leidet und was ich tun kann, um mein Mädel ein wenig glücklicher zu machen, das tue ich. Meine ganze Hoffnung ist auf eine neue Liebe gerichtet. Sie ist auch das Einzige, was wirklich helfen kann."[216]

Auch ein Jahr später kämpfte Inge noch mit den Folgen der Affäre. Während einer Urlaubsreise nach Sotschi bemerkte Erika Buchmann: „Inge macht jetzt wieder schwere Tage durch, an diesem Tag jährt sich der gemeine Verrat."[217]

Die Sorgen um ihre ältere Tochter, gepaart mit der Erfahrung von Hilflosigkeit und Versagen, verstärkten Erika Buchmanns Gefühl von Nutz- und Erfolglosigkeit in Stuttgart. Außerdem befürchtete sie, dass sich die längeren Trennungsphasen negativ auf ihr Verhältnis zur jüngeren Tochter Bärbel auswirken könnten. Daher wurden ihre Forderungen an ihren Mann, eine Änderung der Situation herbeizu-

214 Brief von Albert Buchmann an Erika Buchmann vom 1. November 1953, SAPMO-BArch NY 4178/44, Bl. 18.

215 Brief von Albert Buchmann an Erika Buchmann vom 1. November 1953, SAPMO-BArch NY 4178/44, Bl. 18.

216 Brief von Erika an Albert Buchmann Mitte Juni 1954, SAPMO-BArch NY 4178/12, Bl. 47.

217 Brief vom 29. September 1954, Sammlungen MGR/SBG, NL 35, Nachlass Erika Buchmanns, ohne Paginierung.

Erika und Bärbel Buchmann,
August 1953.
BArch, Bild Y12/A 459-82.

führen, immer drängender: „Einmal hatte ich die Hoffnung, daß die Gewöhnung
an den Zustand der Trennung Erleichterung schaffen würde. Aber das stimmt
nicht mehr, wahrscheinlich weil die Unmöglichkeit des Zusammenseins nicht
mehr so unbedingt ist, wie damals, wo man sich abfinden mußte, weil es keinen einzigen Hoffnungsschimmer gab. [...] Aber es wäre auch unnatürlich, wenn
mich nicht alles zu Dir ziehen würde und ich glaube, daß ich nach den vielen
Jahren der Trennung auch ein gewisses Recht darauf habe, selbst unter unseren
Bedingungen eine Lösung zu wünschen."[218]

Dass die Familie erneut gemeinsam in Stuttgart leben würde, erschien jedoch
vor allem angesichts der politischen Entwicklungen in der Bundesrepublik äußerst
zweifelhaft. Gleichzeitig wurde der Kontakt nach Ost-Berlin immer schwieriger.
Erika Buchmann konnte zu diesem Zeitpunkt aber nicht darauf hoffen, dass die
SED ihrer Übersiedlung in die DDR zustimmen würde.

Am 22. November 1951 hatte die Bundesregierung beim Bundesverfassungsgericht in Karlsruhe einen Antrag auf Feststellung der Verfassungswidrigkeit der
KPD gestellt.[219] Dem war am 19. September 1950 ein Beschluss der Bundesregie-

---

218 Brief Erika Buchmanns an Albert Buchmann vom 11. Januar 1954, SAPMO-BArch NY
4178/12, Bl. 34.
219 Vgl. Kluth, KPD, S. 126.

rung über die „politische Betätigung von Angehörigen des Öffentlichen Dienstes gegen die demokratische Grundordnung" vorausgegangen. Darin heißt es: „Wer als Beamter, Angestellter oder Arbeiter im Bundesdienst an Organisationen oder Bestrebungen gegen die freiheitliche demokratische Staatsordnung teilnimmt, sich für sie betätigt oder sie sonst unterstützt, […] macht sich einer schweren Pflichtverletzung schuldig."[220] Zu den in diesem Zusammenhang genannten Parteien und Organisationen zählten die KPD, die FDJ, der Kulturbund zur demokratischen Erneuerung Deutschlands sowie die Vereinigung der Verfolgten des Naziregimes. Sechs Monate später wurden diese Organisationen in einem weiteren Beschluss der Bundesregierung erstmals direkt als „verfassungsfeindlich" bezeichnet.[221] Das weitere Vorgehen der Bundesregierung führte in der Öffentlichkeit zu kontroversen Diskussionen. Jedoch bestätigten Arbeitsgerichte für den Öffentlichen Dienst, dass die Mitgliedschaft in der KPD oder kommunistische Agitation am Arbeitsplatz ein hinreichender Grund für die fristlose Entlassung von Angestellten und Beamten sei.

Damit setzte im Öffentlichen Dienst eine offene Kriminalisierung von Kommunisten und deren Organisationen ein. Im Rekurs auf den Antikommunismus sollte die freiheitlich-demokratische Grundordnung der jungen Bundesrepublik gefestigt werden. Die Teilung Deutschlands und die prekäre Rolle Berlins im Kalten Krieg erleichterten es, Kommunisten zu stigmatisieren und als „fünfte Kolonne" Moskaus zu diffamieren.[222] Patrick Major nennt darüber hinaus Entwicklungen innerhalb der KPD als Ursachen. Die Partei habe sich politisch selbst isoliert, als sie die Kooperationspolitik der frühen Nachkriegsjahre aufgab und den Umbau von der Massen- zur Kaderpartei vorantrieb.[223] Insbesondere die Auswirkungen der Säuberungspolitik gegen prominente KPD-Mitglieder wurden in der bundesdeutschen Öffentlichkeit lebhaft diskutiert. Major bringt seine Beobachtungen auf die Formel: „Der Kommunismus war zugleich der beste ‚Ernährer' des Antikommunismus."[224]

Überdies hatten der Anfang der 1950er-Jahre einsetzende wirtschaftliche Aufschwung der Bundesrepublik sowie der Korea-Krieg von 1950 bis 1953 fatale Folgen für die KPD. So schien das Wirtschaftswunder die Versprechungen der sozialen Marktwirtschaft zu bestätigen; die von der KPD propagierten Alternativen dagegen fanden kaum mehr Anklang in der Bevölkerung. Ebenso konnte

---

220 Zit. nach: Kleßmann, Staatsgründung, S. 255.
221 Vgl. ebenda.
222 Vgl. Kleßmann, Zwei Staaten, S. 59.
223 Vgl. Major, Death, S. 194 ff. sowie Kap. III.3.
224 Uwe Backes/Eckhard Jesse, Politischer Extremismus in der Bundesrepublik Deutschland, Bonn 1989, S. 129.

die KPD dem bundesrepublikanischen Konzept einer „nivellierten Mittelstands-gesellschaft" und dem „Abschied vom Proletariat"[225] nichts Überzeugendes entgegensetzen. Noch vor dem Verbot hatte die KPD bei allen Landtagswahlen schwere Verluste hinnehmen müssen. Mit nur 2,2 Prozent der Stimmen bei der Bundestagswahl 1953 war sie auf Bundesebene bedeutungslos. Der Verbotsantrag der Bundesregierung mag den Niedergang der Partei beschleunigt haben; er war jedoch nicht der Grund für deren politische Marginalisierung.

Nach dem desolaten Abschneiden in verschiedenen Landtags- und Bundes-tagswahlen Anfang der 1950er-Jahre war es für die KPD keine Überraschung, dass sie am 4. März 1956 bei den Landtagswahlen in Baden-Württemberg nur noch 3,2 Prozent der Stimmen erhielt. Mit diesem Ergebnis war sie im Stuttgarter Landtag nicht mehr vertreten. Erika Buchmanns parlamentarische Tätigkeit war beendet.[226] Die KPD verzichtete darauf, die Wahlniederlagen und den schwin-denden gesellschaftlichen Einfluss kritisch zu reflektieren. Ähnlich wie Albert Buchmann, der die persönliche Tragödie seiner Tochter Inge als „Ergebnis der spalterischen Schandpolitik" interpretierte, suchte auch die KPD den Grund für die andauernden Niederlagen in den „propagandistischen Aktivitäten des Monopolkapitals".[227]

Die Führungsgremien von KPD und SED waren jedoch über die tatsächliche Situation der Partei vor Ort gut informiert. Instrukteure und Verbindungsleute aus der DDR besuchten die Grundeinheiten der KPD in regelmäßigen Abstän-den und fertigten Berichte über die Parteiarbeit an.[228] Ein Bericht vom Mai 1956 beschreibt die Kreisorganisation Stuttgart als faktisch nicht existent: „Die Betriebsgruppen sind zahlenmäßig schwach und arbeiten wenig aktiv. [...] Man spürt wenig von der direkten Arbeit unserer Genossen. Bei Bosch [zu diesem Zeitpunkt ca. 12 000 Mitarbeiter] arbeiten 48 KPD-Mitglieder, doch nur 24 sind Mitglieder der Betriebsgruppe und tatsächlich kommen noch weniger. Nur zum 1. Mai oder zu Wahlen wächst die Aktivität unserer Partei."[229] Die Autorin des Berichtes nennt auch die für diese Situation angeblich verantwortlichen Personen:

225 Vgl. Görtemaker, Geschichte, S. 105.
226 Vgl. Klocksin, Kommunisten, S. 173.
227 Backes/Jesse, Extremismus, S. 131.
228 Vgl. SAPMO-BArch DY 30/VI 2/10.02/30, 31. Die als Studienfahrten oder Reiseberichte bezeichneten Einschätzungen der Parteiarbeit vor Ort zeichnen aber nicht zuletzt auch ein aussagekräftiges Bild von der Autorin oder dem Autor. Der Inhalt der Berichte deckt in der Regel einen bestimmten Fragekatalog ab, die jeweilige Darstellung zeigt, ob der Verfasser versuchte, einem Idealbild zu entsprechen oder ob er detailliert die tatsächliche Lage schil-dert.
229 Gerhilde Weber, Bericht über den Einsatz in der Kreisorganisation der KPD Stuttgart vom 4. Mai 1956, SAPMO-BArch DY 30/VI 2/10.02/31.

„Diesen angeführten Fakt muß man aber meines Erachtens im Zusammenhang mit der gesamten Arbeit der Partei sehen. Und zwar verstehen es unsere leitenden Genossen in der KL und in der Stadtteilleitung noch nicht genügend, den Genossen im Betrieb aufzuzeigen, wie sie unter den Arbeitern trotz Unternehmerwillkür (Bespitzelung) und Betriebsrätegesetz arbeiten können."[230]

Als ehemalige Landtagsabgeordnete und Mitglied des Parteivorstandes wurde Erika Buchmann mit Sicherheit nicht direkt für diesen Befund verantwortlich gemacht. Als Funktionärin war sie nicht unmittelbar in die Arbeit der Betriebs- und Wohngruppen involviert. Doch der Bericht über ihre Ortsgruppe dürfte ihrem Ansehen in der Partei dennoch geschadet haben. In einem ebenfalls im Mai 1956 verfassten Bericht über die Ortsgruppe in München wurde die trostlose Situation der KPD noch drastischer geschildert. Demnach war die Partei innerhalb der Gesellschaft komplett isoliert. Die Reden von Parteimitgliedern wurden bestenfalls belächelt und die wenigen noch aktiven Genossen rieben sich in Kleinarbeit auf.[231]

Als Partei ohnehin kaum mehr handlungsfähig, stürzte die Stuttgarter KPD im März 1956 in eine weitere, von außen verursachte schwere Krise. Vom 14. bis 25. Februar 1956 hatte in Moskau der XX. Parteitag der KPdSU getagt. Neben der Neuausrichtung der Parteidoktrin (Anerkennung der friedlichen Koexistenz beider Systeme – des sozialistischen und des kapitalistischen, Akzeptanz verschiedener Wege zum Sozialismus sowie der Möglichkeit des parlamentarischen Übergangs vom Kapitalismus zum Sozialismus) war es vor allem Chruschtschows Geheimrede über die Verbrechen des Stalinismus, die die kommunistische Bewegung nachhaltig erschütterte. In der DDR übte Ulbricht Schadensbegrenzung und griff vor allem die Kritik am Personenkult sowie die Forderung zum „Kampf gegen den Dogmatismus" auf. Eine grundsätzliche Auseinandersetzung mit dem Stalinismus blieb aber aus. Ulbrichts Leitlinien waren auch für die Funktionäre der KPD maßgebend. Ohnedies hatte die Partei unter Führung von Max Reimann seit 1948 keine generelle strategische Kritik vorgenommen. Allenfalls einzelne Forderungen, so die nach dem revolutionären Sturz der Adenauer-Regierung, wurden oft und dann auch nur aus taktischen Überlegungen revidiert: „Diese Formulierung ist falsch; denn sie entsprach nicht [...] den Bedingungen in der Bundesrepublik und hat die Herstellung der Aktionseinheit der Arbeiterklasse und aller demokratischen Kräfte behindert."[232]

---

230 Ebenda.
231 Vgl. Paul Friedrich, Bericht über den Einsatz in der Kreisorganisation der KPD München, Mai 1956, ebenda.
232 Kluth, KPD, S. 49.

Die Enthüllungen der Chruschtschow-Rede dürfte die Mehrheit der KPD-Mitglieder völlig unvorbereitet getroffen haben. Ein Bericht über die Stimmung in der Münchner KPD-Ortsgruppe enthüllt alle Facetten der parteiinternen Diskussion: „Zur Zeit hat die Diskussion um den Genossen Stalin vor allem viele alte Genossen sehr beeinflußt und es ist schwierig, sie zur weiteren Mitarbeit zu bewegen. […] Es gibt Angriffe gegen den Genossen Walter Ulbricht. Kritik am PV wird geübt, daß er nicht selbständig zu den Problemen des XX. Parteitages Stellung genommen hätte. Die Unklarheit über den ganzen Umfang der Kritik am Genossen Stalin läßt eine Reihe alter Genossen sehr heftig gegen die Methode des ‚tröpfchenweis Verabreichens' Stellung nehmen."[233]

Alle KPD-Mitglieder mussten sich mit den nun öffentlich diskutierten stalinistischen Verbrechen auseinandersetzen. Viele fühlten sich von ihrer Partei belogen, ihrer Ideale beraubt und bei der erzwungenen kritischen Auseinandersetzung alleingelassen. Andere wichen unbequemen Diskussionen aus, indem sie darauf verwiesen, die Aufdeckung dieser Verbrechen sei lediglich antikommunistische Verleumdung und eine ernsthafte Auseinandersetzung sei nichts anderes als „Wasser auf die Mühlen der Feinde".[234]

Auf seiner Märzsitzung 1956 befasste sich das Sekretariat der KPD-Landesleitung Baden-Württemberg mit den inzwischen heftig entbrannten Diskussionen um die Enthüllungen des XX. Parteitag der KPdSU. Anhand des Protokolls wird nicht nur die Hilflosigkeit der Mitglieder der Leitungsebene gegenüber den Genossen an der Basis deutlich, sondern auch das Unvermögen, selbstständig Konsequenzen für die weitere politische Arbeit zu ziehen. Es wurden nicht nur Auswüchse des Personenkults in der DDR, wie die Namensgebung für die Stalin-Allee und das Ulbricht-Stadion, diskutiert. Hinterfragt wurden auch prinzipielle Richtungsentscheidungen der KPD aus den vergangenen Jahren, wie die angebliche Affäre um Noel H. Field, der Prozess gegen László Rajk und der Umgang mit den Genossen, die aus der Westemigration zurückgekehrt waren.

Anders als die Mehrheit in der Landesleitung, deren Entsetzen in Zaudern und Unschlüssigkeit umschlug, wollte Erika Buchmann im Frühjahr 1956 möglichst schnell zur Tagesordnung übergehen: „Der Schock, den weite Teile unserer Genossen durch die ganze Diskussion um den Genossen Stalin offensichtlich erlitten haben, ist am besten zu überwinden, wenn wir die übrigen Probleme, die auf dem 20. Parteitag eine so bedeutende Rolle gespielt haben, nämlich die Probleme rings um den 6. Fünfjahrplan, in den Vordergrund der Diskussion rücken. […] Ich kann mir vorstellen, daß wir in der Öffentlichkeit Vorträge aller mög-

---

233 Bericht Paul Friedrichs, Mai 1956, SAPMO-BArch DY 30/VI 2/10.02/30, 31.
234 Vgl. Harald Razik, Bericht über eine Reise nach Mannheim, Mai 1956, ebenda.

lichen Art über die einzelnen Gebiete des Aufbaus in der Sowjetunion und des Fortschritts durchführen könnten."[235]

Auch Erika Buchmann war mit der neuen Situation offenkundig überfordert. Sie wollte sich aber ihre ideologische Heimat nicht zerstören lassen: „Schaut einmal, wie die ganze Geschichte mit dem Genossen Stalin gekommen ist, warum war denn der Schock für uns alle so groß, deswegen, weil dort Dinge unseres Gefühls angesprochen worden sind. Ich will euch ganz offen sagen, wie es mir gegangen ist, wie die bürgerlichen Zeitungen die erste Nachricht über die Diskussion über den Genossen Stalin brachte, da bin ich auf den Markt gegangen und habe einen schönen Rosenstrauß gekauft und habe ihn vor das Bild des Genossen Stalin gestellt, ich wollte den anderen, unseren Gegnern sagen, jetzt könnt ihr euch packen, wenn ihr unseren Genossen Stalin in den Schmutz zieht. [...] Wir brauchen endlich Klarheit über die Problematik, die um den Genossen Stalin entstanden ist, daß wir am Schnellsten uns wieder fangen, wenn wir das gemeinsam versuchen, können wir auch unser Verhältnis zueinander wieder verändern."[236]

Erika Buchmann sah offenbar ihr stark emotional gefärbtes Verhältnis zur KPD nachhaltig gestört. Das lag nicht nur an den seit Wochen öffentlich diskutierten Verbrechen Stalins, sondern auch am Versagen der zwischenmenschlichen Beziehungen in der eigenen Partei. Als langjährige Parteifunktionärin und Ehefrau eines Parteifunktionärs wusste Erika Buchmann mit hoher Wahrscheinlichkeit schon länger von den Verbrechen Stalins, den Auswüchsen des Personenkults und der Ermordung sogenannter innerparteilicher Gegner.

Hinzu kam, dass sie in Ravensbrück zwangsläufig engen Kontakt zu Margarete Buber-Neumann gehabt hatte. Buber-Neumann war 1940 nach längerer Haft in einem südsibirischen Gulag vom NKWD an die Gestapo ausgeliefert worden. In Ravensbrück hatte sie nach eigenen Angaben offen über die Verhältnisse in den sowjetischen Arbeitslagern und unter den deutschen Emigranten berichtet. In den Augen Erika Buchmanns musste die KPD vorrangig die Schwierigkeiten innerhalb der eigenen Partei überwinden: „[...] wenn unter Genossen in der Partei das geschaffen wird, was vor 1933 in unserer Partei vorhanden war. Ich glaube, wir dürfen einmal ganz offen sagen, wonach wir Älteren uns sehnen, nämlich daß die Partei nicht nur die geistige, sondern die menschliche Heimat jedes Genossen ist. Ich weiß nicht, ob es euch geht wie mir, aber mich bedrückt die Situation, die wir bei uns in der Partei schon lange haben, wir kennen uns überhaupt nicht mehr. [...] Ich denke, daß gerade wir Genossen in der Leitung dafür sorgen, daß der Genosse ihm wieder näher rückt und in ihm den Nächsten

---

235 Vgl. SAPMO-BArch BY 1/1035, Sekretariat der Landesleitung Baden-Württemberg.
236 Ebenda.

sieht. Wir müssen die Genossen nach Fähigkeiten und Neigungen einsetzen und bei schwierigen Aufgaben helfen, weil es schwierig genug ist, sich offen für die KPD zu bekennen."[237]

Für jedes KPD-Mitglied gehörte die Freundschaft zur Sowjetunion gleichsam zum nicht verhandelbaren Inventar der Parteimitgliedschaft. Die Sowjetunion war, zumal nach dem Sieg über das nationalsozialistische Deutschland, Bestätigung für den Triumph des Sozialismus über den Kapitalismus. 1956 sahen Kommunisten in aller Welt, wie in den Jahrzehnten zuvor, in der UdSSR ein Vorbild und einen Beweis dafür, dass sich die eigene Ideologie in der Praxis bewährt hatte.

Für Erika Buchmann hatte die Kritik an der Sowjetunion sowie an der Person Stalins noch einen sehr persönlichen Aspekt. Ihr politisches Leben hatte zeitgleich mit der erfolgreichen Oktoberrevolution begonnen. Sie hatte sich persönlich von den Erfolgen des Sozialismus überzeugen können. Die in Ravensbrück inhaftierten Rotarmistinnen hatten beispielhaft dem NS-Terror im Lager widerstanden, und schließlich war es die Rote Armee selbst gewesen, die sie aus dem KZ befreit hatte. Schon längst bekannte Berichte über Personenkult, stalinistischen Terror und über die Verfolgung und Ermordung deutscher Kommunisten im sowjetischen Exil wies Erika Buchmann reflexhaft als Lügen und feindliche Propaganda zurück. Eine Auseinandersetzung mit diesen Vorwürfen oder gar deren Akzeptanz hätte notwendigerweise auch zu einem grundlegenden Überdenken des eigenen Lebens führen müssen.

Wahrscheinlich hätte Erika Buchmann es nicht ertragen können, ihre gesamte Existenz infrage zu stellen. Realitätsverleugnung war das einzige Mittel, um diesem Konflikt aus dem Weg zu gehen. So mag für Erika Buchmann gelten, was Hermann Weber und Andreas Herbst für Clara Zetkin konstatierten: „Die Widersprüche ihrer Haltung scheinen symptomatisch für jene kommunistischen Führer, die trotz aller Bedenken gegen die Politik Stalins und die Entwicklung der KPD nicht nachdrücklich dagegen opponierten, weil sie ihr Idol Russland nicht zu kritisieren wagten und so dem Stalinismus den Weg erleichterten. Dieser Standort, einerseits durch absolute Ergebenheit zur Sowjetunion, andererseits durch kritische Sicht der KPD-Politik […] geprägt, zeigt das Dilemma […]."[238]

Am 17. August 1956 verkündete das Bundesverfassungsgericht das Verbot der KPD. Unmittelbar danach begann die Verfolgung aller kommunistischen Aktivitäten. Langjährige KPD-Mitglieder und von der Verfolgung besonders betroffene Parteifunktionäre fühlten sich an den Januar 1933 erinnert. Der Philosoph

---

237 SAPMO-BArch BY 1/1035, Sekretariat der Landesleitung Baden-Württemberg.
238 Weber/Herbst, Kommunisten, S. 894.

Ernst Bloch,[239] der nach dem Bau der Mauer 1961 nach einer Reise nicht ins heimatliche Leipzig zurückkehren und fortan in Tübingen lehren sollte, konstatierte 1956: „Mit dem Streich, der jetzt gegen die KPD geführt wurde, ist der Staatsstreich gegen alle demokratischen Personen und Einrichtungen vorbereitet. […] Man steht auf der Schwelle zu einem anderen 1933. Aber der Unfriede unter den deutschen Arbeitern darf nicht zum zweiten Mal den Faschismus eintreten lassen. So ist die Lösung jetzt unüberhörbar: Durch Einigung der Arbeiterklasse, durch Volksfront zur deutschen Einheit. Die DDR muß dazu ein ununterbrochener Anreiz und ein leuchtendes Vorbild werden."[240]

In Erwartung des KPD-Verbotes verließen Erika Buchmann und ihre jüngere Tochter Bärbel Stuttgart und zogen im Sommer 1956 nach Ost-Berlin. Wahrscheinlich kehrte Erika Buchmann im Herbst 1956 noch einige Male nach Stuttgart zurück. Bärbel jedoch sah ihre Geburtsstadt nie wieder.

239 Ernst Bloch, geb. 8. Juli 1885, gest. 4. August 1977, 1933 bis 1948 Exil, danach Professor in Leipzig, ab 1957 Zwangsemeritierung wegen zunehmender politischer Differenzen und Beschränkung der Publikations- und Lehrfreiheit.
240 Ernst Bloch, Zum Verbot der KPD in der BRD, zit. nach: Klaus Wagenbach u. a. (Hrsg.), Vaterland, Muttersprache. Deutsche Schriftsteller und ihr Staat seit 1945, Berlin 1979, S. 161, zuerst veröffentlicht in: Aufbau (September 1956). Wagenbach weist in seiner Einleitung zu „Vaterland, Muttersprache" darauf hin, dass es ihm trotz umfangreicher Recherchen nicht gelungen sei, Äußerungen von Schriftstellern der BRD zu diesem Thema zu finden. Die kulturpolitische Monatszeitschrift „Aufbau" erschien in Ost-Berlin. Ihr Chefredakteur war zu diesem Zeitpunkt Bodo Uhse.

IV. Neue Heimat Ost-Berlin. Grenzen gesellschaftlichen Engagements und Ikone des Widerstands im Frauen-KZ Ravensbrück (1956-1971)

Ihre letzten 15 Lebensjahre verbrachte Erika Buchmann in der DDR. In dieser Zeit steht das Engagement für die Überlebenden des Frauen-KZ Ravensbrück und die Eröffnung der Nationalen Mahn- und Gedenkstätte Ravensbrück im Mittelpunkt. Mit der Übersiedlung in die DDR war für Erika Buchmann nicht nur eine persönliche Umorientierung verbunden. Sie setzte auch im beruflichen und politischen Leben neue Prioritäten. Mit welchen Strategien aber begegnete sie der neuerlichen Wende in ihrem Leben? Die KPD-Mitgliedschaft konnte in der DDR-Gesellschaft nicht mehr das bestimmende Element ihres Lebens sein. Welche Aufgabe konnte an diese Stelle treten, wie ordnete sie selbst diese Veränderungen in ihrem Leben ein und wie setzte sie sie in Bezug zu ihrer bisherigen Biografie? So wendet sich dieses Kapitel noch einmal der Frage zu, welche Bedeutung die fast 40-jährige KPD-Mitgliedschaft und die damit ein Leben lang eingeübten Verhaltensmuster, Prinzipien und Normen unter den Bedingungen der DDR-Gesellschaft noch haben würden.

IV.1. In Ost-Berlin. Ankunft in der DDR-Gesellschaft?

Nach dem Verlust ihres Abgeordnetenmandates und in Erwartung des KPD-Verbots hatte Erika Buchmann mit ihrer jüngeren Tochter die Bundesrepublik verlassen und war nach Ost-Berlin übergesiedelt. Die Umstände der Übersiedlung und die Eingewöhnung in die Gesellschaft der DDR werden im Folgenden skizziert. Dabei ist zu berücksichtigen, dass weder die Betroffenen noch die Spitzen von SED und KPD die Übersiedlung eines KPD-Mitgliedes in die DDR als dauerhafte Lösung ansahen. Die aus der BRD stammenden KPD-Mitglieder strebten gemeinhin keinen festen Platz in der DDR-Gesellschaft der späten 1950er-Jahre an. Die SED stellte den Übersiedlern eine Wohnung zur Verfügung und wies ihnen einen Arbeitsplatz zu, der in der Regel eng mit den bisherigen Aufgaben verbunden war. Zahlreiche KPD-Funktionäre hatten sich in den vergangenen Jahren ohnehin schon länger oder gelegentlich in der DDR aufgehalten.

Die genauen Umstände von Erika Buchmanns Übersiedlung in die DDR im Sommer 1956 lassen sich nicht mehr rekonstruieren. Zwei Zeitzeuginnen hal-

ten einen überstürzten Umzug nach Ost-Berlin wegen des KPD-Verbots vom
17. August 1956 für sehr wahrscheinlich. Anzunehmen ist zudem, dass der
Umzug kurzfristig organisiert wurde und für die neunjährige Bärbel Buchmann
eher schwierig verlief.[1] Gertrud Müller aus Stuttgart, die ebenfalls Häftling in
Ravensbrück und Mitglied der KPD gewesen war, erklärte in einem Gespräch im
September 2002, dass Erika Buchmann als bekannteste Kommunistin Stuttgarts
im Sommer 1956 Hals über Kopf die Flucht angetreten habe, weil die politische
Situation in der BRD zu dem Zeitpunkt durchaus mit der im Januar 1933 ver-
gleichbar schien.[2]

Hannelore Elisabeth Reichert, damals die beste Freundin von Bärbel Buchmann, erinnerte sich 2002 an den schmerzlichen Verlust, als ihre Freundin nach
den Sommerferien 1956 nicht in die Schule zurückkehrte. Die Mädchen hätten
vorher nie darüber gesprochen, dass ein Umzug Bärbels und ihrer Mutter nach
Ost-Berlin bevorstand.[3]

Außer diesem dramatisch anmutenden Szenario ist jedoch auch eine andere
Version möglich. Sie ist auch wegen der familiären Probleme, die Erika Buchmann
Sorgen bereiteten, eher denkbar. Nach den Landtagswahlen vom 4. März 1956
sah sich Erika Buchmann von der Bürde des KPD-Mandats im Landtag befreit.[4]
Außerdem war im Frühjahr 1956 nach fast fünfjährigem Verfahren vor dem Bun-
desverfassungsgericht mit dem Verbot der KPD zu rechnen. Entsprechend könnte
Erika Buchmann ihren Umzug nach Ost-Berlin schon länger ins Auge gefasst
und geplant haben. Möglicherweise verließ sie die Bundesrepublik sogar noch
vor dem KPD-Verbot im August 1956. In diesem Fall hätte Erika Buchmann den
Umzug unabhängig von einem Parteiauftrag oder wegen zukünftiger staatlicher

---

1   Bärbel Schindler-Saefkow, Gespräch mit der Autorin am 17. April 2002. Zuletzt bestä-
    tigte Gertrud Müller während eines Telefonats am 8. September 2002 die dramatischen
    Umstände, unter denen Erika Buchmann Stuttgart verließ. Erika Buchmann und sie, obwohl
    beide Überlebende des Frauen-KZ Ravensbrück, lernten sich wahrscheinlich aber erst nach
    1945 in Stuttgart kennen. Zu den genauen organisatorischen Vorbereitungen der KPD im
    Falle eines Parteiverbots und dem Verbleib der Funktionäre machte Gertrud Müller keine
    Angaben. Vgl. Müller, Hälfte.
2   Ebenda.
3   Gespräch mit Hannelore Elisabeth Reichert, verh. Schondelmayer, mit der Autorin am 11.
    Oktober 2002. Nachdem Bärbel Buchmann nach dem Umzug in die DDR ab dem Früh-
    jahr 1957 bei ihren Eltern lebte, standen die beiden Mädchen über mehrere Jahre in brief-
    lichen Kontakt. Die Auskunft von Frau Schondelmayer muss jedoch nicht bedeuten, dass
    der Umzug unter hektischen und konspirativen Umständen erfolgte. Möglicherweise wurde
    Bärbel Buchmann aus anderen Gründen nicht in die Umzugspläne ihrer Mutter einge-
    weiht.
4   Vgl. Klocksin, Kommunisten, S. 137.

Erika und Albert Buchmann, Mitte der 1950er-Jahre. *BArch, Bild Y10-197/00.*

Repressionen selbst organisiert.[5] Dem Wunsch einer prominenten Funktionärin nach einem Umzug in die DDR dürfte sich der KPD-Vorstand kaum widersetzt haben. Zudem war Albert Buchmann inzwischen in den Parteivorstand in Ost-Berlin aufgerückt. Das bedeutete aber zugleich, dass Erika Buchmann als seine Ehefrau nicht in diesem Parteigremium tätig werden konnte.[6] Allerdings ist es ohnehin fraglich, ob sie zu diesem Zeitpunkt überhaupt an eine Fortsetzung der Parteiarbeit dachte.

In den vorangangenen drei Jahren hatte sie sich gemeinsam mit Bärbel so oft wie möglich in Ost-Berlin aufgehalten, um Inge über die Trennung von ihrem Ehemann hinwegzuhelfen. Bärbel Buchmann dürfte die endgültige Übersiedlung nach Ost-Berlin im Sommer 1956 zunächst wie eine Fortsetzung früherer Aufenthalte erschienen sein. Das exakte Umzugsdatum lässt sich weder im Stuttgarter noch im Berliner Meldearchiv ermitteln. Unabhängig von Erika Buchmanns privaten und politischen Motiven, die Bundesrepublik zu verlassen, war ein Umzug in die DDR 1956 nicht außergewöhnlich. Freilich war die Anzahl der Übersiedler von West nach Ost im Vergleich zur Gegenrichtung marginal. 1956 verließen 75 000 Menschen die Bundesrepublik, um in der DDR zu leben. Die Mehrzahl der Übersiedler entschloss sich aus familiären Gründen oder aus

5 Für die zuletzt genannte These spricht auch der Umstand, dass sich in den Beständen des SAPMO, im Gegensatz zum Quellenmaterial Albert und Inge Buchmanns, keine Kaderakte für Erika Buchmann findet. Ein möglicher Verlust ist natürlich nicht auszuschließen, erscheint aber in diesem Kontext unwahrscheinlich.

6 Norbert Madloch, Gespräch mit der Autorin am 24. September 2003.

Angst vor Arbeitslosigkeit zu diesem Schritt.[7] Die Zahl der kommunistischen Funktionäre, die nach dem Verbot der KPD die Bundesrepublik verließen, war verschwindend gering.

Ab dem 12. Januar 1957 wurde Erika Buchmann beim Einwohnermeldeamt in Ost-Berlin unter der Meldeadresse ihres Mannes in der Einbecker Straße 41 in Berlin-Friedrichsfelde geführt.[8] Bärbel Buchmann lebte in den ersten Monaten in der DDR nicht bei ihren Eltern, sondern in einem Kinderheim.[9] Zwar ist aus dieser Zeit ein Briefwechsel zwischen Bärbel und ihren Eltern überliefert. Daraus geht aber nicht hervor, warum die jüngere Tochter der Buchmanns nach der Übersiedlung in einem Heim untergebracht wurde. Ein wichtiger Grund waren vermutlich die Lebensumstände der Eltern: Albert Buchmann lebte und arbeitete damals hauptsächlich in Schmerwitz. Die dortige KPD-Parteischule war kein Ort für ein neunjähriges Mädchen, das regelmäßig die Schule besuchen musste und den Kontakt zu gleichaltrigen Kindern brauchte. Erika Buchmann wiederum pendelte offenbar noch ein halbes Jahr zwischen Stuttgart und Ost-Berlin. Sie konnte unter diesen Bedingungen kaum für ihre Tochter sorgen.

Für Bärbel war das Kinderheim wohl eher eine Zumutung als eine angemessene Alternative. Vielleicht tröstete sich das Kind mit der Hoffnung, die häufigen Reisen der Mutter nach Stuttgart seien ein Zeichen dafür, dass die ganze Familie bald gemeinsam dorthin zurückkehren würde. Denn obwohl Albert Buchmann schon seit fünf Jahren zumeist in der DDR lebte, hatte Erika Buchmann Bärbel oft von einem gemeinsamen Leben in Stuttgart erzählt. Wenige Tage vor den Weihnachtsferien 1956 schrieb das Mädchen seiner Mutter von ihrem größten Wunsch: „Ich hoffe daß P. Inge du und ich bald alle in Stuttgart wohnen können! Das ist viel schöner."[10] Sie fügte als Erklärung hinzu: „In der Gruppe gefällt es mir gar nicht! Sie mekern [sic!] nur an unserem Zimmer rum, schreien uns an und meine Freundin Katja [hat] mit mir am Abend schon oft geweint. [...] Wir haben auch Heimweh sehr oft.

---

7   Angaben lt. Statistischem Bundesamt. Üblicherweise konnte 1956 ein Umzug aus der BRD in die DDR mithilfe eines Umzugsunternehmens organisiert werden, Gespräch der Autorin am 10. Juni 2002 mit Wolfgang Jacobeit, der 1956 ohne Komplikationen mit seiner Familie von Göttingen nach Ost-Berlin übergesiedelt war.

8   Auskunft des Landeseinwohneramtes Berlin, Brief vom 22. 10. 2002.

9   Vgl. Briefwechsel zwischen Bärbel Buchmann und ihrer Mutter vom Dezember 1956, Sammlungen MGR/SBG, NL 35/3–1, ohne Paginierung. In diesem Teil des Nachlasses Erika Buchmanns befinden sich Fotos von ihren Besuch im Kinderheim „Ernst Thälmann" in Kyritz. Möglicherweise lebte Bärbel eine Zeit lang in diesem Kinderheim, andernfalls stellen die Fotos ein Dokument über einen offiziellen Besuch Erika Buchmanns in einem Kinderheim dar.

10 Brief von Bärbel Buchmann an Erika Buchmann vom Dezember 1956, Sammlungen MGR/ SBG, NL 35/3–1, ohne Paginierung.

Albert und Bärbel Buchmann, Mitte der 1950er-Jahre. *BArch, Bild Y12/ A 459-85.*

Grüße das [Stuttgart-]Gablenberg."[11] Offenbar lebte Bärbel Buchmann über ein Jahr getrennt von ihren Eltern, die ihre Tochter nur gelegentlich besuchten.

Im Februar 1957 bezogen Albert und Erika Buchmann in der Tilsiter Straße 80 in Berlin-Lichtenberg eine gemeinsame Wohnung.[12] Bärbel Buchmann zog jedoch erst nach einem mehrwöchigen Ferienaufenthalt im sowjetischen Pionierlager Artek auf der Krim im Sommer 1957 zu ihren Eltern.[13]

Aus heutiger Sicht erscheint es befremdlich, dass Erika Buchmann ihre jüngere Tochter über ein Jahr lang in einem Kinderheim unterbrachte. Immerhin hatte sie ihren Mann über Monate hinweg zu einem gemeinsamen Familienleben gedrängt. Die Konflikte mit der älteren Tochter Inge führte sie auf die langen Trennungsphasen während der NS-Zeit zurück. Hinzu kam, dass Bärbel den Heimaufenthalt als äußerst qualvoll empfand. Vielleicht orientierte sich Erika Buchmann daran, dass die Betreuung und Erziehung von Kindern außerhalb der Familie in der DDR zum Alltag gehörte. Berufstätige Mütter ließen ihre Kinder in Kinderkrippen, Kindergärten und Wochenheimen versorgen. Sie wurden deshalb nicht

11 Ebenda.
12 Auskunft Landeseinwohneramt Berlin vom 22. 10. 2002.
13 Sammlungen MGR/SBG, NL 35, Nachlass Erika Buchmanns. Bärbel Buchmann war 1957 gemeinsam mit Bärbel Saefkow, der Tochter Änne Saefkows, in der Sowjetunion. Änne Saefkow war wie Erika Buchmann Überlebende des Frauen-KZ Ravensbrück. Obwohl die Eltern bereits ab Februar 1957 in der Tilsiter Straße gemeldet waren, richtete Bärbel Buchmann ihre Post an die Einbecker Straße 41.

Inge und Bärbel Buchmann, nach 1956. *BArch, Bild Y10-1438/00.*

gesellschaftlich stigmatisiert. Überdies hatte Erika Buchmann bereits während ihrer Reise durch die Sowjetunion 1930 die Lehren von A. S. Makarenko kennengelernt. Seither schätzte sie die Idee, Kinder in einem Kollektiv aus Gleichaltrigen zu erziehen.[14]

Insgesamt sahen Albert und Erika Buchmann ihr Leben in der DDR offenbar als vorübergehend an. Bärbel Buchmanns Freundin Bärbel Saefkow erinnert sich, dass die Wohnung der Familie über Jahre einen ungemütlichen und provisorischen Eindruck gemacht habe.[15] Die Einrichtung habe hauptsächlich aus schlichten hölzernen Bücherregalen und unbequemen Liegen bestanden, die nicht dem damaligen Zeitgeschmack entsprochen hätten. Auch stand an der Klingel der Familie Buchmann nicht der korrekte, sondern ein leicht verfremdeter Familienname.

Albert und Erika Buchmann verstanden sich nicht als Bürger der DDR. Sie blieben KPD-Mitglieder, die in der DDR wie Emigranten lebten.[16] Sie sahen in

14 Anton Semjonowitsch Makarenko (1888–1939) gilt als der bedeutendste Pädagoge der Sowjetunion. Zu Erika Buchmanns Reise in die Sowjetunion vgl. Kap. I.3.
15 Gespräch mit Bärbel Schindler-Saefkow am 17. April 2002.
16 Laut Verfassung der DDR von 1949 (Art. 1–5) war Deutschland eine „unteilbare demokratische Republik", in der es nur „eine deutsche Staatsangehörigkeit" gab. 1967 führte die DDR mit dem Gesetz über die Staatsbürgerschaft eine eigene Staatsangehörigkeit ein. Sie konnte durch Abstammung (mindestens ein Elternteil), Geburt auf dem Territorium der DDR oder Verleihung erworben werden. Tatsächlich aber waren schon ab dem 2. Januar 1964 neue Personalausweise mit dem Vermerk „Bürger der DDR" ausgegeben worden.

der DDR zwar ihre politische Heimat, in der ihre politischen Ziele verwirklicht wurden. Zugleich vermissten sie aber Süddeutschland und die Möglichkeit, nach einer Anreise von wenigen Stunden im Schwarzwald, im Allgäu oder in den Alpen wandern zu können. Als Erika Buchmann das ZK der KPD mit Genugtuung darüber informierte, dass das öffentliche Interesse an ihrer Person wegen der Aufführung der „Ravensbrücker Ballade" gewachsen sei, fügte sie als pflichtbewusste Genossin hinzu: „Mir ist es jedoch gelungen, bei dem in Anwesenheit von Hedda Zinner und Fritz Erpenbeck geführten Pressegespräch zu betonen, daß ich nur vorübergehend in der DDR bin."[17]

Die ungeklärten Umstände, unter denen Erika Buchmann Stuttgart verlassen hatte, erschweren es auch, ihre Suche nach einem neuen Betätigungsfeld in der DDR zu deuten. Norbert Madloch, wie Albert Buchmann Lehrer an der KPD-Schule in Schmerwitz, verwies im Gespräch 2003 darauf, dass es für jedes KPD-Mitglied in der DDR eine Selbstverständlichkeit gewesen sei, gesellschaftlich sinnvolle Arbeit zu leisten. Als Ehefrau eines Mitgliedes im KPD-Vorstand bzw. im ZK und hauptamtlichen Parteisekretärs der Einjahresschule „Ernst Thälmann" blieb Erika Buchmann eine Tätigkeit im Parteiapparat prinzipiell verwehrt.[18] Daher machte sie sich in den folgenden Monaten auf die Suche nach einem geeigneten Betätigungsfeld außerhalb der Parteihierarchien. Auch diese offene Suche ist ein Indiz dafür, dass ihre Übersiedlung in die DDR nicht auf einem Parteibeschluss beruhte, sondern ihrem persönlichen Wunsch entsprach. In Anerkennung ihrer Verdienste in der kommunistischen Bewegung und wohl auch aus Rücksicht auf ihren Mann ließ die KPD-Führung Erika Buchmann gewähren.

IV.2. Suche nach neuen Aufgaben.
Die „Nationale Mahn- und Gedenkstätte Ravensbrück"

Tatsächlich boten die Vorbereitungen zur Eröffnung der Nationalen Mahn- und Gedenkstätte Ravensbrück Erika Buchmann ein neues Betätigungsfeld. Hier machte sie schnell „Karriere" als omnipräsente Autorin, Gestalterin und Fachfrau für alle Bereiche des ehemaligen Frauen-KZ und der zukünftigen Gedenkstätte. Für Erika Buchmann wurde die Auseinandersetzung mit der eigenen Haft in Ravensbrück und die Suche nach geeigneten Präsentationsformen zur öffentlichen Erinnerung an das Frauen-KZ zur bestimmenden Konstante ihres Lebens in der DDR. Bemerkenswerterweise orientierte sich ihr Engagement nicht immer

17 Brief von Erika Buchmann an das ZK der KPD, SAPMO-BArch NY 4178/49, Bl. 56.
18 Norbert Madloch, Gespräch mit der Autorin am 24. September 2003.

an den politischen Vorgaben der DDR-Führung. Daher ist es interessant zu untersuchen, welche Rolle die persönlichen Ambitionen Erika Buchmanns bei etwai-
gen Differenzen spielten und bei welchen Konflikten sie zu einer Sachwalterin der
Interessen von Überlebenden wurde.

Während der Vorbereitungen zur Eröffnung einer Gedenkstätte auf dem
Gelände des ehemaligen Konzentrationslagers Ravensbrück ab 1957 entwickelte
sich Erika Buchmann rasch zur dominierenden Figur. So nahm sie maßgeblich
Einfluss auf die Ausgestaltung eines ersten Lagermuseums im vormaligen Zellenbau des KZ sowie auf eine erste deutschsprachige Publikation zur Geschichte des
Lagers. Es lässt sich heute nicht mehr klären, ob sie sich in diese Position drängte
oder ob sie diese Aufgaben in Ermangelung anderer Kandidatinnen übernahm.
An das ZK der KPD schrieb Erika Buchmann im März 1957, dass vor allem pragmatische Gründe für die Entscheidung zu ihren Gunsten gesprochen hätten. Sie
wollte, dass ihr Engagement für die zukünftige Gedenkstätte als Unterstützung
bei drängenden Personalproblemen wahrgenommen wurde, denen sie sich nicht
habe verschließen können. So sollten auch Bedenken zerstreut werden. Der
KPD-Führung war nicht daran gelegen, dass die übersiedelten Parteifunktionäre
allzu exponiert in der DDR-Gesellschaft auftraten. Erika Buchmann unterstrich
in dem Brief an das ZK dennoch ihre persönliche Eignung: „[…] die bisherigen
Aufgaben [haben] gezeigt, daß nur eine Kameradin, die lange in Ravensbrück
war und die Vorgänge dort genau kennt, für die Arbeit in Frage kommen kann
und alle solche Genossinnen in Funktionen sind, aus denen sie nicht werden
herauskommen können. […] Ich traue mir auch zu, die geplante Dokumentation und ein Buch über Ravensbrück anhand der wissenschaftlichen Unterlagen
über das System der KZ und Ravensbrück im besonderen zu schreiben, wie das
geplant ist."[19]

Der Zeitpunkt, an dem Erika Buchmann ihre Arbeit aufnahm, hätte kaum
günstiger sein können. Nachdem die VVN in der DDR 1953 aufgelöst worden
war, wurde 1955 die Gründung des Internationalen Ravensbrück-Komitees ini-
tiiert und die LAG Ravensbrück wiederbelebt. Dies wiederum kam den Bestrebungen der DDR-Regierung entgegen, in den ehemaligen Konzentrationslagern
Buchenwald, Sachsenhausen und Ravensbrück „Nationale Mahn- und Gedenkstätten" einzurichten.[20] Bereits am 2. Dezember 1953 hatte das Sekretariat des
ZK der SED den Beschluss gefasst, eine staatliche Kommission für Kunstange-
legenheiten mit der Gestaltung der Gedenkstätten Buchenwald, Sachsenhausen,

---

19   Brief Erika Buchmanns an das ZK der KPD vom 3. März 1957, SAPMO-BArch NY 4178/49,
     Bl. 61.
20   Vgl. Barck, Antifa-Geschichte(n), S. 90 ff.; Schwarz/Steppan, Entstehung, S. 230 ff.

Ravensbrück und Hohnstein zu betrauen. In diesem Zusammenhang wurden auch erste Ideen zur künftigen Art und Weise des Gedenkens in Ravensbrück entwickelt.[21]

Tatsächlich war es bis zu diesem Zeitpunkt noch nicht gelungen, auf dem Areal des ehemaligen Konzentrationslagers einen würdigen Gedenkort für die Opfer und eine aussagekräftige Dokumentationsstelle über die dort verübten Verbrechen zu schaffen. Der weitaus größte Teil des einstigen Lagergeländes war seit 1945 militärisches Sperrgebiet und wurde von der sowjetischen Armee genutzt. Dort befanden sich Kasernen, Verwaltungsgebäude, Garagen, Lagerhallen und eine Tankstelle. Auch blieben wesentliche Bestandteile der Infrastruktur des Lagers für die sowjetische Armee in Betrieb, so das Wasserwerk und die Kläranlage. Nur ein kleiner, unmittelbar am Schwedtsee gelegener Geländeteil mit dem vormaligen Krematorium, dem „Erschießungsgang" und der ehemaligen Gaskammer wurde 1948 freigegeben und im Anschluss zum Gedenkort umgestaltet.[22] Am 14. September 1948 wurde der Öffentlichkeit anlässlich eines Treffens ehemaliger Häftlinge eine hölzerne Stele mit einer Feuerschale als Gedenkzeichen übergeben. Die „Gedächtnisstätte Ravensbrück" war als Übergangslösung gedacht. Die Teilnehmerinnen und Teilnehmer der Gedenkveranstaltung forderten, dass in Ravensbrück alsbald eine dauerhafte, künstlerisch angemessen ausgestaltete Gedenkstätte entstehen müsse.[23] Doch das Provisorium existierte viel länger als ursprünglich geplant.[24]

Mit dem ZK-Beschluss von 1953 stimmten die langjährigen Forderungen der Überlebenden mit den Interessen der SED Spitzen überein. Dies ließ acht Jahre nach der Befreiung des Konzentrationslagers auf die zügige und vergleichsweise komplikationslose Errichtung einer dauerhaften Gedenkstätte in Ravensbrück hoffen. Entscheidende Voraussetzung war schließlich der Auftrag an das „Buchenwaldkollektiv", einen Ideenentwurf für die Gesamtgestaltung zu erarbeiten.[25]

Am 11. September 1954 wurden den überlebenden Häftlingen von Ravensbrück im Rahmen einer Gedenkveranstaltung die ersten Entwürfe vorgestellt.

---

21 Schwarz/Steppan, Entstehung, S. 230.

22 Vgl. ausführlicher zur Vorgeschichte der Nationalen Mahn- und Gedenkstätte Ravensbrück Schwarz/Steppan, Entstehung; Barck, Antifa-Geschichte(n); Simone Hannemann, Die Entstehung der Nationalen Mahn- und Gedenkstätte Ravensbrück, unveröffentlichte Magisterarbeit, TU Berlin 1997.

23 Schwarz/Steppan, Entstehung, S. 224.

24 1984 konnte nach Freigabe durch die sowjetische Armee auch die ehemalige Kommandantur des KZ Ravensbrück in das Gedenkstättengelände einbezogen werden. Sie beherbergte eine Dauerausstellung, die bis 1993 bestand.

25 Beim „Buchenwaldkollektiv" handelt es sich um eine Gruppe von Architekten, die ursprünglich einen Plan für die Gestaltung der Gedenkstätte Buchenwald entwerfen sollten.

Großen Anklang fand die Idee, den Abschluss der Umgestaltung des künftigen Gedenkstättengeländes mit der Eröffnung eines Museums zu verbinden. Nachdem verschiedene Entwürfe diskutiert worden waren, begannen am 1. Juni 1956 die Arbeiten zum Ausbau der Nationalen Mahn- und Gedenkstätte Ravensbrück. Zu diesem Zeitpunkt stand fest, dass der ehemalige Zellenbau von der sowjetischen Armee geräumt und damit als Museum zur Verfügung stehen würde.

Offensichtlich gab es anfangs unter den ehemaligen Ravensbrücker Häftlingen einen Konsens über die Aufgabenverteilung bei der Vorbereitung zur Eröffnung von Gedenkstätte und Museum. Bereits am 4. Oktober 1956, wenige Wochen nach ihrer Übersiedlung in die DDR, schrieb Erika Buchmann ein erstes Exposé zur inhaltlichen Ausrichtung des Ravensbrücker Museums.[26] Es ist noch immer ungewiss, ob sie diese Aufgabe im Auftrag der LAG Ravensbrück oder aus eigener Initiative übernahm. Der Leitgedanke der Ausstellung sollte „Nie wieder Krieg! Nie wieder Faschismus!" lauten. Mit diesem Motto sollten auch Menschen erreicht werden, die sich nicht für Politik interessierten. Ein weiterer wichtiger Grundsatz war, dass sich die Besucher die Informationen zur Lagergeschichte selbstständig sollten erschließen können.[27] Daher wandte sich das Komitee der ehemaligen Häftlinge mit einer Bitte an weitere Überlebende: Sie sollten den Aufbau des Museums mit ihren Erinnerungsberichten, Briefen und Erinnerungsstücken unterstützen.

Ende November 1957 wurde Erika Buchmann laut Protokoll des Ministeriums für Kultur der DDR (MfK) als Vertreterin der Ravensbrücker Häftlinge auch offiziell in eine Forschungsgruppe des Museums für Deutsche Geschichte (MfDG) berufen. Gemeinsam mit Günter Meier, einem Mitarbeiter des MfK, sollte sie das Konzept für die Ausstellung des Ravensbrücker Museums entwickeln. Im Gegensatz zu ihrem Kollegen Meier wurde sie allerdings nicht als Mitarbeiterin des Ministeriums beschäftigt. Sie erhielt nur einen Werkvertrag des MfDG, der vom MfK bezahlt wurde.[28] Begründet wurde diese Regelung vermutlich damit, dass Erika Buchmann noch immer in einem ungeklärten staatsbürgerlichen Status lebte. Das hing auch mit ihrem Wunsch zusammen, möglichst bald nach Stuttgart zurückkehren zu können. Aus dem Briefwechsel zwischen Erika Buchmann und dem ZK der KPD geht hervor, dass sie stets bemüht war, die Zahl ihrer Auftritte

---

26 Die Übernahme dieser Aufgabe und die Arbeit am Exposé zur Ausstellung legen nahe, dass Erika Buchmann zu diesem Zeitpunkt bereits hauptsächlich in der DDR lebte und nicht, wie ihre Tochter annahm, in Stuttgart-Gablenberg. Ihre Tätigkeit zur Vorbereitung einer Gedenkstätte in Ravensbrück war offenbar jedoch noch nicht abschließend mit dem ZK der KPD abgesprochen.

27 Vgl. SAPMO-BArch NY 4049/31, Nachlass Änne Saefkow.

28 Vgl. Sammlungen MGR/SBG, RA I/3-5K, XX35, ohne Paginierung.

in der Öffentlichkeit zu begrenzen. Um eine unnötige Exponierung zu vermeiden, lehnte sie auch eine offizielle Anstellung ab.[29]

Die Ausstellung zur Geschichte des Frauen-KZ Ravensbrück sollte im Obergeschoss des ehemaligen Zellenbaus untergebracht werden. Die Zellen im Untergeschoss sollten dagegen zum Teil im Originalzustand gezeigt oder als „Zellen der Nationen" gestaltet werden.[30] So sollte die Internationalität der Lagergesellschaft dokumentiert werden. Den Überlebenden blieb es überlassen, ob sie in den Zellen das Schicksal ihrer Häftlingsgruppe in Ravensbrück darstellen oder über die Ereignisse in ihren Herkunftsländern nach der Besetzung durch die Wehrmacht berichten wollten. Auch ein Teil der ehemaligen Lagermauer konnte in die Gestaltung der Nationalen Mahn- und Gedenkstätte Ravensbrück einbezogen werden. An der Außenseite der westlichen Lagermauer wurden die Namen sämtlicher Herkunftsnationen der Häftlinge angebracht. Das Gelände vor der Lagermauer wird seit 1959 als zentraler Ort der Totenehrung genutzt, da sich hier ein mit Rosen bepflanztes Massengrab befindet.

Die „Zellen der Nationen" und die westliche Lagermauer wurden als „Nationalisierung des Todes"[31] gedeutet und erfüllten in der Nationalen Mahn- und Gedenkstätte Ravensbrück mehrfache Bestimmungen. Indem die Opfer als Angehörige einzelner Nationen angesprochen wurden, sollte ihnen ein Teil ihrer Identität zurückgegeben werden. Dies honorieren die Überlebenden bis heute. Gleichzeitig aber blieben damit die aus (sozial)rassistischen Gründen inhaftierten Frauen und Männer von Trauer und Gedenken ausgeschlossen.

Die Präsentation entsprach voll und ganz den politischen Vorgaben der SED der 1950er- und 1960er-Jahre zur Darstellung des Antifaschismus in der DDR. Die Konzeption führte jedoch auch dazu, dass die Inhaftierung deutscher und öster-

29 In der Logik des Kalten Krieges wollte die KPD-Führung den Aufenthalt und die Tätigkeit ihrer Mitglieder in der DDR möglichst geheim halten. Vgl. Josef Foschepoth, Rolle und Bedeutung der KPD im deutsch-sowjetischen Systemkonflikt, in: ZfG 56 (2008) 11, S. 889–909.

30 Die Gestaltung der „Zellen der Nationen" blieb den Überlebenden der einzelnen Länder überlassen. Bis heute gibt es Auseinandersetzungen darüber, welche Nationen bzw. welche Vertreter hierzu „befugt" sind. Erst in den 1980er-Jahren kamen Gedenkräume für die ermordeten Juden sowie Sinti und Roma hinzu. Im August 2006 wurde die Ausstellung „Ravensbrück. Der Zellenbau" eröffnet. In ihr wird erstmals die Geschichte des Lagergefängnisses dokumentiert. Die Nationen- bzw. Gedenkräume blieben erhalten, ihre Entstehung und Darstellung wird inzwischen für die Besucherinnen und Besucher erläutert.

31 Insa Eschebach, Heilige Stätte – Imaginierte Gemeinschaft. Geschlechtsspezifische Dramaturgien im Gedenken, in: dies. u. a. (Hrsg.); Gedächtnis und Geschlecht. Deutungsmuster in Darstellungen des nationalsozialistischen Genozids, Frankfurt a. M./New York 2002, S. 117 ff.

reichischer Häftlinge, auch der politischen, in der Darstellung der Gedenkstätte in den Hintergrund trat. Ein Grund für diese Zurücksetzung mag nicht zuletzt im schwierigen Verhältnis der SED zur gesamtdeutschen Nation und ihrem Versuch, in der DDR einen selbstständigen Nationalstaat zu begründen, liegen. So hätte zum Beispiel erläutert werden müssen, warum politische Gegner des NS-Regimes in Österreich und der Bundesrepublik leben, obwohl die DDR als Heimat aller Antifaschisten galt.

Neben ihrer organisatorischen und inhaltlichen Arbeit für das Museum beteiligte sich Erika Buchmann an den Diskussionen um die Gestaltung des Gedenkstättenareals, an denen sich auch die Architektengruppe, der Bildhauer Will Lammert sowie Angehörige des ZK der SED (meist vertreten durch Otto Grotewohl) sowie Mitglieder des Komitees der antifaschistischen Widerstandskämpfer beteiligten. In erster Linie aber reiste sie durch die DDR, um im persönlichen Gespräch mit anderen Überlebenden möglichst viel Material zur Geschichte von Ravensbrück zu sammeln.

Nach verschiedenen überlieferten Protokollen war Günter Meier an den Diskussionen um den Inhalt der Ausstellung nicht beteiligt. Immer wieder forderte Erika Buchmann Änderungen am Ausstellungskonzept. Zunächst stand der Abschnitt „Widerstand und Solidarität" im Mittelpunkt der Kritik. Nach Meinung von Änne Saefkow,[32] von August 1944 bis April 1945 Häftling in Ravensbrück und im Rahmen der Lagergemeinschaft Ravensbrück praktisch Erika Buchmanns „Vorgesetzte", wurde die Rolle der politischen Häftlinge im Lager zunächst viel zu defensiv dargestellt.[33] Offenbar entsprach auch die schließlich genehmigte Fassung noch nicht Änne Saefkows Vorstellungen. Sie blieb der feierlichen Eröffnung der Mahn- und Gedenkstätte Ravensbrück demonstrativ fern, obwohl ihre Tochter Bärbel dort im Namen der DDR-Jugend ein feierliches Gelöbnis sprach.[34] Aus den überlieferten Fassungen des Ausstellungskonzeptes geht jedoch nicht hervor, ob sich in dieser Frage Erika Buchmann oder Änne Saefkow durchgesetzt hat. Auch über den Teil „Die Entwicklung in Westdeutschland" wurde lange kontrovers diskutiert. Erst Ende Juni 1959 wurde ein Konzept genehmigt.[35]

Am 19. Januar 1959 konstituierte sich das Komitee zur Einweihung der Nationalen Mahn- und Gedenkstätte Ravensbrück. Erika Buchmann arbeitete wiede-

---

32 Änne Saefkow, geb. 12. 2. 1902, ab 1922 Mitglied der KPD, Ehefrau von Anton Saefkow, nach 1933 Mitarbeit im illegalen Apparat der KPD, nach der Befreiung u. a. Funktionärin der VVN und Abgeordnete der Volkskammer der DDR, gest. 4. 8. 1962.

33 Vgl. SAPMO-BArch NY 4049/31, Nachlass Änne Saefkow.

34 Die hier angesprochene Auseinandersetzung eskalierte im Zusammenhang mit der „Ravensbrücker Ballade", vgl. auch Kapitel V.3.

35 Vgl. SAPMO-BArch MfK DR1/7525.

rum unter Leitung Änne Saefkows als Mitglied der Redaktionskommission bzw. Agitationskommission im Komitee mit.[36] Dessen Aufruf zur Einweihung der Gedenkstätte stammte von Erika Buchmann.[37] Im Einweihungskomitee waren neben vielen ehemaligen Häftlingen von Ravensbrück, einigen Mitgliedern des ZK der SED und deren Ehefrauen auch sogenannte Persönlichkeiten des öffentlichen Lebens. Dazu gehörten unter anderem Prof. Dr. Theodor Brugsch, Prof. Fritz Cremer, Anna Seghers und Hedda Zinner. Hier kam es zu einem Wiedersehen zwischen Hedda Zinner und Erika Buchmann. In der Folge entwickelte sich eine langjährige Zusammenarbeit, die schließlich zur Entstehung der „Ravensbrücker Ballade" führen sollte.

Erika Buchmann war jedoch nicht nur an den Vorbereitungen zur Eröffnung der Nationalen Mahn- und Gedenkstätte Ravensbrück beteiligt. Gleichzeitig war sie mit der ersten deutschsprachigen Publikation zur Geschichte dieses Konzentrationslagers befasst. Gemeinsam mit Bertha Teege[38] wertete sie unzählige Erinnerungsberichte ehemaliger Häftlinge aus, strukturierte die Aussagen in 35 Abschnitte und gab so den Inhalt der Erinnerungen in Berichtsform wieder.[39] Autorisiert und unterstützt durch die Lagergemeinschaft Ravensbrück und weitere ehemalige politische Häftlinge gelang es, bis zur Eröffnung der Gedenkstätte das Buch „Die Frauen von Ravensbrück" in einer ersten Auflage von 35 000 Exemplaren vorzulegen.

Offenbar erhielt Erika Buchmann bei der Vorbereitung des Buches keine personelle und finanzielle Unterstützung von offizieller Seite. Zehn Jahre nach der Erstveröffentlichung sah sie sich im Streit um die Autorenschaft zu dem Hinweis gezwungen, dass sie seinerzeit die Mitarbeit Bertha Teeges persönlich finanziert habe.[40] 1959 hatte Erika Buchmann zudem noch darauf verzichten wollen, auf der Titelseite des Buches als Autorin genannt zu werden. Sie schlug stattdessen vor, auf dem Umschlag zu vermerken: „Dieses Material wurde von Erika Buchmann, die selbst jahrelang Häftling in Ravensbrück war, zusammengetragen, bearbeitet

---

36   Vgl. Nachlass Änne Saefkow, SAPMO-BArch NY4049/554.

37   Vgl. Nachlass Änne Saefkow, SAPMO-BArch NY 4049/31.

38   Bertha Teege, geb. 1900, Kommunistin, ab 1936 in Haft und ab 1940 im KZ Ravensbrück, ab 26. März 1942 im KZ Auschwitz. Sowohl in Ravensbrück als auch im Frauenlager Auschwitz-Birkenau war sie Lagerälteste. Entlassung aus dem KZ Auschwitz Ende 1943 nach Anweisung Himmlers und Protektion Johanna Langefelds; vgl. Czech, Kalendarium, S. 251; Lebenslauf Teeges vom 28. 4. 1958, Sammlungen MGR/SBG, Slg. Bu/25, Bericht 331, ohne Paginierung.

39   Vgl. Buchmann, Die Frauen von Ravensbrück, Berlin 1959; vgl. auch die kurze Inhaltsangabe des Bandes in: Barck, Antifa-Geschichte(n), S. 96 ff.

40   Vgl. Brief Erika Buchmanns an Georg Spielmann vom 22. Januar 1969, SAPMO-BArch NY 4178/49, Bl. 30.

und zu dieser Broschüre zusammengestellt."[41] Diese Zurückhaltung erschien 1959 offenbar wegen der mit dem ZK der KPD vereinbarten Nicht-Präsenz führender Parteimitglieder in der Öffentlichkeit der DDR geboten.

„Die Frauen von Ravensbrück" wurde mehrfach neu aufgelegt und erreichte bis Mitte der 1960er-Jahre eine Gesamtauflage von über 120 000 Exemplaren. Obwohl es seit 1963 immer wieder Bestrebungen gab, den Band zu ergänzen und zu korrigieren, blieb das Manuskript bis auf eine einzige Änderung unverändert.[42] Diese Änderung betraf die Darstellung des SS-Arztes Dr. Lucas. Nachdem in den Auschwitz-Prozessen die Mitwirkung des Arztes an Selektionen im KZ Auschwitz nachgewiesen worden war, wurde seine positive Darstellung im Buch gestrichen.

Erika Buchmann hatte immer wieder ihre Bereitschaft erklärt, an der Überarbeitung des Bandes mitzuwirken. Offenbar bestand jedoch beim Komitee der antifaschistischen Widerstandskämpfer (KAW) kein Interesse daran, sie mit dieser Arbeit zu betrauen. 1969 mahnte sie bei Georg Spielmann vom KAW eine Entscheidung an: „Ich bin selbstverständlich mit einer Überarbeitung meines Buches ‚Die Frauen von Ravensbrück' einverstanden und habe dies in einer Aussprache vor reichlich zwei Jahren zum Ausdruck gebracht. Schriftliche Einwände habe ich seinerzeit durchgesehen und meine Bemerkungen dazu fixiert. Seitdem warte ich auf eine Einladung zur Aussprache über diese neuen Ergebnisse in der von mir fortgeführten und fast vollendeten Bearbeitung der Ravensbrück-Materialien."[43]

Mit der fadenscheinigen Unterstellung, Erika Buchmann habe 1959 das Manuskript für „Die Frauen von Ravensbrück" lediglich zusammengestellt und somit keine Autorenrechte erworben, betraute das KAW schließlich Guste Zörner mit dessen Überarbeitung. Zörner war langjährige Mitarbeiterin im Parteiapparat. Erika Buchmanns Widerspruch und ihr Verweis auf die Gründe, die sie 1959 dazu bewogen hatten, die Autorenschaft zu verschweigen, fanden kein Gehör. 1971 erschien der Band „Frauen-KZ Ravensbrück", für den ein Autorenkollektiv unter Leitung von Guste Zörner verantwortlich zeichnete.[44] Simone Barck weist darauf hin, dass nur wenig neues Material in das Manuskript Eingang fand, obwohl Erika Buchmann in den 1960er-Jahren neue empirische Daten recherchiert hatte. Ebenso blieben ihre Korrektur- und Ergänzungsvorschläge

---

41   Buchmann, Frauen, S. 6; vgl. Brief Erika Buchmanns an Georg Spielmann vom 22. Januar 1969, SAPMO-BArch NY 4178/49, Bl. 30.

42   Vgl. den Briefwechsel zwischen Erika Buchmann und dem KAW, SAPMO-BArch NY 4178/49.

43   Vgl. Brief Erika Buchmanns an Georg Spielmann (KAW) vom 22. Januar 1969, SAPMO-BArch NY 4178/49, Bl. 30.

44   Vgl. Zörner, Ravensbrück.

unberücksichtigt.[45] Stattdessen wurde im Auftrag der KAW-Leitung der offizielle Widerstandsdiskurs in das Buch eingearbeitet und auch vor Verfälschungen und ungerechtfertigten Streichungen nicht zurückgeschreckt. So war nun von einer internationalen Widerstandsgruppe in Ravensbrück die Rede, der Frauen aus 23 Ländern angehört haben sollen. Angaben von Erika Buchmann wie beispielsweise der Hinweis auf das „Idiotenstübchen" im Block 10 oder auf die sogenannten kriminellen Häftlinge wurden dagegen ersatzlos gestrichen.

Offenbar war es 1970/71 zu einem endgültigen Bruch zwischen Erika Buchmann und dem KAW gekommen. Nur so ist zu erklären, dass sie in der Neuausgabe des Buches zu Ravensbrück weder als Autorin der ersten Fassung noch als Häftling dieses Konzentrationslagers Erwähnung findet.

Die erneuten Auseinandersetzungen um Erika Buchmann begannen nicht erst mit der Diskussion um die Überarbeitung und Neuauflage ihres Buches. Sie wurzelten vielmehr in der Personalpolitik der Gedenkstätte. Obwohl die Nationale Mahn- und Gedenkstätte Ravensbrück bereits am 12. September 1959 eröffnet worden war, wurde erst drei Monate später, am 15. Dezember, eine Direktorin ernannt. Bis zu diesem Zeitpunkt hatte offensichtlich Erika Buchmann diese Funktion wahrgenommen. Sie rekrutierte das Personal für die Führungen, kümmerte sich um die Beleuchtung des Areals, die bei den Bauplanungen vollständig vergessen worden war, und beschaffte ein Auto.[46] Obwohl ihr Werkvertrag am 20. September 1959 endete, arbeitete sie weiter in der Gedenkstätte. Dennoch bestimmte das MfK schließlich nicht sie, sondern Hilde Guddorf zur Direktorin.[47] Statt der erwarteten Anstellung erhielt Erika Buchmann ein Schreiben des MfK, sie sei von nun an aus jeder Verpflichtung entlassen: „In diesem Zusammenhang möchten wir Ihnen, werte Genossin Buchmann, für Ihre, nach dem Tag der Eröffnung der Gedenkstätte durchgeführte ehrenamtliche Arbeit unseren herzlichen Dank aussprechen. […] Wir wären Ihnen sehr dankbar, wenn Sie die Genn. Guddorf über die von Ihnen geknüpften Verbindungen unterrichten würden."[48] Ihr

---

45 Vgl. Barck, Antifa-Geschichte(n), S. 100 f.

46 Landkreis Oberhavel, Kreis- und Verwaltungsarchiv, Rat der Stadt Fürstenberg, Abt. Kultur, Nr. III, 87; Sammlungen MGR/SBG, RA I/4–3, Ordner 2.

47 Hilde Guddorf, geb. 5. 7. 1907, gest. 6. 11. 1980, war selbst anerkannte VdN, jedoch kein ehemaliger Ravensbrück-Häftling, Tochter von Gertrud und Edwin Morgner, Delegierte des Gründungsparteitages der KPD (Edwin Morgner wurde 1943 vom NKWD ermordet, Gertrud Morgner war von 1941 bis 1953 nach Kasachstan „evakuiert") und Ehefrau von Wilhelm Guddorf, ab 1922 KPD-Mitglied, nach 1933 Zuchthaus- und KZ-Haft, 1939 entlassen, Mitglied der Gruppe Schulze-Boysen („Rote Kapelle"), 13. 5. 1943 in Berlin-Plötzensee hingerichtet.

48 SAPMO-BArch DR 1/7525. Die Abkürzung „Genn." war die im SED-Schriftwechsel übliche Schreibweise für weibliche Parteimitglieder.

wurde zugleich jede direkte Einflussnahme auf die Entwicklung der Gedenkstätte Ravensbrück untersagt: „Da wir annehmen dürfen, daß sie auch in Zukunft reges Interesse an der Arbeit der Gedenkstätte haben, bitten wir sie, über das Komitee der antifaschistischen Widerstandskämpfer ihre Vorschläge an uns zu geben. Wir werden diese, und evtl. auch von anderer Seite übermittelte Vorschläge [...] beraten."[49]

Obwohl diese Anweisung eindeutig war, setzte sich Erika Buchmann permanent darüber hinweg. Unter Verwendung von Briefpapier und Dienststempel der Gedenkstätte organisierte sie weiterhin Führungen. Außerdem plante sie die Veranstaltungen zum 8. März 1960 und zum 15. Jahrestag der Befreiung des KZ Ravensbrück. Die Auseinandersetzung mit der Gedenkstättenleitung und dem MfK erreichte ihren Höhepunkt, als Erika Buchmann Ende Februar 1960 detaillierte Instruktionen zu Führungen in der Gedenkstätte verfasste und an alle beteiligten Frauen verschickte. Im letzten Absatz ihres Anschreibens erläuterte sie die Beweggründe für ihr fortgesetztes Engagement: „Ihr werdet bald feststellen, daß die nicht geringe Anstrengung sich lohnt und ein Gefühl starker Befriedigung zurückläßt, weil wir fühlen, daß wir damit wirklich das Vermächtnis unserer Kameradinnen erfüllen und den Menschen in einer politisch außerordentlich wichtigen Periode helfen, Klarheit über Krieg und Faschismus zu schaffen und ihren Willen im Kampf um den Frieden zu stärken."[50]

Mit dieser Argumentation wollte Erika Buchmann ihre Position in der zu erwartenden Auseinandersetzung mit dem KAW absichern. Ihr Anschreiben suggeriert, sie habe sich keinesfalls arbeitsrechtlichen Anweisungen widersetzt. Vielmehr sei sie als ehemaliger Ravensbrück-Häftling zum Wohl der Gedenkstätte tätig gewesen und habe sich dazu auch moralisch legitimiert gefühlt. Erika Buchmann versuchte, sich bei der Arbeit der Gedenkstätte unentbehrlich zu machen. Sie wollte die Verantwortlichen im MfK zu einem Gespräch zu ihren Bedingungen zwingen, um die weitere Entwicklung der Gedenkstätte in der Hand zu behalten. Geschickt verknüpfte sie dabei dezente Kritik an der Leitung der Gedenkstätte Ravensbrück mit dem Auftrag der Überlebenden an sie, deren Interessen gegenüber der Gedenkstättenleitung und dem MfK zu vertreten. Das MfK jedoch lehnte jedes Gespräch mit ihr ab. Nachdem Hilde Guddorf die Direktion übernommen hatte, schrieb Erika Buchmann an die zuständige Mitarbeiterin des MfK: „[...] es wäre zweifellos für alle Teile weit angenehmer und politisch gesehen weit besser gewesen, wenn Du mir in den letzten drei Monaten Gelegenheit

---

49 Ebenda.
50 SAPMO-BArch NY 4268/20. Bei dem Schriftstück handelte es um kurze Hinweise für die Führung von Delegationen durch die Mahn- und Gedenkstätte Ravensbrück (12 Seiten).

Erika Buchmann in Moskau, frühe 1960er-Jahre. *BArch, Bild Y10-1446/00.*

zu einer Aussprache über die Weiterführung der Arbeit in Ravensbrück gegeben hättest."[51]

Im Mai 1960 lehnt das MfK schriftlich jeden weiteren Kontakt zu Erika Buchmann ab. „Seit Eröffnung der Gedenkstätte ist für ihre Arbeit der Direktor voll verantwortlich. [...] Weiterhin möchten wir bemerken, daß hinsichtlich des eingerichteten Museums kein weiterer Auftrag für die Fortsetzung einer Forschungstätigkeit über Ravensbrück erteilt wurde. Aus diesem Grunde werden wir veranlassen, daß sämtliche Originalunterlagen, die sich noch in Ravensbrück befinden, herausgesucht und dem Institut für Marxismus-Leninismus [...] übergeben werden. Da uns bekannt ist, daß Sie einen Führungstext ausgearbeitet haben, der uns nicht bekannt ist, bitten wir Sie, diesen umgehend dem Komitee der antifaschistischen Widerstandskämpfer zur Genehmigung vorzulegen."[52]

Im Sommer 1960 trat Erika Buchmann eine längere Reise in die Sowjetunion an, der sich ein Krankenhausaufenthalt anschloss. Danach gelang es ihr mithilfe eines Freundes beim IML und unter Umgehung des Komitees der antifaschis-

---

51 Brief Erika Buchmanns an Anna Dora Miethe, Sammlungen MGR/SBG, RA I 3–5, XIII/2, ohne Paginierung. Anna Dora Miethe war Hauptreferentin im Ministerium für Kultur der DDR, Abteilung Bildende Kunst und Museen, und damit auch für Gedenkstätten zuständig.

52 SAPMO-BArch DR 1/7526. Auffällig ist, dass Erika Buchmann in ihrem Schreiben das unter Genossen übliche „Du" wählt, während sie in der Antwort des MfK mit „Sie" angesprochen wird.

tischen Widerstandskämpfer und des MfK, sich noch längere Zeit den Zugriff auf die Originaldokumente zur Geschichte des KZ Ravensbrück zu sichern. Damit behielt sie auch die Deutungshoheit über diese Akten.

Erika Buchmann wollte jedoch nicht nur auf die inhaltliche Ausrichtung der Gedenkstättenarbeit in Ravensbrück Einfluss nehmen. Sie versuchte auch nach Dienstantritt von Hilde Guddorf, Personalentscheidungen mitzubestimmen. Ihre Alleingänge führten letztlich zum Konflikt mit der Lagergemeinschaft Ravensbrück, dem Komitee der antifaschistischen Widerstandskämpfer, dem Ministerium für Kultur der DDR und mit der Zentralen Parteikontrollkommission der SED. Bereits drei Monate nach der Berufung Guddorfs traten die Spannungen zwischen ihr und Erika Buchmann deutlich zutage. Es kam jedoch zu keinem klärenden Gespräch zwischen den Frauen. Das MfK lehnte jede Vermittlung ab und verwies auf das KAW, durch das Erika Buchmann ihre Interessen als ehemaliger Ravensbrücker Häftling vertreten lassen könne.

Auf diesem Wege erfuhr Erika Buchmann, dass das KAW im Juni 1960 laut über eine Absetzung von Hilde Guddorf nachdachte. Sie mischte sich sofort wieder in die Personalpolitik ein und konnte den Vorsitzenden des Komitees, Rudolf Wunderlich, auf ihre Seite ziehen: „Er sagte mir am Telefon, […], daß er es auch für notwendig halte, die Genn. Guddorf abzulösen. […] Ich würde sehr raten, rasch zuzugreifen und Martha Engel so lange als Direktorin einzustellen, bis unsere Ilse Hunger frei ist.“[53] Erika Buchmann veranlasste Wunderlich zu einem Besuch der Gedenkstätte Ravensbrück. Im August 1960 wandte er sich an Anna Dora Miethe, die im MfK für die Gedenkstätten zuständig war: „Bekanntlich gibt es in Ravensbrück über den gesamten Ablauf der Führungen einige nicht unwesentliche Schwierigkeiten. Diese hätten jedoch bei etwas mehr Geschick, Wendigkeit und Tatkraft durch die Genossin Guddorf behoben werden können. Wenn sie der Auffassung ist, daß sie als Direktorin keine Führungen zu machen braucht, so mag das vielleicht nach den Stellenplan-Merkmalen zutreffen, entspricht aber nicht dem Charakter und der Größe dieses Museums. […] Wir können uns in Verbindung mit anderen Feststellungen nicht des Eindrucks erwehren, daß die Genossin Guddorf dieser Aufgabe nicht gewachsen ist. Wir schlagen deshalb vor, zu überprüfen, ob der Einstellungsvertrag mit der Genossin Guddorf gelöst werden kann. Wenn unserer Auffassung zugestimmt wird, würden wir für diese Funktion die Genossin Martha Engel vorschlagen.“[54] Wunderlichs Vorschlag

---

53 Brief von Erika Buchmann an Emmy Handke, 31. Juni 1960, Sammlungen MGR/SBG, P-NMG/4, Geschichte der Gedenkstätte Ravensbrück, RA I/3-5K XVII. Wenn nicht Erika Buchmann selbst, so sollte offenbar wenigstens ein anderer ehemaliger politischer Häftling die Leitung der Gedenkstätte übernehmen.

54 SAPMO-BArch DR 1/7526.

überzeugte das MfK, denn Martha Engel war von 1961 bis 1965 Direktorin der Nationalen Mahn- und Gedenkstätte Ravensbrück.[55]

Zwar gelang es Erika Buchmann nicht, offiziell die Leitung der Gedenkstätte zu übernehmen. Auch hatte keine andere Überlebende des Frauen-KZ Ravensbrück je den Posten einer Direktorin inne. Nach der Absetzung von Hilde Guddorf war Erika Buchmann aber davon überzeugt, dass ihre Darstellung der Geschichte des Frauen-KZ auch in Zukunft Gültigkeit besitzen werde. Die Auseinandersetzungen um die „Ravensbrücker Ballade" zeigten jedoch bald, dass Erika Buchmann in zentralen inhaltlichen Fragen nicht den von der SED, dem KAW und einflussreichen ehemaligen Ravensbrücker Häftlingen vorgegebenen Leitlinien folgte.

IV.3. Der Antifaschismus in der DDR und seine Protagonistin Erika Buchmann. Die „Ravensbrücker Ballade"

Die Eröffnung der Gedenkstätte und die Publikation des Buches „Die Frauen von Ravensbrück" markierten für Erika Buchmann eher den Anfangs- als den Endpunkt ihrer Beschäftigung mit der Geschichte des Frauen-KZs. Mit Entstehung und Aufführung der „Ravensbrücker Ballade" jedoch eskalierten in der Folgezeit die Konflikte zwischen ihr und der Lagergemeinschaft Ravensbrück. Es kam zu einem anhaltenden Zerwürfnis zwischen ihr und einflussreichen Mitgliedern der LAG. Diese Vorgänge werden im Folgenden analysiert.

Die erste Begegnung von Hedda Zinner[56] und Erika Buchmann hatte zwischen 1954 und 1958 in einem Ost-Berliner Krankenhaus stattgefunden.[57] Hedda Zinner besuchte ihre kranke Mutter und Erika Buchmann wurde wegen eines Leberleidens behandelt. Im Januar 1959 trafen sich die beiden Frauen als Mitglieder des Komitees zur Errichtung der Nationalen Mahn- und Gedenkstätte Ravensbrück wieder. Hedda Zinner war das Thema Ravensbrück nicht fremd. Schon kurz nach ihrer Rückkehr aus dem sowjetischen Exil hatte sie sechs „Ravensbrücker Sonette" verfasst. Sie stützte sich dabei auf Berichte von Cilly Bode, einer Überlebenden von Ravensbrück. In den Sonetten ging es vor allem um die Last der Erinnerung

---

55 Vgl. Interview mit Martha Engel, durchgeführt von Insa Eschebach, 12. April 1996, Sammlungen MGR/SBG, o. Sign.

56 Hedda Zinner, geb. 1905 oder 1907, Journalistin, Autorin, Dramatikerin, 1923 bis 1925 Schauspielausbildung in Wien, ab 1929 in Berlin, erste Veröffentlichungen unter verschiedenen Pseudonymen, KPD-Mitglied, Ehefrau von Fritz Erpenbeck, 1933 Exil in der SU, 1945 Rückkehr in die Sowjetische Besatzungszone, Schriftstellerin und Dramatikerin, zahlreiche staatliche Auszeichnungen, gest. 1994.

57 Vgl. Notiz Hedda Zinner, SAPMO-BArch NY 4178/39, Bl. 65.

beim Wiedersehen mit geliebten Menschen und um den Umgang der Deutschen mit den Überlebenden der Konzentrationslager.[58]

Die Zusammenarbeit und schließlich langjährige enge Freundschaft zwischen Hedda Zinner und Erika Buchmann begann 1960. Hedda Zinner sollte zum Frauentag am 8. März einen Artikel für das „Neue Deutschland" schreiben und wählte als Ausgangspunkt die von Erika Buchmann organisierte Feier in Ravensbrück. Der um Differenzierung bemühte, schlichte Erzählstil von Erika Buchmann inspirierte sie dazu, das Thema weiter zu verfolgen und die Ereignisse in Ravensbrück in einem Drama zu verarbeiten. Bei der inhaltlichen Konzeption der „Ravensbrücker Ballade", deren Umsetzung in ein Textbuch sowie bei der Inszenierung des Stückes im Oktober 1961 wirkte Erika Buchmann als wichtigste Beraterin der Autorin mit. Hedda Zinner hatte erkannt, welches Anliegen Erika Buchmann mit diesem künstlerischen Prozess verfolgte, und vertrat dieses von nun an selbst – und schließlich auch noch über den Tod der Freundin hinaus.[59] Für Erika Buchmann bot die Zusammenarbeit mit Hedda Zinner die einzigartige Möglichkeit, ihre eigene Sicht auf die Ereignisse im KZ Ravensbrück, das Verhältnis innerhalb und zwischen den einzelnen Häftlingsgruppen sowie zur SS zu diskutieren und daran mitzuwirken, diese in eine künstlerisch verdichtete Form zu bringen.

In dem Schauspiel „Ravensbrücker Ballade"[60] geht es um die dramatische Rettung einer als Kriegsgefangene in Ravensbrück inhaftierten Soldatin der Roten Armee unmittelbar vor der Befreiung des Konzentrationslagers. Die Rotarmistin Wera soll erschossen werden, weil sie die Arbeit in der Rüstungsindustrie verweigert hat. Einer Gruppe von politischen Häftlingen um die deutsche Blockälteste Maria gelingt es, Wera zu verstecken und mit der Identität eines zuvor verstorbenen Häftlings auszustatten. In Nebenhandlungen werden unter anderem das Verhältnis zwischen SS und Industrie, die Bedrohung der Häftlinge durch sexuelle Gewalt sowie die Ursachen für die Tyrannei der SS-Aufseherinnen thematisiert. Das Stück gliedert sich in fünf Akte und wird durch ein Vorspiel und einen Epilog gerahmt. Die Protagonisten aus der Gruppe der politischen Häftlinge werden mit Angaben zu Nationalität und Haftgrund näher beschrieben.

Während sich die „Politischen" flüsternd über den Frontverlauf im Frühjahr 1945 austauschen und eine Feier zum Internationalen Frauentag am 8. März vorbereiten, wird die ehemalige Varietésängerin, „Leichtpolitische" und spätere Verräterin Ellen in die Handlung eingeführt. Alle anderen Häftlingsgruppen sind in dem Stück mit deutlich weniger Personen vertreten. So gibt es eine Jüdin, einen

---

58 Vgl. Anne Kwaschik, Ravensbrück als kommunistischer Erinnerungsort. Hedda Zinners „Ravensbrücker Ballade", in: Dachauer Hefte 24 (2008), KZ und Nachwelt, S. 156.

59 Weiteres zu diesem Freundschaftsdienst am Ende dieses Kapitels.

60 Vgl. Zinner, Ballade.

jungen Rom, eine Bibelforscherin, drei „Kriminelle" und sieben „Asoziale". Bei der Einführung der handelnden Personen werden gängige Klischees bedient. Zu Maria, der „Politischen", heißt es: „Ihre Autorität ist auch bei den Asozialen und Kriminellen so groß, daß sie gehorchen."[61] Die „Asoziale" Emmi „steht da mit zerzaustem Haar und zerkratztem Gesicht. [...] Da kommt, zumal sich der Lärm draußen entfernt hat, Emmi – offenbar um die Situation zu einem neuen Diebstahl auszunutzen – hinter dem Bett hervor."[62] Allerdings kann Wera schließlich nur gerettet werden, weil Emmi rechtzeitig vor der Denunziation durch Ellen warnt. So kann Maria die bedrohte Rotarmistin ein weiteres Mal in Sicherheit bringen. Dafür jedoch zahlt sie mit dem Leben: Sie stirbt im Bunker an den Folgen schwerer Folterungen, ohne jedoch Wera und ihre Helferinnen verraten zu haben. Unmittelbar bevor sie gegenüber der SS die Verantwortung für Weras Verschwinden übernimmt und damit ihr Leben opfert, erläutert Maria der Jüdin Lea ihre Entscheidung: „Wir müssen die Machtprobe bis zu Ende bestehen. Sie werden Wera nicht finden. Das wird bei vielen den Glauben an die Unerschütterlichkeit der Nazis zerstören helfen."[63]

Die „Ravensbrücker Ballade" ist in vielerlei Hinsicht eine beachtenswerte künstlerische Auseinandersetzung mit weiblichem Heldentum in einem Konzentrationslager. Das Drama weist Parallelen zu Bruno Apitz' Roman „Nackt unter Wölfen" auf: Durch solidarisches Handeln wird eine Rettungsaktion möglich, deren Erfolg zugleich für die moralische Überlegenheit der Häftlinge gegenüber der SS steht.[64] Doch im Gegensatz zu Apitz' Roman, der über Jahrzehnte zu den Standardwerken antifaschistischer Literatur zählte, als Schullektüre von jedem Kind in der DDR gelesen werden musste und verfilmt wurde, erreichte die „Ravensbrücker Ballade" nur wenige Inszenierungen. Mehrere Versuche, das Drama zu verfilmen, scheiterten.[65] Ein Grund für die geringere Beachtung könnte darin gelegen haben, dass Hedda Zinner die Gruppe der politischen Häftlinge nicht als unverbrüchliche Einheit darstellte. Auf Erika Buchmanns Anregung hin ließ sie die „Leichtpolitische" Ellen als Verräterin auftreten. Diese wurde im Stück zwar als „keine von uns" bezeichnet, zählte aber gleichwohl zu den politischen Häftlingen. Dass eine „Politische" im Kampf gegen den Faschismus versagte und zugleich eine „Asoziale" als Retterin auftrat, war für den programmatischen Antifaschismus unerhört.

---

61   Ebenda, S. 35–38.
62   Ebenda.
63   Ebenda, S. 170.
64   Vgl. Christa Schikorra, Die Un/Möglichkeit antifaschistischer Heldinnen. Die „Ravensbrücker Ballade" von 1961, in: Eschebach u. a. (Hrsg.), Gedächtnis, S. 59–77.
65   Vgl. Jarmatz, Ballade, S. 63.

Auch die Erklärung, die Grausamkeit der lesbischen Aufseherin Beier sei die Folge einer von Roheit und Gewalt geprägten Kindheit sowie Figur des helfenden SS-Arztes Hartmann standen nicht im Einklang mit den Dogmen des Antifaschismus. Die Kritik an Hedda Zinners Drama ging aber keineswegs von Theaterkritikern, SED-Funktionären oder staatlichen Stellen aus. Im Gegenteil wurde die „Ravensbrücker Ballade" offiziell hoch gelobt. Nach der Uraufführung am 6. Oktober 1961 an der Berliner Volksbühne[66] im Rahmen der Berliner Festtage und am Vorabend des 12. Jahrestages der DDR-Gründung bescheinigten Kritiker der „Ballade", dass „das Stück seine Leistung nicht aus sich selbst, sondern aus dem starken Gefühl, was es in der Brust des Zuschauers hinterläßt",[67] beziehe. Betont wurde auch die „gelungene symbolhafte Aussage" des Stücks und seine Relevanz für die „nationale Frage unseres Volkes und die Notwendigkeit des Kampfes gegen Imperialismus und Militarismus".[68]

Nach der Uraufführung wurde das Stück noch bis 1965 an der Berliner Volksbühne gespielt. Darüber hinaus gab es weiteren Inszenierungen in Nordhausen, Leipzig und Budapest. In Anbetracht der positiven Kritiken, der Prominenz der Autorin sowie der Relevanz des Themas hatte die „Ballade" eine vergleichsweise kurze Aufführungsgeschichte. Ein wesentlicher Grund hierfür dürften die Auseinandersetzungen während der Entstehung des Stückes gewesen sein.[69]

Es waren vor allem ehemalige deutsche politische Häftlinge von Ravensbrück, die nachdrückliche Kritik an Hedda Zinners Bühnenstück übten. Sie beanstandeten in erster Linie eine zu starke Konzentration auf die „asozialen" und „kriminellen" Häftlinge. Vor allem der im vierten Akt beschriebene Kameradschaftsabend wurde abgelehnt, da er so nie stattgefunden habe. Dabei provozierten wohl weniger die in dieser Szene dargestellte sexuelle Gewalt gegen Frauen, sondern der Verrat von Ellen und die moralische Aufwertung Emmis. Kurz nach der Uraufführung wies Erika Buchmann die Kritik ihrer ehemaligen Mithäftlinge zurück: „Man muß davon ausgehen, daß die ‚Ballade von Ravensbrück' keine Lagerchronik darstellen soll, sondern das ganze höchst dramatische Geschehen zu einigen wesentlichen Bildern verdichtet werden muß […] Wir glauben nicht, daß eine

66 Die Uraufführung an der Berliner Volksbühne war kein Zufall. Hedda Zinners Ehemann, Fritz Erpenbeck, war von 1959 bis 1962 Chefdramaturg an diesem Theater. Fritz Erpenbeck, geb. 1897, gelernter Schlosser, ab 1927 KPD-Mitglied, nach verschiedenen Stationen Exil in der Sowjetunion, 1945 Rückkehr nach Deutschland als Mitglied der Gruppe Ulbricht, Journalist, Chefredakteur „Theater der Zeit", Publizist, Schauspieler, Mitbegründer des Henschel-Verlages, gest. 1975.

67 Kwaschik, Ravensbrück, S. 164.

68 Gerhard Ebert, in: Sonntag 35 (1962), zit. nach: Barck, Antifa-Geschichte(n), S. 103.

69 Außerhalb Berlins wurde die „Ravensbrücker Ballade" oft schon nach wenigen Aufführungen abgesetzt.

Erika Buchmann (vorn) gemeinsam mit Irma Gabel-Thälmann in Kyritz, um 1965.
BArch, Bild Y10-1440/00.

Überbetonung der Asozialen im Stück herauskommt. Sie gehörten zur rauen Wirklichkeit von Ravensbrück, und das Zusammenleben mit ihnen, aber auch der Kampf um die Besten unter ihnen, soll dem Zuschauer gezeigt werden. […] Auch den Asozialen geschah mit der Einkerkerung ein furchtbares Unrecht. […] Überall dort, wo wir in irgendeiner Form den Kampf gegen die SS aufnahmen, war es nicht gleichgültig, ob wir die Asozialen gegen uns oder als Handelnde oder Stillschweigende auf unserer Seite hatten. […] Uns scheint auch, daß es wichtig ist, das Ergebnis dieser, aller Kräfte gegen die SS organisierender Arbeit, die nachweisbar ist, in der Figur der Emmi zu zeigen. Das ist etwas in der Literatur der KZ bisher noch nicht ausgesprochenes."[70]

Hedda Zinner kommentierte zwei Jahrzehnte später die Reaktion der KZ-Überlebenden: „Sie verwechselten Wirklichkeit und künstlerische Wahrheit. Sie begriffen nicht, daß eine Tragödie ihre Kraft aus dem Gegeneinander des Erhabenen und des Niedrigen schöpft."[71] Aus heutiger Sicht ist die Reaktion der Kritikerinnen wohl weniger auf ein Missverständnis zurückzuführen. Vielmehr dürften sie sich viele ehemalige politische Häftlinge erheblich daran gestört haben, dass ihrer Gruppe nicht wie üblich ein durchgängig heldenhaftes Verhalten im Lager attestiert wurde.

Erika Buchmann bot die Mitarbeit an der „Ravensbrücker Ballade" erneut die Möglichkeit, ihre eigene Sicht der Ereignisse darzustellen und zu kommentieren.

---

70 Zit. nach: Jarmatz, Ballade, S. 192.
71 Ebenda.

Dabei konnte sie sich stets auf die künstlerische Freiheit der Autorin zur Verein-fachung, Zuspitzung und Dramatisierung berufen. Die Auseinandersetzung mit ihrer Funktion als Blockältester und ihr Verhalten gegenüber „asozialen" und „kri-minellen" Häftlingen war für sie von großer Bedeutung. Anders als in der Natio-nalen Mahn- und Gedenkstätte Ravensbrück trat die Nationalität der inhaftierten Frauen in der „Ballade" in den Hintergrund. Stattdessen wurden die von der SS erzwungene Einteilung in Häftlingsgruppen und die Konsequenzen für die so strukturierte Häftlingsgemeinschaft herausgestellt.

Schließlich konnte Erika Buchmann ihre Mitarbeit an der Ballade dazu nutzen, entgegen den Beschlüssen der Lagerarbeitsgemeinschaft Ravensbrück ihre differen-zierten Beurteilungen von Aufseherinnen und SS-Ärzten öffentlich zu artikulieren und damit zur Diskussion herauszufordern. Zweifellos waren Erika Buchmanns politische Handlungen oftmals von Realitätsferne, Dogmatismus und Kritiklosig-keit geprägt. Deshalb stechen hier ihr nachgerade verbissenes Beharren auf eine eigene Meinung, die standhafte Ablehnung schlichten Schablonendenkens sowie ihre Offenheit im Umgang mit eigenen und anderen Verfolgungsgeschichten umso mehr ins Auge. Die differenzierte Darstellung der eigenen Hafterfahrung – zum Beispiel in Bezug auf ihre Tätigkeit als Blockälteste im Straf- und Tbc-Block – über-trug sie auf andere Frauenschicksale und schuf so ein vielschichtigeres und damit gleichzeitig realistisches Bild vom Leben und Überleben im KZ Ravensbrück.

Erika Buchmanns Sicht auf die Ereignisse begriffen einige Mitglieder der LAG ausschließlich als Brüskierung. Der vermeintliche Affront sorgte dafür, dass die harsche Kritik an der „Ballade" zumindest intern lange anhielt. Das Motiv der Attacken war vermutlich, die in wesentlichen Fragen unangepasste und uneinsich-tige Erika Buchmann endgültig aus dem Mittelpunkt des öffentlichen Interesses zu verbannen.

Offenbar hatte Erika Buchmann während der Arbeit an der „Ballade" nur mit sehr wenigen Personen über den Inhalt und die konkrete Darstellungsform gespro-chen. Im Januar 1960 schrieb sie an Hedda Zinner: „Liebe Genossin Hedda, […] bis jetzt habe ich das Manuskript nur mit meinem Mann, meiner Tochter und der Kameradin Lisa Ulrich durchgelesen. […] Wir vier sind von dem Vorspiel und den beiden ersten Bildern sehr angetan. […] Ich möchte darauf verzichten, das nächste Bild beziehungsweise die nächsten Bilder weiteren Kameradinnen vorzulesen. Ich glaube es ist besser, wenn ich Dir meine Meinung sage und Du dann eines Tages das Ganze in der oder jener Form von weiteren Ravensbrücker Kameradinnen beurteilen läßt."[72] Sollte es dennoch schon vor der Uraufführung Einwände von

---

72 Schreiben Erika Buchmanns an Hedda Zinner vom 10. Januar 1960, Sammlungen MGR/ SBG, LAG Bestand, Bd. 23.

weiteren ehemaligen Ravensbrück-Häftlingen gegen das Theaterstück gegeben haben, so blieben diese unberücksichtigt.

Erika Buchmanns Anteil an der „Ravensbrücker Ballade" beschränkte sich nicht nur auf Berichte über die Lagerwirklichkeit. Mehrere Figuren des Dramas waren realen Personen nachgebildet. Der SS-Arzt Dr. Hartmann trägt Züge des SS-Arztes Dr. Lucas, den Erika Buchmann einst entlastet hatte.[73] Die Figur der Mira erinnert an die ungarische Jüdin Jolan Lebovicz, die wenige Wochen vor der Befreiung im Ravensbrücker Tbc-Block starb. Die Häftlingsärztin Bozena ähnelt der tschechischen Häftlingsärztin Zdeňka Nedvědová. Die Heldin Maria wiederum verweist unmissverständlich auf Erika Buchmann.[74] Tatsächlich war es im März 1945 mithilfe zahlreicher Häftlinge gelungen, bei drei Österreicherinnen, die von Auschwitz nach Ravensbrück verlegt worden waren, die Auschwitzer Häftlingsnummern operativ zu entfernen. Sie wurden bis zur Evakuierung durch das Schwedische Rote Kreuz im Rahmen der „Aktion Bernadotte" in Ravensbrück versteckt und entgingen der geplanten Hinrichtung.[75]

Für Außenstehende nicht erkennbar, steuerte Erika Buchmann auch wichtige Details bei. So überprüfte sie, welche Häftlingsnummern im März 1945 tatsächlich vergeben worden waren. Ebenso korrigierte sie den Wortlaut der Meldung einer Blockältesten gegenüber der Aufseherin und verbesserte während der Proben an der Berliner Volksbühne die Aussprache der Schauspielerinnen bei der Einstudierung der ausländischen Akzente. Sie beriet die Kostümbildnerin bei den Entwürfen für die Häftlingsbekleidung und führte das Schauspielensemble durch die Gedenkstätte Ravensbrück.[76]

Auch nach der Uraufführung setzte Erika Buchmann ihr Engagement für das Stück fort. Sie trat auf über 400 Veranstaltungen, Foren und Podiumsdiskussionen auf, warb in Betrieben und Schulen für den Besuch der „Ravensbrücker Ballade" und stand nach den Aufführungen für Gespräche mit den Theaterbesuchern zur Verfügung.

Bei solchen Veranstaltungen traf Erika Buchmann häufig auf Reaktionen, die anders waren, als die von ihr erhoffte „emotionale Anrührung"[77] der Zuschauer.

---

73 Während des 1. Auschwitz-Prozesses wurde nachgewiesen, dass Lucas an Selektionen an der Rampe in Auschwitz beteiligt gewesen war. Als dies bekannt wurde, distanzierte sich auch Erika Buchmann von ihm.

74 Vgl. zahlreiche Leumundszeugnisse zu Erika Buchmann, SAPMO-BArch NY 4178/40,53.

75 Vgl. Philipp, Kalendarium, S. 202. Dass aus den drei Jüdinnen und Kommunistinnen in der „Ravensbrücker Ballade" eine sowjetische Rotarmistin wurde, kann an dieser Stelle nicht weiter diskutiert werden. Zur Deutung antifaschistischer Heldinnen vgl. Schikorra, Heldinnen, in: Eschebach u. a. (Hrsg.), Gedächtnis, S. 59–77.

76 Vgl. Kwaschik, Ravensbrück, S. 159.

77 Ebenda.

Nicht immer erwies sie sich dann als eine um Differenzierung bemühte Zeitzeugin. Häufig diskutierte sie als KPD-Funktionärin. Wenige Wochen nach dem Mauerbau gab es nach einer Aufführung eine vorab geplante Diskussion zwischen westdeutschen Abiturienten, Erika Buchmann sowie Darstellern und Darstellerinnen des Stückes. Die Schülerinnen und Schüler zogen einen Vergleich zwischen der sich einmauernden Diktatur in der DDR und dem Nationalsozialismus. Erika Buchmann berichtete dem ZK der SED von der Debatte. Die Schüler hätten gefragt: „Mit welchem Recht projizieren Sie Stacheldraht über die Bühne, nachdem Sie am 13. August selbst Stacheldraht gegen die Freiheit gezogen haben? Stacheldraht bleibt Stacheldraht. Armee bleibt immer Armee."[78] Sie hätten außerdem Hedda Zinner die Fähigkeit abgesprochen, das Thema künstlerisch überzeugend bearbeitet zu haben. Die balladenhafte Form erzeuge nur „falsches Pathos".[79] Erika Buchmann fand es bedenklich, wie einige Schauspieler und Schauspielerinnen auf die Jugendlichen eingegangen seien. Sie hätten in den westdeutschen Schüler „sehr aufgeschlossene junge Menschen" gesehen und seien nicht in der Lage gewesen, die „zersetzende Absicht"[80] der gesamten Diskussion zu erkennen. Erika Buchmann schlug dem ZK vor, künftig solle die Parteileitung der Volksbühne derartige Diskussionen vorbereiten und die Schauspieler im Vorfeld mit „passenden" Argumenten versorgen.

Lange nach Erika Buchmanns Tod 1971 gab es anlässlich des 40. Jahrestages der Befreiung des KZ Ravensbrück 1984 eine Fortsetzung der Diskussion um die „Ravensbrücker Ballade". Das Fernsehen der DDR wandte sich im Laufe des Jahres 1984 an Hedda Zinner und schlug vor, eine Verfilmung der „Ballade" für das folgende Jahr vorzubereiten. Am 16. November 1984 wurde zwischen dem Fernsehsender und der Autorin ein Vertrag über die Fernsehadaption des Stückes abgeschlossen.[81] Jedoch gab es bereits während des ersten Besichtigungstermins der Fernsehmitarbeiter in der Nationalen Mahn- und Gedenkstätte Ravensbrück Probleme. Der Direktor der Gedenkstätte, Egon Litschke, sprach sich mit den bekannten Argumenten vehement gegen eine Verfilmung des Stückes aus: „Wieso kämen sie dazu, dieses Stück inszenieren zu wollen, es hätte sich ja schon bei der Theaterpremiere herausgestellt, daß die ‚Ravensbrücker Ballade' keine wahrhaftige Widerspiegelung der Verhältnisse in Ravensbrück sei, sondern die asozialen Insassinnen ein viel zu großes Gewicht hätten."[82]

78   Brief Erika Buchmanns an den Gen. Siegfried Wagner, Abt. Kultur beim ZK der SED am
      20. 10. 1961, SAPMO-BArch NY 4178/49, Bl. 62.
79   Ebenda.
80   Ebenda.
81   Vgl. Kwaschik, Ravensbrück, S. 168.
82   Ebenda.

Wenige Wochen später verschärfte sich der Konflikt bei einem ersten Treffen zwischen dem avisierten Regisseur Klaus Grabowsky und den ehemaligen politischen Häftlingen Anni Sindermann, Ilse Hunger und Georgia Peet. Der Regisseur erklärte, er beabsichtige in der Fernsehproduktion den Kampf Marias und ihrer Genossinnen in den Mittelpunkt zu rücken. Auf eine (angeblich) zu positive Darstellung sogenannter asozialer Häftlinge solle dagegen verzichtet werden. Sindermann, Hunger und Peet indes konfrontierten Klaus Grabowsky mit weiteren Vorwürfen, die Hedda Zinner und vor allem ihrem 1980 veröffentlichten Roman „Katja" galten.[83] Die Gesprächspartner kamen zu keiner Einigung. Sie verständigten sich jedoch darauf, die letzte Fassung des Drehbuchs noch einmal in derselben Runde zu diskutieren. Das Komitee der antifaschistischen Widerstandskämpfer sollte die Endfassung ebenfalls erhalten und in den weiteren Entscheidungsprozess einbezogen werden. Die Vorsitzende der LAG Ravensbrück, Anni Sindermann,[84] soll schließlich ihren Einfluss geltend gemacht haben. Angeblich erreichte sie, dass der KAW-Vorsitzende Otto Funke am 7. Februar 1985 bei der Leitung des DDR-Fernsehens intervenierte und die gesamte Produktion stoppen konnte.[85]

Am Abend desselben Tages wurde Hedda Zinner über die Entscheidung informiert. Nach etlichen Eingaben und vor allem nach einer schriftlichen Beschwerde des Regisseurs fand zwei Wochen später ein letztes Gespräch zwischen den Beteiligten statt.[86] Neben der Autorin und dem potenziellen Regisseur waren Vertreter von LAG und KAW, hochrangige Fernsehmitarbeiter sowie ein stellvertretender Abteilungsleiter beim ZK der SED anwesend. Otto Funkes Stellvertreter beim KAW erklärte, die Produktion sei wegen der Aufwertung der kriminellen Häftlinge gestoppt worden: „Das Komitee kann es sich nicht leisten, daß einer Sache zugestimmt wird, die nicht der Wirklichkeit entspricht und die bei den Jugendlichen unserer Zeit falsch ankommen würde."[87]

Schnell wurde klar, dass das Gespräch nur der Beruhigung der aufgebrachten Autorin und des Regisseurs dienen sollte. Eine Revision der Entscheidung und die Anerkennung anderer Argumente waren zu keinem Zeitpunkt vorgesehen. Hierfür spricht auch, dass wichtige Akteure wie Anni und Horst Sindermann, Otto

---

83 Zinner, Katja.
84 Vgl. Kap. IV.2.
85 Vgl. Kwaschik, Ravensbrück, S. 168.
86 Vgl. Jarmatz, Ballade, S. 83; SAPMO-BArch DY 57/K71/2. Simone Barck verweist darauf, dass es sich bei der hier überlieferten Niederschrift der Aussprache zur Beurteilung des Drehbuchs für den Fernsehfilm „Ravensbrücker Ballade" um eine „entschärfte" Fassung handelt.
87 Jarmatz, Ballade, S. 83.

Funke und Heinz Adameck[88] nicht an der Diskussion teilnahmen. Man einigte sich schließlich darauf, nach dem 40. Jahrestag der Befreiung erneut über eine Fernsehproduktion der „Ballade" zu beraten. Dazu kam es nicht.

Die inzwischen 82-jährige Hedda Zinner gab indes keine Ruhe. In ihrem Redebeitrag auf dem X. Schriftstellerkongress der DDR im November 1987 legte sie dar, welche Ereignisse zum Verbot der Verfilmung der „Ravensbrücker Ballade" geführt hatten. Sie kritisierte namentlich ein führendes Mitglied des KAW. Mit den ideologischen Motivationen des Verbots, die in der Antifaschismus-Definition der SED begründet lagen, setzte sie sich aber nicht auseinander. Während dieser Veranstaltung sprachen Christoph Hein, Günter de Bruyn und Christa Wolf über die Zensur in der DDR und die Folgen der Ausbürgerung von Wolf Biermann. Die Diskussionen auf dem Kongress und die breitere öffentliche Debatte über die Verfasstheit der DDR-Gesellschaft in Zeiten von Perestroika und Glasnost bildeten den größeren Rahmen, in dem über die verhinderte Verfilmung der „Ravensbrücker Ballade" hätte gesprochen werden müssen.

Simone Barck weist zu Recht darauf hin, dass Vorgänge dieser Art in der DDR nicht offen mit den Betroffenen besprochen, sondern hinter deren Rücken als Intrigenspiel verhandelt wurden.[89] So ging es in der jahrzehntelangen Auseinandersetzung um die „Ravensbrücker Ballade" nur vordergründig um die angebliche Aufwertung der sogenannten asozialen und kriminellen Häftlinge und die Herabwürdigung der Leistungen der politischen Gefangenen. Vielmehr war es vor allem Erika Buchmann, die in ihren Äußerungen und Veröffentlichungen zahlreiche Tabus der antifaschistischen Staatsdoktrin der DDR verletzt hatte. Der Zwiespalt der Funktionshäftlinge zwischen eigenem Überlebenswillen einerseits und der Verantwortung gegenüber der Häftlingsgemeinschaft andererseits sollten in der DDR nicht diskutiert werden.[90] Entsprechend wurde im Diskurs über antifaschistische Helden in den Konzentrationslagern auch nicht thematisiert, dass diese Verantwortung in Versagen und Verrat münden konnte.

Erika Buchmann hatte sich als ehemalige Blockälteste des Ravensbrücker Strafblocks nach 1945 nicht nur für einen differenzierten Umgang mit den Tätern eingesetzt. Sie hatte auch weitere, bislang verschwiegene Aspekte des Lagerexistenz – wenngleich in künstlerisch abstrahierter Form – in die öffentliche Diskussion getragen. Als Protagonistin einer ungewollten Debatte wurde sie schließlich zum Verstummen gebracht. Letztlich ging es um die Deutungshoheit über den antifaschistischen Kampf in den Konzentrationslagern und um das politische Ziel,

---

88   Heinz Adameck war Chef des DDR-Fernsehens.
89   Vgl. Barck, Antifa-Geschichte(n), S. 105.
90   Vgl. Niethammer/Hartewig, Antifaschismus, S. 233.

Erika Buchmann, September 1964 in Lwow. *BArch, Bild Y10-1447/00.*

diese Deutungshoheit nicht an einzelne Überlebende abzutreten. Die Überlebenden vermittelten mit ihren subjektiven Erinnerungen zwar Glaubwürdigkeit, aber
auch unangepasste und widersprüchliche Bilder. Die Deutungshoheit hätte auch
bei den Vereinigungen ehemaliger zumeist politischer Häftlinge liegen können.
Schließlich hätte im Rahmen der Diskussionen in der Lagerarbeitsgemeinschaft
(LAG) Ravensbrück eine einheitliche Darstellung der Ereignisse im KZ entstehen
können, die auch die LAG institutionell aufgewertet hätte. Letztlich blieb diese
Deutungshoheit jedoch der Riege der Funktionäre im KAW überlassen. Sie fungierten gleichsam als Garanten für die antifaschistische Staatsdoktrin der DDR.
Nur auf dieser abstrakten Ebene war es möglich, widerspruchsfreie Lagerge-
schichten und -legenden zu konstruieren und die Kontrolle in der öffentlichen
Darstellung zu behalten. Dass die Deutungshoheit über die Geschehnisse in den
Konzentrationslagern bei den Funktionären liegen sollte, akzeptierten auch viele
in der Öffentlichkeit stehende Überlebende. Sie nahmen an, dass den Nachgeborenen die Unmenschlichkeit in den Lagern so besser verständlich gemacht werden
könnte. Die eigene Geschichte sowie Widersprüche im Verhalten Einzelner dagegen würden möglicherweise den Blick auf die Monstrosität der Verbrechen und
die politisch-ideologische Deutung ihrer gesellschaftlichen Ursachen verstellen.

Erika Buchmann sah sich nicht im Gegensatz zu diesen Positionen, jedoch
revidierte sie bis zu ihrem Tod die Darstellung in der „Ravensbrücker Ballade"
nicht. Gegenüber Hedda Zinner erläuterte Erika Buchmann 1961: „Ich möchte
Dir so gern sagen, wie dankbar ich Dir für diese großartige Arbeit bin. Viel-

leicht kannst Du gar nicht ganz verstehen, welches Erlebnis das Entstehen der ‚Ballade' für mich gewesen ist. […], weil stets deutlich wurde, wie Ravensbrück in all seiner Vielschichtigkeit neu erstand, wie unsere Mädels von verschwimmenden Schemen wieder Wesen voller Lebendigkeit wurden, wie ihr Leid erneut brannte und ihr Mut, ihre Überzeugungstreue, ihre wunderbare Moral deutlich wurden."[91]

IV.4. Leben mit der Erinnerung

Im letzten Jahrzehnt ihres Lebens zog sich Erika Buchmann trotz zunehmender gesundheitlicher Probleme nicht in den Ruhestand zurück. Zugleich belastete sie die Frage erheblich, inwieweit ihre Töchter Inge und Bärbel durch die Biografien von Mutter und Vater überfordert worden waren. Der Entschluss Inge Buchmanns, die DDR zu verlassen, und der Suizid von Bärbel Buchmann (verh. Handtke) am 24. Januar 1971 könnten auf unbewältigte Konflikte in den Familien ehemaliger politischer Häftlinge hindeuten. Im folgenden Kapitel soll herausgearbeitet werden, wie die wachsenden Spannungen zwischen den Generationen in der Familie Buchmann wahrgenommen und bewältigt wurden.

Erika Buchmann war Ende der 1950er-Jahre in der Erwartung in die DDR übergesiedelt, ihr berufliches und politisches Engagement fortsetzen zu können. Befreit von staatlicher Repression und in engerem Kontakt zu Ehemann und Kindern, fand sie ihre Berufung in der Arbeit für die Nationale Mahn- und Gedenkstätte Ravensbrück, als Autorin und Zeitzeugin für die Geschichte des Frauen-Konzentrationslagers sowie in der Zusammenarbeit mit der Schriftstellerin und Dramatikerin Hedda Zinner.

Albert Buchmann, obwohl inzwischen fast 70 Jahre alt, arbeitete noch immer als Beauftragter des ZK für die Betreuung von KPD-Mitgliedern, die nach dem Parteiverbot in der Bundesrepublik Lehrgänge auf Parteischulen in der DDR besuchten.[92] Daher lebte er bis Mitte der 1960er-Jahre zumeist in Schmerwitz bei Berlin und besuchte seine Familie nur gelegentlich in der Kielblockstraße in Berlin-Lichtenberg. Erika Buchmann, acht Jahre jünger als ihr Mann, sah wahrscheinlich auch deshalb keinen Anlass, auf eine Berufstätigkeit zu verzichten.

---

91 Kwaschik, Ravensbrück, S. 153 ff.

92 Angaben nach Norbert Madloch, Gespräch mit der Autorin am 24. 9. 2003. Vgl. auch SAPMO-BArch NY 4178/17-21. Dieser Teil des Nachlasses Albert Buchmanns enthält umfangreiche Ausarbeitungen zu Lehrmaterialien, Vorlesungsprogrammen und Prüfungsfragen der KPD-Schule in Schmerwitz sowie Berichte zu Lehrveranstaltungen und Fragen des Schulalltages 1954 bis 1968.

Dass ihr berufliches und politisches Engagement von unzähligen Auseinandersetzungen, Schwierigkeiten, Zerwürfnissen und Unterstellungen begleitet war, zählt zu den Enttäuschungen ihrer letzten Lebensjahre. Schließlich hatten viele Probleme ihren Ausgangspunkt in Differenzen mit anderen ehemaligen Häftlingen oder Genossen, mit denen sie im Grunde gemeinsame Überzeugungen teilte und bei denen sie sich eigentlich unter Gleichgesinnten wähnte.

In den späten 1960er-Jahren wurde das Leben von Erika und Albert Buchmann ruhiger. Sie lebten als Rentner in Berlin-Lichtenberg in unmittelbarer Nähe des Volksparks Lichtenberg und der Frankfurter Allee, sechs U-Bahn-Stationen vom Alexanderplatz entfernt. Die Fotos im Familienalbum zeigen eine für DDR-Verhältnisse großzügige, modern eingerichtete Wohnung, in der es Platz für häufige Besuche von Genossen, Freunden und vor allem für andere Überlebende von Ravensbrück gab.[93]

Inge Buchmann, inzwischen 40 Jahre alt, lebte in einer eigenen Wohnung in Berlin-Johannisthal in der Springbornstraße 38. Sie war Mitarbeiterin in der Redaktion „Aktuelle Politik und Propaganda"[94] beim sogenannten Freiheitssender 904.[95] Den „Deutschen Freiheitssender 904" hatte die DDR 1956 zeitgleich mit dem KPD-Verbot in der BRD als Hörfunksender auf Mittelwelle installiert. Der Sender war ein Propagandasender der DDR, dessen Programm unter konspirativen Umständen in Ost-Berlin produziert wurde. Die Sendungen wurden morgens und abends ausgestrahlt und bestanden aus populärer Musik, propagandistischen Wortbeiträgen und sogenannten Geheimmitteilungen, die sich an Kommunisten in der BRD richteten.

Inge Buchmann hatte eine an der Humboldt-Universität zu Berlin begonnene Dissertation nicht wie geplant im Frühjahr 1963 beendet.[96] Als Grund gab sie an, dass ihr die Parteiarbeit nicht genügend Zeit für ihr Dissertationsprojekt gelassen habe.[97] Ihre Vorgesetzten beim Sender 904 beurteilten ihre Leistungen 1968 auffallend kritisch: „Die Genossin Irene[98] nahm in der Vergangenheit ihre Arbeit bei uns sehr ernst. Sie war bereit, die ihr gestellten Aufgaben zu lösen. Das trotz anfangs großer Schwierigkeiten, die darin lagen, daß sie mit den politischen Pro-

---

93 Vgl. SAPMO-BArch Fotoarchiv, P-171-I bis III sowie Fotoalben 458 und 459.

94 Vgl. Kaderakte Inge Buchmanns, SAPMO-BArch BY 1/603.

95 Nach Abschluss des Grundlagenvertrages (21. Dezember 1972) zwischen der BRD und der DDR wurde der Sender 1973 abgeschaltet. Vgl. Christian Senne, Der Deutsche Freiheitssender 904. Die „Stimme der KPD" von 1956 bis 1971, unveröffentlichte Magisterarbeit, Humboldt-Universität zu Berlin 2003.

96 Brief von Erika Buchmann an Antonina Nikiforowa vom 28. November 1962, Sammlungen MGR/SBG, NL 13–6, Nachlass Antonina Nikiforowa, ohne Paginierung.

97 Vgl. ebenda.

98 Deckname für Inge Buchmann.

blemen der Bundesrepublik wenig vertraut war. In den letzten Jahren zeigte sich eine Reihe von Schwächen in ihrer Arbeit. Die Leitung, die sich wiederholt mit ihrer Arbeit beschäftigte, mußte zu der Schlussfolgerung kommen, daß sie die in unserer Kommission gestellten Aufgaben nicht lösen kann. Was die Ursachen betrifft, so haben wir wiederholt Aussprachen mit ihr geführt, um sie kennen zu lernen. Leider war es der Leitung nicht möglich, die wirklichen Ursachen eines Leistungsabfalls zu ergründen."[99]

Ihre Kollegen vermuteten, dass Inge Buchmann „Dinge aus der Vergangenheit bis heute nicht überwunden [habe] und dies zu jahrelanger Isoliertheit führte".[100] Als sich in der Bundesrepublik mit der Großen Koalition 1966 unter Justizminister Gustav Heinemann ein neues Verständnis im Umgang mit politischen Gegnern andeutete und die Zulassung einer kommunistischen Partei[101] diskutiert wurde, entschloss sich Inge Buchmann zur Rückkehr.[102] Sie hatte die Trennung von ihrem Ehemann nie wirklich überwunden und sah zudem in Ost-Berlin weder eine berufliche noch eine persönliche Perspektive. Erika Buchmann war mit der Entscheidung ihrer älteren Tochter nicht einverstanden; sie konnte und wollte Inge jedoch nicht von diesem Schritt abhalten. Albert Buchmanns Kollege Norbert Madloch erzählte, außenstehende Beobachter hätten oft den Eindruck gehabt, dass Inge Buchmann unter der dominanten Persönlichkeit ihrer Mutter litt und dieser intellektuell nicht gewachsen war. Möglicherweise hoffte sie, in einiger räumlicher Entfernung von ihrer Familie ein eigenständigeres Leben führen zu können.[103]

Gegenüber Mitarbeitern der Abteilung Verkehr des ZK der SED äußerte Inge Buchmann verschiedene Wünsche,[104] bevor sie Ost-Berlin verließ. Es war ihr wichtig, nicht nach Stuttgart zurückzukehren; zudem wollte sie eine Tätigkeit ausüben, die ihren Neigungen und ihren bisherigen beruflichen Erfahrungen entsprach. Die Abteilung Verkehr war maßgeblich an der Organisation der Rückkehr ehemaliger KPD-Funktionäre in die Bundesrepublik beteiligt. Mit zahlreichen Gesprächen, mit Besuchsreisen in die BRD unter Aufsicht des MfS und der Erstel-

---

99　Kaderakte Inge Buchmanns, Beurteilung von 1968, unterschrieben von Heinz K., Robert, Heinz P., SAPMO-BArch BY 1/603.

100　Ebenda.

101　Nach der Bildung eines Initiativausschusses im September 1968 wurde auf dem Essener Parteitag vom 12. bis 14. 4. 1969 die Deutsche Kommunistische Partei (DKP) gegründet.

102　Inwieweit diese Entscheidung auch auf Druck der KPD bzw. SED zustande kam, die ein hohes Interesse an der Rückkehr ehemaliger KPD-Funktionäre in die Bundesrepublik hatten, ließ sich nicht ermitteln.

103　Norbert Madloch, Gespräch mit der Autorin am 24. September 2003.

104　Zur Geschichte und zum Aufgabenbereich der Abteilung Verkehr vgl. Kubina, Westapparat, in: Wilke (Hrsg.), Anatomie, S. 413–500.

lung einer sogenannten Legende[105] wurde Inge Buchmann auf ihr neues Leben vorbereitet. Sie war einverstanden, ihren Wohnsitz in München zu nehmen, und verließ die DDR am 9. April 1969. Ihre erste Wohnung in der bayerischen Landeshauptstadt lag in der Bodenschneidstraße.[106] Damit lebte sie unweit der früheren Wohnung ihrer Eltern und Großeltern. Sie zog noch einige Male um und lebte schließlich in der Caracciolastraße. Inge Buchmann arbeitete als Sekretärin im Dennoch-Verlag, als Landessekretärin der VVN Bayern und war Mitglied im Kreisvorstand der DKP.

Doch auch in München entwickelte Inge Buchmann die erhoffte Selbstständigkeit offenbar nicht; auch fand sie nur schwer neue soziale Kontakte. Vor ihrem letzten Besuch bei ihrer Tochter in München schrieb Erika Buchmann einer langjährigen Freundin im September 1971: „Unsere Große ist krank, sie hatte eine schwere Grippe und das Fieber will nicht weggehen. Ich habe Angst um sie, weil sie schon einmal mit einer doppelseitigen Rippenfellentzündung ein halbes Jahr zu tun hatte und jahrelang an einer Unterleibstuberkulose laboriert wurde. Und außerdem: Inge ist so allein in ihrer kleinen Wohnung ganz auf sich angewiesen. Dazu kommt, daß ihre gebrochene Hand auch jetzt, 8 Monate nach dem Bruch, noch nicht gebrauchsfähig ist! […] Leider hat ihr Leben mit sich gebracht, daß sie nicht nur keinen Mann hat, sondern auch keine wirkliche Freundin, natürlich aber viele Freunde, die sie lieben und achten. Sie trägt schwer an dieser Einsamkeit."[107]

Bärbel Buchmann wiederum besuchte eine Polytechnische Oberschule (POS), und lange Zeit sah es danach aus, als ob sie das Abitur ablegen und Medizin studieren wollte.[108] Warum sie diese Pläne änderte, ist nicht bekannt. Folgt man Hedda Zinners Romanfigur Katja, dann waren Bärbels schulischen Leistungen zu sprunghaft; sie erfüllte damit die für ein Medizinstudium benötigten Voraussetzungen nicht.[109] Bärbel Buchmann war eine der ersten Schülerinnen und Schüler in der DDR, die parallel zu dem dreijährigen weiteren Schulbesuch, der zum Abi-

---

105 Dabei bekam sie offensichtlich keinen neuen Lebenslauf, wurde aber durch die Abteilung Verkehr auf mögliche Fragen bundesdeutscher Behörden bei der Einreise oder bei der Wahl ihres Wohnortes vorbereitet. Vgl. Kaderakte Inge Buchmanns, SAPMO-BArch BY 1/603.

106 Vgl. ebenda.

107 Brief von Erika Buchmann an Antonina Nikiforowa vom 6. September 1971, Sammlungen MGR/SBG, NL 13–6, Nachlass Antonina Nikiforowa, ohne Paginierung.

108 Vgl. Brief Erika Buchmanns an Mirjam Schollenbruch, April 1964, SAPMO-BArch NY 4178/46. Vgl. außerdem Brief Erika Buchmann an Antonina Nikiforowa vom 28. November 1962, Sammlungen MGR/SBG, NL 13–6, Nachlass Antonina Nikiforowa, ohne Paginierung.

109 Zinner, Katja, S. 106. Offensichtlich wurde die Romanfigur Katja stark an die Geschichte Bärbel Buchmanns angelehnt.

Bärbel Buchmann,
Mitte der 1960er-Jahre.
BArch, Bild Y10-1441/00.

tur führte, eine Berufsausbildung absolvierten. Sie ließ sich zur Krankenschwester ausbilden.

Erika Buchmann kümmerte sich nicht nur um das Wohlergehen und die Entwicklung der Töchter. Sie nahm in den 1960er-Jahren auch wieder Beziehungen zu ihren noch lebenden Halbgeschwistern auf.[110] Bis in die späten 1940er-Jahre hatte es zumindest eine enge Verbindung zu ihrem Halbbruder Hermann Schollenbruch auf Sylt gegeben.

Der rege Briefwechsel in den 1960er-Jahren zeigt, dass alle Beteiligten großes Interesse an der Fortführung der familiären Kontakte hatten und sehr bedauerten, dass man sich erst so spät wieder aufeinander zu bewegt hatte. Hermann und seine zweite Ehefrau kamen häufig zu Besuch nach Ost-Berlin. Im regen Briefwechsel mit ihrer Halbschwester Mirjam berichtete Erika Buchmann über private Hobbys und Leidenschaften. In Briefen an ihre Kindern, andere Überlebenden von Ravensbrück oder Parteifreunde schnitt sie solche Themen nicht an. Die Halbschwestern stellten zahlreiche Gemeinsamkeiten fest. Erika Buchmann schilderte Mirjam ihre Alltagsfreuden: „Ich stricke leidenschaftlich gern, rate Rätsel, höre

110 Über einen fortdauernden oder erneuten Kontakt zu ihrer Schwester Margot Müller liegen keine Quellen vor. 1958 hatte Vevy Schollenbruch Erika Buchmann mitgeteilt, dass sie Post von Margot erhalten habe. Diese sei offenbar krank, ansonsten werde man aber nicht schlau aus den Zeilen; vgl. SAPMO-BArch NY 4178/46, Bl. 45.

Musik, gehe ins Theater und spiele gern Rommé und Canasta."[111] Darüber hinaus pflegte sie auch eine umfangreiche Korrespondenz mit Künstlerinnen und Künstlern, zu denen u. a. Lea Grundig und Martin Andersen Nexö zählten.[112]

Die meiste Zeit jedoch verbrachte Erika Buchmann mit „Referaten über die Deutsche Arbeiterbewegung, den Kampf der KPD in der Bundesrepublik, den antifaschistischen Widerstand und Lesungen über antifaschistische Widerstandskämpfer".[113] Nach eigenen Angaben hat sie 1969 auf 124 Pionier-, FDJ- und DFD-Veranstaltungen, auf Veranstaltungen der DSF, der Urania, in Krankenhäusern, vor Lehrern sowie vor Wohngebiets- und Betriebsgruppen der SED gesprochen und damit insgesamt 13 721 Besucher erreicht.[114]

Erika Buchmann wurde auch zu Vorträgen in die Sowjetunion eingeladen und nahm diese Termine zumeist in Begleitung ihres Mannes wahr. So berichtete sie, während einer Reise in die Ukraine im Jahr 1969 im Oblast (Gebiet) Lwow vor insgesamt 4750 Schülern, Lehrern und Studenten gesprochen zu haben. Auch wenn das Ehepaar privat in der Sowjetunion unterwegs war, verband Erika Buchmann dies gern mit öffentlichen Auftritten und versuchte, neue Kontakte zu knüpfen.[115] Nach ihrer eigenen Darstellung für das Komitee der antifaschistischen Widerstandskämpfer entstanden bis 1970 „61 feste, jahrelange Verbindungen zwischen sowjetischen Schulen und mir. Ich konnte sie ausdehnen auf die Herstellung von

---

111 Brief Erika Buchmanns an Mirjam Schollenbruch, April 1964, SAPMO-BArch NY 4178/46.

112 Seit wann die Bekanntschaft mit Martin Andersen Nexö bestand, ließ sich im Nachlass nicht ermitteln. Es bestand offenbar auch nur ein loser schriftlicher Kontakt. Wann die Freundschaft zu Lea Grundig begann, lässt sich ebenfalls nur mutmaßen. Sie könnte ihren Ursprung in der gemeinsamen Arbeit für die Nationale Mahn- und Gedenkstätte Ravensbrück gehabt haben. 1955 hatten mehr als 100 Prominente der DDR, u. a. Lea Grundig und Bertolt Brecht, ein Kuratorium gegründet, das durch den Verkauf sogenannter Bausteine die Finanzierung des Baus der künftigen Gedenkstätten Buchenwald, Sachsenhausen und Ravensbrück unterstützen sollte. Die Quellen legen auch der Schluss nahe, dass sich Lea Grundig und die Buchmanns bei einer Reise in die Sowjetunion kennengelernt haben. Es wurden regelmäßig Briefe ausgetauscht, in denen es vor allem um persönliche und gesundheitliche Themen ging. Eine weitere gemeinsame Reise in die Sowjetunion kam wegen der schlechter werdenden Gesundheit von Erika Buchmann und Lea Grundig nicht mehr zustande.

113 Brief Erika Buchmanns an die Gesellschaft für Deutsch-Sowjetische Freundschaft, Kreisorganisation Lichtenberg vom 15. Februar 1970, SAPMO-BArch NY 4178/49, Bl. 1.

114 Vgl. ebenda.

115 Seit den 1950er-Jahren besuchten Albert und Erika Buchmann regelmäßig die Sowjetunion. Meist waren es Erholungsaufenthalte am Schwarzen Meer, Besuche in Moskau oder Leningrad sowie Kreuzfahrten auf der Wolga. Die Töchter begleiteten ihre Eltern offenbar nie auf diesen Reisen.

Verbindungen zwischen 12 000 sowjetischen Menschen und vor allem Schulen, Kindergärten und Kinderkrippen in der DDR."[116]

Erika Buchmann verfasste offenbar regelmäßig und unaufgefordert umfangreiche Berichte über die Arbeit, die sie im Laufe eines Jahres geleistet hatte. Adressaten waren nicht nur ihre Parteigrundorganisation, sondern auch die DSF und das KAW. Mit diesen Berichten wollte sie sich als vorbildliche Genossin darstellen, die trotz höheren Lebensalters und angeschlagener Gesundheit ihren selbst auferlegten Verpflichtungen gegenüber der kommunistischen Bewegung nachkam.

Sollten Erika Buchmanns Angaben richtig sein, dann hat sie nahezu jeden dritten Tag auf einer öffentlichen Veranstaltung gesprochen. Die Organisation dieser Termine, die Anreise sowie Beschwernisse aller Art verlangten ihr auch einen hohen körperlichen Einsatz ab. Das Leben von Erika und Albert Buchmann blieb rastlos und war von ständig wiederkehrenden gesellschaftlichen Verpflichtungen, Sitzungsterminen, Veranstaltungen, Redaktionssitzungen und Publikationsverpflichtungen geprägt. Auch wenn diese Aktivitäten immer öfter von längeren Krankheiten und Krankenhausaufenthalten unterbrochen wurden, so gab es doch in den Briefen des Ehepaars keine Anzeichen von Resignation, Müdigkeit oder für das Vorhaben, sich ins Privatleben zurückzuziehen.

Während für Erika Buchmann die Auseinandersetzung mit der eigenen Hafterfahrung, der Kontakt zu anderen Überlebenden sowie die aktive Mitwirkung an der Gedenk- und Erinnerungsarbeit zum bestimmenden Thema ihres Lebens nach 1945 wurde, schwieg Albert Buchmann fast 30 Jahre über seine Geschichte. Eine befreundete Genossin erinnerte sich: „Die Jahre, die er im KZ verbrachte, erwähnte er nie mit einem einzigen Wort. Man könnte sogar glauben, daß er das nicht erlebt hatte."[117] Über die Gründe für dieses Schweigen kann nur spekuliert werden. Sie mögen im Charakter von Albert Buchmann liegen. Wahrscheinlich spielte es auch eine Rolle, dass die ehemaligen Konzentrationslager Dachau und Flossenbürg in der Bundesrepublik liegen. Eine Reise nach Westdeutschland war Buchmann aber wegen eines Haftbefehls lange Zeit nicht möglich. Zudem gab es in der bundesrepublikanischen Gesellschaft damals kaum Interesse am Schicksal kommunistischer KZ-Häftlinge. Dass ihn dieses Thema dennoch beschäftigte, belegt sein Nachlass. Hier finden sich Korrespondenzen mit Freunden und Genos-

116 Brief Erika Buchmanns an das Komitee der antifaschistischen Widerstandskämpfer vom 13. Dezember 1969, SAPMO-BArch NY 4178/49, Bl. 2.
117 SAPMO-BArch NY4178/56. Es handelt sich um eine Materialsammlung von Sophie und Ewald Kaiser, die für eine in den 1980er-Jahren geplante Publikation über die Buchmanns mit verschiedenen, auch ungenannten, Genossen und Genossinnen sprachen. Da sich der Gesundheitszustand der Kaisers verschlechterte und zudem Inge Buchmann ihre Mitarbeit verweigerte, kam die Publikation nie zustande.

sen über gemeinsame Erfahrungen in Flossenbürg[118] sowie eine Materialsammlung zu Flossenbürg und Sachsenhausen.[119] Jedoch begann Albert Buchmann erst nach dem Tod seiner Frau, öffentlich über sein Leben und das Überleben in verschiedenen Konzentrationslagern zu berichten.

Das überaus aktive Leben der Buchmanns wurde Anfang 1971 jäh unterbrochen. Am 18. Januar nahm die jüngere Tochter Bärbel ca. 60 Tabletten Lepinal[120] ein; sechs Tage später starb sie in einem Berliner Krankenhaus.[121] Dieser Suizid war für die Eltern umso unverständlicher, als Bärbels Leben in den vergangenen vier Jahren ihrer Ansicht nach geordnet und glücklich verlaufen war. Sie hatte nach ihrem Schulabschluss im Frühjahr 1966 eine Ausbildung als Krankenschwester mit dem Staatsexamen beendet.[122] Allerdings lebte sie auch nach dem Abschluss weiterhin bei den Eltern. Dieses Zusammenleben führte trotz längerer Trennungsphasen während der Reisen und Kuraufenthalte von Erika und Albert Buchmann immer wieder zu Auseinandersetzungen. Erika Buchmann störte sich besonders an Bärbels ungezwungenem Umgang mit Männern und mischte sich beständig in das Leben der Tochter ein.[123]

Bärbel Buchmann bemühte sich, die Konflikte zu entschärfen, indem sie den Wünschen der Eltern in allen anderen Bereichen entgegenkam. Sie führte ihnen praktisch den Haushalt, zeigte Verständnis für Kritik an ihrer Person und investierte offenbar viel in ein harmonisches Familienleben. In einem ihrer Briefe an die Mutter schrieb Bärbel: „Ich habe gestern die Wohnung wieder einmal richtig sauber gemacht, einschließlich der Türen und Fensterbretter. Es war dann zwar 15.00 als ich endgültig fertig war, aber nun geht es wieder eine Weile. Wir haben Eva am Donnerstag bis vor die Haustür gefahren – ich hoffe, Du bist diesbezüglich mit uns zufrieden?!"[124]

118 Vgl. SAPMO-BArch NY 4178/15, Korrespondenzen und Notizen Albert Buchmann zum KZ Flossenbürg.

119 Vgl. SAPMO-BArch NY 4178/37, Materialsammlung zu den KZ Sachsenhausen und Flossenbürg.

120 Lepinal: Barbiturat zur Epilepsiebehandlung und Narkosevorbereitung, im 20. Jahrhundert viel genutztes Schlafmittel. Bei einer Überdosierung kommt es u. a. zu Blutdruckabfall, Nierenversagen, Aussetzen der Atmung und Koma.

121 Vgl. Totenschein Bärbel Handtkes, geb. Buchmann, vom 24. Januar 1971, SAPMO-BArch NY 4178/1.

122 Vgl. „Briefe unserer Tochter" 1960–1970, Sammlungen MGR/SBG, NL 35/3–2.

123 Vor allem Bärbel Buchmanns Verhältnis mit einem verheirateten Mann wurde von den Eltern heftig kritisiert.

124 Bärbel Buchmann an Erika Buchmann, wahrscheinlich 1969, „Briefe unserer Tochter" 1960–1970, Sammlungen MGR/SBG, NL 35/3–2, ohne Paginierung. Bärbel Buchmann unterschrieb die Briefe an ihre Mutter gelegentlich mit „Dein Sorgenkind".

Hochzeit Bärbel und Rainer Handtke
vor dem Rathaus Berlin-Lichtenberg,
1. Juni 1970. Im Hintergrund Inge
und Erika Buchmann sowie Rainer
Handtkes Eltern.
BArch, Bild Y10-1433/00.

Im November 1968 lernte Bärbel Buchmann im Ost-Berliner „Café Moskau"
Rainer Handtke kennen. Schon nach kurzer Zeit war er häufiger Gast bei den Buchmanns, und Bärbel tat alles, damit ihre Eltern ihn als „fünftes Familienmitglied"[125]
akzeptierten. Sie bemühte sich, besonders ihre Mutter von der Ernsthaftigkeit
ihrer Beziehung zu überzeugen: „Dein lieber Ehemann hatte ja nun keinerlei Einwände betreffs Rainers Anwesenheit. Papa hat Dir sicherlich erzählt, daß Dein
‚drittes Kind' die meiste Zeit über bei uns war. Auch, als ich nicht zu hause [sic!]
war, hat er sich rührend um Papa gesorgt – Abendbrot für ihn gemacht, ihn unterhalten und anderes mehr! Wie wird's nun, wenn die ‚gestrenge Mama' nach Hause
zurückkehrt? Ob es dann so bleiben darf?"[126]

Noch vor ihrer Eheschließung zogen Bärbel Buchmann und Rainer Handtke
in eine gemeinsame Wohnung in Berlin-Oberschöneweide. Die Hochzeit fand am
1. Juni 1970 im kleinen Kreis im Rathaus von Berlin-Lichtenberg statt. Außer den
Eltern von Rainer Handtke waren lediglich Erika und Inge Buchmann anwesend.
Albert Buchmann war wegen Tbc-Verdachts seit Mitte Mai im Krankenhaus.

---

125 Ebenda.
126 Brief von Bärbel Buchmann an Erika Buchmann vom 3. Januar 1969, ebenda. Erika Buch-
     mann lag zu diesem Zeitpunkt im Krankenhaus.

Bärbel Buchmann sah sich gegenüber ihren Eltern noch immer in der Pflicht, wie sie wenige Wochen vor ihrer Eheschließung an ihre ehemalige Lehrerin schrieb: „Wir kennen uns nun mehr als 1½ Jahre und es ging eigentlich bis jetzt alles wunderbar. Und da wir bereits seit einem Jahr zusammen wohnen, kann eigentlich so Gott will – nichts unangenehmes mehr passieren. […] Mutti und Vati sind natürlich überglücklich, zumal meine Schwester so schrecklich viel Pech in ihrem Leben hatte. Enkelkinder haben wir ihnen auch schon zugesichert – wir hoffen, dieses Werk im Mai 1971 vollbracht zu haben."[127]

Erika Buchmann äußerte sich in ihren zahlreichen Briefen an ihre Genossinnen und Kameradinnen kaum über ihren zukünftigen Schwiegersohn und die Heirat: „Bei uns in der Familie ist alles in Ordnung. Bärbel ist sehr lieb, seit sie eine eigene Wohnung hat. Im Juni wird sie heiraten. Ihre Hochzeitsreise machen sie mit Albert, Inge und mir zusammen nach Leningrad und Dünen. Bärbel ist eine gute Krankenschwester und sehr fleißig und zuverlässig. Inge schreibt selten. Sie hat viel Arbeit in München und braucht die wenigen freien Stunden zur Erholung. Auch sie ist sehr tüchtig und fleißig. Albert hatte seinen 75. Geburtstag und die große Freude, daß er den Karl-Marx-Orden von der Regierung bekommen hat. Mir selbst geht es mal gut, mal nicht, das wechselt ständig, wie es bei kranken Lebern und Nieren nun einmal ist, besonders wenn man nicht mehr ganz jung ist."[128]

Sicher kann man davon ausgehen, dass Erika Buchmann die familiäre Situation in ihren Briefen besonders positiv darstellen wollte. Dennoch wirkt der Plan, dass die gesamte Familie Buchmann Bärbel und ihren Mann auf der Hochzeitsreise begleiten wollte, recht befremdlich. Auch die Auswahl des Reiseziels scheint eher Erika Buchmann als das junge Paar selbst getroffen zu haben. Die Zustimmung zu der gemeinsamen Reise war für Bärbel in ihrem gewohnten Pflichtgefühl gegenüber der Familie wohl selbstverständlich. Gemeinsam mit Tochter und Schwiegersohn auf Hochzeitsreise zu gehen, entsprach Erika Buchmanns Vorstellung von familiärem Zusammenhalt, den sie glaubte einfordern zu können. Aufgrund der Erkrankung Albert Buchmanns flogen Bärbel und Rainer Handtke letztlich aber doch allein in die Sowjetunion.

Über Ursachen und Anlass, die Bärbel Handtke dazu brachten, knapp ein Jahr nach der Hochzeit Suizid zu begehen, geben die Quellen kaum Aufschluss. In den wenigen überlieferten Briefen, die sie nach ihrer Hochzeitsreise geschrieben hat, ist immer wieder von kleineren Auseinandersetzungen mit ihrem Ehemann die

---

127 Brief Bärbel Buchmanns an Frau Mader vom 4. März 1970, Sammlungen MGR/SBG, NL 35/3–2, „Briefe unserer Tochter" 1960–1970, ohne Paginierung.
128 Brief Erika Buchmanns an Tatjana Wassiljewna Pignatti, genannt Dolja, vom 16. Februar 1970, Sammlungen MGR/SBG, NL 35, ohne Paginierung.

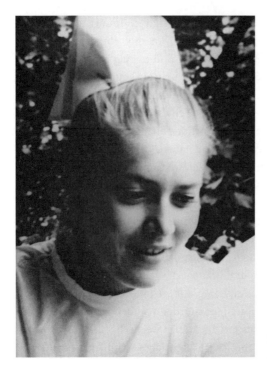

Bärbel Buchmann, späte 1960er-Jahre.
BArch, Bild Y10-1442/00.

Rede. Erika Buchmann wurde fünf Tage nach Bärbels Tod gegenüber ihrer Freundin Antonina Nikiforowa etwas deutlicher: „Albert, Inge und ich durchleben die schwersten Stunden und Tage unseres Lebens. Sonntag Nachmittag ist unsere Bärbel gestorben. Eine unbedachte Äußerung ihres Mannes hat sie in solche Erregung gebracht, daß sie sich mit 60 Tabletten vergiftet hat."[129]

Die Ursachen für Bärbel Handtkes Entscheidung, ihrem Leben ein Ende zu setzen oder zumindest mit einem Suizidversuch die Zuwendung ihrer nächsten Angehörigen einzufordern, lassen sich bis heute nicht eindeutig benennen. Die Zuflucht zu einer Überdosis Tabletten lässt aber in jedem Fall auf ein wenig stabiles Selbstwertgefühl schließen. Die Eltern deuteten Bärbels Geburt als Zeichen der Hoffnung auf eine bessere Zukunft nach der NS-Diktatur. Sie sahen jedoch nicht, dass das Mädchen unter der häufigen Abwesenheit von Vater und Mutter litt. Erika und Albert Buchmann war im Alltag vieles wichtiger als ihre Tochter. Zudem sah sich Bärbel Buchmann zeit ihres Lebens mit hohen elterlichen Ansprüchen an ihre schulischen und beruflichen Leistungen, aber auch an ihren

---

129 Brief Erika Buchmanns an Antonina Nikiforowa vom 29. Januar 1971, Sammlungen MGR/ SBG, NL 13–6, Nachlass Antonina Nikiforowas, ohne Paginierung.

Erika Buchmann, 1969.
BArch, Bild Y10-1444/00.

privaten Lebensstil konfrontiert. Viele dieser Erwartungen konnte oder wollte sie nicht erfüllen, wobei Letzteres ein schlechtes Gewissen nach sich zog. Erika und Albert Buchmann konnten der Tochter möglicherweise nicht vermitteln, dass sie sie trotz aller unerfüllten Erwartungen Kritik und Auseinandersetzungen liebten. Auch machten sie ihr wahrscheinlich nicht klar, dass sie Bärbels Leben einen eigenständigen Wert zumaßen und sie ihr Dasein nicht an den Eltern messen sollte.[130]

Erika Buchmann hatte mit dem Tod ihrer Tochter allen Lebensmut verloren. Herausforderungen, denen sie sich bisher ohne Rücksicht auf ihren gesundheitlichen Zustand gestellt hatte, sah sie sich nun nicht mehr gewachsen: „Ich habe keine Kraft viel zu schreiben, alle meine Gedanken sind bei meiner kleinen Bärbel und ihrem schrecklichen Ende. Ich habe Angst vor dem Abend und den Träumen der Nacht und ich wache auf mit dem Gedanken ‚Bärbel' und daran, daß ich sie niemals mehr sehen werde. [...] Ich spreche heute Nachmittag zum ersten Mal wieder vor einem größeren Forum [...] und habe große Angst davor,

130 In der Forschung spricht man von sogenanntem Bilanz-Suizid, wenn alles im Leben als Misserfolg resümiert und dann dem Leben ein Ende gesetzt wird.

Erika und Albert Buchmann, 1969. *BArch, Bild Y10-1443/00.*

daß ich versagen werde."[131] Bei Auseinandersetzungen mit dem KAW um die Überarbeitung und Neuauflage der „Frauen von Ravensbrück" 1971 tritt deutlich zutage, dass Erika Buchmann diesen Kampf ohne Lebenskraft nicht mehr gewinnen konnte.

Im Sommer 1971 reisten Erika und Albert Buchmann ein letztes Mal für zwei Monate in die Sowjetunion. Bei Besuchen von Freunden in Moskau und Leningrad und während einer vierwöchigen Kur in Puschkino bei Moskau hofften sie, Abstand und Erholung zu finden.[132] An ihre Hamburger Freundin Gertrud Meyer aber schrieb Erika Buchmann nach ihrer Rückkehr, es halte sie nur noch der Gedanke an Albert aufrecht, da sie ihn nicht allein lassen wolle.[133]

Während ihrer Reise in die Sowjetunion beschlossen Erika und Albert Buchmann, ein Zimmer ihrer Berliner Wohnung zu vermieten, um der Leere und Hoffnungslosigkeit im Alltag zu entgehen. In 46 Ehejahren hatten sie faktisch nie allein als Paar gewohnt: „Albert und ich haben eine junge Studentin in unsere

131 Brief von Erika Buchmann an Antonina Nikiforowa vom 8. März 1971, Sammlungen MGR/ SBG, NL 13–6, Nachlass Antonina Nikiforowas, ohne Paginierung. Obwohl Bärbel Handtke den Suizidversuch zunächst überlebte und zeitweise bei Bewusstsein war, konnten sich ihre Eltern offenbar nicht von ihr verabschieden, weil sie zu spät informiert wurden. Bei Bärbels Beisetzung sprach Gertrud Leibbrand (vgl. Kap. IV.3.) die Trauerrede. Die Trauerfeier wurde mit dem Arbeiterkampflied „Brüder zur Sonne, zur Freiheit" beendet.
132 Vgl. Brief von Erika Buchmann an Antonina Nikiforowa vom 6. September 1971, ebenda.
133 Vgl. SAPMO-BArch NY 4185/7, Bl. 240, Nachlass Gertrud Meyer.

Wohnung aufgenommen. Sie wird Lehrerin der russischen Sprache. [...] Ich bin sehr froh darüber, daß wieder jemand bei uns im Haus ist, der die große Leere etwas ausfüllen kann. Inge[134] ist ein liebes Mädel, eine gute Genossin und sehr tüchtige Studentin mit großem Lerneifer."[135]

Im Herbst 1971 schritt der körperliche Verfall von Erika Buchmann immer schneller voran. Trotzdem brach sie gemeinsam mit ihrem Mann zu einer längeren Reise in die Bundesrepublik auf: „In 14 Tagen fahren Albert und ich nach Westdeutschland. Wir werden zuerst Alberts Familie in Pirmasens in der Rheinpfalz besuchen. [...] Dann geht es weiter nach dem so sehr geliebten Stuttgart und wahrscheinlich dann auch noch nach München, meiner Heimatstadt und Inges Wohnsitz."[136]

Während dieser Reise erkrankte Erika Buchmann schwer. Sie starb kurze Zeit später, einen Tag nach ihrem 69. Geburtstag, am 20. November 1971 in Berlin an den Folgen ihres langjährigen Leberleidens.[137]

Zahlreiche Trauergäste kamen am 9. Dezember 1971 in die Kapelle auf dem Friedhof in Berlin-Friedrichsfelde, auf dem Erika Buchmann neben ihrer Tochter Bärbel beigesetzt wurde. Nach dem Trauermarsch aus der „Eroica" hielt Gertrud Strohbach die Gedenkansprache.[138] Während und nach der Beerdigung wurde deutlich, wie viel Erika Buchmann ihren alten Genossen bedeutete, obwohl sie zu einigen schon seit Jahrzehnten keinen persönlichen Kontakt mehr unterhalten hatte. So reiste Lina Haag eigens aus München an, um Albert Buchmann zur Seite zu stehen.[139]

In den Monaten nach dem Tod seiner Frau erhielt Albert Buchmann unzählige Kondolenzschreiben aus vielen europäischen Ländern, vor allem von ehemaligen Ravensbrücker Häftlingen. Er selbst schrieb seiner Tochter Inge nach München, dass er erst nach dieser Anteilnahme und Fürsorge der Freundinnen und Kameradinnen seiner Frau begriffen habe, wie viel sie für andere Frauen während der Haft geleistet habe und was ihre Leistungen bis heute bedeuteten.[140]

---

134 Die Studentin hieß wie die ältere Tochter der Buchmanns: Inge.

135 Brief von Erika Buchmann an Antonina Nikiforowa vom 6. September 1971, Sammlungen MGR/SBG, NL 13–6, Nachlass Antonina Nikiforowa, ohne Paginierung.

136 Ebenda.

137 Vgl. Sterbeurkunde Erika Buchmanns, SAPMO-BArch NY 4178/39, Bl. 7.

138 Norbert Madloch, ein Kollege Albert Buchmanns in der KPD-Parteischule in Schmerwitz, bezeichnete den Status der Buchmanns nach 1956 in der DDR als illegal. Gertrud Strohbach sei in dieser Zeit die Kontaktperson gewesen. Vgl. Traueranzeige für Erika Buchmann, Sammlungen MGR/SBG, NL 35, ohne Paginierung.

139 Lina Haag, Brief an die Autorin vom 14. August 2005.

140 Vgl. diverse Kondolenzschreiben an Albert Buchmann und zum Teil Antwortschreiben von Albert Buchmann, SAPMO-BArch NY 4178/42.

Albert Buchmann lebte in den folgenden Jahren allein in der Kielblockstraße 1 in Berlin-Lichtenberg. Nach dem Tod seiner Frau begann auch er, vor Schülern, SED-Mitgliedern, in DFD- und DSF-Gruppen über sein Leben und seine Haft während der NS-Zeit zu berichten. Er besuchte bevorzugt DFD-Gruppen und Pionierorganisationen, die den Namen seiner Frau als Ehrennamen trugen. Während einer dieser Vortragsreisen brach er sich beim Aussteigen aus dem Auto ein Bein. Von diesem Unfall erholte er sich nicht mehr; er starb am 17. Dezember 1975 in Ost-Berlin.

Inge Buchmann lebte auch nach dem Tod ihrer Eltern weiter in München. In den 1980er-Jahren stellte sie Nachforschungen über das Leben ihrer Mutter an und ordnete den Nachlass ihrer Eltern. Sie entwickelte nach diesem großen zeitlichen Abstand mehr Verständnis für ihre Mutter, mit der sie zu Lebzeiten ein äußerst gespanntes Verhältnis verbunden hatte. Am 6. Mai 1987 veröffentlichte die KPD-Zeitung „Unsere Zeit" einen Nachruf auf Inge Buchmann, die zwar nach langer Krankheit, jedoch unerwartet verstorben war.[141]

Nach dem Tod von Albert Buchmann wurde die Tragödie der Familie von ihrer Freundin Hedda Zinner literarisch verarbeitet. 1980 erschien ihr Roman „Katja".[142] Als Vorlage diente das Schicksal der jüngeren Tochter Bärbel, der die Titelheldin Katja nachempfunden ist. Aber auch Erika und Albert Buchmann werden literarisch verewigt; Katjas Eltern tragen durchaus ihre Züge: Wie Erika Buchmann hatte die Mutter das KZ Ravensbrück überlebt und nach der Befreiung eine Tochter geboren. Der Vater, ein kommunistischer Funktionär und Journalist, verbringt ähnlich wie Albert Buchmann nur wenig Zeit mit der Familie. Allerdings wird er als Überlebender der stalinistischen Lager geschildert. Beide Eltern werden als engagierte und geachtete Genossen dargestellt, die sich mit dem Selbstmord ihrer Tochter auseinandersetzen müssen. Aus der selbstkritischen Sicht der Mutter werden in Rückblenden die Schwierigkeiten der nach 1945 geborenen Kinder erläutert. Sie hätten zwischen dem politischen Engagement der Eltern, der Erinnerungsarbeit und dem Leben als Symbol des Sieges über den Faschismus keinen Platz für ihre eigenen kindlichen Bedürfnisse gehabt und keine kritische Distanz zum Leben der Eltern entwickeln können.

Am Beispiel der Figur Katja stellt Hedda Zinner dar, welche Auswirkungen eine scheinbar beispielhafte antifaschistische Erziehung haben kann, wenn die Kinder diese als ritualisiert und leer empfinden und wenn Eltern eine antifaschistische Haltung einfordern, dabei aber übersehen, dass ihre Kinder sie weitaus

---

141 Vgl. SAPMO-BArch BY 1/603, Kaderakte Inge Buchmanns.

142 Auch der Roman „Katja" sollte 1984 verfilmt werden, wurde jedoch aus diversen „inhaltlichen Bedenken" auf unbestimmte Zeit zurückgestellt. Vgl. Jarmatz, Ballade, S. 70.

mehr bei Problemen des Alltags brauchten. Neben der nur am Rande thematisierten Haft des Vaters in der Sowjetunion schildert Hedda Zinner vor allem die gesellschaftlichen Probleme einer Jugend, die zu der in Schule und Jugendorganisation vermittelten unkritischen Verehrung antifaschistischer Helden keinen Zugang mehr finden konnte. Ebenso musste der Selbstmord unter Jugendlichen (zumal aus einem Funktionärselternhaus) in der DDR eine heftige Abwehr unter den ehemaligen politischen Häftlingen hervorrufen. Sie interpretierten die in „Katja" dargestellte Geschichte der Familie Buchmann als an sie gerichteten Vorwurf des Versagens bei der Auseinandersetzung mit der Geschichte des Widerstandes, der persönlichen Überforderung bei der Erziehung der eigenen Kinder und des beschönigten Umgangs der Überlebenden untereinander und wiesen dies als unwahr zurück.

Als der Roman erschien, lebten Erika und Albert Buchmann schon nicht mehr. Ihre Biografie und das Schicksal ihrer jüngeren Tochter dienten Hedda Zinner als Folie, um erstmals auf die Probleme der Kinder der in der DDR hochverehrten Elterngeneration hinzuweisen. Meines Wissens gab es in der DDR-Öffentlichkeit keine weiteren literarischen oder publizistischen Versuche, sich mit den Problemen der zweiten Generation in den Familien politischer Häftlinge auseinanderzusetzen. Bis heute ist die Problematik der Kinder von nicht jüdischen KZ- Häftlingen allenfalls schlaglichtartig thematisiert worden.

V. Resümee

„Aber es muß wohl so sein, daß wir nie etwas Schönes gemeinsam erleben dürfen. Wir dürfen ja nicht einmal das Schwere und Bittere gemeinsam tragen, wie
du siehst. [...] Wir sind unsere eigenen notwendigen Wege gegangen. Du nach
Dachau. Ich über Buenos Aires hierher in die Einzelzelle. Du aus Trotz. Ich aus
Liebe. Du als Politiker. Ich als Frau. Jetzt bin ich wieder allein. Wie damals."[1] Diese
bittere Bilanz zog Erika Buchmanns Freundin Lina Haag, als sie aus einer Einzelzelle im Stuttgarter Gestapo-Gefängnis, in dem sie von 1936 bis 1938 inhaftiert
war, an ihren Ehemann schrieb.

Von Erika Buchmann sind derart kritische Reflexionen nicht überliefert. Selbst-
gewissheit, Disziplin und Treuepflicht scheinen die unumstößlichen Koordinaten
ihres Leben gewesen zu sein. Nach 1945 war sie als Überlebende des Frauenkonzentrationslagers Ravensbrück, in dem sie lange Jahre inhaftiert gewesen war und
wo sie innerhalb der sogenannten Häftlingsselbstverwaltung einen einflussreichen
Posten bekleidet hatte, sowie als maßgebliche Gestalterin und Organisatorin der
ersten Ausstellung und Publikation in der Nationalen Mahn- und Gedenkstätte
Ravensbrück bekannt. Das Wissen um ihre Geradlinigkeit und scheinbare Unbe-
irrtheit standen am Anfang der Recherchen zur Biografie über Erika Buchmann.
Daher ging diese Arbeit zunächst der Frage nach, welche Motive und Werte Erika
Buchmann veranlassten, immer wieder „mitzuspielen" – einerlei, ob sie dabei
selbst die Fäden zog, zur Marionette anderer wurde oder ob ihr übel mitgespielt
wurde. Doch würde dieser erste Eindruck noch Bestand haben, wenn ihre Motivationen und Haltungen hinterfragt, Hintergründe beleuchtet und Aussagen von
Familienmitgliedern, Genossen und Zeitzeugen berücksichtigt würden?

Die vorliegende Arbeit zeichnet ein anderes, ein komplexeres und gebro-
cheneres Bild von Erika Buchmann. Die wichtigsten Erkenntnisse sollen im Folgenden zusammengefasst und anschließend diskutiert werden, inwieweit Erika
Buchmanns Lebens repräsentativ für Frauenbiografien im 20. Jahrhundert steht.

Die zentrale Rolle der KPD-Mitgliedschaft

Erika Buchmann wuchs unter schwierigen sozialen Bedingungen in einem
Arzthaushalt in München auf. Neben der fortwährend angespannten materiellen Situation der Familie führten vor allem die erzwungene unkonventionelle

---

1   Haag, Handvoll, S. 91.

Lebensweise der Eltern im katholischen München und der daraus folgende vor-
übergehende Verlust der Niederlassungserlaubnis für den Vater schon früh zu
einem Gefühl von Ausgrenzung und Verfolgung. Hineingeboren in ein Elternhaus mit bildungsbürgerlichem Hintergrund, erlebte Erika Buchmann den sozialen und gesellschaftlichen Niedergang der Familie. Da der Vater als Allgemeinmediziner hauptsächlich Patienten aus dem proletarischen Milieu Münchens
betreute, war die Not in den Arbeiterquartieren allgegenwärtig. Derartige Eindrücke weckten bei Erika Buchmann offenbar schon früh ein Interesse für Politik sowie Zusammengehörigkeits- und Solidarisierungsgefühle mit der Arbeiterklasse. Schließlich definierte sich Erika Buchmann selbst als Angehörige des
proletarischen Milieus, dessen partielle politische Radikalisierung auch sie vollzog. Die Erfahrung von Gewalt und Tod während der Münchner Räterepublik[2]
und die Inhaftierung des Vaters, der sich als Volkskommissar exponiert hatte,
verstärkten ihre Suche nach gesellschaftlichen Alternativen. In der neu gegründeten Kommunistischen Partei Deutschlands sah sie die politische Kraft, die solche Ideale verwirklichen könne.

Die Entscheidung zur Mitgliedschaft in der KPD folgte nicht zwingend aus
ihrer Sozialisation, erscheint jedoch vor dem geschilderten Hintergrund nachvollziehbar. Die KPD und deren Ideale wurden für Erika Buchmann zum Sinnbild
für eine bessere Gesellschaft und gleichzeitig zum Ausweg aus ihrer ungewissen
persönlichen Zukunft. Nach mehreren kurzen Beschäftigungsverhältnissen als
Sekretärin bei verschiedenen Münchner Unternehmen sowie Zeiten der Arbeitslosigkeit wurde die KPD Erika Buchmanns erster verlässlicher Arbeitgeber. Die
Partei bot damit auch Schutz vor materieller Deklassierung.

Von Anfang an dürfte Erika Buchmanns Entscheidung für die kommunistische
Partei weniger von politischen Programmen, theoretischen Abhandlungen und
ideologischen Auseinandersetzungen bestimmt worden sein.[3] Vielmehr scheint es
der (unbewusste) Wunsch nach emotionaler Heimat, Zugehörigkeit und Akzeptanz gewesen zu sein, der ihr lebenslanges politisches Engagement motivierte
und der ihr half, auch noch unter Verfolgung und Todesdrohung zu widerstehen
und sich nicht brechen zu lassen – der aber gelegentlich auch dazu führte, dass

---

2   Zur Bedeutung von Krieg, Revolution und Inflation für die proletarische „Jahrhundert-
     generation" der zwischen 1900 und 1914 Geborenen als kollektives Trauma vgl. Mallmann,
     Kommunisten, S. 113 ff. Mallmann bezieht sich in seiner Analyse jedoch nur auf männ-
     liche KPD-Mitglieder, Frauen, die in dieser Alterskohorte ebenfalls durch stetige Krisen
     und gewaltsame Konfliktlösungen geprägt wurden, sind nicht berücksichtigt.

3   Anders als im Nachlass ihres Vaters und ihres Ehemannes fanden sich bei Erika Buchmann
     keine theoretischen Schriften, Manuskripte für Parteitagsreden, schriftliche Ausführungen
     zu parteiinternen Diskussionen o. Ä.

das Festhalten an Parteidoktrinen eher einem religiösen Glauben als rationaler Überzeugung glich und der ideologische Positionen zu einer Art „Ersatzreligion" werden ließ.[4] Die KPD wurde für Erika Buchmann zur Überzeugungs- und Überlebensgemeinschaft, in deren Umfeld sie nahezu ihr gesamtes Leben verbrachte. Die Partei verhalf ihr zu materieller Sicherheit sowie zu Ansehen und Respekt im unmittelbaren Lebensumfeld. Zwar brachte diese Zugehörigkeit Verfolgung und Ausgrenzung mit sich; zugleich aber bot sie Sicherheit und Schutz in lebensbedrohlichen Situationen.

In Anbetracht der wechselhaften Geschichte der KPD erscheint es auf den ersten Blick verwunderlich, dass Erika Buchmanns Beweggründe ausreichend waren, um diese Wahl Zeit ihres Lebens nicht zu revidieren. Offenbar zog ihre augenscheinlich vor allem intuitiv und emotional getroffene Entscheidung eine erstaunlich standhafte und vor allem unkritische Gefolgschaft nach sich.

Während ihrer mehrjährigen Zuchthaus- und KZ-Haft erwies sich die kritiklose KPD-Mitgliedschaft tatsächlich als lebensrettend. Der Einsatz als Funktionshäftling im KZ Ravensbrück und die entsprechende Privilegierung hatten ihre maßgebliche Ursache in der Zuverlässigkeit und Treue, die Erika Buchmann ihrer Partei bis dahin bewiesen hatte. Während sie die Herausforderungen und die Verantwortung eines „Häftlingsfunktionärs" im KZ offenbar mit innerer Überzeugung ausfüllten, war die Übernahme von Verantwortung als Kommunal- und Landespolitikerin der KPD nach 1945 vor allem ihrem Pflichtbewusstsein und der jahrelang konditionierten Parteidisziplin geschuldet. So bedeutete die Fortführung der bekannten Verhaltensmuster nach 1945 noch immer politische Heimat, materielle Absicherung und gesellschaftliches Renommee.[5] Darüber hinaus bewegte sich Erika Buchmann hier in einem Wertegefüge, das von der Mehrzahl der langjährigen KPD-Mitglieder, unabhängig von Geschlecht und persönlicher Lebenssituation, nicht infrage gestellt oder gar verlassen wurde. Nach oft langjähriger Haft, dem Verlust der eigenen Gesundheit und der Ermordung von Familienmitgliedern und vielen Genossen, wäre es einem Sakrileg gleichgekommen, grundsätzliche Zweifel an der Partei zu hegen.

In Erika Buchmanns letztem Lebensabschnitt in der DDR allerdings schwand ihre Bereitschaft, den Vorgaben der Partei bedingungslos zu folgen. Wichtige Gründe hierfür waren die verstärkte öffentliche Auseinandersetzung mit der Geschichte des Frauen-KZ Ravensbrück und Erika Buchmanns wachsendes Selbstverständnis als Sachwalterin der Toten und Überlebenden. Sie verband dieses

---

4 Vgl. SAPMO-BArch BY 1/1035, Sekretariat der Landesleitung Baden-Württemberg.

5 Der Antikommunismus in der westdeutschen Gesellschaft aber versagte vor allem Letzteres und trug so zu Erika Buchmanns Abkehr von den ihr übertragenen Parteiaufgaben bei.

Engagement mit der Hoffnung, gleichzeitig die eigene Haftgeschichte und deren Deutung dokumentieren zu können. Die Neujustierung ihrer persönlichen Prioritäten war dabei weniger Ausdruck einer insgesamt kritischen Haltung gegenüber der Partei oder einer verstärkten Reflexion ihrer eigenen Geschichte. Ausschlaggebend waren wohl vielmehr die ausbleibende Würdigung ihrer Lebensleistung und die stattdessen aufkommenden Auseinandersetzungen um ihre Person in der Nationalen Mahn- und Gedenkstätte und stärker noch im Zusammenhang mit der „Ravensbrücker Ballade". Als Solidargemeinschaft fungiert nun die Gruppe der ehemaligen politischen (zumeist kommunistischen) Häftlinge, die nicht zugleich Funktionen in der KPD/SED oder in den Verfolgtenorganisationen innehatten und oft auch nichtdeutsche Überlebende waren. Diese Gruppe der politischen Häftlinge war zwar noch immer im Kreis der Parteimitglieder verortet. Allerdings verband sie nicht mehr vorrangig die Partei, sondern die gemeinsamen Hafterfahrungen und die Auseinandersetzung mit diesem Lebensabschnitt.

Erika Buchmann ging im Laufe der Zeit zwar auf Distanz zu Parteifunktionären und zu Repräsentanten von Verfolgtenorganisationen; auch kritisierte sie einzelne Parteientscheidungen. Von der Partei wandte sie sich aber dennoch nicht endgültig ab. Wie der Protagonist in Anna Seghers' „Transit" wollte auch sie lieber „auf vertrautem Boden verbluten, als diese Heimat zu verlieren".[6] Es gehört zu der besonderen Tragik der Biografie Erika Buchmanns, dass dies in dem Staat geschah, in dem sie alle ihre politischen Ziele verwirklicht sah.

Die Biografie Erika Buchmanns im Kontext der Forschung zur KPD-Geschichte

Frauen in der KPD wurden in der Forschung bisher als randständige Erscheinungen behandelt.[7] Das gilt sowohl für einfache Mitglieder als auch für Parteifunktionärinnen jenseits der bereits genannten prominenten Namen. Diese Arbeit nun wendet sich erstmals einem weiblichen Parteimitglied zu, das allerdings vor allem aufgrund des Wirkens als Überlebende des Frauen-KZ Ravensbrück Würdigung erfuhr. Das wissenschaftliche Desinteresse an weiblichen KPD-Mitgliedern

---

6 Anna Seghers, Transit, Berlin 1962, S. 279 f. (engl. Erstausgabe 1944, dt. Erstausgabe 1948).

7 Ausnahmen sind hier Rosa Luxemburg, Clara Zetkin und Ruth Fischer. Insbesondere zu Rosa Luxemburg existiert umfangreiche Literatur, vgl. u. a. Elzbieta Ettinger, Rosa Luxemburg. Ein Leben, Bonn 1990; Annelies Laschitza, Im Lebensrausch, trotz alledem. Rosa Luxemburg. Eine Biographie, Berlin 1996; Max Gallo, „Ich fürchte mich vor gar nichts mehr." Rosa Luxemburg, Berlin 2001. Vgl. zu Clara Zetkin und Ruth Fischer u. a. Gilbert Badia, Clara Zetkin. Eine neue Biographie, Berlin 1994; Tania Puschnerat, Clara Zetkin. Bürgerlichkeit und Marxismus. Eine Biographie, 2003; Peter Lübbe (Hrsg.), Abtrünnig wider Willen. Aus Briefen und Manuskripten des Exils, München 1990; Sabine Hering/Kurt Schilde, Kampfname Ruth Fischer, Frankfurt a. M. 1999 und allg. Bernhard H. Bayerlein (Hrsg.), Deutscher Oktober 1923, Berlin 2003.

lässt sich unter anderem mit der von der Partei selbst propagierten Gleichberechtigung der Geschlechter erklären, die in der Realität jedoch nie umgesetzt wurde. Während der gesamten Zeit ihres Bestehens wurde die KPD sowohl programmatisch als auch personell von Männern dominiert. Frauen wurden Hilfstätigkeiten wie das Kassieren von Mitgliedsbeiträgen zugewiesen oder sie übernahmen Alibifunktionen, wenn es um frauenspezifische Themen[8] ging. Waren sie wie Erika Buchmann mit einem Parteifunktionär verheiratet, wurden sie als unbezahlte Mitarbeiterinnen ausgenutzt.

Die KPD-Forschung folgte dieser Sichtweise bisher weitgehend unkritisch. Da jahrzehntelang vor allem die Organisations- und Strukturgeschichte sowie die verschiedenen Ideologie- und Fraktionskämpfe in der Partei im Mittelpunkt standen, gerieten weibliche KPD-Mitglieder gar nicht erst in den Fokus der Forschung. Auch die Hinwendung zu sozialgeschichtlichen Fragestellungen erweiterte den Blickwinkel nicht auf alle KPD-Mitglieder.[9]

So ist die Forschung bisher davon ausgegangen, dass weibliche KPD-Mitglieder den Weg in die Partei aus vergleichbaren Gründen wie ihre männlichen Genossen gefunden haben. Demnach entsprach Erika Buchmann auf den ersten Blick fast idealtypisch dem Profil der zweiten großen Mitgliedergruppe[10] der KPD: der „proletarischen Jahrhundertgeneration" der zwischen 1900 und 1914 Geborenen.[11] Deren Kindheit und Jugend wurde vom Ersten Weltkrieg und der anschließenden Revolution geprägt. Die Eltern waren milieutypisch oft abwesend,[12] sodass die Heranwachsenden nicht in den bisher verbreiteten geordneten und autoritär strukturierten Familienverhältnissen lebten. Zugleich übernahmen sie aber auch schon früh Verantwortung. Überdies fanden Angehörige der geburtenstarken Vorkriegsjahrgänge auf dem überfüllten Arbeitsmarkt der 1920er-Jahre nur schwer den Weg in eine gesicherte berufliche Existenz. Mallmann zufolge war die KPD für die männlichen Altersgenossen Erika Buchmanns daher ein Kompensationsangebot, „um das Dilemma zu meistern, erwachsen zu sein und doch nicht auf eigenen Füßen zu stehen".[13] Die eingangs zitierte Reflexion Lina Haags

8 So übernahmen Frauen die Leitung der Frauen-Abteilung im ZK der KPD.
9 Vgl. Mallmann, Kommunisten; Ulrich Eumann, Eigenwillige Kohorten der Revolution. Zur regionalen Sozialgeschichte des Kommunismus in der Weimarer Republik, Frankfurt a. M. u. a. 2007.
10 Die größte Gruppe der KPD-Mitglieder wurde von den vor 1900 Geborenen und in der Regel während des Ersten Weltkrieges aktiven Soldaten gestellt.
11 Mallmann, Kommunisten, S. 114.
12 Nach der Einberufung der Väter zum Kriegsdienst sahen sich die Mütter spätestens jetzt zur Lohnarbeit gezwungen.
13 Mallmann, Kommunisten, S. 114. Vgl. auch Detlev J. K. Peukert, Jugend zwischen Krieg und Krise. Lebenswelten von Arbeiterjungen in der Weimarer Republik, Köln 1987.

deutet jedoch ebenso in eine andere Richtung wie die intuitive Entscheidungs-
grundlage, die für Erika Buchmanns Parteieintritt nachgewiesen werden konnte.
Hier bedarf es weiterer Forschungen, um allgemeingültige Aussagen treffen sowie
die Biografie Erika Buchmanns einordnen zu können.

Die KPD-Forschung weist zu Recht auf die marginale Bedeutung weiblicher
Parteimitglieder und auf die geringe Anzahl von Frauen im Führungspersonal der
Partei hin. Trotzdem greift es zu kurz, das „weibliche Defizit" zu konstatieren und
die weibliche Mitgliedschaft auf Ehefrauen von Parteimitgliedern zu reduzieren.
In dieser Perspektive wird der eigenständige Weg von Frauen in die KPD nicht
wahrgenommen. Deshalb muss gefragt werden, ob die Ergebnisse von Mallmanns
Studie in ihrer Absolutheit zutreffen.

Die mangelnde Beachtung weiblicher Parteimitglieder verstellt der Forschung
auch den Blick auf die tatsächliche Rolle der Frauen innerhalb der KPD. Im Fall
von Erika Buchmann war es die Partei selbst, die den Rückzug aus der aktiven
Parteipolitik und den Verzicht auf eine mögliche Karriere erzwang. Im Nachlass
fand sich im Fall Erika Buchmanns kein Hinweis darauf, dass sie dies bedauerte
oder gar als Ungerechtigkeit empfunden hätte. Gleichzeitig sah sie nie ein Problem
darin, Erwerbs- und Familienleben miteinander zu vereinbaren. Betrachtet man
darüber hinaus ihr langjähriges und beharrliches Engagement für das Vermächtnis der Opfer des Frauen-KZ Ravensbrück, so akzeptierte sie die ihr von der Partei auferlegten Beschränkungen wohl vor allem aus Parteidisziplin. Die fehlende
Motivation Erika Buchmanns während ihrer Zeit als KPD-Landtagsabgeordnete
hingegen war den politischen und persönlichen Umständen geschuldet und lässt
nicht auf eine prinzipielle Abkehr von politischem Engagement und Verantwortung schließen. Die von Erika Buchmann für ihre fast 50-jährige Beziehung zu
ihrem Ehemann gewählte Bezeichnung „Kameradschaftsehe" beschreibt ihre
Wahrnehmung als gleichberechtigte Partnerin und ebensolches Parteimitglied,
wenngleich ohne Funktion und Mandat.

Innerhalb der Forschungen zur KPD-Geschichte betritt diese biografische
Studie über Erika Buchmann Neuland, da sie erstmals eine Frau aus der „zweiten
Reihe" in den Mittelpunkt stellt. Dieser Fokus ist durchaus gewinnbringend: Die
Nachlässe dieser Frauen können oft wichtige Informationen über innerparteiliche
Abläufe und Verbindungen in der KPD liefern. Auch die Frauen-und Geschlech-
tergeschichte könnte vom biografischen Ansatz und von der Hinwendung zu sol-
chen politisch hoch aktiven und ihr Milieu prägenden Frauen profitieren.[14] Das

---

14 Vgl. die Bedeutung von Biografien in der Geschlechterforschung: Workshop „Biographie
    und Geschlecht" des Lehrstuhls Geschlechtergeschichte der Friedrich-Schiller-Universität
    Jena am 4. Juli 2011.

Selbstverständnis der weiblichen KPD-Mitglieder als Kameradin und emanzipierte Partnerin unterschied sich grundlegend von der Idee der weiblichen Emanzipation, die in der bürgerlich-liberalen Frauenbewegung diskutiert wurde.[15] Hinzu kommt, dass diese Vorstellung von Partnerschaft und gleichberechtigter gesellschaftlicher Teilhabe in der DDR übernommen und weiterentwickelt wurde und bis heute in der (ost)deutschen Gesellschaft nachwirkt.[16]

Die Biografie Erika Buchmanns im Kontext der Geschichte des Frauen-KZ und der Nationalen Mahn- und Gedenkstätte Ravensbrück

In den vergangenen zwanzig Jahren hat eine Vielzahl an Forschungsarbeiten das Wissen über das Frauen-KZ Ravensbrück stetig und signifikant erweitert. Trotz des großen Erkenntnisgewinns zum Beispiel zur Geschichte des Lagerkomplexes Ravensbrück, zu einzelnen Häftlingsgruppen oder zur Rolle von Frauen als Opfer und/oder Täterinnen bleiben Forschungsdesiderate, die bei der Arbeit an der Biografie über Erika Buchmann deutlich sichtbar wurden. So fehlen bis heute Studien, die sich explizit den kommunistischen Häftlingen im Lager widmen oder das Verhältnis zwischen den verschiedenen Häftlingsgruppen und Nationalitäten untersuchen. Ähnlich ist der Befund zur Forschungssituation bezüglich der Geschichte der Nationalen Mahn- und Gedenkstätte Ravensbrück. So richtete sich das Interesse der Forschung in den letzten Jahren insbesondere auf die Formensprache des Gedenkens sowie auf Ausgrenzung aus und Vereinnahmung in Gedenkritualen. Die Geschichte der Nationalen Mahn- und Gedenkstätte als Institution blieb weitestgehend ausgespart.[17]

Eine dritte Leerstelle, die bei der Arbeit an der Biografie Erika Buchmanns hervortrat, markieren Forschungsdefizite zu den langfristigen Auswirkungen von Verfolgung und oft jahrelanger Abwesenheit der Eltern auf die Kinder politischer Häftlinge während der NS-Zeit. Die inhaftierten Eltern empfanden die Ungewissheit über das Schicksal der Kinder meist als schlimmste Folter. Das Leid der zurückgelassenen Kinder dagegen wurde bislang kaum beachtet. Ebenso wurde nie die Möglichkeit erwogen, dass die gewaltsame Trennung während des Natio-

---

15 Vgl. u. a. Richard J. Evans, Sozialdemokratie und Frauenemanzipation im deutschen Kaiserreich, Berlin, Bonn 1997; Ute Gerhard, Frauenbewegung und Feminismus. Eine Geschichte seit 1789, München 2009; Rosemarie Nave-Herz, Die Geschichte der Frauenbewegung in Deutschland, Bonn 1988; Ute Frevert, Frauen-Geschichte zwischen bürgerlicher Verbesserung und neuer Weiblichkeit, Frankfurt a. M. 1986; Heide-Marie Lauterer, Parlamentarierinnen in Deutschland 1918/19–1949, Königstein 2002.

16 An dieser Stelle kann leider nicht diskutiert werden, inwieweit die propagierte Gleichberechtigung der Frauen in der DDR im Alltag der Frauen gelebt werden konnte.

17 Vgl. Eschebach u. a. (Hrsg.), Sprache.

nalsozialismus noch Jahrzehnte später das Verhältnis zwischen Eltern und Kindern belasten kann. Solche Langzeitfolgen gab es auch in Familien, in denen Kinder selbst in der KPD aktiv geworden waren und Verständnis für die politische Arbeit der Eltern aufbrachten.

Ein seltenes Beispiel für die Darstellung der leidenden Kinder ist die Erzählung Anna Seghers' „Die Tochter der Delegierten".[18] Hier fährt die polnische Weberin und alleinerziehende Mutter Felka zu einem Gewerkschaftskongress nach Moskau. Die elfjährige Tochter Józia bleibt allein in der Wohnung zurück, soll diese nicht verlassen und darf bei Einbruch der Dunkelheit kein Licht anschalten. Die Angst des Mädchens vor der Einsamkeit und die Not, die Mutter nicht zu enttäuschen oder in Gefahr zu bringen, werden eindringlich geschildert. Jedoch mündet die Erzählung in der Demonstration dessen, was der Einzelne in der Situation der Bewährung zu leisten vermag. Das Trauma des Kindes wird zur Heldentat umgedeutet. Ähnlich geht auch Erika Buchmann mit dem Schicksal ihrer Tochter Inge um. Sie zeigt mütterliche Sorge und Anteilnahme, reflektiert jedoch zu keiner Zeit die nachhaltigen Folgen, die die langjährige Haft der Eltern auf ihre älteste Tochter gehabt haben muss.[19]

Auch in Bezug auf die nachfolgenden Generationen wird das noch immer unzureichende Wissen über die Gruppe der kommunistischen Häftlinge im Frauen-KZ Ravensbrück deutlich. Das allgemeine Wissen über die Fortsetzung der politischen Arbeit in der KPD nach 1945 oder in Verfolgtenorganisationen einiger herausragender ehemaliger Funktionshäftlinge kann nicht über die mangelnden Kenntnisse vom Weiterleben dieser Gruppe nach der Befreiung hinwegtäuschen. Für Erika Buchmann wurde nachgewiesen, dass die überstandene Haft sie für eine Karriere in der Landespolitik prädestinierte, dass aber erst diese Erfahrung ein langjähriges und kontroverses politisches Engagement freisetzte, obgleich außerhalb von Wahlämtern in der Partei oder der Gesellschaft.

Diese Arbeit über Erika Buchmann wendet sich erstmals ausführlich dem Lebensabschnitt nach 1945 zu und nimmt sowohl das politische Engagement als auch die private Lebensgeschichte in den Blick.

---

18 Vgl. Anna Seghers, Die Tochter der Delegierten, Berlin 1970. Die Erzählung wurde verfilmt, es entstand ein Hörspiel und sie war Teil des Literaturkanons, den die Schüler im Deutschunterricht lesen sollten.

19 Vgl. Brief von Erika Buchmann an Albert Buchmann vom 13. Oktober 1953, SAPMO-BArch NY 4178/12, Bl. 20. Bis heute hat sich die Forschung kaum der Frage zugewandt, welche Auswirkungen langjährige Haft oder Verlust eines Elternteiles oder der Eltern auf deren Kinder im kommunistischen Widerstand hatten. Bisher stand hauptsächlich die Frage im Mittelpunkt, mit welchen Spätfolgen die Kinder jüdischer Opfer zu kämpfen haben, deren Eltern mit Verfolgung, Haft und Tod konfrontiert waren oder nicht überlebten. Vgl. Überleben und Spätfolgen, Dachauer Hefte 8 (1992).

Repräsentativität des Lebens von Erika Buchmann

Bevor abschließend auf die Repräsentativität von Erika Buchmanns Biografie eingegangen werden kann, muss auf einige überraschende Leerstellen in ihrem Nachlass verwiesen werden. Das Leben Erika Buchmanns streift vom Beginn des 20. Jahrhunderts bis in die frühen 1970er-Jahre alle wichtigen Ereignisse der deutschen Geschichte in diesem Jahrhundert. Während ihrer über 50-jährigen Parteimitgliedschaft wurde Erika Buchmann Zeitzeugin der KPD-Geschichte von der Gründung 1919 bis zur Neugründung als DKP im Jahr 1968. Sie erlebte Deutschland als Monarchie, Demokratie und Diktatur, durchlitt zwei Weltkriege und lebte in beiden deutschen Staaten. In der DDR genoss sie das Privileg der Reisefreiheit und konnte Freundschaften in vielen Ländern Europas pflegen. In jedem Lebensabschnitt kannte sie wichtige Persönlichkeiten der Zeitgeschichte, Politiker, Schriftsteller und bildende Künstler.

Und doch wird bei der Sichtung ihres Nachlasses schnell offenbar, dass Ereignisse von historischer Tragweite, Begegnungen mit bekannten Persönlichkeiten oder wesentliche gesellschaftliche Diskussionen nur sehr selten einen schriftlichen Niederschlag fanden. In den 1920er-Jahren etwa kommt die KPD-Kampagne zum Verbot des Paragrafen 218 RStGB[20] überhaupt nicht zur Sprache.[21] Auch Clara Zetkin,[22] die vielen weiblichen KPD-Mitgliedern ein Vorbild war, wird an keiner Stelle erwähnt. Einige wenige historische Ereignisse, die andere Zeitzeugen, zumal wenn sie politisch engagiert waren, zumeist mit starkem Interesse und eigenen Wertungen kommentierten, finden bei Erika Buchmann nur beiläufig Erwäh-

---

20 § 218 Reichsstrafgesetzbuch in der Fassung von 15. 5. 1871 (in Kraft getreten am 1. 1. 1872).

21 Schon vor 1914 gab es Kritik am § 218. Die wirtschaftliche Not nach 1918 verschärfte die Problematik, und die KPD wurde zum entschiedensten Gegner des Abtreibungsparagrafen. Sie setzte sich für dessen ersatzlose Streichung, für Abtreibungen durch einen versierten Arzt, eine bessere sexuelle Aufklärung und die Freigabe von Verhütungsmitteln ein. Die KPD nutzte den Kampf gegen den § 218 aber auch als Propagandamittel und prangerte die Doppelmoral der bürgerlichen Gesellschaft an, da wohlhabende Frauen Wege zur straffreien und gefahrlosen Abtreibung fanden. Auch außerhalb der eignen Klientel stieß die KPD mit ihren Forderungen auf viel Zustimmung, wegen ihrer Radikalität hatten sie jedoch keine Chance auf Umsetzung.

22 Clara Zetkin, (geb. 5. Juli 1857, gest. 20. Juni 1933), Lehrerin, durch ihren späteren Ehemann Beschäftigung mit marxistischer Theorie, SPD-Mitglied, 1880–1891 Exil in Frankreich und der Schweiz, dort Geburt der zwei Söhne, Teilnahme an der Gründung der II. Internationale, Herausgeberin der Frauenzeitschrift „Gleichheit", führende Sozialdemokratin in Europa, Mitbegründerin der Spartakus-Gruppe und der USPD, ab März 1919 KPD-Mitglied, populäre und geachtete Kommunistin in der Weimarer Republik, 1920–1933 MdR, gegen linke Opposition innerhalb der KPD, jedoch keine öffentliche Kritik, ab 1929 fast ständig in Moskau, eröffnet erblindet und schwer krank 1932 als Alterspräsidentin die Legislatur des Reichstages.

nung. So ist ihre Bewertung des Hitler-Stalin-Pakts während ihrer ersten Haft in Ravensbrück kaum als freie Meinungsäußerung zu werten.[23] Den 17. Juni 1953, den 13. August 1961 sowie die Niederschlagung des Prager Frühlings berücksichtigt Erika Buchmann nur in Halbsätzen.[24] Zumindest die zahllosen Kurswechsel der jeweiligen Parteiführung, die Repressionen, die Verfolgung und Ermordung langjähriger Genossen durch die eigene Partei, würde man im Briefwechsel mit Familienangehörigen oder Vertrauten als Thema erwarten. Ganz gleich, ob als Zustimmung oder als Ablehnung und Kritik – diese Ereignisse hätten Auseinandersetzung und Meinung provozieren müssen. Sogar als in den 1950er-Jahren langjährige Genossen der württembergischen KPD wie Robert Leibbrand, Hermann Nuding und Friedrich Schlotterbeck[25] und in gewisser Weise auch ihr eigener Mann von Verfolgung, Diffamierung und den Auswüchsen der KPD-Kaderpolitik betroffen waren, schwieg Erika Buchmann.

Erika Buchmanns Vita scheint daher von einem eklatanten Widerspruch geprägt zu sein: Einerseits standen ihr berufliches wie privates Leben ganz im Zeichen von Politik und politischem Engagement. Andererseits herrscht in ihren schriftlichen Hinterlassenschaften eine evidente Sprachlosigkeit bezüglich vieler wichtiger Ereignisse des 20. Jahrhunderts.[26]

---

23 Brief Erika Buchmanns an Albert Buchmann vom 1. Oktober 1939, SAPMO-BArch NY 4178/11, Bl. 234.

24 Brief Erika Buchmanns an Siegfried Wagner, Abt. Kultur beim ZK der SED am 20. 10. 1961, SAPMO-BArch NY 4178/49, Bl. 62.

25 Robert Leibbrand, ab 1919 KPD-Mitglied, nach 1945 diverse Leitungsfunktionen in der KPD Württemberg, KPD-Abgeordneter im Landtag Württemberg-Baden und im Bundestag, 1951 Vorwurf von „politischen Fehlern und opportunistischen Abweichungen", zur Übersiedlung in die DDR gezwungen, hier nachrangige Positionen in SED-Parteischulen und im IML in Ost-Berlin; Hermann Nuding, ab 1919 KPD-Mitglied, nach 1945 diverse Leitungsfunktionen in der KPD Württemberg, KPD-Abgeordneter im Landtag Baden-Württemberg und im Bundestag, 1950 Vorwurf „schwerer opportunistischer Fehler und versöhnlerischem Verhaltens", verweigert sich der erzwungenen Übersiedlung in die DDR, vollständiger Rückzug aus der politischen Arbeit; Friedrich Schlotterbeck, ab 1927 KPD-Mitglied, nach 1945 Vorsitzender der VVN in Württemberg, Präsident des DRK in Baden-Württemberg und Mitglied der KPD-Landesleitung, gemeinsam mit seiner Frau Anna (gesch. Leibbrand) 1948 Übersiedlung in die SBZ, 1951 Vorwurf der Spionage und Ausschluss aus der SED, 1953 gemeinsam mit Ehefrau als angeblicher Gestapo-Agent und wegen Kontakten zu Noel H. Field verhaftet und zu mehrjähriger Zuchthausstrafe verurteilt, nach 1956 rehabilitiert. Alle drei überlebten in der NS-Zeit mehrjährige Haftstrafen in Zuchthäusern und Konzentrationslagern bzw. in französischen Internierungslagern. Anna und Friedrich Schlotterbeck hatten während der 1950er-Jahre in der DDR wiederum andere Genossen des Kontaktes zu Noel H. Field bezichtigt und als Verräter denunziert.

26 Anders verhält es sich mit Albert Buchmann. Nicht zuletzt aufgrund seiner Tätigkeit an der Parteischule der KPD in Schmerwitz fanden sich in seinem Nachlass zahlreiche Schriften

Zwar kann nicht ausgeschlossen werden, dass der Nachlass vor seiner Übergabe an das SED-Parteiarchiv von vermeintlich bedenklichen und problematischen Dokumenten „gereinigt" wurde. Möglicherweise aber entspricht dieser Befund auch Erika Buchmanns emotional begründeter und wenig ideologisch unterfütterter Treue zur KPD. Kritiklos wahrgenommene Ereignisse waren einer Erwähnung eben nicht wert. Die fehlende Reflexion zeitgeschichtlicher Ereignisse, wie auch innerparteilicher Konflikte in den Quellen mag jedoch auch Ausdruck eines lebenslangen Misstrauens gegenüber schriftlichen, zumal kritischen Aufzeichnungen sein, dass vielen KPD-Mitgliedern eigen war. Auch hier wäre ein Vergleich mit Nachlässen anderer kommunistischer Funktionäre sicher aufschlussreich.

Beim Verfassen einer Biografie wird man oft mit der Frage konfrontiert, inwieweit das Leben des Protagonisten verallgemeinerbar ist. Die Antwort lautet dann meist, dass jedes Leben zuallererst in seiner Einzigartigkeit betrachtet werden muss. Dies gilt auch für Erika Buchmann. Ihre Biografie aber ist zugleich ein typischer Lebenslauf für all jene Menschen, die nach den Erfahrungen des Ersten Weltkrieges, angesichts der sozialen Ungerechtigkeit und den politischen Auseinandersetzungen der frühen Weimarer Republik nach Alternativen suchten. Schon mehrfach wurde auf die fehlende Forschung zu weiblichen KPD-Mitgliedern verwiesen. Auch deshalb kann die Repräsentativität des Lebensweges von Erika Buchmann nur schwer eingeschätzt werden. Gleichwohl ist auffällig, dass keine prominenten kommunistischen Mithäftlinge Erika Buchmanns nach 1945 die Partei verließen. Politische Karrieren blieben auf typische Frauenthemen oder nachrangige Ebenen begrenzt. Hier ist die Lebensgeschichte Erika Buchmanns keine Ausnahme.

Besonders wird ihre Biografie durch das langjährige und nach Öffentlichkeit strebende Engagement für die Gedenkstätte am Ort des ehemaligen Frauenkonzentrationslages Ravensbrück. Hier scheute sie weder langjährige mühevolle Arbeit noch Konflikte. Dies war „ihr" Thema, hier sah sie sich gegenüber den Ermordeten wie auch gegenüber den Überlebenden in der Pflicht und behielt gleichzeitig die Deutungshoheit über die eigene Haftzeit. Hier konnte sie politisch aktiv bleiben, was ihr als Ehefrau eines KPD-Funktionärs innerhalb der Partei weiterhin verwehrt war. Aber auch hier kam es trotz Auseinandersetzungen zu keiner prinzipiellen Abkehr und fundamentalen Kritik. Dass Erika Buchmann

zu historischen bzw. theoretischen Themen, u. a.: zu den Anfängen der deutschen Arbeiterbewegung, zur Tätigkeit der Arbeitsausschüsse in Württemberg, zur Politik der Bundesregierung, Ziele und Aufgaben der KPD, Zur kommunistischen Moral, Proletarischer Internationalismus, Kritik und Selbstkritik sowie zahlreiche Zeitungsartikel. Vgl. SAPMO-BArch NY 4178/30-35.

aufgrund der Erfahrung von Verfolgung und KZ-Haft während des NS-Regimes der zweiten deutschen Diktatur des 20. Jahrhunderts bis an ihr Lebensende die Treue hielt, macht ihre Lebensgeschichte zu einem repräsentativen Beispiel für all die Frauen und Männer, die unmittelbar nach der Gründung der KPD ihr gesamtes Leben dieser Partei verschrieben.

Kurzbiografien

Erika Buchmann, geb. Schollenbruch

19. Nov. 1902	Geburt in München
Ab 1909	Schulbesuch in München (Volksschule und Lyzeum)
1917–1919	Besuch der Handelsschule in München
1918/1919	Mitglied in der sozialistischen Jugendbewegung/KJVD
Ab 1920	Mitglied der KPD
Ab 1923	Sekretärin der KPD-Fraktion im Bayerischen Landtag
1925	Eheschließung mit Albert Buchmann
Ab 1925	ehrenamtliche Tätigkeit für die KPD
1927	Geburt der Tochter Ingeborg (Inge)
1932	Übersiedlung der Familie nach Stuttgart
Nov. 1933–Jan. 1934	Schutzhaft im Gefängnis Gotteszell
Dez. 1935–Juli 1937	Untersuchungshaft in Stuttgart
Juli 1937	Verurteilung wegen Vorbereitung zum Hochverrat
Aug. 1937–Nov. 1940	Inhaftierung im Zuchthaus Aichach und im Frauen-KZ Ravensbrück
Nov.1940–Jan. 1942	Rückkehr nach Stuttgart, Sekretärin bei der Firma Paul Jaeger & Co.
Jan. 1942–April 1945	Inhaftierung im Frauen-KZ Ravensbrück
Juli 1945	Rückkehr nach Stuttgart
Okt.1945 bis Ende 1946	für die KPD Mitglied im Gemeinderat der Stadt Stuttgart
1947	Geburt der Tochter Bärbel
1948	Aussage als Zeugin beim 4. Ravensbrück-Prozess in Hamburg
1952–1956	KPD-Abgeordnete der Verfassunggebenden Landesversammlung und des ersten Landtages von Baden-Württemberg
1956	Übersiedlung in die DDR
1956–1959	Organisatorin und Kuratorin der ersten Ausstellung in der neu gegründeten Nationalen Mahn- und Gedenkstätte Ravensbrück

1959	Veröffentlichung des Buches „Frauen von Ravensbrück"
1960–1961	gemeinsam mit Hedda Zinner Arbeit am Theaterstück „Ravensbrücker Ballade"
Jan. 1971	Suizid der Tochter Bärbel
20. Nov. 1971	Tod in Berlin (Ost)

Albert Buchmann

28. Okt. 1894	Geburt in Pirmasens
1901–1908	Besuch der Volksschule und der Sonntagsschule in Pirmasens
1908–1914	Tätigkeit als Fabrikschuhmacher
Ab 1910	Mitglied der SPD und im Zentralverband der Schuhmacher
1914–1919	Soldat an der Westfront
1918/1919	Kriegsgefangenschaft in Belgien
1920	Übersiedlung nach München
1919–1923	Tätigkeit als Fabrikschuhmacher
1919/1920	Mitglied der USPD
Ab 1921	Mitglied der KPD, Vorsitzender der Münchner Schuharbeitergewerkschaft
1923–1932	hauptamtlicher Bezirkssekretär der KPD in Südbayern
1924–1933	KPD-Abgeordneter im Reichstag
1925	Heirat mit Erika Buchmann, geb. Schollenbruch
1927	Geburt der Tochter Ingeborg (Inge)
1932/1933	Bezirkssekretär der KPD in Württemberg-Baden
1933–1945	Verurteilung wegen seiner politischen Tätigkeit für die KPD, Inhaftierung in verschiedenen Gefängnissen und Zuchthäusern sowie den Konzentrationslagern Dachau, Sachsenhausen und Flossenbürg
1945	Mitbegründer der Arbeitsausschüsse in Stuttgart, Landesvorsitzender der KPD in Württemberg bzw. der Zonenleitung der KPD in der Amerikanischen Besatzungszone
1945/1946	Referatsleiter für Wohlfahrt im Innenministerium Württemberg-Baden
1947	Geburt der Tochter Bärbel
1946–1950	Mitglied der vorläufigen Volksvertretung für Württemberg-Baden, KPD-Abgeordneter der Verfassunggebenden Landesversammlung und des 1. Landtages von Württemberg-Baden

1948–1971	Mitglied im Parteivorstand bzw. im Zentralkomitee der KPD
1953	Übersiedlung in die DDR
1953–1965	Parteisekretär der Parteihochschule der KPD „Ernst Thälmann" in Schmerwitz
17. Dez. 1975	Tod in Berlin (Ost)

Ingeborg Buchmann, gesch. Lippmann

24. März 1927	Geburt in München
1934–1943	Schulbesuch in Stuttgart und Berlin, Abschluss mit der mittleren Reife
1933–1945	während der Haft der Eltern bei Verwandten in Stuttgart, Pirmasens und Berlin aufgewachsen
1944–1945	Praktikum in einer staatlichen Volksbüchereistelle
1945	Abbruch der beruflichen Ausbildung, politische Tätigkeit als Sekretärin der antifaschistischen Arbeitsausschüsse in Stuttgart, Landessekretärin der schwäbischen Volksjugend, Mitglied der KPD
1946–1949	Orig.-Sekretärin des Landesvorstandes der FDJ in Württemberg-Baden
1950/1951	Sekretärin für Junge Pioniere bzw. für Kader im Zentralbüro der (West-)FDJ in Frankfurt a. M. bzw. Düsseldorf
1951	Übersiedlung in die DDR, Besuch der Parteihochschule der SED in Berlin (Ost)
1952	Heirat mit Heinz Lippmann
1952	schwere Erkrankung an Knochentuberkulose, Abbruch des Studiums
1952/1953	stellvertretende Abteilungsleiterin im Zentralrat der FDJ
1953	nach Flucht Heinz Lippmanns in die BRD, Scheidung und Verlust aller politischen Ämter
1954	fünf Monate Redakteurin bei der FDJ-Zeitung „Junge Welt"
1954–1958	Arbeit in diversen Positionen im Institut für Zeitgeschichte in Berlin (Ost)
1959–1963	offenbar erzwungener Wechsel an die Sektion Geschichte der Humboldt-Universität zu Berlin zur Promotion, abgebrochen
1963–1968	Mitarbeiterin für Aktuelle Politik und Propaganda des Senders 904

| 1969 | Übersiedlung in die BRD nach München, Sekretärin im Dennoch-Verlag, Mitglied im Bezirksvorstand der DKP in Südbayern, Landessekretärin der VVN/Bund der Antifaschisten in Bayern |
| Anfang Mai 1987 | Tod in München |

Bärbel Handtke, geb. Buchmann

17. März 1947	Geburt in Stuttgart
1954–1956	Schulbesuch in Stuttgart
1956	gemeinsam mit der Mutter Übersiedlung nach Berlin (Ost)
1956–1957	Aufenthalt in einem Kinderheim
1957–1963	Besuch einer Polytechnischen Oberschule in Berlin (Ost)
1963–1966	Berufsausbildung mit Abitur, Ausbildung zur Krankenschwester in der Charité
Ab 1966	Krankenschwester in der Charité
1970	Heirat mit Rainer Handtke
24. Jan. 1971	Tod nach Suizid in Berlin (Ost)

Rudolf Schollenbruch

11. Jan. 1856	Geburt in Schwelm/Westfalen
?	Studium der Medizin in München und Straßburg
1882	Approbation als Arzt, Niederlassung als praktischer Arzt in Weidenfeld/Fichtelgebirge, Westerland/Sylt und München
1884	Heirat mit Rose Hermann
1885–1895	Geburt von fünf Kindern in dieser Ehe
1902	Trennung von Ehefrau, gemeinsam mit Maria Röhling Übersiedlung nach München, Geburt der Tochter Erika
1905	Geburt der Tochter Margot
1908	Heirat mit Maria Elisa Röhling
1914–1916	Teilnahme am Ersten Weltkrieg als Truppenarzt an der Westfront
1919	Teilnahme an der Novemberrevolution, Mitglied des Arbeiter und Soldatenrates in München, Chefarzt der Roten Armee und „Gesundheitsminister" der Bayerischen Räterepublik

1919	zweimonatige Inhaftierung wegen Teilnahme an Münchner Räterepublik
Ab 1920	Mitglied der KPD
1920–1925	Wiederaufnahme der ärztlichen Praxis
1932	Übersiedlung nach Stuttgart
3. Nov. 1937	Tod in Stuttgart

Maria Schollenbruch, geb. Röhling

29. Sep. 1877	Geburt in Hamburg
Bis 1902	plattdeutsche Soubrette am Deutschen Schauspielhaus in Hamburg
1899	Geburt eines unehelichen Sohnes, Kind stirbt ein halbes Jahr später an Meningitis
1899	lernt Rudolf Schollenbruch kennen
1902	gemeinsam mit Rudolf Schollenbruch Übersiedlung nach München, Geburt der Tochter Erika
1905	Geburt der Tochter Margot
1908	Heirat mit Rudolf Schollenbruch
1924–1925	gemeinsam mit Tochter Margot Eröffnung eines Feinkostgeschäftes in München
1932	Übersiedlung nach Stuttgart
10. Juli 1933	Tod in Stuttgart

Abkürzungsverzeichnis

ADGB	Allgemeiner Deutscher Gewerkschaftsbund
Agitpropleiter	Leiter für Agitation und Propaganda
AM-Apparat	Abteilung Militärpolitik
	(Tarnbezeichnung für den KPD-Nachrichtendienst)
BDM	Bund Deutscher Mädel
BHE	Block der Heimatvertriebenen und Entrechteten
B.-L.	Bezirksleitung
BzG	Beiträge zur Geschichte der Arbeiterbewegung
DAF	Deutsche Arbeitsfront
DFD	Demokratischer Frauenbund Deutschlands
DKP	Deutsche Kommunistische Partei
DP	Deutsche Partei
DPs	Displaced Persons
DRK	Deutsches Rotes Kreuz
DSF	Deutsch-Sowjetische-Freundschaft
DVP	Deutsche Volkspartei
FDJ	Freie Deutsche Jugend
FKL	Frauenkonzentrationslager (offizielle SS-Abkürzung)
Gestapo	Geheime Staatspolizei
IML	Institut für Marxismus-Leninismus
KAW	Komitee der antifaschistischen Widerstandskämpfer
KJVD	Kommunistischer Jugendverband Deutschlands
KL	Konzentrationslager (offizielle SS-Abkürzung)
KPD	Kommunistische Partei Deutschlands
KPO	Kommunistische Partei Deutschlands (Opposition)
KPdSU	Kommunistische Partei der Sowjetunion
KZ	Konzentrationslager
LAG	Lagerarbeitsgemeinschaft
MdL	Mitglied des Landtages
MdR	Mitglied des Reichstages
MfDG	Museum für Deutsche Geschichte
MfK	Ministerium für Kultur
MfS	Ministerium für Staatssicherheit

NKWD	Narodnyi Kommissariat Wnutrennich Del
	(Volkskommissariat des Inneren)
NSDAP	Nationalsozialistische Deutsche Arbeiterpartei
OB	Oberbürgermeister
OdF	Opfer des Faschismus
Ogruleiter	Ortsgruppenleiter
Org-Leiter	Organisatorischer Leiter
Pg	Parteigenosse
Pol-Leiter	Politischer Leiter
POS	Polytechnische Oberschule
PV	Parteivorstand
RM	Reichsmark
RStGB	Reichsstrafgesetzbuch
SBZ	Sowjetische Besatzungszone
SD	Sicherheitsdienst des Reichsführer SS
SED	Sozialistische Einheitspartei Deutschlands
Sipo	Sicherheitspolizei
SMAD	Sowjetische Militäradministration in Deutschland
SPD	Sozialdemokratische Partei Deutschlands
SS	Schutzstaffel
SS-WVHA	SS-Wirtschafts-Verwaltungshauptamt
StGB	Strafgesetzbuch
SU	Sowjetunion
UdSSR	Union der Sozialistischen Sowjetrepubliken
USPD	Unabhängige Sozialdemokratische Partei Deutschlands
VdN	Verfolgter des Naziregimes
VGH	Volksgerichtshof
VVN	Vereinigung der Verfolgten des Naziregimes
WBDJ	Weltbund der Demokratischen Jugend
ZfG	Zeitschrift für Geschichtswissenschaft
ZK	Zentralkomitee
ZPKK	Zentrale Parteikontrollkommission der SED

Quellen- und Literaturverzeichnis

Quellen

Interviews, Gespräche, Briefwechsel

Dr. Bärbel Schindler-Saefkow/17. April 2002, 4. September 2003
Gertrud Müller/8. September 2002
Hannelore Elisabeth Schondelmayer, geb. Reichert/11. Oktober 2002
Ingrid Raabe, geb. Lugebiel/20. März 2001
Lina Haag/14. August 2005
Dr. Norbert Madloch/25. September 2003
Rita Pawlowski/24. September 2003
Prof. Wolfgang Jacobeit/10. Juni 2002

Archivalische Quellen

Archiv des Erzbistums München
Taufregister Hl. Kreuz Giesing 1902–1907, MM II, Bde. 18, 19
Pfarrbuch München St. Anna, Nr. 12

Bayerisches Hauptstaatsarchiv (BayHstA)
Slg. Personen 2151 (Rudolf Schollenbruch)
Slg. Personen 4626 (Albert Buchmann)
MA 101235 (Lagebericht der Polizeidirektion München)

Bayerisches Hauptstaatsarchiv (BayHstA) Kriegsarchiv (KA)
Bayerische Wehrordnung, 1914
Militärdienstgesetzbuch
Kriegs-Sanitäts-Ordnung, Teil VI, 1904

Archiv des Landtages von Baden-Württemberg
Informationsdienst des Landtages, Parlamentarierinnen 1945–1988, Nr. 1
Unterlagen zur Abgeordneten Erika Buchmann, o. Sign.

Der Bundesbeauftragte für die Unterlagen des Staatssicherheitsdienstes der ehemaligen DDR (BStU)
AV 8/74, Bd. 1/2
ZUV 1 Band 10, S. 126–149

Institut für Zeitgeschichte (IfZ)
B 4/425
Fa 183/I
MA 443, KZ IV – Ravensbrück

Landeseinwohneramt Berlin
Auszüge aus archiviertem Melderegister
    zu Erika Buchmann, geb. Schollenbruch, Albert Buchmann, Bärbel Handtke,
    geb. Buchmann, vom 22. 10. 2002

Mahn- und Gedenkstätte Ravensbrück/Stiftung Brandenburgische Gedenkstätten (MGR/SBG)
P-NMG, Bde. 2–27
PRO, WO 235/307
Fo II/D10
Z 77/72, Bd. 2
Slg. Bu (Sammlung Erika Buchmann)
NL 35 (Nachlass Erika Buchmann)
NL 7 (Nachlass Anni Sindermann)
NL 13 (Nachlass Antonina Nikiforowa)
NL 12 (Nachlass Gerda und Walter Sonntag)
NL 4 (Nachlass Ilse Hunger)

Staatsarchiv Ludwigsburg (StA Ludwigsburg)
EL 901/20 Bü 37

Staatsarchiv München (StA München)
Pol. Dir. 10147

Stadtarchiv, Landeshauptstadt München (StadtA München)
Meldekarte Albert Buchmann, o. Sign.
Meldekarte Rudolf Schollenbruch, o. Sign
Zeitungsausschnittsammlung, Nr. 898–900
Z-Slg., Mappe 390/5 (Zeitgeschichtliche Sammlung)

Stadtarchiv, Landeshauptstadt Stuttgart (StadtA Stuttgart)
Niederschriften über die Sitzungen des vorbereitenden Ausschusses für den zu
    bildenden Gemeinderat, August–September 1945
Niederschriften über die Sitzungen des Gemeinderates, Oktober 1945–Mai 1946,
    Bde. 118–122
Stadt Stuttgart Hauptkartei, Bestand 14

Stiftung Archiv Parteien und Massenorganisationen der DDR im Bundesarchiv
NY 4178 (Nachlass Erika und Albert Buchmann)
P-171,I,II, P 1992, Album 458, 459 (Nachlass Erika und Albert Buchmann im
    Fotoarchiv)
NY 4049 (Nachlass Änne Saefkow)
NY4036 (Nachlass Wilhelm Pieck)
NY 4185 (Nachlass Gertrud Meyer)
NY 4072 (Nachlass Franz Dahlem)
NY 4288 (Nachlass Alfred Lemmnitz)
BY 1 (Kommunistische Partei Deutschlands)
BY 1/2381–2390 (Politbüro der KPD)
BY 1/58–60 (KPD in Württemberg und Stuttgart)
BY 1/351, 352, 360 (KPD in Württemberg und Stuttgart)
BY 1/1035–1037 (Sekretariat der Landesleitung Baden-Württemberg)
BY 1/602 (Kaderakte Albert Buchmann)
BY 1/603 (Kaderakte Ingeborg Buchmann)
DY 30 (Sozialistische Einheitspartei Deutschlands)
DY 24 (Freie Deutsche Jugend)
DR 1 (Ministerium für Kultur der DDR)

Veröffentlichte Quellen
Abgeordnetenhaus Berlin, Bibliothek
Landtag von Baden-Württemberg, 1. Legislaturperiode, 1952–1956
Parlamentarische Drucksachen
Verfassunggebende Landesversammlung von Baden-Württemberg 1952
Bayerische Staatszeitung
Münchner Abendzeitung
Neue Zeitung
Ravensbrückblätter, Hrsg. Lagergemeinschaft Ravensbrück/Freundeskreis e. V.
Stuttgarter Zeitung
Verfassung der DDR, 1949
Völkischer Beobachter

Literatur

Abbati, Caterina, Ich, Carmen Mory. Das Leben der Berner Arzttochter und Gestapo-Agentin 1906–1947, Zürich 1999.

Adler, H. G., Selbstverwaltung und Widerstand in den Konzentrationslagern der SS, in: Vierteljahrshefte für Zeitgeschichte 8 (1960), S. 221–236.

Althaus, Hans-Joachim u. a. (Hrsg.), Da ist nirgends nichts gewesen außer hier. Das rote Mössingen im Generalstreik gegen Hitler. Geschichte eines schwäbischen Arbeiterdorfes, Berlin 1982.

Amesberger, Helga/Halbmayr, Brigitte, Vom Leben und Überleben – Wege nach Ravensbrück. Das Frauenkonzentrationslager in der Erinnerung, Wien 2001.

Amos, Heike, Die Westpolitik der SED 1948/49–1961. „Arbeit nach Westdeutschland!" durch die Nationale Front, das Ministerium für Auswärtige Angelegenheiten und das Ministerium für Staatssicherheit, Berlin 1999.

Angermair, Elisabeth, München als süddeutsche Metropole. Die Organisation des Großstadtausbaus 1870 bis 1914, in: Richard Bauer (Hrsg.), Geschichte der Stadt München, München 1992, S. 307–335.

Angress, Werner T., Die Kampfzeit der KPD. 1921–1923, Düsseldorf 1973.

Apel, Linde, Jüdische Frauen im Konzentrationslager Ravensbrück 1939–1945, Berlin 2003.

Arndt, Hans-Jürgen, Weibliche Mitglieder der KPD in der Weimarer Republik. Zahlenmäßige Stärke und soziale Stellung, in: Beiträge zur Geschichtswissenschaft (1977), S. 652–660.

Arndt, Ino, Das Frauenkonzentrationslager Ravensbrück, in: Dachauer Hefte 3 (1993), S. 125–158.

Ay, Karl-Ludwig, Die Entstehung einer Revolution. Die Volksstimmung in Bayern während des Ersten Weltkrieges, Berlin 1968.

Ayaß, Wolfgang, „Asoziale" im Nationalsozialismus, Stuttgart 1995.

– „Asoziale", die verachteten Verfolgten, in: Dachauer Hefte 14 (1998), S. 50–66.

Backes, Uwe/Jesse, Eckhard, Politischer Extremismus in der Bundesrepublik Deutschland, Bonn 1989.

Badia, Gilbert, Clara Zetkin. Eine neue Biographie, Berlin 1994.

Barck, Simone, Antifa-Geschichte(n). Eine literarische Spurensuche in der DDR der 1950er und 1960er Jahre, Köln 2003.

Barth, Bernd-Rainer, Wer war Noel Field? Die unbekannte Schlüsselfigur, in: ders./Schweizer, Werner (Hrsg.), Der Fall Noel Field. Schlüsselfigur der Schauprozesse in Osteuropa. Verhöre und Selbstzeugnisse 1948–1957, Berlin 2006.

Bauer, Richard (Hrsg.), Geschichte der Stadt München, München 1992.

Bayerlein, Bernhard H. (Hrsg.), Deutscher Oktober 1923, Berlin 2003.

Berg, Christa (Hrsg.), Handbuch der deutschen Bildungsgeschichte, München 1991.

Benz, Wolfgang/Distel, Barbara (Hrsg.), Terror ohne System. Die ersten Konzentrationslager 1933–1935, Berlin 2001.

– (Hrsg.), Herrschaft und Gewalt. Frühe Konzentrationslager 1933–1939, Berlin 2002.

– (Hrsg.), Der Ort des Terrors. Geschichte der nationalsozialistischen Konzentrationslager, München ab 2005, Bd. 1, München 2005, Bd. 4, München 2006.

Benz, Wolfgang/Pehle, Walter H. (Hrsg.), Lexikon des deutschen Widerstandes, Frankfurt a. M. 1994.

Blanke, Bernhard u. a. (Hrsg.), Die Linke im Rechtsstaat. Bedingungen sozialistischer Politik 1945–1965, Berlin 1976.

Blasius, Dirk, Scheidung und Scheidungsrecht in historischer Perspektive 1794–1945. Kritische Studien zur Geschichtswissenschaft, Bd. 74, Göttingen 1987.

Bohn, Willi, „Hochverräter!", Stuttgart 1984.

Bornemann, Ernest (Hrsg.), Arbeiterbewegung und Feminismus. Berichte aus vierzehn Ländern, Frankfurt a. M. 1982.

Broszat, Martin/Mehringer, Hartmut (Hrsg.), Bayern in der NS-Zeit, München 1983.

– /Weber, Hermann (Hrsg.), SBZ-Handbuch. Staatliche Verwaltungen, Parteien, gesellschaftliche Organisationen und ihre Führungskräfte in der Sowjetischen Besatzungszone Deutschlands 1945–1949. Herausgegeben im Auftrag des Arbeitsbereichs Geschichte und Politik der DDR an der Universität Mannheim und des Instituts für Zeitgeschichte, München, München 1990 (2. Aufl. 1993).

Buber-Neumann, Margarete, Als Gefangene bei Stalin und Hitler. Eine Welt im Dunkel, Frankfurt a. M. 1993.

Buchmann, Erika, Block 10 – Tuberkulose, o. O. 1945.

– Frauen im Konzentrationslager, Stuttgart 1946.

– Frauen von Ravensbrück, Berlin 1959.

Budde, Gunilla-Friederike, Auf dem Weg ins Bürgerleben. Kindheit und Erziehung in deutschen und englischen Bürgerfamilien 1840–1914, Göttingen 1994.

Bude, Heinz, Lebenskonstruktionen. Begriff und Methode interpretativer Sozialforschung, Frankfurt a. M. 2002.

Czech, Danuta, Kalendarium der Ereignisse im Konzentrationslager Auschwitz-Birkenau 1939–1945, Reinbek 1989.

Danyel, Jürgen (Hrsg.), Die geteilte Vergangenheit. Zum Umgang mit Nationalsozialismus und Widerstand in beiden deutschen Staaten, Berlin 1995.

Dausin, Bettina, Biographieforschung als „Königinnenweg"? Überlegungen zur Relevanz biographischer Ansätze in der Frauenforschung, in: Angelika Diezinger u. a. (Hrsg.), Erfahrungen mit Methode. Wege sozialwissenschaftlicher Frauenforschung, Freiburg 1994, S. 129–153.

Diezinger, Angelika u. a. (Hrsg.), Erfahrungen mit Methode. Wege sozialwissenschaftlicher Frauenforschung, Freiburg 1994.

Distel, Barbara, Frauen in nationalsozialistischen Konzentrationslagern – Opfer und Täterinnen, in: Wolfgang Benz/dies. (Hrsg.), Der Ort des Terrors. Die Geschichte der nationalsozialistischen Konzentrationslager. Bd 1: Die Organisation des Terrors, München 2005, S, 195–209.

Duesterberg, Julia, Dorothea Binz. Biografie einer NS-Täterin, unveröffentlichte Magisterarbeit, Freie Universität Berlin 1998.

– Von der „Umkehr aller Weiblichkeit". Charakterbilder einer KZ-Aufseherin, in: Insa Eschebach u. a. (Hrsg.), Gedächtnis und Geschlecht. Deutungsmuster in Darstellungen des nationalsozialistischen Genozids, Frankfurt a. M./New York 2002, S. 227–243.

Durrer, Bettina, Eine Verfolgte als Täterin? Zur Geschichte der Blockältesten Carmen Maria Mory, in: Sigrid Jacobeit/Grit Philipp, Forschungsschwerpunkt Ravensbrück. Beiträge zur Geschichte des Frauen-Konzentrationslagers, Berlin 1997, S. 86–93.

– Als Funktionshäftling im KZ Ravensbrück. Die Blockälteste Carmen Maria Mory, unveröffentlichte Magisterarbeit, Universität Heidelberg 1996.

Eger, Claudia, Katharina Staritz. Eine Theologin im Widerstand?, unveröffentlichte Diplomarbeit, Pädagogische Hochschule Heidelberg 1999.

Elling, Hanna, Frauen im deutschen Widerstand 1933–1945, Frankfurt a. M. 1981.

Epple, Angelika, Henriette Fürth und die Frauenbewegung im deutschen Kaiserreich. Eine Sozialbiographie, Pfaffenweiler 1996.

Erler, Peter, „Moskau-Kader" der KPD in der SBZ, in: Manfred Wilke (Hrsg.), Die Anatomie der Parteizentrale. Die KPD/SED auf dem Weg zur Macht, Berlin 1998, S. 229–293.

Erpel, Simone, Zwischen Vernichtung und Befreiung. Das Frauen-Konzentrationslager Ravensbrück in der letzten Kriegsphase, Berlin 2005.

– (Hrsg.), Im Gefolge der SS: Aufseherinnen des Frauen-KZ Ravensbrück. Begleitband zur Ausstellung, 2. Aufl., Berlin 2011.

Eschebach, Insa, „Ermittlungskomplex Ravensbrück". Das Konzentrationslager in den Akten des Ministeriums für Staatssicherheit, in: Sigrid Jacobeit/Grit Philipp, Forschungsschwerpunkt Ravensbrück, Berlin 1997, S. 94–114.

– Heilige Stätte – Imaginierte Gemeinschaft. Geschlechtsspezifische Dramaturgien im Gedenken, in: dies. u. a. (Hrsg.), Gedächtnis und Geschlecht. Deutungsmuster in Darstellungen des nationalsozialistischen Genozids, Frankfurt a. M./New York 2002, S. 117–136.

– /u. a. (Hrsg.), Die Sprache des Gedenkens. Zur Geschichte der Gedenkstätte Ravensbrück 1945–1959, Berlin 1999.

– /u. a. (Hrsg.), Gedächtnis und Geschlecht. Deutungsmuster in Darstellungen des nationalsozialistischen Genozids, Frankfurt a. M./New York 2002.

Ettinger, Elzbieta, Rosa Luxemburg. Ein Leben, Bonn 1990.

Eumann, Ulrich, Eigenwillige Kohorten der Revolution. Zur regionalen Sozialgeschichte des Kommunismus in der Weimarer Republik, Frankfurt a. M. u. a. 2007.

Evans, Richard J., Sozialdemokratie und Frauenemanzipation im deutschen Kaiserreich, Berlin/Bonn 1997.

Fischer, Wolfram u. a. (Hrsg.), Sozialgeschichtliches Arbeitsbuch. Materialien zur Statistik, Bd. 2, München 1982.

Flechtheim, Ossip K., Die KPD in der Weimarer Republik, Frankfurt a. M. 1973.

Foschepoth, Josef, Rolle und Bedeutung der KPD im deutsch-sowjetischen Systemkonflikt, in: ZfG 11 (2008) 56, S. 889–909.

Freier, Anna-Elisabeth/Kuhn, Annette, Frauen in der Geschichte, Bd. V, Düsseldorf 1984.

Frevert, Ute, Frauen-Geschichte zwischen bürgerlicher Verbesserung und neuer Weiblichkeit, Frankfurt a. M. 1986.

Friedrich, Jörg, Der Brand. Deutschland im Bombenkrieg 1940–1945, Berlin 2004.

Fülberth, Georg, Die Beziehungen zwischen SPD und KPD in der Kommunalpolitik der Weimarer Periode 1918/19 bis 1933, Köln 1985.

Füllberg-Stolberg, Claus u. a. (Hrsg.), Frauen in Konzentrationslagern. Bergen-Belsen und Ravensbrück, Bremen 1994.

Gallasch, Christa, Anna Haag – Schriftstellerin, Frauenrechtlerin, Politikerin und Pazifistin, in: Schwäbische Heimat 4 (1990), S. 342–352.

Gallo, Max, „Ich fürchte mich vor gar nichts mehr." Rosa Luxemburg, Berlin 2001.

Gehmacher, Johanna/Hauch, Gabriella (Hrsg.), Frauen- und Geschlechtergeschichte des Nationalsozialismus. Fragestellungen, Perspektiven, neue Forschungen, Innsbruck/Wien/Bozen 2007.

Genth, Renate u. a., Frauenpolitik und politisches Wirken von Frauen im Berlin der Nachkriegszeit 1945–1949, Berlin 1996.

Georg, Enno, Die wirtschaftlichen Unternehmungen der SS, Stuttgart 1963.

Gerhard, Ute, Frauenbewegung und Feminismus. Eine Geschichte seit 1789, München 2009.

Görtemaker, Manfred, Kleine Geschichte der Bundesrepublik Deutschland, München 2002.

Goschler, Constantin, Wiedergutmachung. Westdeutschland und die Verfolgten des Nationalsozialismus (1945–1954), München 1992.

Grau, Bernhard, Kurt Eisner 1867–1919. Eine Biographie, München 2001.

Grossmann, Atina/Meyer-Renschhausen, Elisabeth, Frauen und Arbeiterbewegung in Deutschland 1914–1938, in: Ernest Bornemann (Hrsg.), Arbeiterbewegung und Feminismus. Berichte aus vierzehn Ländern, Frankfurt a. M. 1982, S. 54–61.

– German Communism and New Women. Dilemmas and Contradictions, in: Helmut Gruber/Pamela Graves (Eds.), Women and Socialism, Socialism and Women. Europe between the two world wars, New York/Oxford 1998, S. 231–298.

Gruber, Helmut/Graves, Pamela (Eds.), Women and Socialism, Socialism and Women. Europe between the two world wars, New York/Oxford 1998.

Haag, Lina, Eine Handvoll Staub, Frankfurt a. M. 1977.

Haertle, Karl-Maria, Münchens „verdrängte" Industrie, in: Friedrich Prinz/Marita Krauss (Hrsg.), München – Musenstadt mit Hinterhöfen. Die Prinzregentenzeit 1886–1912, München 1988, S. 164–174.

Hagemann, Karen, Frauenalltag und Männerpolitik. Alltagsleben und gesellschaftliches Handeln von Arbeiterfrauen in der Weimarer Republik, Bonn 1990.

Hajkova, Dagmar u. a., Ravensbrück, Praha 1960, unveröffentlichte deutsche Übersetzung in der Mahn- und Gedenkstätte Ravensbrück.

Hannemann, Simone, Die Entstehung der Nationalen Mahn- und Gedenkstätte Ravensbrück, unveröffentlichte Magisterarbeit, Technische Universität Berlin 1997.

Haupt, Georges, Programm und Wirklichkeit. Die internationale Sozialdemokratie vor 1914, Neuwied 1970.

Hauser, Andrea, Frauenöffentlichkeit in Stuttgart nach 1945 – Gegenpol oder hilflos im Abseits?, in: Anna-Elisabeth Freier/Annette Kuhn, Frauen in der Geschichte V, Düsseldorf 1984, S. 51–90.

Heike, Irmtraud/Strebel, Bernhard, Häftlingsselbstverwaltung und Funktionshäftlinge im Konzentrationslager Ravensbrück, in: Claus Füllberg-Stolberg u. a. (Hrsg.), Frauen in Konzentrationslagern. Bergen-Belsen, Ravensbrück, Bremen 1994, S. 89–98.

Herbermann, Nanda, Der gesegnete Abgrund. Schutzhäftling Nr. 6582 im Frauen-Konzentrationslager Ravensbrück, Nürnberg 1946.

Herbert, Ulrich u. a. (Hrsg.), Die nationalsozialistischen Konzentrationslager. Entwicklung und Struktur, Göttingen 1998.

Hering, Sabine/Schilde, Kurt, Kampfname Ruth Fischer. Wandlung einer deutschen Kommunistin, Frankfurt a. M. 1995.

Herms, Michael, Heinz Lippmann. Porträt eines Stellvertreters, Berlin 1996.

– Hinter den Linien. Westarbeit der FDJ 1945–1956, Berlin 2001.

Hochreuther, Ina, Frauen im Parlament. Südwestdeutsche Abgeordnete seit 1919, Stuttgart 1992.

Hördler, Stefan, Die Schlussphase des Konzentrationslagers Ravensbrück. Personalpolitik und Vernichtung, in: ZfG 56 (2008) 3, S. 222–248.

Housková, Hanka, Monolog, Berlin 1993 (Schriften der Stiftung Brandenburgische Gedenkstätten/Mahn- und Gedenkstätte Ravensbrück).

Hozáková, Vera, „Und es war doch …“, hrsg. von der Stiftung Brandenburgische Gedenkstätten, Berlin 1995.

Ingenlath, Markus, „… meinem König Otto I. treu zu dienen …“ Militärdienst in München, in: Friedrich Prinz/Marita Kraus, München – Musenstadt mit Hinterhöfen, München 1988, S. 141–167.

Institut für Zeitgeschichte (Hrsg.), Widerstand als „Hochverrat“ 1933–1945, Mikrofiche-Edition, Bd. 7, München 1998.

Jacobeit, Sigrid/Erpel, Simone, „Ich grüße Euch als freier Mensch“. Quellenedition zur Befreiung des Frauen-Konzentrationslagers Ravensbrück im April 1945, Berlin 1995.

– /Philipp, Grit (Hrsg.), Forschungsschwerpunkt Ravensbrück. Beiträge zur Geschichte des Frauen-Konzentrationslagers, Berlin 1997.

Jaiser, Constanze, Poetische Zeugnisse. Gedichte aus dem Frauen-Konzentrationslager Ravensbrück 1939–1945, Stuttgart/Weimar 2000.

Jarmatz, Klaus, Ravensbrücker Ballade oder Faschismusbewältigung in der DDR. Mit einem Essay von Hedda Zinner, Berlin 1992.

Kaienburg, Hermann (Hrsg.), Konzentrationslager und deutsche Wirtschaft 1939–1945, Opladen 1996.

Kaufmann, Bernd u. a., Der Nachrichtendienst der KPD, 1919–1937, Berlin 1993.

Kertész, Imre, Dossier K., Reinbek 2006.

Kiedrzyńska, Wanda, Das Frauenkonzentrationslager Ravensbrück, in: Internationale Hefte der Widerstandsbewegung 3 (1960), S. 82–98.

– Ravensbrück. Kobiecy obóz koncentracyjny, Warszawa 1961, Frauenkonzentrationslager Ravensbrück, unveröffentlichte dt. Übersetzung in der Mahn- und Gedenkstätte Ravensbrück.

Kienle, Markus, Gotteszell – das frühe Konzentrationslager für Frauen in Württemberg, in: Wolfgang Benz/Barbara Distel (Hrsg.), Terror ohne System. Die ersten Konzentrationslager im Nationalsozialismus 1933–1935, Berlin 2001, S. 65–77.

Kinner, Klaus, Der deutsche Kommunismus. Selbstverständnis und Realität, Bde.1–4, Berlin 1999 ff.

Kittel, Sabine, „Places for the Displaced". Biografische Bewältigungsmuster von weiblichen jüdischen Konzentrationslager-Überlebenden in den USA, Berlin 2006.

Kleßmann, Christoph, Die doppelte Staatsgründung. Deutsche Geschichte 1945–1955, 5. Aufl., Bonn 1991.

– Zwei Staaten, eine Nation. Deutsche Geschichte 1955–1970, Bonn 1997.

Klocksin, Jens Ulrich, Kommunisten im Parlament. Die KPD in Regierungen und Parlamenten der westdeutschen Besatzungszonen und der Bundesrepublik Deutschland (1945–1956), Bonn 1993.

Kluth, Hans, Die KPD in der Bundesrepublik. Ihre politische Tätigkeit und Organisation 1945–1956, Köln/Opladen 1959.

Kocwa, Eugenia, Flucht aus Ravensbrück, Berlin 1973.

Kogon, Eugen, Der SS-Staat. Das System der deutschen Konzentrationslager, München 1974.

Kontos, Silvia, Die Partei kämpft wie ein Mann. Frauenpolitik der KPD in der Weimarer Republik, Basel 1979.

Kubina, Michael, Der Aufbau des zentralen Parteiapparates der KPD 1945–1946, in: Manfred Wilke (Hrsg.), Die Anatomie der Parteizentrale. Die KPD/SED auf dem Weg zur Macht, Berlin 1998, S. 49–119.

– „Was in dem einen Teil verwirklicht werden kann mit Hilfe der Roten Armee, wird im anderen Teil Kampffrage sein." Zum Aufbau des zentralen Westapparates der KPD/SED 1945–1949, in: Manfred Wilke (Hrsg.), Die Anatomie der Parteizentrale. Die KPD/SED auf dem Weg zur Macht, Berlin 1998, S. 413–501.

Kwaschik, Anne, Ravensbrück als kommunistischer Erinnerungsort. Hedda Zinners „Ravensbrücker Ballade", in: Dachauer Hefte 24 (2008), KZ und Nachwelt, S. 153–173.

– Hedda Zinners „Ravensbrücker Ballade" – Aspekte der Entstehungs- und Rezeptionsgeschichte, unveröffentlichter Vortrag 2001, im Besitz der Autorin.

KZ-Gedenkstätte Neuengamme (Hrsg.), Abgeleitete Macht. Funktionshäftlinge zwischen Widerstand und Kollaboration, Bremen 1998 (Beiträge zur Geschichte der nationalsozialistischen Verfolgung in Norddeutschland, Bd. 4)

Langbein, Hermann, „… nicht wie die Schafe zur Schlachtbank". Widerstand in den nationalsozialistischen Konzentrationslagern, Frankfurt a. M. 1980.

Lanwerd, Susanne/Stoehr, Irene, Frauen- und Geschlechterforschung zum Nationalsozialismus seit den 1970er-Jahren. Forschungsstand, Veränderungen, Perspektiven, in: Johanna Gehmacher/Gabriella Hauch (Hrsg.), Frauen- und

Geschlechtergeschichte des Nationalsozialismus. Fragestellungen, Perspektiven, neue Forschungen, Innsbruck/Wien/Bozen 2007, S. 22–68.

Laschitza, Annelies, Im Lebensrausch, trotz alledem. Rosa Luxemburg. Eine Biographie, Berlin 1996.

Lauterer, Heide-Marie, Parlamentarierinnen in Deutschland 1918/19–1949, Königstein 2002.

Leo, Annette u. a. (Hrsg.), Vielstimmiges Schweigen. Neue Studien zum DDR-Antifaschismus, Berlin 2001, S. 197–221.

Lersch, Edgar u. a. (Hrsg.), Stuttgart in den ersten Nachkriegsjahren, Stuttgart 1995.

Letsche, Lothar (Bearb.), Lilo Herrmann, eine Stuttgarter Widerstandskämpferin, hrsg. von der Vereinigung der Verfolgten des Naziregimes – Bund der Antifaschisten, Landesverband Baden-Württemberg e. V., 2., erw. Aufl., Stuttgart 1993.

Limbächer, Katja u. a. (Hrsg.), Das Mädchenkonzentrationslager Uckermark, Münster 2000.

Lösche, Peter, Der Bolschewismus im Urteil der deutschen Sozialdemokratie 1903 bis 1920, Berlin 1967.

Lübbe, Peter (Hrsg.), Abtrünnig wider Willen. Aus Briefen und Manuskripten des Exils, München 1990.

Major, Patrick, Big brother und little brother. Das Verhältnis der SED–KPD 1948–1951, in: Elke Scherstjanoi (Hrsg.), „Provisorium für längstens ein Jahr." Die Gründung der DDR, Berlin 1993, S. 155–162.

–   The death of the KPD. Communism and Anti-Communism in West-Germany 1945–1956, Oxford 1997.

Mallmann, Klaus-Michael, Kommunisten in der Weimarer Republik. Sozialgeschichte einer revolutionären Bewegung, Darmstadt 1996.

Mayer-Leviné, Rosa, Leviné. Leben und Tod eines Revolutionärs, München 1972.

–   Im inneren Kreis. Erinnerungen einer Kommunistin in Deutschland 1920–1933, Köln 1979.

Megele, Max, Baugeschichtlicher Atlas der Landeshauptstadt München, München 1951.

Mehringer, Hartmut, Die KPD in Bayern 1919–1945. Vorgeschichte, Verfolgung, Widerstand, in: Martin Broszat/ders. (Hrsg.), Bayern in der NS-Zeit, Bd. 5: Die Parteien KPD, DPD, BVP in Verfolgung und Widerstand, München 1983, S. 1–286.

Meier, Kerstin, „Es war verpönt, aber das gab's"– Die Darstellung weiblicher Homosexualität in Autobiografien von weiblichen Überlebenden aus Ravensbrück und Auschwitz, in: KZ-Gedenkstätte Neuengamme (Hrsg.), Verfolgung von Homosexuellen im Nationalsozialismus, Bremen 1999 (Beiträge zur Geschichte nationalsozialistischer Verfolgung 5), S. 22–34.

Meißner, Julia, Mehr Stolz, ihr Frauen! Hedwig Dohm – eine Biographie, Düsseldorf 1987.

Mertens, Ursula, Die Rätebewegung in Bayern 1918/19, Nürnberg 1984.

Mess, Kathrin, „als fiele ein Sonnenstrahl in meine einsame Zelle." Das Tagebuch der Luxemburgerin Yvonne Useldinger aus dem Frauen-KZ Ravensbrück, Berlin 2008.

Meyer, Angelika/Schwarz, Erika/Steppan, Simone, Die Außenlager des Frauenkonzentrationslagers Ravensbrück – eine Bestandsaufnahme, in: KZ-Gedenkstätte Neuengamme (Hrsg.), Zwangsarbeit und Gesellschaft, Bremen 2004 (Beiträge zur Geschichte der nationalsozialistischen Verfolgung in Norddeutschland, 8), S. 60–83.

Meyer, Kathrin, Entnazifizierung von Frauen. Die Internierungslager der amerikanischen Besatzungszone in Deutschland 1945–1952, Berlin 2004.

Milton, Sybil, Deutsche und deutsch-jüdische Frauen als Verfolgte des NS-Staates, in: Dachauer Hefte 3 (1987), S. 3–20.

– Die Konzentrationslager der dreißiger Jahre im Bild der in- und ausländischen Presse, in: Ulrich Herbert u. a. (Hrsg.), Die nationalsozialistischen Konzentrationslager. Entwicklung und Struktur, Göttingen 1998, S. 135–147.

Mommsen, Hans, Forschungskontroversen zum Nationalsozialismus, in: Aus Politik und Zeitgeschichte (APuZ) 14–15 (2007), S. 14–20.

Morsch, Günter/Perz, Bertrand (Hrsg.), Neue Studien zu nationalsozialistischen Massentötungen durch Giftgas. Historische Bedeutung, technische Entwicklung, revisionistische Leugnung, Berlin 2011.

Müller, Charlotte, Die Klempnerkolonne von Ravensbrück. Erinnerungen des Häftlings 10787, Berlin 1981.

Müller, Gertrud, Die erste Hälfte meines Lebens. Erinnerungen 1915 bis 1950, Essen 2004.

Müller, Monika, Die Oberaufseherinnen des Frauenkonzentrationslagers Ravensbrück. Funktionsanalyse und biografische Studien, unveröffentlichte Magisterarbeit, Albert-Ludwigs-Universität Freiburg 2001.

Naujoks, Harry, Mein Leben im KZ Sachsenhausen 1936–1942. Erinnerungen des ehemaligen Lagerältesten, Köln 1987.

Nave-Herz, Rosemarie, Die Geschichte der Frauenbewegung in Deutschland, Bonn 1988.

Neuhäußer-Wespy, Ulrich, Die KPD in Nordbayern 1919–1933. Ein Beitrag zur Regional- und Lokalgeschichte des deutschen Kommunismus, Nürnberg 1981.

Nieden, Susanne zur, Unwürdige Opfer. Die Aberkennung von NS-Verfolgten in Berlin 1945–1949, Berlin 2003.

Niethammer, Lutz u. a. (Hrsg.), Arbeiterinitiative 1945. Antifaschistische Ausschüsse und Reorganisation der Arbeiterbewegung in Deutschland, Wuppertal 1976.

– (Hrsg.) unter Mitarbeit von Karin Hartewig, Der „gesäuberte" Antifaschismus. Die SED und die roten Kapos von Buchenwald, Berlin 1995.

Nikiforowa, Antonina, Powest o borbe i druschbe, Moskwa 1967.

Orth, Karin, Die Konzentrationslager–SS. Soziostrukturelle Analysen und biographische Studien, Göttingen 2000.

– Die Historiografie der Konzentrationslager und die neuere KZ-Forschung, in: Archiv für Sozialgeschichte 47 (2007), S. 579–598.

Paul, Gerhard (Hrsg.), Die Täter der Shoah. Fanatische Nationalsozialisten oder ganz normale Deutsche?, Göttingen 2002.

– /Mallmann, Klaus-Michael (Hrsg.), Karrieren der Gewalt. Nationalsozialistische Täterbiographien, Darmstadt 2004.

Peukert, Detlev J. K., Die Weimarer Republik. Krisenjahre der klassischen Moderne, Frankfurt a. M. 1987.

– Jugend zwischen Krieg und Krise. Lebenswelten von Arbeiterjungen in der Weimarer Republik, Köln 1987.

Pfingsten, Gabriele/Füllberg-Stolberg, Claus, Frauen in Konzentrationslagern – geschlechtsspezifische Bedingungen des Überlebens, in: Ulrich Herbert/Karin Orth/Christoph Dieckmann (Hrsg.), Die nationalsozialistischen Konzentrationslager. Entwicklung und Struktur, Bd. II, Göttingen 1998, S. 911–938.

Philipp, Grit, Kalendarium der Ereignisse im Frauen-Konzentrationslager Ravensbrück 1939–1945, Berlin 1999.

Pingel, Falk, Häftlinge unter SS-Herrschaft. Widerstand, Selbstbehauptung und Vernichtung in Konzentrationslagern, Hamburg 1978.

Pospiech, Friedrich, Unbelehrbar auf der Wahrheit beharrende … Paula und Hans Rueß. Zwei Leben im Widerstand gegen Krieg und Faschismus, Bonn 2002.

Postel-Vinay, Anise, Gaskammern und die Ermordung durch Gas im Konzentrationslager Ravensbrück, in: Sigrid Jacobeit/Grit Philipp, Forschungsschwerpunkt Ravensbrück. Beiträge zur Geschichte des Frauen-Konzentrationslagers, Berlin 1997, S. 33–46.

– Die Massentötung durch Gas in Ravensbrück, in: Germaine Tillion, Frauenkonzentrationslager Ravensbrück, Lüneburg 1998, S. 357–396.

Prinz, Friedrich, Die Geschichte Bayerns, München 1997.

– /Krauss, Marita, München – Musenstadt mit Hinterhöfen, München 1988.

Puschnerat, Tania, Clara Zetkin. Bürgerlichkeit und Marxismus. Eine Biographie, Essen 2003.

Reulecke, Anne-Kathrin, „Die Nase der Lady Hester". Überlegungen zum Verhältnis von Biographie und Geschlechterdifferenz, in: Hedwig Röckelein (Hrsg.), Biographie als Geschichte, Tübingen 1993, S. 117–141.

Reuter, Elke/Hansel, Detlev, Das kurze Leben der VVN von 1947 bis 1953. Die Geschichte der Vereinigung der Verfolgten des Naziregimes in der SBZ und in der DDR, Berlin 1997.

Reuter, Ursula, Paul Singer 1844–1911. Eine politische Biographie, Düsseldorf 2004.

Riebe, Renate, Frauenkonzentrationslager 1933–1939, in: Dachauer Hefte 14 (1998), S. 125–140.

– Funktionshäftlinge in Frauenkonzentrationslagern 1933–1939, in: Beiträge zur Geschichte nationalsozialistischer Verfolgung 4 (1998), S. 51–56.

Riepl-Schmidt, Maja, Anna Haag, geborene Schaich. Die Friedensfrau, in: dies., Wider das verkochte und verbügelte Leben. Frauenemanzipation in Stuttgart seit 1880, Stuttgart 1990, S. 247–254.

Ritter, Gerhard A. (Hrsg.), Geschichte der Arbeiter und der Arbeiterbewegung seit dem Ende des 18. Jahrhunderts, insb. Bde. 9–12, Bonn 1985–1999.

Röckelein, Hedwig (Hrsg.), Biographie als Geschichte, Tübingen 1993.

Roth, Karl-Heinz, Zwangsarbeit im Siemens-Konzern (1938–1945). Fakten – Kontroversen – Probleme, in: Hermann Kainburg (Hrsg.), Konzentrationslager und deutsche Wirtschaft 1939–1945, Opladen 1996, S. 149–168.

Rudloff, Wilfried, Notjahre. Stadtpolitik im Krieg, Inflation und Wirtschaftskrise 1914 bis 1933, in: Richard Bauer, Geschichte der Stadt München, München 1992, S. 336–368.

Sachse, Carola, Zwangsarbeit für die Firma Siemens 1940–1945, in: Christl Wickert (Hrsg.), Frauen gegen die Diktatur, Berlin 1995, S. 140–153.

Sauer, Paul, Die Demokratisierung des kommunalen Lebens nach 1945 in Stuttgart, Stuttgart 1996.

Schaeder, Hildgard, Ostern im KZ, Berlin 1947.

Schäfer, Oskar (Hrsg.), Pirmasens, die deutsche Schuhstadt, Pirmasens 1927.

Schäfer, Silke, Zum Selbstverständnis von Frauen im Konzentrationslager. Das Lager Ravensbrück, Diss., Technische Universität Berlin 2002, http://opus.kobv. de/tuberlin/volltexte/2002/430/ (letzter Zugriff am 12. 9. 2011).

Schätzle, Julius, Stationen zur Hölle. Konzentrationslager in Baden und Württemberg 1933–1945, Frankfurt a. M. 1974.

Schaser, Angelika, Helene Lange und Gertrud Bäumer. Eine politische Lebensgemeinschaft, Köln/Weimar/Wien 2000.

Scherstjanoi, Elke (Hrsg.), „Provisorium für längstens ein Jahr." Die Gründung der DDR, Berlin 1993.

Scheuer Helmut, Biographie. Studien zur Funktion und zum Wandel einer literarischen Gattung vom 18. Jahrhundert bis zur Gegenwart, Stuttgart 1979.

Schikorra, Christa, Kontinuitäten der Ausgrenzung. „Asoziale" Häftlinge im Frauen-Konzentrationslager Ravensbrück, Berlin 2001.

– „Asoziale" Frauen. Ein anderer Blick auf die Häftlingsgesellschaft, in: Sigrid Jacobeit/Grit Philipp (Hrsg.), Forschungsschwerpunkt Ravensbrück. Beiträge zur Geschichte des Frauen-Konzentrationslagers, Berlin 1997, S. 60–71.

– Die Un/Möglichkeit antifaschistischer Heldinnen. Die „Ravensbrücker Ballade" von 1961, in: Insa Eschebach u. a. (Hrsg.), Gedächtnis und Geschlecht. Deutungsmuster in Darstellungen des nationalsozialistischen Genozids, Frankfurt a. M./New York 2002, S. 59–77.

Schlotterbeck, Anna, Die verbotene Hoffnung. Aus dem Leben einer Kommunistin, Hamburg 1990.

Schnabel, Thomas, Württemberg zwischen Weimar und Bonn 1928–1945/46, Stuttgart 1986.

– Geschichte von Baden und Württemberg 1900–1952, Stuttgart 2000.

Schulte, Jan Erik, Zwangsarbeit und Vernichtung. Das Wirtschaftsimperium der SS. Oswald Pohl und das SS-Wirtschafts-Verwaltungshauptamt 1933–1945, Paderborn 2001.

– Das SS-Wirtschafts-Verwaltungs-Hauptamt. Zentrale der Zwangsarbeit von KZ-Häftlingen, in: Ulrike Winkler (Hrsg.), Stiften gehen. NS-Zwangsarbeit und Entschädigungsdebatte, Köln 2000, S. 85–107.

Schulze, Hagen, Otto Braun oder Preußens demokratische Sendung. Eine Biographie, Berlin 1986.

Schumacher, Martin (Hrsg.), M. d. R., Die Reichstagsabgeordneten der Weimarer Republik in der Zeit des Nationalsozialismus. Politische Verfolgung, Emigration und Ausbürgerung 1933–1945. Eine biographische Dokumentation, Düsseldorf 1991.

Schwarz, Erika/Steppan, Simone, Die Entstehung der nationalen Gedenkstätte Ravensbrück, 1945–1959, in: Insa Eschebach u. a. (Hrsg.), Die Sprache des Gedenkens. Zur Geschichte der Gedenkstätte Ravensbrück 1945–1959, Berlin 1999, S. 218–240.

Schwartz, Johannes, Handlungsräume einer KZ-Aufseherin. Dorothea Binz – Leiterin des Zellenbaus und Oberaufseherin, in: Simone Erpel (Hrsg.), Im Gefolge der SS. Aufseherinnen des Frauenkonzentrationslagers Ravensbrück, 2. Aufl., Berlin 2011, S. 59–71.

Schwestka, Sonja, Agitation und Propaganda in der kommunistischen Frauenbewegung Deutschlands in der Weimarer Republik, Wien 1983.

Seghers, Anna, Die Tochter der Delegierten, Berlin 1970.

– Transit, Berlin 1962.

Sehling, Hans, Die Entwicklung des Münchner kaufmännischen Schulwesens. Von den Anfängen bis zur Neugestaltung unter Kerschensteiner 1770–1920, München 1966.

Senne, Christian, Der deutsche Freiheitssender 904. Die „Stimme der KPD" von 1956 bis 1971, unveröffentlichte Magisterarbeit, Humboldt-Universität zu Berlin 2003.

Service, Robert, Lenin. Eine Biographie, München 2000.

Sieger, Volker, Die Wirtschafts- und Sozialpolitik der KPD von 1945 bis 1956, Frankfurt a. M. 2000.

Sofsky, Wolfgang, Die Ordnung des Terrors. Das Konzentrationslager, Frankfurt a. M. 1983.

Staritz, Dietrich, KPD und Kalter Krieg bis 1950, in: Bernhard Blanke u. a. (Hrsg.), Die Linke im Rechtsstaat. Bedingungen sozialistischer Politik 1945–1965, Berlin 1976, S. 195–235.

– Die Kommunistische Partei Deutschlands, in: Richard Stöss (Hrsg.), Parteien-Handbuch. Die Parteien der Bundesrepublik Deutschland 1945–1980, Bd. 2: FDP bis WAV, Opladen 1984, S. 1663–1809.

Steenbuck, Ulrike, Dr. Herta Oberheuser. Tätigkeit im Dritten Reich und Lebensweg nach 1945, unveröffentlichte Magisterarbeit, Christian-Albrechts-Universität Kiel 1994.

Stegemann, Wolfgang/Jacobeit, Wolfgang (Hrsg.), Fürstenberg/Havel, Ravensbrück. Im Wechsel der Machtsysteme des 20. Jahrhunderts, Bd. 2, Teetz 2004.

Stephenson, Jill, Hitler's Home Front. Württemberg under the Nazis, London 2006.

Stöss, Richard (Hrsg.), Parteien-Handbuch. Die Parteien der Bundesrepublik Deutschland 1945–1980, Opladen 1984.

Stößel, Frank Thomas, Positionen und Strömungen in der KPD/SED 1945–1954, Köln 1985.

Stoll, Katrin, SS-Arzt Walter Sonntag. Profil eines medizinischen Täters, unveröffentlichte Magisterarbeit, Universität Bielefeld 2002.

– Walter Sonntag – ein SS-Arzt vor Gericht, in: ZfG 50 (2002) 10, S. 918–939.

Strebel, Bernhard, Das KZ Ravensbrück. Geschichte eines Lagerkomplexes, Paderborn 2003.

– Die Gaskammer im Konzentrationslager Ravensbrück Anfang 1945, in: Günter Morsch/Bertrand Perz (Hrsg.), Neue Studien zur nationalsozialistischen Massentötung durch Giftgas. Historische Bedeutung, technische Entwicklung, revisionistische Leugnung, Berlin 2011, S. 277–287.

Tillion, Germaine, Frauenkonzentrationslager Ravensbrück, Lüneburg 1998.

Toussaint, Jeanette, „Ich bitte Sie um Auskunft, was Ihnen über die Genannte und deren Verhalten gegenüber den Häftlingen bekannt ist." Die Geschichte einer Fotosammlung, in: Simone Erpel (Hrsg.), Im Gefolge der SS: Aufseherinnen des Frauen-KZ Ravensbrück. Begleitband zur Ausstellung, 2. Aufl., Berlin 2011, S. 265–276.

Tuchel, Johannes, Die Inspektion der Konzentrationslager 1938–1945. Das System des Terrors, Berlin 1994.

Vermehren, Isa, Reise durch den letzten Akt. Ravensbrück, Buchenwald, Dachau. Eine Frau berichtet, Reinbek 1979.

Wachtler, Johann, Zwischen Revolutionserwartung und Untergang. Die Vorbereitungen der KPD auf die Illegalität in den Jahren 1929–1933, Frankfurt a. M. 1983.

Wagenbach, Klaus u. a. (Hrsg.), Vaterland, Muttersprache. Deutsche Schriftsteller und ihr Staat seit 1945, Berlin 1979.

Weber, Hermann, Die Wandlung des deutschen Kommunismus. Die Stalinisierung der KPD in der Weimarer Republik, 2 Bde., Frankfurt a. M. 1969.

– „Weiße Flecken" in der Geschichte. Die KPD-Opfer der Stalinistischen Säuberungen und ihre Rehabilitierung, Frankfurt a. M. 1989.

– /Herbst, Andreas, Deutsche Kommunisten. Biographisches Handbuch 1918 bis 1945, Berlin 2004.

– Verbrechen im Namen der Idee. Terror im Kommunismus 1936–1938, Berlin 2007.

Weichelt, Grit, Überleben im KZ Ravensbrück. Zur Geschichte der Erika Buchmann in den Jahren 1942 bis 1945, unveröffentlichte Magisterarbeit, Technische Universität Berlin 1994.

Weinke, Annette, Die Verfolgung von NS-Tätern im geteilten Deutschland. Vergangenheitsbewältigung im geteilten Deutschland oder: Eine deutsch-deutsche Beziehungsgeschichte im Kalten Krieg, Paderborn 2002.

Wickert, Christl (Hrsg.), Frauen gegen die Diktatur. Widerstand und Verfolgung im nationalsozialistischen Deutschland, Berlin 1995.

Wildt, Michael, Generation des Unbedingten. Das Führungskorps des Reichssicherheitshauptamtes, Hamburg 2002.

Wilke, Manfred (Hrsg.), Die Anatomie der Parteizentrale. Die KPD/SED auf dem Weg zur Macht, Berlin 1998.

– Kommunismus in Deutschland und Rahmenbedingungen politischen Handelns nach 1945. Zur Einführung, in: ders. (Hrsg.), Die Anatomie der Parteizentrale. Die KPD/SED auf dem Weg zur Macht, Berlin 1998, S. 13–49.

Winkler, Heinrich August, Von der Revolution zur Stabilisierung. Arbeiter und Arbeiterbewegung in der Weimarer Republik 1918–1924, Berlin/Bonn 1984.

– Der Schein der Normalität. Arbeiter und Arbeiterbewegung in der Weimarer Republik 1924–1930, Berlin/Bonn 1985.

– Der Weg in die Katastrophe. Arbeiter und Arbeiterbewegung in der Weimarer Republik 1930–1933, Berlin/Bonn 1987.

– Deutsche Geschichte vom Ende des Alten Reiches bis zum Untergang der Weimarer Republik, Bonn 2000.

Winkler, Ulrike (Hrsg.), Stiften gehen. NS-Zwangsarbeit und Entschädigungsdebatte, Köln 2000.

Wißmann, Anja, Die Publizistin Margarete Buber-Neumann und die Totalitären Erfahrungen des 20. Jahrhunderts, unveröffentlichte Magisterarbeit, Universität Bochum 2000.

Witte, Peter u. a. (Hrsg.), Der Dienstkalender Heinrich Himmlers 1941/42, Hamburg 1999.

Wolfram, Lavern, Schuldig oder Opfer? Der Fall Margot Pietzner. Musealisierung einer Biografie, unveröffentlichte Magisterarbeit, Humboldt-Universität zu Berlin 2004.

– Margot Pietzners autobiographische Aufzeichnungen „Schuldig oder Opfer?“. Selbstwahrnehmung einer ehemaligen SS-Aufseherin in ihren Selbstzeugnissen, in: Viola Schubert-Lehnhardt/Sylvia Korch (Hrsg.), Frauen als Täterinnen und Mittäterinnen im Nationalsozialismus. Gestaltungsspielräume und Handlungsmöglichkeiten. Beiträge zum 5. Tag der Frauen- und Geschlechterforschung an der Martin-Luther-Universität Halle-Wittenberg, Halle 2006, S. 115–131.

Zentralkomitee des Bayer. Frauenvereins vom Roten Kreuz (Hrsg.), Bayerischer Frauen-Kalender für das Schaltjahr 1916, Augsburg 1915.

Zimmermann, Michael, Arbeit in Konzentrationslagern. Kommentierende Bemerkungen, in: Ulrich Herbert u. a. (Hrsg.), Die nationalsozialistischen Konzentrationslager. Entwicklung und Struktur, Bd. II, Göttingen 1998, S. 730–751.

Zinner, Hedda, Stücke, Berlin 1973.

– Katja, Berlin 1980.

Zörner, Guste (Hrsg.), Frauen-KZ Ravensbrück, Berlin 1971.

Zorn, Wolfgang, Bayerns Geschichte im 20. Jahrhundert. Von der Monarchie zum Bundesland, München 1986.

Zumpe, Lotte, Die Textilbetriebe der SS im Konzentrationslager Ravensbrück, in: Jahrbuch für Wirtschaftsgeschichte I (1969), S. 11–51.

Personenregister